RISK CONTROL TECHNOLOGIES OF GUANGZHOU METRO LINE 8 NORTH EXTENSION CIVIL ENGINEERING PROJECTS

# 广州市轨道交通八号线北延段土建工程风险控制技术

农兴中　李阶智　谭　佳　编著

人民交通出版社股份有限公司
北　京

## 内容提要

本书对工程实施过程中遇到的中心城区车站深厚淤泥质砂层建设风险和古树保护建设风险，岩溶区深埋车站跨地层接触带建设风险，受地质构造影响的大型岩溶塌陷区车站建设风险，岩溶区上覆深厚淤泥、砂层周边环境敏感车站建设风险，岩溶地层大型天然裂隙涌水区车站建设风险，岩溶区上软下硬地层隧道过高速公路路基建设风险，岩溶区深埋隧道和地层接触带并行段建设风险，下穿历史塌陷区及正穿敏感建筑物区间隧道建设风险，灰岩区深埋硬岩盾构隧道建设风险，富水砂层超浅埋隧道下穿高速路匝道桥台建设风险及其防控措施，以及土建工程应用的创新工法和技术，如溶洞处理灌注砂浆技术、岩溶处理自动化配浆系统、岩溶区地下水位控制技术、岩溶地区液压裂岩静爆技术、地层注浆加固结合造泥膜辅助泥水盾构压气开仓技术、富水砂层衡盾泥辅助带压开仓技术、岩溶区全断面硬岩盾构掘进防坍塌技术、岩溶区全硬岩及上软下硬地层盾构楔形合金滚刀应用、利用旋喷切割法清理盾构土仓技术、浅埋盾构（顶管）水下辅助接收施工技术、长距离供冷与大体积冻结法加固技术、冷冻法多重套管成孔技术、顶管施工端头钢板桩加固技术等进行了详细的介绍，并对风险控制技术进行了思考与展望。内容全面，资料翔实，可参考性强。

本书可供从事轨道交通相关领域的研究者、建设者、决策者参考，也可供高等院校相关专业的师生了解与学习。

**图书在版编目（CIP）数据**

广州市轨道交通八号线北延段土建工程风险控制技术 / 农兴中，李阶智，谭佳编著． — 北京 ： 人民交通出版社股份有限公司，2021.6

ISBN 978-7-114-17381-3

Ⅰ.①广… Ⅱ.①农…②李…③谭… Ⅲ.①城市铁路—铁路工程—工程施工—风险管理—研究—广州 Ⅳ.①U239.5

中国版本图书馆 CIP 数据核字（2021）第 101613 号

**书　　名**：广州市轨道交通八号线北延段土建工程风险控制技术
**著 作 者**：农兴中　李阶智　谭　佳
**责任编辑**：刘彩云
**责任校对**：孙国靖　卢　弦
**责任印制**：张　凯
**出版发行**：人民交通出版社股份有限公司
**地　　址**：（100011）北京市朝阳区安定门外外馆斜街 3 号
**网　　址**：http://www.ccpcl.com.cn
**销售电话**：（010）59757973
**总 经 销**：人民交通出版社股份有限公司发行部
**经　　销**：各地新华书店
**印　　刷**：北京印匠彩色印刷有限公司
**开　　本**：787×1092　1/16
**印　　张**：17.5
**字　　数**：380 千
**版　　次**：2021 年 6 月　第 1 版
**印　　次**：2021 年 6 月　第 1 次印刷
**书　　号**：ISBN 978-7-114-17381-3
**定　　价**：138.00 元

# 本书编委会

PREFACE

# 前言

广州市轨道交通八号线北延段自2012年起，在建设者们的艰辛努力下，历经8年的研究、勘察、设计、评估、施工，于2020年11月26日顺利开通。该项目建设过程中面临多种地质风险和复杂周边环境的挑战，如深厚淤泥、砂层，上软下硬地质条件下穿文物、古树名木，岩溶土洞发育地层区间隧道下穿高速、快速路路基，灰岩地层中受地质构造影响区域开挖车站深基坑，区间隧道下穿岩溶历史塌陷区或敏感建筑物等复杂的建设条件。纵观广州的轨道交通建设历程，对比国内其他城市轨道交通建设难度，八号线北延段工程堪称“广州已建和在建地铁线路中各方面条件限制最为严格苛刻、工程建设风险最大的线路，甚至可列为目前全国地铁工程建设有史以来挑战最为严峻且风险最大的项目之一”。

面对众多复杂的风险、困难和挑战，建设者们积极探索技术创新、管理创新，破解了一个又一个工程难题，形成了一套较为完善的关键技术和工法，取得了9项专利、15项工法和多项技术创新等成果。本书系统总结了工程实施过程中遇到的风险及其防控技术、处理措施、创新工法和技术，内容丰富，深入浅出，可操作性强，可为类似高风险条件下的轨道交通工程建设提供借鉴，非常适合轨道交通建设者们学习和参考使用。

限于作者水平，书中难免有不足和不妥之处，敬请各位读者指正！

作　者

2021年5月

CONTENTS

目录

## 第1章 概述

## 第2章 典型工点建设风险与防控措施

## 第 3 章 土建工程工法应用与技术创新

# 第 1 章

# 概　述

## 1.1 线路规划概况

广州市轨道交通八号线工程线路（简称“八号线工程”）呈南北、西东的“L”形走向，起于海珠区万胜围，经过海珠区（琶洲、昌岗、凤凰新村）、荔湾区（文化公园、西村）、白云区（同德围、滘心），止于白云区的滘心。八号线工程（万胜围站—滘心站）线路全长32.9km，设28座车站，均为地下线，采用6辆编组A型车，车辆最高运行速度80km/h。

八号线工程首期工程（昌岗站—万胜围站）于2010年9月25日开通运营，西延段工程（昌岗站—凤凰新村站）于11月3日开通运营，延长段工程（凤凰新村站—文化公园站）于2019年12月28日开通运营，北延段工程（文化公园站—滘心站）于2020年11月26日开通运营。

延长段工程和北延段工程线路共15站，其中换乘站6座，总长17.7km，均为地下线，文化公园站八号线站台与六号线工程同期建设。本书延长段工程凤凰新村站（不含）—文化公园站和北延段工程文化公园站—滘心站统称八号线北延段工程。八号线北延段工程新建同福西站、华林寺站、陈家祠站、彩虹桥站、西村站、鹅掌坦站、同德站、上步站、聚龙站、石潭站、小坪站、石井站、亭岗站、滘心站共14座车站。其中，新建换乘站5座，设白云湖车辆段1处，位于亭岗站附近，如图1-1所示。

八号线北延段工程线路经过海珠区、荔湾区、白云区，连接荔湾区的彩虹桥生活区和西村、白云区的同德围和白云湖片区，串接海珠、荔湾和白云三大组团。作为连接城市北部地区、城市中心区与老城区的轨道交通干线，承担中心区与城市北部、珠江前航道河南地区的组团间交通，对缓解同德围地区交通压力，支持白云湖地区的发展具有重要意义。

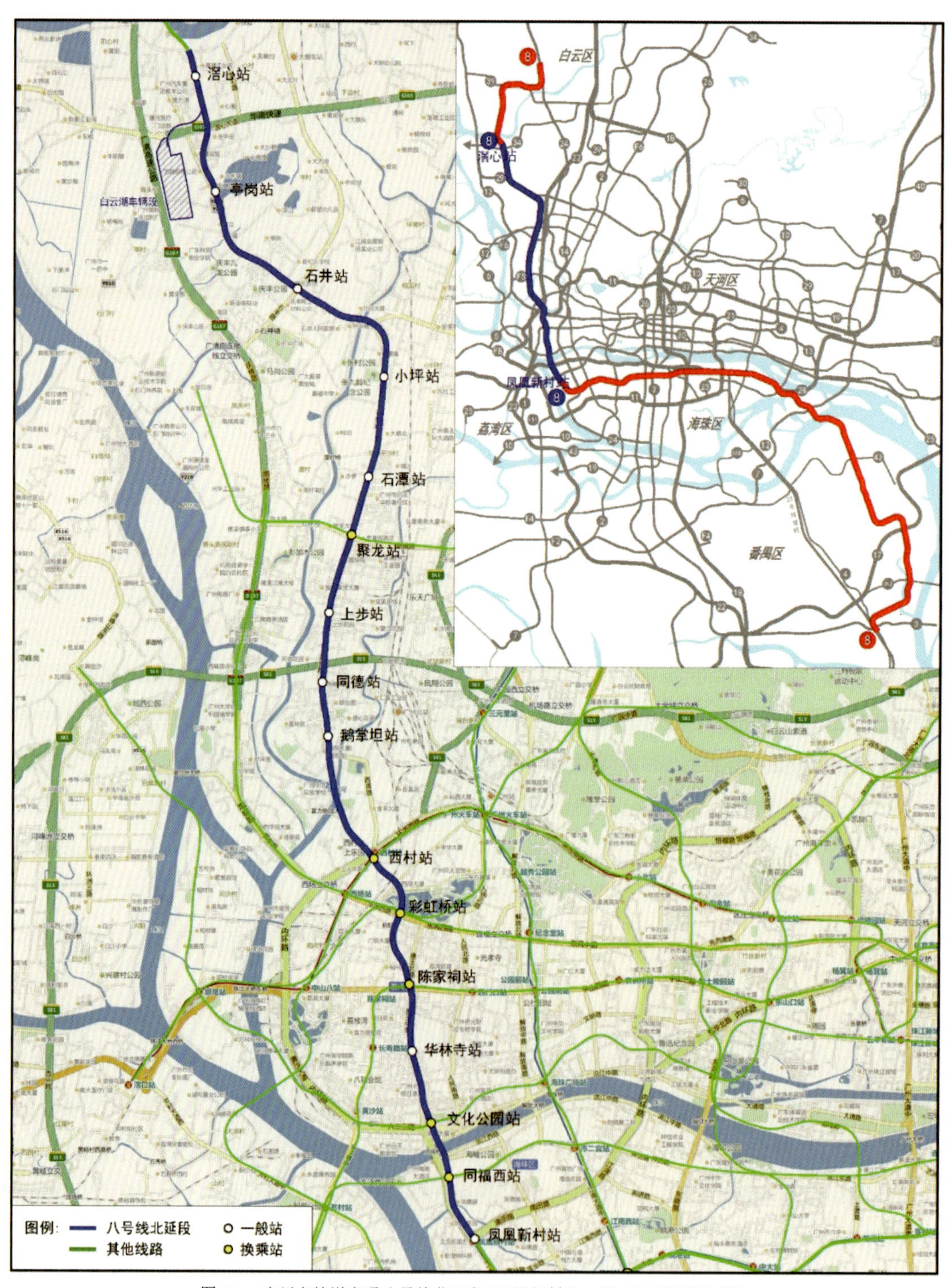

图 1-1 广州市轨道交通八号线北延段(凤凰新村站—滘心站)线路示意图

# 1.2 周边环境特征

八号线北延段工程线路主要经过荔湾区和白云区,沿线地面条件复杂,主要为城市交通干道、居民区、商业区。城市交通干道车流量大,居民区、商业区人员密集,建筑物稠密,地下线网分布多且交叉重叠。荔湾区线路沿线主要分布有市政道路(康王路、荔湾路至东风西路)、居民区(西村和彩虹桥居民区)和人工湖(流花湖),白云区线路沿线主要分布有市政道路(西湾路、西槎路、石槎路、石沙路)、生活区(同德围、白云湖、黄金围生活区)和河流(增埗河和石井河)。沿线区间和车站周边环境各具特点,根据线路周边环境特征将八号线北延段全线分为三个区段。

第一区段为古文化历史街区段,即同福西站—西村站段。本段线路穿越珠江两岸历史文化街区,线路周边为众多历史建筑及古树名木保护区。地铁车站周边紧邻商业区,区间下穿多处新中国成立前的老旧建筑,在同福西站—文化公园站区间下穿珠江。

第二区段为人口密集老城区段,即西村站—聚龙站段。本段线路穿越同德围老城区,建筑和人口密集、道路狭窄且交通繁忙,周边老旧房屋较多,地下市政管线设施老旧。区间下穿增埗河、北环路高速段,与220kV石井环西电力隧道并行同期建设,狭窄的道路下方建设三条隧道,极大地增加了工程建设难度。

第三区段为村镇居民区及工业发展区段,即聚龙站—滘心站段。本段线路沿线大部分为村镇居民区及工业发展区。其中,小坪站—石井站盾构区间在岩溶发育区正穿多层建筑,亭岗站—滘心站盾构区间下穿华南快速路的桥梁及西江引水管,白云湖车辆段出入段线下穿华南快速路上下桥匝道桥台,石井站—亭岗站区间需避让地面深埋管线。

## 1.2.1 古文化历史街区

同福西站—西村站区间均为地下敷设,线路长约5.9km,共设6座车站,如图1-2所示。本段同福西站位于珠江南岸,属海珠区,自同福西站穿过珠江后进入荔湾区。

荔湾是海上丝绸之路的发祥地、岭南文化的中心地。荔湾作为广州市的中心城区,文化是其最大的优势。它位于广州市西部,地处广州老城区范围,因历史上位于广州城西门之外,故俗称“西关”。走入荔湾,

图1-2 同福西站—西村站区间线路示意图

展现在面前的是基本完整的旧城风貌和大量岭南特色历史建筑。麻石铺砌的街巷里，中西文化交融的开放性和多元兼容的岭南建筑比比皆是，西关大屋、竹筒屋、骑楼茶楼、西式建筑、庙宇宗祠等为不同类型的典型传统建筑。荔湾区辖内有全国重点文物保护单位 3 处，省级文物保护单位 5 处，市级文物保护单位 35 处。

八号线北延段沿线临近多处重要文物，主要有同福西周边的历史文化街区、沙基惨案纪念碑、锦纶会馆和华林寺、陈家祠、彩虹桥和驷马涌、西村古树，其中包括有全国重点文物保护单位 1 处，省级文物保护单位 2 处，市级文物保护单位和具有重要历史文化价值的保护建(构)筑物和古树多处。

线路自同福西路(与规划线路十九号线换乘)穿过珠江后连接文化公园站，然后向北沿康王路行进，从康王路隧道的两侧下穿康王路，在长寿路与康王路交叉口南侧设华林寺站，车站周边为商业及居民密集区，其中华林寺站西南侧为历史文物建筑，南侧是广州市繁华的商业步行街。之后线路继续向北，在中山七路路口设陈家祠站(与已运行线路一号线换乘)，车站服务于周边陈家祠和商业及居民密集区。在荔湾路与西华路的交叉口设彩虹桥站(与规划线路十一、十三号线换乘)，车站周边为密集居民区及流花湖公园。之后线路下穿东风西路及其上方的高架桥，折向西北并下穿流花湖、流花路、货场铁路线，在西增路与环市西路交叉口设西村站(与已运行线路五号线换乘)。

该区间线路位于荔湾区繁华段，沿线建筑密集，途经商业街、居民区等，拆迁代价大，临近多处文物保护对象，地铁建设过程对其保护难度高，社会舆论压力大。

## 1.2.2 人口密集老城区

西村站—聚龙站区间线路长 4.7km，共设 4 座车站，均为地下车站，如图 1-3 所示。该段主要分布在白云区，沿线大部分为城市建成区，分布有多个住宅小区，属白云区繁华地段，人口密集老城区。

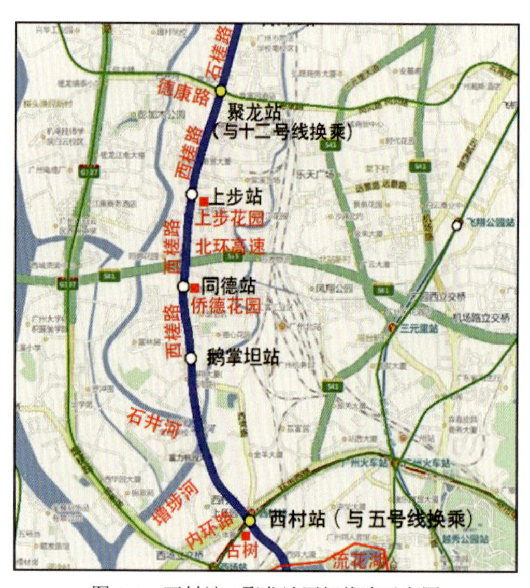


图 1-3 西村站—聚龙站区间线路示意图

线路出西村站之后下穿内环路、增埗河和石井河，在西槎路南端设鹅掌坦站，出站后沿西槎路向北行进，在侨德花园西侧设同德站，线路下穿北环高速路后沿西槎路敷设，在上步花园西侧设上步站，出站后线路一直沿西槎路向北行进，在德康路设置聚龙站，并与规划的十二号线换乘。该区间线路位于白云区繁华段，沿线建筑密集，房屋老旧且多为浅基础的结构形式，建筑物已发生较大的历史沉降，地下管线老旧且错综复杂，地铁建设过程对老旧建筑影响较大，容易引起建筑不均匀沉降、倾斜、开裂等，威胁沿线居民财产安全。另外，220kV 石井环西电力隧道同期建设，本段范围内共设置 4 座地铁车站和 4 处地铁区间隧道，10 次下穿地铁车站出入口或风亭结构，本区间鹅掌坦站、同德站、聚龙站的出入口与电力隧道工作井合建。在岩溶发育的地质条件下，在狭窄的道路下方同时建设三条隧道，极大增加了工程建设风险。

### 1.2.3 村镇居民区及工业发展区

聚龙站—滘心站区间线路长约 7.1km，共 5 座车站，均为地下车站，如图 1-4 所示。本区间线路分布在白云区，沿线大部分为村镇居民区及工业发展区。

线路出聚龙站之后沿石槎路敷设，在平沙村南侧设石潭站，在金碧南路口设小坪站，之后线路向西转入石沙路向西北行进，下穿石井河后在石丰路口设石井站，出站后沿石沙路敷设至亭石北路，在路的北侧设亭岗站，后下穿华南快速干线高架桥和西江引水管至白云湖数字科技城（黄金围片区）设终点站滘心站，白云湖车辆段出入段线连接滘心站和白云区车辆段，出入段线区间盾构下穿华南快速路上下桥匝道桥台。

图 1-4 聚龙站—滘心站区间线路示意图

该区间沿线开发强度不大，但线路主要沿石槎路、石沙路敷设，地下管线埋深较深且已老旧，石槎路因区域地势较低，经常发生内涝。亭岗站—滘心站区间下穿华南快速路干线高架桥，出入段线下穿华南快速路上下桥匝道桥台，施工对华南快速路的影响大。另外，220kV 石井环西电力隧道同期建设，在本段范围 4 次下穿地铁车站出入口或风亭结构，其中石潭站附属结构、小坪站附属结构与电力隧道的工作井合建。

## 1.3 区域地貌、地质、水文特征

城市轨道交通的土建工程首先依赖于施工环境，如果未能准确了解施工环境，施工将无法正常进行。除了沿线建（构）筑物、地下管线、征地拆迁、交通疏解等周边环境外，施工环境还包括地貌特征、地质特征、水文特征等地质环境。八号线北延段地质条件复杂，土建工程受地质条件影响大。

## 1.3.1 区域地貌特征

从地质演化史分析，珠江三角洲经历两次海进，经过淤积、堆积和城市变迁的人为改造，八号线北延段（同福西站—滘心站）现状地貌主要有三大类：海积、海陆交互冲积平原区（全线路段大部分范围），桂花岗碎屑岩台地（西村站前及向北线路区间），低山丘陵（小坪站—石井站—亭岗站零星点缀，随城市发展改造慢慢剥蚀呈残丘分布），如图 1-5 所示。沿线冲积平原区地形较为平坦，地面标高 6.0 ~ 9.0m；剥蚀残丘地段地形略有起伏，地面标高 12.0 ~ 21.5m。

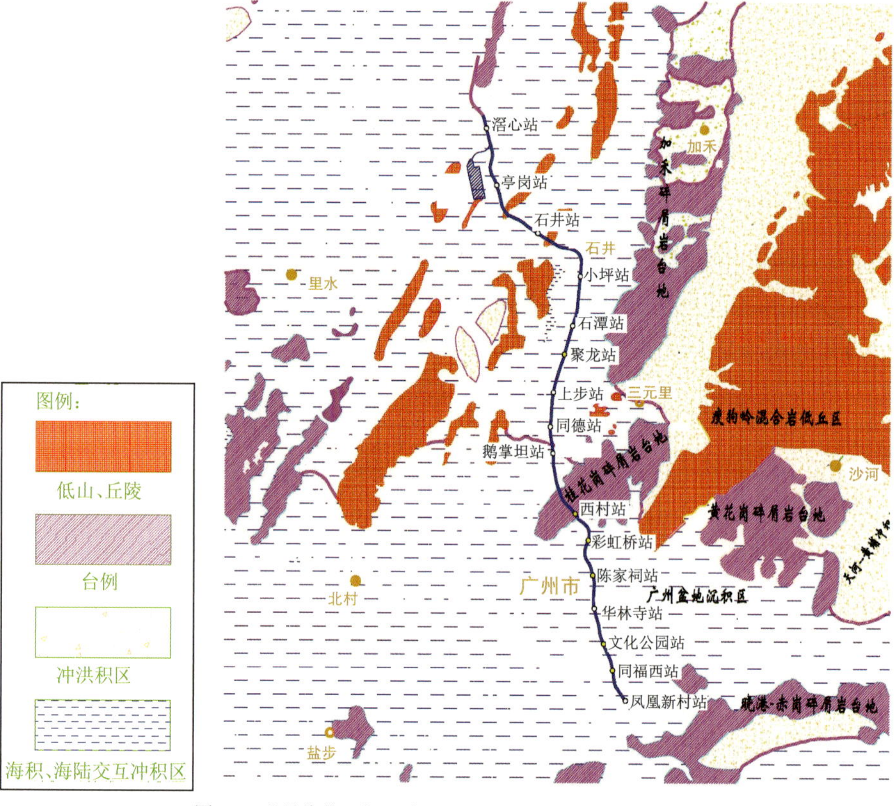


图 1-5 八号线北延段（同福西站—滘心站）地貌分区示意图

同福西站—西村站区间：基本位于海陆交互冲积平原区地貌单元内，西村局部残留着桂花岗碎屑岩台地的部分残丘（风化残积了较厚的粉质黏土层，最大埋深标高 -13.9m，进入车站和隧道结构的底板以下）。

西村站—聚龙站区间：冲积平原地貌，整体地形较为平坦。

聚龙站—滘心站区间：主要为冲积平原地貌，整体地形较为平坦，石井站附近有石井台地剥蚀残丘，地形略有起伏。

## 1.3.2 区域地质特征

1 )区域构造特征

从区域地质构造单元分析,八号线北延段(同福西站—滘心站)位于广花凹陷和东莞盆地两个四级构造单元内。以增埗河为界,增埗河以北线路段位于广花凹陷的南部,增埗河以南线路段位于东莞盆地范围西北部。

沿线发育与线路密切相关的地质构造断裂有海珠断裂(华林寺站及站前区间)、广从断裂(华林寺站—陈家祠站区间)、清泉街断裂(彩虹桥站—西村站)、三元里—温泉断裂(同德站)、横湖正断层(上步站及上步站—聚龙站区间)、新市—嘉禾断裂(石潭站—小坪站区间)、石井断裂组(小坪站—石井站区间及石井站)等,如图 1-6 所示。

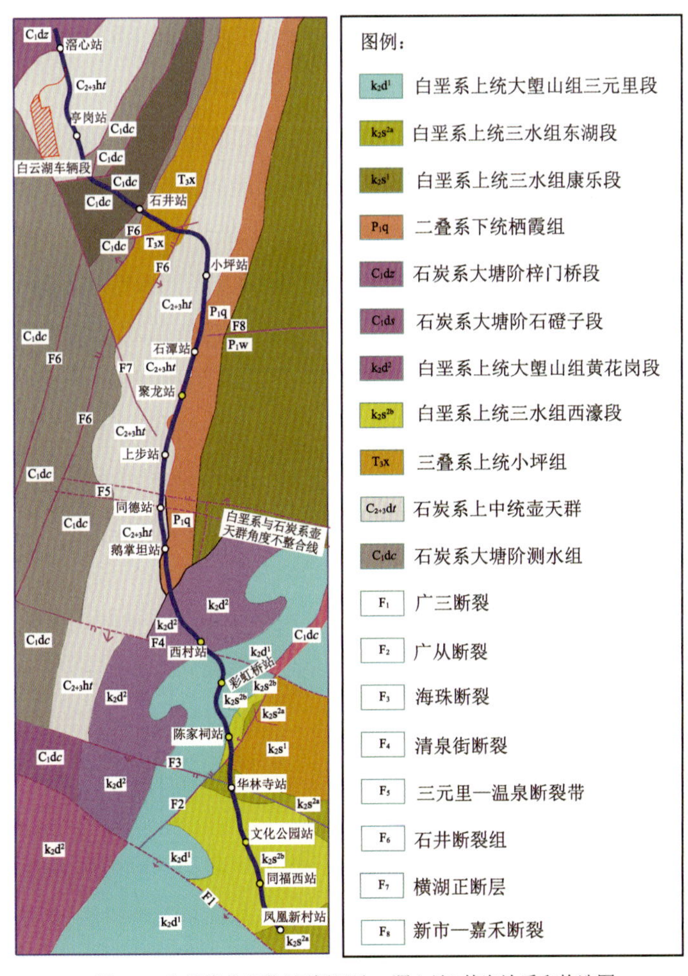

图 1-6 八号线北延段(同福西站—滘心站)基岩地质和构造图

沿线发育且决定了线路地质构造褶皱有珠江向斜、广州背斜(荔湾单斜)、新市—嘉禾向斜(肖岗向斜)、黄榜岭背斜。

同福西站—西村站区间：线路段位于东莞盆地的西北部，区内受珠江向斜、广州背斜（荔湾单斜）两大褶皱单元控制，线路走向基本与褶皱轴向垂直，两翼地层变化频繁，存在多个地层接触带。区内与线路相交的断裂构造主要有海珠断裂（华林寺站及站前区间）、广从断裂（华林寺站—陈家祠站区间）、清泉街断裂（彩虹桥站—西村站区间及西村站）。

西村站—聚龙站区间：西村站—增埗河以南线路段位于东莞盆地范围，增埗河以北—聚龙站区间位于广花凹陷盆地范围。线路段主要位于新市—嘉禾向斜的东南翼，主体地质构造呈近东西走向，主要有清泉街断裂（西村站及前后区间）、三元里—温泉断裂（同德站）、横湖正断层（上步站北端）。增埗河站—聚龙站区间线路基本沿着石炭系、二叠系地层接触带走向行进，受接触带走向控制。本区间内的鹅掌坦站、聚龙站均被两套地层分割，接触带两侧岩溶发育、水文地质条件复杂。

聚龙站—滘心站区间：线路段位于广花凹陷构造区内，主体受新市—嘉禾向斜、黄榜岭背斜、新市—嘉禾断裂、石井断裂组、横湖正断层控制。因受断裂构造作用影响，石井站—亭岗站一带岩性破碎、交替频繁、岩溶发育，地层软硬不均、水文地质条件复杂。线路在聚龙站—小坪站一带基本与二叠系、石炭系地层的接触带走向平行，线路与地层接触带交替交汇，受地层接触带的影响，部分工点存在明显的地层差异性特征。广花盆地在断裂、褶皱的综合作用下，溶洞集中发育在褶皱轴部、两翼及断裂带区域，岩溶发育迹线呈明显的北东向条带状展布；一般情况下，断裂构造影响越强烈部位，岩溶越发育，反之亦然。在可溶性灰岩分布区，断裂构造致使地面塌陷的可能性大大增加。石炭系中石磴子组与壶天组等岩溶强发育岩组、第四系覆盖层厚度较薄区域、断裂构造的应力集中部位都是地面塌陷高发区。小坪站—石井站区间与石井断裂近垂直相交，在石井站—亭岗站穿过新市—嘉禾向斜核部，在聚龙站—亭岗站区间线路整体受地层接触带、断裂、褶皱影响，处于构造应力集中部位，都是发生岩溶塌陷的高风险区。

**2）地层特征**

根据八号线北延段基岩地质条件划分，增埗河以南位于东莞盆地范围西北部，增埗河以北位于广花凹陷的南部，不同的构造单元下地层特征也有较大差异。

同福西站—西村站区间：主要位于碎屑岩区，从上到下以第四系人工填土，海陆交互相的深灰色、灰黑色砂层、软土层为主；基岩主要是红色系的白垩系泥质粉砂岩、粉砂质泥岩等，多表现为软硬夹层、风化不均，多为极软岩～较软岩等。

西村站—聚龙站区间：以增埗河为界，西村站—增埗河南岸区间位于碎屑岩区，覆盖层以第四系人工填土、海陆交互相砂层、软土层为主；基岩为白垩系上统碎屑岩，岩性主要为泥质粉砂岩。增埗河北岸—聚龙站区间基岩为石炭系及二叠系灰岩、碳质灰岩，均发育溶（土）洞，岩溶溶洞裂隙水发育。三元里温泉断裂及岩层接触带附近裂隙水发育。伴随石灰岩岩面起伏，不均匀、不连续地残积了部分灰岩残积土，该段覆土层为粉质黏土夹灰岩角砾、碎屑等，推测部分受岩溶塌陷影响，杂乱，透水性强，而同德站残积土层最大层底深度为47.2m，存在溶蚀深槽。基岩上冲洪积了厚度较大的砂层(其中,同德站最厚的砾砂层达 14.3m,最大层底深度为 45m),部分砂层直接覆盖在基岩面上。

聚龙站—滘心站区间:上覆土层为冲洪积砂层、粉质黏土层,厚度较大,分布广泛;基岩主要为石炭系、二叠系、三叠系等多套地层,岩溶(土)洞、风化深槽发育,泥岩、页岩等岩芯破碎。

### 1.3.3 区域水文特征

**1)同福西站—西村站区间**

(1)地表水

本段线路在同福西站—文化公园站区间下穿珠江前航道,彩虹桥站附近的流花湖还起着片区的防洪调蓄功能。古珠江宽 1400 ~ 1500m,线路从同福西以北一直到西村段基本位于古珠江河道范围,地质历史上的两次海进以及珠江古河道的淤积和人工堆积,导致珠江河面宽度往南缩窄,直到形成今天的珠江河宽,如图 1-7 所示。华林寺站—陈家祠站—彩虹桥站一带位于西关沼泽范围,彩虹桥位于古兰湖(今流花湖)位置,线路在文化公园站—彩虹桥站一段位于西关涌东侧和西濠涌西侧的中间陆地地带。

(2)地下水

主要赋存在上部第四系的砂层中以及碎屑岩的层状基岩裂隙中。

**2)西村站—聚龙站区间**

(1)地表水

本段线路在西村站—鹅掌坦站区间下穿增埗河。

(2)地下水

增埗河南岸一带第四系冲洪积砂层不发育,第四系松散层孔隙水一般发育,地下水主要以基岩强 ~ 中风化带中的基岩裂隙水为主。其透水性弱,富水性中等。地表水与基岩裂隙水水力联系较弱。

增埗河北岸站—聚龙站区间冲洪积砂层较发育,第四系松散层孔隙水发育。

**3)聚龙站—滘心站区间**

(1)地表水

本段线路在小坪站—石井站区间下穿石井河,亭岗站东侧紧邻白云湖,流溪河距离线路终点约 160m,距离滘心站约 500m。

(2)地下水

石井站—亭岗站区间与新市—嘉禾向斜近垂直相交,从向斜东南翼经核部穿过其西北翼,向斜核部是重要的储水构造;除小坪站—石井站区间外,其他段线路冲洪积砂层均较发育,第四系松散地层孔隙水发育。基岩为石炭系及二叠系地层,均发育溶(土)洞,岩溶溶洞裂隙水发育。尤其是石井断裂、新市—嘉禾断裂及石炭系与三叠系、二叠系的地层接触带部位,基岩裂隙水发育。整体水文地质条件复杂。

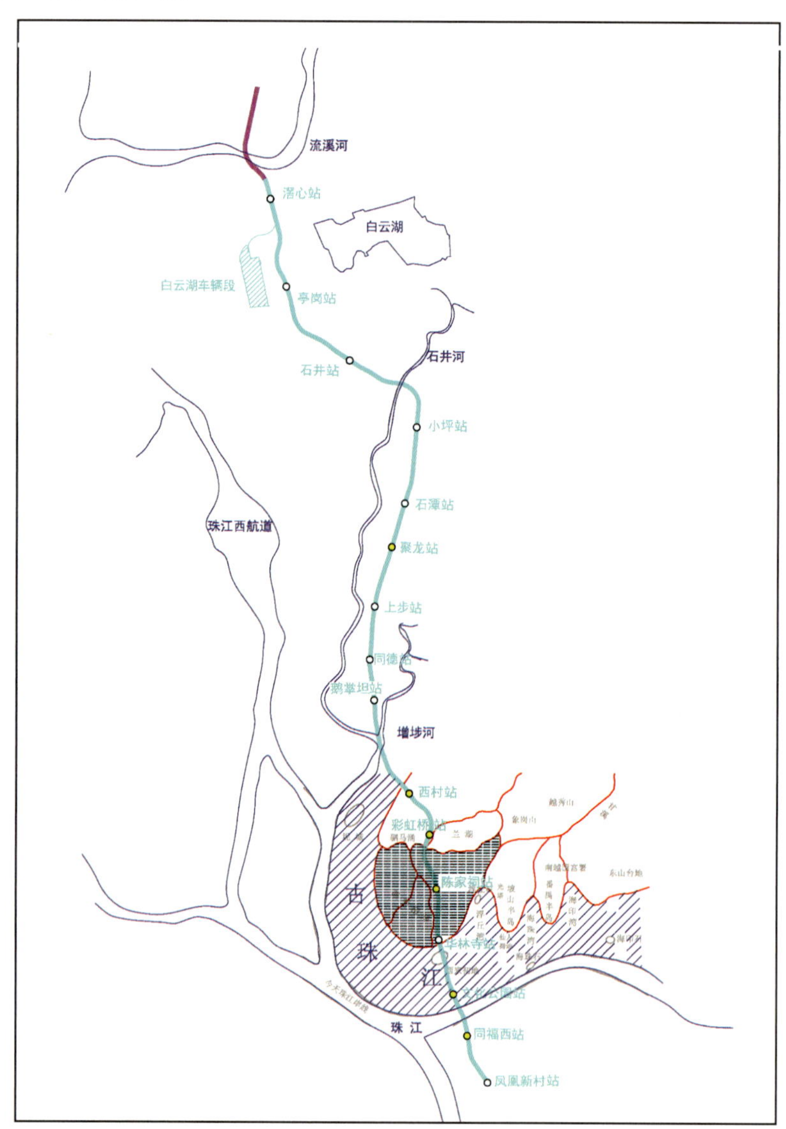


图 1-7　古珠江堤岸线、沿线主要水系示意图

## 1.4 建设期主要风险

### 1.4.1 水文与地质风险

1)古河道风险

珠江三角洲地区经历两次海进,第一次叫礼乐海进,发生在晚更新世中期,距今

24000 ~ 37000 年，伴随晚冰期海面下降，发生海退；第二次叫桂州海进，发生在中全新世初期，距今 5000 ~ 8000 年，随后海面基本稳定，发生三角洲堆积性“海退”。区内晚更新统的平均厚度约 20m，全新统的平均厚度十几米。

海进阶段，现珠江三角洲部分区域接受了三角洲相沉积，古三角洲的第四系松散沉积物厚 160 ~ 200m，呈现出多个由细粒至粗粒的沉积韵律，表面大部分为含古滨海相贝壳遗骸及细砾的沙质堆积，并含有较多的更新世有孔虫壳。

根据《广州古城水系与城市发展关系研究》，从广州任嚣建城到唐代，受地理条件的影响，珠江在广州段发生着较大的变化。晋朝以前，今惠福路直接临江，当时的珠江宽度约 1500m；晋朝以后，广州珠江河道的岸线每年以 0.6m 的速度向珠江推移。经过数千年海河淤积、人为堆积，珠江河道及浅滩区逐步变为现今的广州城市居住区。唐代珠江北岸大致在今西关洋塘以南、上下九路、大德路、文明路一带，江面宽 1400m，流花湖附近是个重要的港口。宋代以来，随着淤积和人为堆积的进一步发展，华林寺一带渐渐发展为陆地，在当时广州城的西关一带。明代由于西江、北江来水减少，海潮顶托，珠江北岸广州河段因泥沙淤积，迅速南移，珠江岸线进一步南移。

在清代，西关平原一带，江河交汇，地势低洼，展现为星罗棋布的湖泊和综合交错的河流的水乡泽国。后由于河流泥沙的淤积，珠江成陆，形成一片陆洲。整个陆地地势东高西低，北高南低。西关平原地区主要的内河涌是西关涌。

八号线北延段增埗河以南范围位于古珠江河口浅滩区域，后经历淤积和人为堆积逐步发展为陆地，故此段也沉积了较厚的海陆交互相的淤泥、淤泥质粉细砂等地层，古珠江在红岩系范围中成立，由于红色碎屑岩易软化崩解，经历长期侵蚀后，形成了和缓起伏的岗地，地基较稳固，有丰富的井泉，存储量、供给量比较丰富而且口感好。

由图 1-8 看，现珠江北岸一直延伸到彩虹桥段为古珠江河道范围，沉积了很厚的淤泥、砂层，其中在文化公园站、华林寺站、彩虹桥站表现为冲沟，又以华林寺站为最，最大埋深为 23m。古河道变迁引起区域性的地质条件变化，沉积了较厚的海陆交互相沉积层，给古河道范围内的线路建设带来了一定程度的深厚软土风险。

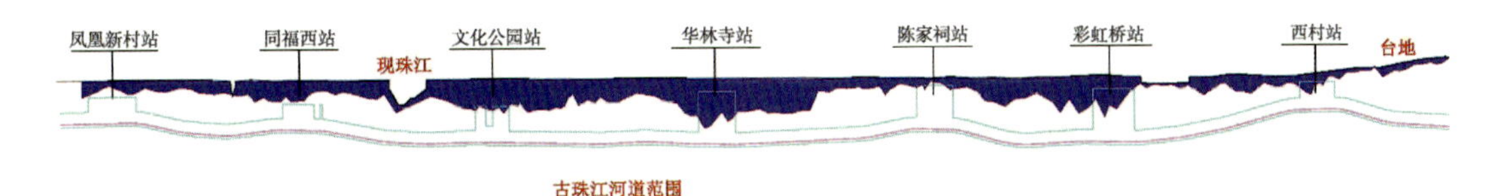


图 1-8　凤凰新村站—西村站区间第四系海陆交互相沉积层厚度示意图

**2）地质构造风险**

（1）断裂带风险

根据区域地质资料，影响本区域主要的大断裂构造有北东向的广从断裂、东西向的广三断裂和瘦狗岭断裂;距本线路较近的次一级断裂有温泉断裂、清泉街断裂、海珠断裂等多条东西向断裂构造,在石井—亭岗村—白云湖一带有多条北北东向和北北西向的小断层,主要有新市走向断裂、泌冲断裂、石井走向断裂、后海断裂、槎头—海头断裂等。

断裂是地下水活动的通道,同时又是地下水赋存的场所,在隧道开挖时可能会发生突水涌水等灾害;断裂带通常岩石较破碎,隧道开挖断面内容易发生软硬不均、盾构刀盘易磨损、盾构掘进线路偏移等灾害。

(2)地层接触带风险

增埗河以北隶属广花凹陷构造区内,区内发育了石炭系、二叠系、三叠系等多套地层,线路在鹅掌坦站—小坪站一带基本沿二叠系、石炭系地层接触带走向平行,受地层接触带的影响,线路与地层接触带交替交汇。接触带上因应力作用形成小的褶曲,其走向、倾向不明确。其中,鹅掌坦站、聚龙站车站主体被两套地层分割,车站基坑内地层差异明显,施工难度高,风险大。

**3)石灰岩地层风险**

(1)风化不均匀、起伏变化大风险

本工程灰岩段由于灰岩风化极不均匀,岩面起伏非常大,线路范围内隧道掘进断面多为软硬不均、上软下硬的复合地层,盾构在此类复合地层中掘进,刀具、刀盘极易磨损,施工振动大,对周围地层的扰动大。当拱顶刚好处于富水砂层或软弱淤泥、淤泥质土或淤泥质砂层时,极易造成拱顶坍塌,由于软弱土层或砂层自稳能力较差,进而容易导致地表沉降,甚至塌陷。岩面倾斜大,岩土界面通常裂隙发育,为地下水渗流通道和储存区,盾构掘进时有喷涌、突水风险。对于明挖基坑,由于岩面起伏大,围护结构及立柱桩等施工时,易发生卡锤、掉锤或漏浆,围护结构或立柱桩受力不均等问题。同时,同一槽段或者相邻墙段不能对齐和漏水,墙底无法按设计要求嵌入岩层而产生缝隙形成渗水通道,可能造成后续基坑开挖时渗水、涌水灾害等问题。某车站基坑地下连续墙成槽过程中漏浆情况如图1-9所示。

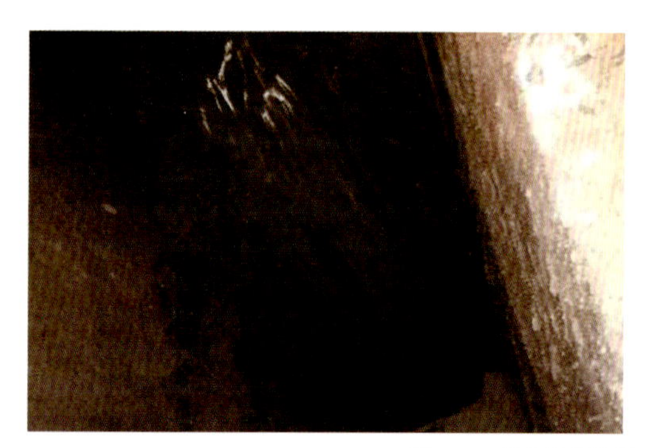

图1-9　某车站基坑地下连续墙成槽过程中漏浆

(2)溶蚀风险

本线路鹅掌坦南侧至白云湖段为石炭系地层,其中壶天群灰岩和测水组碳质灰岩中发育溶洞和土洞，分布范围和发育程度受断层破碎带、岩体节理发育程度及地下水控制。岩溶发育存在很大程度的不均匀性。区段内各车站基坑及区间总体见洞率为 16.1% ~ 58.8%，局部溶洞见洞率最大将近 80%；洞体高度大，最高达 20 多米。串珠状溶洞发育。沿线溶洞发育情况见表 1-1。隧道及基坑施工遇到溶（土）洞时，可能会击穿溶（土）洞顶板，引起溶（土）洞塌陷。溶洞顶板薄，充填情况复杂，且砂层发育区域，砂层直接覆盖在溶洞顶板面上，中间无稳定隔水层，由于砂层自稳性能差，极易引起地表大面积塌陷，风险极大。岩溶发育地段地面局部塌陷实例如图 1-10 所示。

图 1-10 岩溶发育地段地面局部塌陷

沿线溶洞发育情况汇总 表 1-1

| 序号 | 工点名称 | 地层 | 岩溶发育情况 | 溶洞见洞率 | 线性岩溶率 | 土洞见洞率 | 溶蚀深槽 | 发育程度分级 |
|---|---|---|---|---|---|---|---|---|
| 1 | 西村站—鹅掌坦站区间 | $P_1q$ | 区间在 $P_1q$ 碳质灰岩中共有 10 个钻孔揭露到溶洞，洞体高度 0.5 ～ 4.8m 不等，多呈串珠状。MHBZ3-XE-39 钻孔揭露到 4.8m 高溶洞，MHBZ3-XE-B31 钻孔揭露 4 层溶洞。MHBZ2-420、MHBZ3-XE-44 钻孔均揭露到土洞，洞体高度分别为 1.9m 和 2.5m | 27.8% | 5.28% | 5.56% | — | 中等发育 |
| 2 | 鹅掌坦站 | $C_{2+3}ht$、$P_1q$ | 车站在 $C_{2+3}ht$ 灰岩中共有 15 个钻孔揭露到溶洞，洞体高度 0.5 ～ 13.6m 不等，部分呈串珠状。MHBZ3-EZT-B018 钻孔揭露到最大洞体高度为 13.60m 的溶洞，MHBZ3-EZT-14 钻孔揭露 3 层溶洞。MHBZ3-EZT-B016、MHBZ3-ZT-61 钻孔均揭露到土洞，洞体高度分别为 2.30m 和 3.80m | 44.12% | 47.02% | 5.88% | — | 强烈发育 |
| 3 | 鹅掌坦站—同德站区间 | $C_{2+3}ht$ | 区间共有 11 个钻孔揭露到溶洞，洞体高度 0.6 ～ 8.9m 不等，部分呈串珠状。区间基本沿着 C、P 地层分界线右侧由南向北行进，区间右线更接近地层分界线，右线岩溶较左线发育，发育溶蚀深槽，深槽处堆积较厚的冲洪积后砂层或岩溶塌落物。从断面图溶洞揭露情况看，区间岩溶既沿里程方向水平展布，也在垂直深度上揭露多层溶洞，体现了水平、垂直同时发育的特征 | 18.6% | 17.89% | 无 | 有 | 中等发育 |

续上表

| 序号 | 工点名称 | 地层 | 岩溶发育情况 | 溶洞见洞率 | 线性岩溶率 | 土洞见洞率 | 溶蚀深槽 | 发育程度分级 |
|---|---|---|---|---|---|---|---|---|
| 4 | 同德站 | $C_{2+3}ht$ | 车站揭露溶洞多呈串珠状，洞体大小不一，洞体高度0.3~20.0m不等。部分相邻钻孔出现临空面，多处基岩面高差大于5m，如MHBZ3-TDW-B29与32钻孔，岩面相差在16m以上。其中，垂直洞体高度大于5m的有16个，大于10m的有7个，大于15m的有4个。在2016年12月进行的北部基坑连续墙补充详细勘察中，MHBZ3-TDW-D04钻孔揭示出上部土洞高度14.3m，下部溶洞高度仅2.3m，且无充填物，溶洞顶板厚0.10m，按正常塌落堆积，土洞很难达到如此规模，初步推断为溶洞内地下水流速较快导致（或受季节影响） | 52.3% | 48.11% | 无 | 有 | 强烈发育 |
| 5 | 同德站—上步站区间 | $C_{2+3}ht$ | 洞体高度0.6~15.6m不等，部分钻孔揭露串珠状溶洞。溶洞多为全填充或半填充，少数为无填充，充填物为中粗砂、角砾石和黏性土。岩溶发育通常不规律，溶洞洞体高度大，部分地段砂层直接覆盖在基岩之上 | 30.2% | 41.2% | 无 | — | 强烈发育 |
| 6 | 上步站 | $C_{2+3}ht$ | 洞体高度1.35～16.5m不等，最大高度为MHBZ2-150钻孔揭露的高度为16.5m的溶洞。MHBZ3-SB-17钻孔揭露3层溶洞。溶洞均在隧道底板以下发育。有2处揭露溶蚀深槽，1处未揭露岩面，1处岩面埋深30.0～37.0m | 17.86% | 27.59 | 无 | 有 | 强烈发育 |
| 7 | 上步站—聚龙站区间 | $C_{2+3}ht$、$P_1q$ | 在水平向，溶洞主要在石炭系灰岩地层中发育，在二叠系碳质灰岩中基本不发育。在垂直向，主要在隧道底板附近或隧道底板以下，多呈串珠状发育，石炭系灰岩岩面起伏大，发育溶沟、溶槽，如MHBZ3-SBJL-13、29，MHBZ3-JL-02，MHBZ2-162钻孔等，基岩面均较旁边钻孔埋深大，局部形成凹槽。2个钻孔揭露土洞2个，洞体高度分别为2.80、10.2m，无充填 | 35.7%（C） | 36.8% | 4.76% | — | 强烈发育 |
| 8 | 聚龙站 | $C_{2+3}ht$、$P_1q$ | C、P分界线将车站划分为北部C地层、南部P地层。岩溶主要在车站北部石炭系灰岩中发育，洞高0.2～7.9m不等，多呈串珠状。二叠系碳质灰岩中含碳量低，岩溶稍发育，共有3个钻孔揭露溶洞，洞体高度1.1～2.5m不等。勘察期间未揭露土洞。岩面稍平整，溶蚀深槽不发育 | 74.3%（C）<br>8.11%（P） | 17.7%（C）<br>7.83%（P） | 无 | — | 基坑中部以北的北部强烈发育，南部中等发育 |
| 9 | 聚龙站—石潭站区间 | $C_{2+3}ht$、$P_1q$ | 区间右线岩溶较左线发育，更接近石炭系、二叠系地层分界线，这也就印证了地层分界线交界处岩溶更发育，且发育风化深槽，深槽处冲洪积后堆积较厚的砂层。从断面图溶洞揭露情况看，区间岩溶既沿里程方向水平展布，也在垂直深度上存在多层溶洞，体现了水平、垂直同时发育的特征。最大洞体高度为MHBZ3-JP-06钻孔揭露的高度为14.55m的溶洞，最小洞体高度为MHBZ2-196钻孔揭露的高度为0.20m的溶洞，其中初步勘察MHBZ2-200钻孔揭露3层溶洞。1个钻孔揭露土洞1个，洞体高度为2.60m，无充填 | 31.0% | 21.99% | 3.45% | — | 强烈发育 |

续上表

| 序号 | 工点名称 | 地层 | 岩溶发育情况 | 溶洞见洞率 | 线性岩溶率 | 土洞见洞率 | 溶蚀深槽 | 发育程度分级 |
|---|---|---|---|---|---|---|---|---|
| 10 | 石潭站 | $P_1q$ | 本站揭露的基岩主要为二叠系栖霞组碳质灰岩夹碳质页岩、碳质泥岩地层，该套地层岩溶发育弱，车站南侧分布 $C_2$+3$ht$ 灰岩，初步勘察与详细勘察共 5 孔揭露到 $C_{2+3}ht$ 灰岩，仅初步勘察 MHBZ2-205 钻孔在 16.2 ～ 16.9m 揭露洞体高度为 0.70m 溶洞 1 个，区域揭示该层岩溶发育，且 $C_{2+3}ht$ 与 $P_1q$ 碳质灰岩接触地带，灰岩中更易发育溶洞，故不能忽视 $C_{2+3}ht$ 灰岩发育溶洞的可能 | 无 | 无 | 无 | — | 弱发育 |
| 11 | 石潭站—小坪站区间 | $C_{2+3}ht$、$P_1q$ | 区间左线岩溶较右线发育，本区间揭露的基岩主要为二叠系栖霞组碳质灰岩夹碳质页岩、碳质泥岩以及石炭系上中统壶天群灰岩地层，尤其石炭系壶天群灰岩溶（土）洞发育，二叠系碳质灰岩和灰岩中溶（土）洞也较发育。二叠系和石炭系地层交界处发育风化深槽，深槽处冲洪积后堆积较厚的砂层。从断面图溶洞揭露情况看，区间岩溶既沿里程方向水平展布，也在垂直深度上存在多层溶洞，体现了水平、垂直同时发育的特征。最大洞体高度为 MHBZ3-PX-69 钻孔揭露的高度为 11.7m 的溶洞，最小洞体高度为 MHBZ3-PX-67 钻孔揭露的高度为 0.50m 的溶洞，其中初步勘察 MHBZ2-235 及 MHBZ3-PX-57、64、70、71 钻孔揭露 2 层溶洞。3 个钻孔揭露土洞，最大土洞高度为 5.0m | 38.2%（C）6.2%(P) | 24.5%（C）12.5%(P) | 3.03% | — | 强烈发育 |
| 12 | 小坪站 | $C_{2+3}ht$ | 溶洞串珠形态较多见，有全充填、半充填和无充填三种，高度达 3m | 53.6% | 25.8% | 1.64% | — | 强烈发育 |
| 13 | 小坪站—石井站区间 | $C_{2+3}ht$、$C_1dc$ | 区间揭露到灰岩的 76 个钻孔（详细勘察 58 个、利用钻孔 18 个）中，揭露到溶洞的钻孔有 25 个，揭露到土洞的钻孔有 4 个 | 32.9% | 31.7% | 3.13% | — | 强烈发育 |
| 14 | 石井站 | $C_1dc$、$C_1ds$ | 岩溶在本站石磴子组基岩中较为发育，在测水组与石磴子组基岩接触带附近尤为发育。本次勘察及初步勘察与详细勘察共计钻孔 37 个，揭露到溶洞的钻孔有 15 个，主要发育在石磴子组灰岩分布地段，洞体高度 0.2 ～ 12.5m | 16%、52% | 0.9%、22% | 无 | — | 中等～强烈发育 |
| 15 | 石井站—亭岗站区间 | $C_1ds$、$C_1dc$、$C_{2+3}ht$ | 详细勘察布置钻孔 106 个完成 104 个，利用钻孔 42 个，共 146 个钻孔；揭露灰岩的钻孔共 110 个，其中揭露到溶洞的钻孔有 17 个，揭露到土洞的钻孔有 4 个。区间见壶天群（$C_{2+3}ht$）灰岩钻孔 20 个，揭露溶洞钻孔有 9 个，其中串珠状溶洞 4 个，单个溶洞最大洞高 8.2m（孔号为 ST-99），溶洞发育强烈。揭露土洞 4 个，洞高 1.5 ～ 2.1m | 45% | 3.79% | 3.6% | — | 强烈发育 |
| 16 | 亭岗站 | $C_{2+3}ht$ | 岩溶主要见于右线，左线零星揭露小规模溶洞。车站完成钻孔 34 个（初步勘察 7 个利用孔），揭露到溶洞的钻孔有 11 个，洞体高度 0.3 ～ 2.0m，有 4 个钻孔见串珠状小洞，未揭露土洞 | 33.0% | 14.4% | 无 | — | 中等发育 |
| 17 | 亭岗站—滘心站区间 | $C_{2+3}ht$ | 在灰岩中揭露有溶洞，本次勘察及初步勘察 87 个孔中有 14 个钻孔揭示到溶洞，洞体高度 0.3 ～ 12.1m，4 个钻孔揭露到 2 层或 2 层以上的串珠状溶洞 | 16.1% | 20.4% | 无 | — | 强烈发育 |

续上表

| 序号 | 工点名称 | 地层 | 岩溶发育情况 | 溶洞见洞率 | 线性岩溶率 | 土洞见洞率 | 溶蚀深槽 | 发育程度分级 |
|---|---|---|---|---|---|---|---|---|
| 18 | 滘心站 | $C_1dz$ | 初步勘察与详细勘察45个孔在梓门桥段($C_1dz$)见灰岩的35个孔中,有8个钻孔揭示到溶洞,洞体高度0.2~5.8m,多为小型溶洞,4个钻孔揭露到2层或以上的串珠状溶洞。未揭露土洞 | 22.9% | 33.0% | 无 | — | 强烈发育 |
| 19 | 出入段线 | $C_{2+3}ht$ | 出入段线32个钻孔揭露灰岩,其中13个钻孔揭露到溶洞,洞体高度0.4～10.1m不等,基本都有充填 | 37.5% | 27.7% | 无 | — | 强烈发育 |
| 20 | 白云湖车辆段 | $C_{2+3}ht$、$C_1dc$、$C_1dz$ | 壶天群以灰岩、角砾灰岩为主,岩溶发育;梓门桥组地层以碎屑岩与灰岩互层为主,岩溶中等~强烈发育;测水组地层以碳质页岩、碳质灰岩、碳质泥岩、灰岩为主,有岩溶发育。洞体高度0.3～17.3m,其中壶天群溶洞发育的平均高度2.5m。有7个钻孔揭露8个土洞,洞体高度1.5～4.4m,平均高度2.33m | 17.2%、20.0%、12.1% | 1.79%、4.56%、3.35% | 1.7% | — | 强烈发育 |

沿线区域受周边大断裂带及次生断裂束的影响,岩溶、溶蚀凹槽发育,地下水较丰富且具有承压性,未见岩层,车站基坑止水帷幕的封闭难度很大,基坑开挖过程有突涌风险。

图1-11　小坪站—石井站区间历史塌陷场景

(3)岩溶历史塌陷区风险

岩溶塌陷可分为自然演化和人为塌陷两种。长期的流动地下水对可溶性岩的侵蚀或地下工程的人为干扰,会打破原来稳定溶洞的稳定性,导致塌陷直至塌陷坑重新自稳,形成历史塌陷区(图1-11)。虽然溶洞塌陷已经完成,但塌陷坑周边土体仍很不稳定,极有可能二次坍塌,安全隐患较大。受岩溶历史塌陷的影响,基岩覆土层呈现杂乱、透水性不均匀等地层特性,当原溶洞上覆层为砂层时,溶洞塌陷过程中坑壁的自稳能力差,加上流动性地下水的叠加作用,塌陷区存在的危害更大。本线路范围内多处溶洞顶板直接覆盖层为砂层,透水性强,岩溶水连通性好,砂层中分布淤泥、淤泥质土等软土,若此类地层发生岩溶塌陷,则塌陷区将呈现岩面高差大、基岩上覆土层不均匀不连续、成分杂乱、渗透性不均匀等特性。如遇历史塌陷区,车站基坑施工会出现连续墙按一般设计原则嵌固深度不足而不能满足止水要求等问题,以及盾构隧道穿越软硬交替频繁地层问题。另外,历史塌陷区在发生塌陷期间已引起周边建筑物、地下管线等发生一定程度的不均匀沉降或倾斜,在此范围内进行工程建设可能会引发周边建筑物、地下管线等发生二次沉降甚至破坏。

(4)岩溶水风险

区域溶洞发育,溶洞填充程度不一。无填充溶洞,岩溶水丰富,且砂层直接覆盖在岩面上,与岩溶水有水力联系,岩溶水的赋水性极不均匀,水文地质条件非常复杂,且具有承压性。在岩石完整的部位,水量贫乏,不透水;而在溶洞处,水量非常丰富,岩溶水通过溶洞、溶蚀裂隙、构造破碎带等通道连通,且与砂层水连通,影响范围大。隧道和基坑施工过程中若遇到富水溶洞,其地下水量有时大到无法估计,区间隧道施工时易发生突水突泥甚至盾构被淹埋事故,严重危害施工作业人员的人身安全,造成较大的经济损失,对工期影响巨大等;车站基坑施工时遇到富水溶洞,岩溶水具有承压性,可能会发生管涌、涌水涌泥灾害(图1-12),进而引起周边地表沉降或塌陷,危害周边建筑物及居民安全,危害极大。

图1-12 明挖基坑范围内因岩溶水发生突涌

4)上软下硬地层风险

区间隧道多处于上软下硬地层中,隧道开挖断面上部为淤泥、黏土、砂层等,下部为微风化灰岩。盾构在上软下硬地层中施工时,其刀具遭受的冲击很大,极易损坏(图1-13),切口压力不稳定,且施工振动大,对地层扰动大,极易导致周边或下伏溶(土)洞失稳,上部粉细砂、中粗砂层沉降变形大,进而导致地面沉降和塌陷。

图1-13 上软下硬地层盾构刀盘开裂、单边磨损

盾构在上软下硬地层中掘进,不仅刀具非常容易遭到损坏,而且由于刀具的磕碰磨损及偏磨比较严重,掘进速度较慢,会导致频繁的开仓检查及更换刀具,严重制约施工工期。同时,砂层中地下水量丰富,地下水具有承压性,开仓作业对施工人员的安全风险极大。

图1-14 同德站深厚砂层抽芯取样

5)深厚富水砂层风险

沿线冲洪积土层区域砂层深厚,粉细砂及中粗砂层厚达20m,局部粉细砂层还上覆约10m厚的淤泥质细砂、砂层,总厚度达30m。局部风化深槽位置钻孔至56.3m(图1-14),仍未见岩层,造成车站主体结构底板以下仍有超过30m的厚砂层。实际厚度未知。砂层富水量大,且具有承压性,盾构施工时易发生涌水、突水、喷涌灾害,影响施工安全。砂层稳定性差,容易坍塌、变形,盾构施工对地表沉降量控制难度大,易造成地表变形

过大甚至沉陷等。车站基坑在砂层深厚区域施工，地下连续墙成槽施工时易塌槽；对于基坑底以下至终孔范围内均为砂层区域，止水困难，若采用悬挂式止水帷幕，强行抽排地下水，则可能造成周边地表和建筑物大面积不均匀沉降、管线开裂等，影响范围非常大。若采用封闭式止水帷幕，则止水帷幕施工难度非常大，同时止水效果也难以保证。

6）深厚淤泥等软土地层风险

沿线淤泥、淤泥质土、淤泥质粉细砂等软弱地层遍布，淤泥等软土地层灵敏度高、压缩性大、易受施工扰动变形大，沿线淤泥最厚达20m，由于盾构机具重，隧道在淤泥地层中掘进前需对淤泥进行加固处理，但仍有处理不到位的部位，从而导致盾构出现“栽头”风险。盾构在淤泥地层中施工，地表沉降量较难控制，易发生地表沉降过大的问题。车站基坑地下连续墙在淤泥地层中施工时，易扩孔，向内侵入车站内；同时，地下连续墙随着基坑开挖也会向基坑内侧侧移，更加大了向内的凸起量，影响主体结构的使用，并导致周边地表及建筑物沉降过大。

## 1.4.2 周边环境风险

1）文物风险

线路同福西站—西村站区间经过古文化历史街区，车站和区间多处临近文物、具有历史价值的建（构）筑物等重点保护对象。文物、建（构）筑物多为浅基础，结构形式简单，建筑使用年限较长，已经发生一定的历史沉降，对车站施工较为敏感，变形和沉降风险较大，需要加强文物、建（构）筑物风险控制以及采取针对性的施工保护措施。沿线重点保护对象与地铁线路的位置关系见表1-2。

沿线重点保护对象与地铁线路的位置关系　　表1-2

| 保护对象 | 结构类型及地面层数 | 基础类型 | 与地铁线路的位置关系 |
|---|---|---|---|
| 同福西路保护骑楼、同寅医院遗址（广州市历史文化名城保护规划） | 钢筋混凝土结构、混合结构等，2～3层 | 浅基础 | 位于同福西车站东北侧，距离右线基坑支护地下连续墙仅1.6m |
| 洪德巷房屋（广州市历史文化名城保护规划） | 混合结构、砌体结构，1～3层 | 浅基础 | 距离同福西站左线西侧主体约2.6m |
| 沙基惨案纪念碑（广州市文物保护单位） | 花岗岩石碑，高约3m | 浅基础 | 位于同福西站—文化公园站区间左线隧道左侧，距隧道结构外边线最小水平距离15.9m，竖向距离23.5m |
| 锦纶会馆（省级文物保护单位） | 单层砌体结构 | 一层地下车库，桩基础，文物与车库顶设减震垫 | 位于华林寺站Ⅴb号出入口西北侧，距离出入口顶管段最近距离约3.66m |
| 华林寺（广州市文物保护单位） | 单层砌体结构 | 浅基础 | 位于华林寺站西南侧，车站未侵入华林寺的文物保护范围 |
| 陈家祠（全国重点文物保护单位） | 单层砖木结构 | 混合基础（木桩、碎石等） | 位于陈家祠站西侧，文物本体与车站基坑最近距离约36.5m |
| 驷马涌 | | | 位于彩虹桥车站主体结构中部，横跨基坑中部 |
| 彩虹桥（广州市历史建筑） | 经仿古重建，长20m，钢筋混凝土结构公路桥 | | 位于彩虹桥车站主体结构西南侧，4号出入口北侧 |

2 )古树名木风险

西村站站址内存在需重点保护的古树( 图 1-15 ),但古树迁移保护实施难度大,需对其进行原地保护,由此给西村站的建设带来极大的挑战和风险,而古树保护与西村站顺利如期完成建设的矛盾也成为媒体持续关注的话题。基坑支护、暗挖超前支护或注浆加固等地下工程施工会对古树下方的土壤造成污染,基坑开挖、暗挖法等施工将造成土体一定的扰动和水土流失,引起古树的倾斜和水分供应不足等问题,从而影响古树的存活率。西村站通过调整建筑和支护方案提高古树的存活率,但增加了建设投资和工期,加大了施工风险。

图 1-15 西村古树

3) 建( 构 )筑物风险

沿线地表建( 构 )筑物稠密,主要下穿西村、彩虹桥、黄金围、同德围、白云湖等居民区,区内建筑物密集,且多因年代久远基础不详,已产生较大历史沉降,部分车站附近建筑物加建现象严重,严重损坏房多。线路隧道下穿内环路高架桥、北环高速路桥涵、华南快速路,基坑临近上步桥( 危桥 )等。盾构施工过程中被开挖的岩土体体积大于隧道结构体积,多挖的部分土体因注浆时间滞后和浆液凝固时体积收缩,而产生地层损失,导致隧道周围土体变形,引起上方建( 构 )筑物沉降。同时,盾构施工过程中周围土体受到挤压而产生超孔隙水压力并逐步地消散作用,引起相应岩土层中有效应力的增加,使得邻近高架桥桩基、建筑物桩基等产生附加应力和变形,主要表现为高架桥结构或建筑物产生不均匀沉降、倾斜、裂缝等,可能导致结构永久性损坏。沿线主要高架桥与地铁线路的位置关系见表 1-3。

沿线主要高架桥与地铁线路的位置关系 表 1-3

| 保护对象 | 桥梁形式 | 基础类型 | 与地铁线路的位置关系 |
|---|---|---|---|
| 内环路高架桥 | 连续梁 | 钻孔灌注桩 | 西村站—鹅掌坦站区间隧道侧穿桥桩,与桥桩最小水平距离为 0.6m |
| 上步桥 | 桥面宽度为 13.3m,双向 4 车道 | $\phi$1000 钻孔灌注桩 | 距离同德站基坑边缘约 17m |
| 西槎路人行涵洞 | 跨度约 13m 的空心板梁简支结构 | $\phi$480 灌注桩 | 同德站—上步站区间下穿,距离桥桩桩底净距约 1.4m |

续上表

| 保护对象 | 桥梁形式 | 基础类型 | 与地铁线路的位置关系 |
|---|---|---|---|
| 华南快速路高架桥 | 25m 跨简支梁 | $\phi$1500 灌注桩 | 亭岗站—滘心站区间隧道左右线分跨下穿华南快速路桥梁，侧穿桥桩，隧道左线与桥桩净距为 6.6 ~ 10.9m，隧道右线与桥桩净距为 6.4 ~ 11.3m，隧道底部距桥桩底 4.9 ~ 9.7m |
| 华南快速路高架上下桥匝道桥台 | 悬臂式钢筋混凝土挡墙 | 挡墙基础埋深约 1.3m，搅拌桩地基处理 | 出入段线隧道顶距挡土墙墙址最小净距为 3.52m |

4）地表道路风险

图 1-16 西槎路高峰期拥堵情况

线路主要沿市政道路工业大道、洪湖路、康王路、西增路、西槎路、石槎路、石沙路、石井大道敷设，沿线道路均为重要的市政要道，交通繁忙。如西槎路，是同德围生活区及周边出入广州的唯一交通要道，道路较窄，车流量大，交通拥堵，平时交通高峰期塞车现象严重（图 1-16）。西槎路一旦发生塌陷，交通疏解困难，必然会影响整个同德围地区的出行，社会影响大。特别是位于岩溶发育区路段，虽然采用目前对地表沉降控制最好的盾构法施工隧道，盾尾进行同步注浆并二次补浆，但地表道路塌陷风险仍然很大。

5）管线风险

沿线道路下方及居民楼周边下伏管线繁多，有排水管、给水管、燃气管、电力管道、电信光纤等各种管线，部分管线紧邻车站基坑边，并存在大尺寸污水管，截面尺寸达 2 ~ 3m，埋深大，最近距离隧道顶约 4.6m，局部有些管线埋藏在地下 7 ~ 8m 范围，距隧道或连接通道顶非常近。沿线老旧管线多，年代久远，探测难度极大，存在部分管线因整体老化在隧道施工前就已发生过爆裂的现象。因此，地铁建设过程中，沿线管线特别是岩溶区管线的不均匀沉降、变形或开裂风险极大。

### 1.4.3 工程自身风险

1）石灰岩区明挖基坑风险

车站受周边环境、征地拆迁或换乘功能需求、隧道埋深等因素影响，埋深较大，入岩深度大，地下连续墙成槽施工困难，石灰岩区车站基坑需要进行硬岩开挖。车站位于繁华地段时，若采用爆破施工，则会对周边环境有较大影响，灰岩区易振动激活下伏岩溶，风险极大；若采用化学静爆开挖技术，则工期难以保证，经济压力较大。明挖基坑需要根据周边环境、站址溶洞发育情况、工期要求等选择合理的硬岩开挖方式，如图 1-17 所示实例。

图 1-17 车站明挖基坑硬岩开挖

2)通道暗挖风险

区间联络通道常采用暗挖法施工。地铁车站也会因地面道路、建筑、古树等环境限制而无法进行明挖法施工,需采用大断面矿山法施工站台、站台连接通道等地下空间。如同福西站、华林寺站等因地面道路原因采用矿山法施工车站站台和左右线连接通道,西村站因古树位于车站主体核心位置而采用暗挖法施工等(图 1-18)。暗挖法施工伴随拱顶坍塌风险,隧道坍塌将致使地面道路交通瘫痪,周边建(构)筑物发生倾斜、开裂等现象,造成相当严重的社会影响和经济损失。施工过程应加强超前支护施工质量,保证超前小导管或管棚的数量、长度、外插角和搭接长度等,软弱地层暗挖则需对地层采取注浆加固、冷冻法加固等预加固手段,以降低风险。

图 1-18 车站站台暗挖隧道

3)灰岩区深埋盾构隧道风险

灰岩地区溶洞发育,地铁隧道遇到溶(土)洞时,可能会击穿溶(土)洞顶板,引起溶(土)洞塌陷。溶洞充填情况复杂,在砂层发育区域砂层会直接覆盖在溶洞顶板面上,中间无稳定隔水层,由于砂层自稳性能差,极易引起地表大面积塌陷,风险极大。岩溶发育区地铁隧道为规避施工过程对溶洞的扰动,常规设计选择将隧道浅埋于岩面以上良好稳定的土层中。若遇到隧道沿线存在深埋地下管线等情况,则需打破常规思路,改变隧道线路埋深,将隧道深埋于岩溶发育的灰岩层中,如石潭站—小坪站区间、石井站—亭岗站区间因隧道顶地下管线保护,将隧道由浅埋调整为灰岩地层深埋。深埋隧道掌子面为全断面灰岩，裂隙水发育，深埋隧道施工伴随溶洞坍塌、异常沉降、地面管线断裂等风险，同时全断面灰岩地层掘进过程中盾构刀具磨损严重，带压开仓更换刀具难度大、风险较大。灰岩地区应通过改变常规的溶洞处理方法，妥善处理溶洞，改良盾构刀盘，降低灰岩区深埋盾构隧道施工风险。

4）顶管法风险

车站出入口因功能和使用要求，均设置在道路两侧或密集商业区内，故无法采用大区域明挖法施工，而采用顶管法施工（图1-19）。顶管施工过程可能会引起地面不均匀沉降或隆起，从而导致给水等带压管道破裂、路面沉降开裂等风险。顶管施工时应严格保持设计线型，防止上漂，严格控制顶管排土量和掘进量，对顶管顶部不利地层进行预加固，降低顶管施工风险。

图1-19　顶管法施工车站出入口通道

八号线北延段工程选用顶管法断面形式、尺寸汇总见表1-4。

八号线北延段工程选用顶管法断面形式、尺寸汇总表（单位：mm）　　表1-4

| 断面形式 | 顶管宽 | 顶管高 | 直径 | 管节壁厚 |
|---|---|---|---|---|
| 矩形 | 6000 | 4300 |  | 500 |
| 矩形 | 6900 | 4900 |  | 450 |
| 圆形 |  |  | 4140 | 320 |

5）冷冻法风险

车站站台、站台连接通道、区间联络通道等若采用暗挖法施工，施工过程一旦发生坍塌将会导致地面塌陷沉降，如在软弱地层中进行暗挖法施工，则需在开挖前对暗挖区域进行预加固处理以降低风险。当地面不存在加固条件时，常采用冷冻法进行施工（图1-20）。目前，冷冻法辅助暗挖法施工工艺已较为成熟，工程经验丰富，但有时受工期影响，在盾构正常掘进（已通过联络通道处）过程中同步进行联络通道施工时，需将冷冻站设置于地面或隧道口处，进行远距离供冷冻结，该种情况需要妥善解决远距离供冷问题。若施工过程中未能持续供冷，冻结失效将会引发极大的施工风险。

图 1-20 冷冻法施工暗挖通道

### 1.4.4 工程安全风险评估

八号线北延段工程地质条件复杂且特殊，鹅掌坦站南侧至滘心站位于灰岩区，岩溶非常发育，且大部分地区溶洞顶板上覆砂层，若溶洞顶板遭到破坏坍塌，则极有可能引发地表大面积塌陷。八号线北延段穿过荔湾区和白云区繁华地段，主要沿市政干道敷设，交通繁忙，沿线文物众多，建筑密集，地下管线繁多，且隧道多处需要下穿建筑密集居民区。若地表发生大面积塌陷，则会不可避免地损坏地表建（构）筑物、道路和地下管线等，中断交通，影响范围极大，影响程度极其恶劣，同时还会危害居民人身和财产安全。

沿线区域地质构造非常复杂，受多组向斜和背斜构造控制，下切断裂极多，造成区域岩土、水文地质条件非常复杂，岩性变化大，岩溶水丰富。灰岩区岩溶强发育，局部最大见洞率达 80%，溶洞洞体高度大，最大高度达 20m，无充填或半充填溶洞多，串珠状溶洞发育。溶洞顶板普遍非常薄，多数溶洞顶板厚度小于 0.5m，岩面多直接上覆砂层，中间无稳定隔水层。岩面起伏变化大，掘进断面多上软下硬复合地层。隧道施工风险极大，同时造成地表建（构）筑物、道路和管线发生变形、开裂、塌陷等的风险也极大。

由于溶洞规模和连通性无法预知，岩溶裂隙水多具有流动性，注浆效果难以保证，溶洞封边处理效果难以保证等，岩溶区施工风险仍然很大。施工过程中，车站基坑地下连续墙施工出现多处漏浆，基坑开挖到底时出现涌水涌砂，坑外多处出现塌陷等。而坑外塌陷多发生在溶洞处理设计范围以外，说明溶洞具有连通性，溶洞封边效果难以保证。

沿线周边地表建（构）筑物非常密集，需下穿和近距离侧穿多个老城区、建筑密集区及国家和省级保护文物区等，建筑密集区无岩溶勘察作业条件和溶洞预注浆处理作业面。隧道影响范围内存在多处危房和严损房仍未拆迁。区间隧道上方和车站附近管线繁多，部分管线距离隧道及车站非常近，部分老旧管线在基坑施工前就发生过爆裂。隧道上方市政交通要道交通繁忙，车流量大，交通拥挤，疏解困难。特别是西槎路，为同德围生活区及周边出入广州的主要交通要道，道路较窄，交通拥挤，无交通疏解条件和抢险作业面，一旦发生塌陷，必然会造成该路段交通瘫痪，对周边居民出行及日常生活造成巨大影响。

广州地铁建设各方充分认识到地铁建设的风险和难题，开工建设前就对八号线北延段工程建设期的全线风险进行了分析评估及防控措施研究，相关研究单位进行了定性和定量分析，综合评定了八号线北延段各车站各区间建设期风险发生的概率、损失等级大小及风险可接受程度。

根据对八号线北延段工程 14 站、15 区间及 1 个出入段线共 42 个点（段）的分段风险评估结果统计：其中，Ⅰ级风险（不可接受风险）有 2 个，Ⅱ级风险（不愿接受风险）有 25 个，Ⅲ级风险（可接受风险）15 个，Ⅳ级风险（可忽略风险）0 个。各级风险比例如图 1-21 所示，具体各点（段）风险评估结果见表 1-5，风险评估分区如图 1-22 所示。

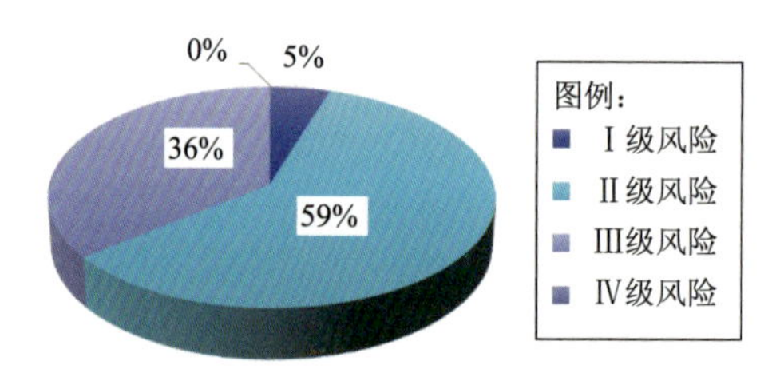


图 1-21　八号线北延段各级风险比例图

**八号线北延段各点（段）风险评估结果**　　表 1-5

| 序号 | 分析对象 | 评估结果 | 序号 | 分析对象 | 评估结果 |
|---|---|---|---|---|---|
| 1 | 凤凰新村站—同福西站区间 | Ⅲ级 | 22 | 上步站至 YCK22+240 区间 | Ⅱ级 |
| 2 | 同福西站 | Ⅲ级 | 23 | YCK22+240 ～ YCK22+580 区间 | Ⅲ级 |
| 3 | 同福西站—文化公园站区间 | Ⅲ级 | 24 | YCK22+580 至聚龙站区间 | Ⅱ级 |
| 4 | 文化公园站—华林寺站区间 | Ⅱ级 | 25 | 聚龙站 | Ⅱ级 |
| 5 | 华林寺站 | Ⅱ级 | 26 | 聚龙站—石潭站区间 | Ⅱ级 |
| 6 | 华林寺站—陈家祠站区间 | Ⅲ级 | 27 | 石潭站 | Ⅲ级 |
| 7 | 陈家祠站 | Ⅱ级 | 28 | 石潭站至 YDK24+170（平沙北街）区间 | Ⅲ级 |
| 8 | 陈家祠站—彩虹桥站区间 | Ⅲ级 | 29 | YDK24+170 ～ YDK24+690 区间 | Ⅲ级 |
| 9 | 彩虹桥站 | Ⅱ级 | 30 | YDK24+690 至小坪站区间 | Ⅱ级 |
| 10 | 彩虹桥站—西村站区间 | Ⅲ级 | 31 | 小坪站 | Ⅱ级 |
| 11 | 西村站 | Ⅲ级 | 32 | 小坪站至 YDK26+150（石井河）区间 | Ⅱ级 |
| 12 | 西村站至 YCK19+360 区间 | Ⅱ级 | 33 | YDK26+150 至石井站区间 | Ⅲ级 |
| 13 | YCK19+360 至鹅掌坦站区间 | Ⅱ级 | 34 | 石井站 | Ⅱ级 |
| 14 | 鹅掌坦站 | Ⅱ级 | 35 | 石井站至 YDK27+660 区间 | Ⅱ级 |
| 15 | 鹅掌坦站至 YCK20+650 区间 | Ⅱ级 | 36 | YDK27+660 ～ YDK28+210 区间 | Ⅲ级 |
| 16 | YCK20+650 至同德站区间 | Ⅱ级 | 37 | YDK28+210 至亭岗站区间 | Ⅱ级 |
| 17 | 同德站 | Ⅰ级 | 38 | 亭岗站 | Ⅲ级 |
| 18 | 同德站至 YDK21+370 区间 | Ⅰ级 | 39 | 亭岗站至 YDK30+128 区间 | Ⅱ级 |
| 19 | YDK21+370 ～ YDK21+520 区间 | Ⅱ级 | 40 | YDK30+128 至滘心区间 | Ⅲ级 |
| 20 | YDK21+520 至上步站区间 | Ⅱ级 | 41 | 滘心站 | Ⅱ级 |
| 21 | 上步站 | Ⅱ级 | 42 | 出入段线区间 | Ⅱ级 |

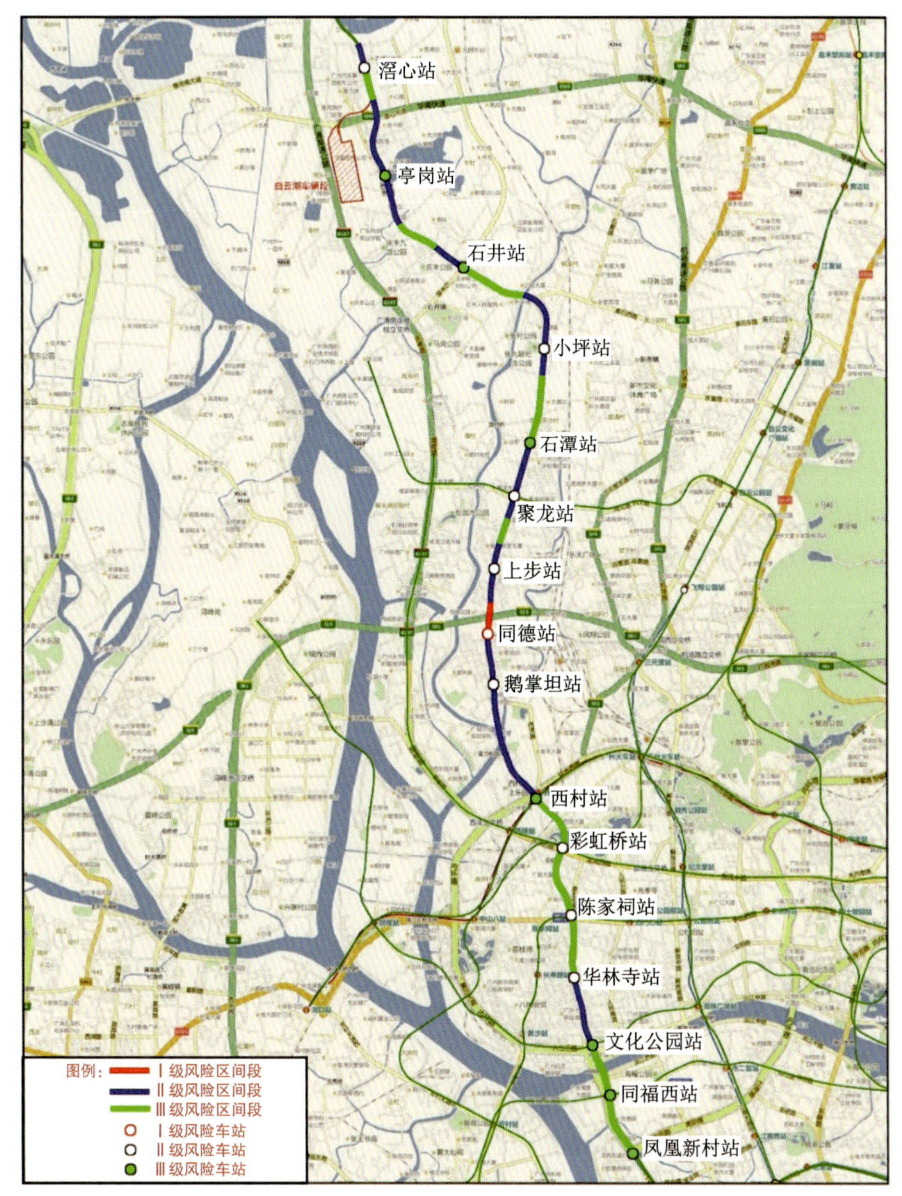


注：凤凰新村站和文化公园站为已建车站。

图 1-22　八号线北延段风险评估分区图

由总体风险评估结果分析，八号线北延段工程Ⅱ、Ⅲ级风险为主要风险，尤其是Ⅱ级风险，占总风险的 59%，风险极大，应采取有效措施降低和控制风险。通过调研对比发现，国内已建或在建地铁建设期风险普遍为Ⅲ级和Ⅳ级风险，Ⅰ、Ⅱ级风险很少。可以毫不夸张地认为八号线北延段是广州已建和在建地铁线路中各方面条件限制最为严格苛刻、工程建设风险最大的线路，甚至可列为目前全国地铁工程建设有史以来挑战最为严峻且风险最大的项目之一。地铁建设需政府相关部门和建设各方引起高度重视，共同配合，采取预先处理措施降低风险，将风险发生的概率和风险发生后的损失控制至最低。

第一区段为古文化历史街区段，即同福西站—西村站区间，本段线路穿越广州市海珠和荔湾区城市建成区，站点周边居住、商业建筑非常密集，沿线经过同福西历史文化街区、粤海关、陈家祠、锦纶会馆、华林寺等文物保护单位，需要协调好地铁设施与周边环境的关系，将地铁建设及运营对文物的影响控制在可接受范围。如同福西周边为历史文化街区，车站下穿高架桥，为减小对周边历史文化街区的影响并不中断原有道路交通，对车站采取了分离岛式设计，并采用了车站明暗挖相结合的设计施工措施。华林寺站周边有华林寺和锦纶会馆文物建筑，周边商业建筑密集，且康王路为城市主干道，路下有商业街隧道，交通压力大，地下管线分布多且交叉盘杂，在相关车站设计时需充分考虑周边限制因素，同时也需兼顾两端区间线路方案，对车站采用深埋及线路曲线进站，明暗挖结合的施工工法。在地铁建设期对周边敏感区域基坑围护的连续墙采用振动和噪声小的双轮铣成槽工法施工，同时采用隔音棚或为周边居民增加隔音玻璃等措施降低施工对周边环境的影响。后续章节将重点介绍各车站与周边环境的关系、风险特征和防控措施，并从车站的建筑、结构、工法等方面入手，强调设计阶段应重视方案的确定以规避风险。

第二区段为人口密集老城区段，即西村站—聚龙站区间，该段线路位于白云区繁华地段，存在众多老旧房屋群、老旧地下管线，若施工建设阶段出现大流量的涌水涌砂，则会引起周边大范围地下水位下降，对周边建筑物、地下管线及道路产生影响。线路沿线地质为石炭系、二叠系地层并沿接触带走向行进，受接触带走向和埋深控制，同时该段受岩溶区溶（土）洞发育、溶蚀凹槽、断裂带等多种不良地质共同作用影响，车站施工过程中将会出现不同原因引起的涌水涌砂现象。针对上述风险，主要应对思路为在明挖基坑围护结构施工前进行地下连续墙“一槽两钻”补充勘察和溶洞填充处理，以降低岩溶风险。连续墙接头封钢板、挖槽探水、破岩前打孔探水等措施可降低基坑开挖过程中的渗涌水风险。考虑岩溶发育区地质条件复杂，全线基坑设计采用不少于两道混凝土支撑，以增大基坑安全储备量。为减少施工对岩溶发育地层的扰动，轨排井不采用锚索而采用环框梁方案，以降低工程风险。岩溶区对于上覆砂层、淤泥等不良地质且周边存在敏感建筑物时，地下连续墙施工采取槽壁加固保护措施，以降低对周边环境的影响。强调信息化设计及施工，如采取远程自动化水位监控，开挖前进行抽水试验以验证基坑内外水力的连通情况；在基坑外侧设置地下水回灌井，根据地下水位监测情况适时启动地下水回灌措施，以更好地控制周边地层沉降。鹅掌坦出入口顶管段采用双圆顶管解决矩形顶管无法破岩的难题，同时降低施工风险。优化车站结构设计，尽量减小开挖深度及对基底的扰动，如尽量减少下翻梁的设置、降底集水井开挖深度、接地网由底板以下改为顶板面以上等，以有效减小施工风险。车站开通后，在车站和缓建附属接口位置设计临时封堵板，做好防洪排涝工作，确保线路开通运营期的安全。后续章节将对鹅掌坦站、同德站、聚龙站等为规避此类风险进行的工程措施以及施工过程中的风险处置情况进行详细分析与介绍。

第三区段为村镇居民区及工业发展区段，即聚龙站—滘心站区间，该段周边建（构）筑物相对较少，沿线区域基岩为石炭系灰岩地层，溶（土）洞发育强烈，工程地质及水文地质条件复杂。本段不利地质有软弱土层、可液化砂土、断裂破碎带、灰岩地层的溶（土）洞等，工程建设风险性极高，建设过程中曾多次出现基坑突涌水和地面塌陷等险情。针对上述风险，主要应对思路如下：对于溶洞发育区且岩层破碎段，为降低盾构施工对周边环境的影响，沿隧道两侧间隔2m钻孔注浆预处理地层。根据处理前后同类地层条件对比分析，此应对措施有效解决了地面沉降过大的问题。在盾构下穿历史塌陷区及敏感点位置，可采取加大溶（土）洞处理范围的措施以降低后续盾构施工风险。在出入段线盾构区间，为降低盾构出洞风险，可采用水下接收方案。考虑运营期间隧道可能发生沉降，可在盾构管片下方预留注浆孔及套管，为运营期间基底加固施工预留条件；在上软下硬复合地层段，对隧道拱顶上方的软弱地层进行预加固处理，可有效控制地层沉降；在富水砂层段，盾构开仓换刀采用衡盾泥辅助开仓工艺，可为盾构安全开仓提供保障；在全硬岩及上软下硬地层段，应用盾构楔形合金滚刀，可提高盾构破岩能力；在车站布置冷冻设备，采用远距离供冷冻结法加固联络通道地层，可有效减小冷冻施工对盾构施工的影响。

## 1.5 风险防控总体应对思路

### 1.5.1 岩溶区地铁勘察

1）一般规定

岩溶勘察应采用工程地质测绘与调查、物探、钻探等多种手段相结合的方法进行。由于溶（土）洞发育的复杂性，详细勘察及施工阶段为设计服务的补充勘察、专项勘察仍有可能不足以指导施工阶段的岩溶处理，因此施工阶段仍有必要开展施工勘察，对岩溶发育情况进行超前探测。各勘察阶段的岩溶勘察应满足下列要求：

（1）初步勘察阶段应查明岩溶洞隙及其伴生土洞的塌陷分布、发育程度和发育规律，并按场地的稳定性和适宜性进行分区。

（2）详细勘察阶段应查明拟建工程范围及有影响地段的各种岩溶洞隙和土洞的位置、规模、埋深，岩溶洞体内的堆填物性状和地下水特征，对地基基础设计和岩溶的治理提出建议。

（3）施工阶段为设计服务的补充勘察，特指灰岩发育区为进一步确定围护结构深度、桩基或地基处理深度而进行的专项勘察。岩溶区施工阶段为设计服务的补充勘察，应进一步查明拟建工程范围内岩溶洞隙和土洞的位置、规模、埋深，对岩溶处理措施提出建议。

2）勘探点布置原则

（1）本线路初步勘察阶段勘探点布置总体原则见表1-6。

初步勘察阶段勘探点布置总体原则　　表 1-6

| 工程类型 | 勘探点间距(m) | 勘探点位置 | 备注 |
| --- | --- | --- | --- |
| 地下车站、明挖区间(含明挖井) | 30～40 | 宜按结构轮廓线分两排对称布置 | |
| 左右线中心线间距＜3倍洞径的区间 | 80～100 | 宜沿左右线隧道结构外侧3～5m(水域5～8m)交叉布置 | |
| 左右线中心线间距≥3倍洞径的区间 | 80～100 | 宜在左右线隧道结构外3～5m(水域5～8m)两排分别布置 | |
| 高架工程(区间和车站) | | 宜在初拟墩位上逐墩布置 | 每车站不宜少于6个勘探点,双排布置 |
| 路基、涵洞工程 | 100～150 | | 应保证每个地貌、地质单元均有勘探点 |

(2)本线路详细勘察阶段勘探点布置总体原则见表1-7。

详细勘察阶段勘探点布置总体原则　　表 1-7

| 工程类型 | 勘探点间距(m) | 勘探点位置 | 备注 |
| --- | --- | --- | --- |
| 地下车站、明挖区间 | 10～20 | 沿结构轮廓线布置 | 宜在明挖基坑内部车站纵向布置一排勘探点,勘探点间距一般控制在10～15m |
| 明挖车站的附属结构 | 10～20 | 沿轮廓线两排对称布置 | |
| 左右线中心线间距＜3倍洞径的区间 | 15～20 | 在左右线之间增布1排勘探点 | |
| 左右线中心线间距≥3倍洞径的区间 | 20 | 左右线各交错布置2排勘探点 | |
| 高架工程(区间和车站) | | 逐桩布置 | 每车站不宜少于6个勘探点,双排布置 |
| 路基、涵洞工程(一般路基) | 50～100 | | 应保证每个地貌、地质单元均有勘探点 |
| 路基、涵洞工程(高路堤、深路堑、支挡结构) | 复杂场地,15～30<br>中等复杂场地,30～50<br>简单场地,50～60 | 高路堤、陡坡路堤、深路堑每个断面的勘探点不宜少于3个,支挡结构的勘探点不宜少于3个,涵洞的勘探点不宜少于2个 | |

(3)施工阶段由详细勘察单位实施的为设计服务的补充勘察勘探点布置原则如下:

①勘探点布置根据具体的设计或施工需要确定。

②对于车站工程地下连续墙,宜沿地下连续墙每3m布置一个超前钻勘探点。个别情况如转角墙等墙幅小于6m的连续墙可适当加密。

③对于车站工程围护桩、间隔桩实施超前钻勘探点,但应保证超前钻勘探点间距不大于3m。对于工程桩、抗拔桩、立柱桩,建议一桩一钻。

(4)土建单位实施的岩溶加密勘察和溶洞探边勘探点布置原则如下:

①土建单位实施的岩溶加密勘察是在详细勘探的基础上,根据施工中所需解决的问题做进一步的探查,主要应用于:

a. 查找施工中遇到的异常点、涌(漏)水点;

b. 进一步确认溶(土)洞的发育深度及影响范围;

c. 验证和复核详细勘察中判定的地质异常点及疑问;

d. 进一步查明盾构掘进前方仰拱的岩溶发育状况。

②土建单位实施的岩溶加密勘察的重点范围如下:

a. 详细勘察钻孔揭示溶(土)洞直径大于 3m 的地段;

b. 呈串珠状溶洞集中发育的地段;

c. 线路上方有建(构)筑物阻碍,无法钻孔的地段;

d. 盾构掘进时工程风险较大、一旦出现问题较难处理的地段;

e. 其他需要在施工前提前查清岩溶发育条件的地段。

③施工勘察可采用钻探、物探及钻探与物探相结合的方法,以物探探测到的异常点、带、区为目标,在此基础上采用钻探进行验证、结合钻探进行岩溶处理。

④岩溶发育区常用的地球物理勘探手段,包括瞬变电磁法、浅层地震法、直流电阻率法、地质雷达法、跨孔 CT[1](电磁波 CT、地震 CT、电阻率 CT)及孔中雷达法等方法。实际工程中,宜同时采用两种及以上地球物理勘探手段。具体方法选择应结合地质条件、工程环境特点、施工单位经验等,经勘察方法有效性试验后确定。

⑤土建单位实施的岩溶加密勘察和溶洞探边勘探点布置原则如下:

a. 岩溶发育区的基坑工程和隧道工程,土建施工单位根据详细勘察报告按照岩溶处理的原则对溶(土)洞完成处理后,土建施工单位评估施工风险,提出需要加密勘探的区域,设计单位提交加密勘探方案,经监理单位和建设单位审查同意后,施工单位按照加密勘探方案在明挖基坑或隧道投影外扩 3m 范围内实施加密勘探。

b. 当岩溶加密勘察的勘探点揭示有溶洞或土洞时,应结合已完成岩溶加密勘探点揭露的情况,继续以揭露到溶洞或土洞的勘探点为中心按 2m 间距往外侧呈梅花形布置溶洞探边勘探点,并以此类推,直至溶洞探边勘探点未揭露到岩溶时终止。明挖基坑、隧道工程岩溶探边外扩 3m 线范围内如存在障碍物及管线无法探边,则应由设计单位分析工程风险并确定专项处理方案。

c. 土建单位实施的勘探孔主要以探明溶洞分布为主要目的,由设计单位根据需要提出加密勘探方案及土工试验方案。

**3)勘探点深度要求**

(1)初步勘察阶段和详细勘察阶段,岩溶区结构底板下为中、微风化基岩的,孔深应超过结构底板并进入中、微风化岩 10m。结构底板下揭露层状或串珠状溶洞的,当穿越中、微风化岩厚度累计达 10m 时,勘探点可在溶洞底入完整中、微风化岩 2m 后终孔。

---

[1] CT 即计算机断层扫描。

(2)施工阶段为设计服务的补充勘察、专项勘察阶段勘探点深度应符合下列要求:

①对于地下车站工程,勘探点应钻至围护结构底、桩底或基底以下5m稳定相对不透水层或完整岩体;若围护结构底、桩底或基底以下遇串珠状溶(土)洞时,需钻穿洞底,当穿越岩体厚度累计达5m时,勘探点可在溶洞底入完整岩体2m后终孔。

②对于地下区间工程,应进入底板下3m稳定相对不透水层或完整岩体。如隧道底的砂层厚度大于10m,经专题论证后确定终孔深度。

## 1.5.2 岩溶区地铁设计

**1)线路埋深及工法选择**

(1)基本原则

①按照安全第一的原则,考虑建设过程和运营期间轨道交通工程以及周边环境的安全风险选择线路埋深及施工方法。

②为规避盾构法施工风险,隧道设置深度以尽量浅埋、尽量不进入灰岩、减少隧道断面处于"上软下硬地层"为原则,必要时可不考虑按节能坡进行线路设计,当受到地下管线等边界条件限制,隧道需采用深埋全断面进入灰岩时,需根据地层裂隙发育情况,采用注浆隔离墙等措施减小盾构施工对周边环境的影响。

③为规避岩溶突水及坍塌等风险,除联络通道外,岩溶地区原则上不考虑采用矿山法施工。

(2)埋深要求

①车站覆土可按不小于3m、盾构区间覆土可按不小于一倍盾构隧道直径进行设计;

②一般情况下,车站的埋深控制应由区间条件决定。

**2)明挖车站溶(土)洞处理**

(1)处理目的

①降低围护结构在施工时产生坍塌的风险;

②预防土洞在地下水作用下迅速发展的风险,降低后期运营的风险;

③预防未查明的溶洞、岩溶通道在基坑开挖时的突、涌水对基坑及周边建(构)筑物的破坏,提高砂土地基抗岩溶局部坍塌的能力,提高车站结构的安全性。

(2)处理原则

①对明挖结构,应遵循岩溶处理、基底处理、围护结构、围护主体结构、抗浮方案、施工期涌水及运营期风险防治方案等多方面协调统一考虑的原则;

②影响工程安全的溶(土)洞均应处理;

③工程影响范围内的非全填充土洞均应处理,对于全填充土洞应根据填充物性质、地基承载力、周边环境等情况确定处理方案。

**3)盾构隧道溶(土)洞处理**

(1)处理目的

①降低盾构施工的“栽头”、陷落、地表沉降过大或坍塌的风险;

②预防溶(土)洞坍塌,降低后期运营风险。

(2)处理原则

盾构隧道岩溶处理应遵循以地面、机(盾构)内预处理相结合为主,洞内预留措施处理为辅的原则,防止盾构施工的“栽头”、陷落、地表沉降过大或坍塌事故的发生,降低工后差异沉降,满足运营安全。

**4)联络通道(矿山法)溶(土)洞处理**

(1)岩溶地区地质条件复杂,位于透水性强的地层(砂层)、软弱地层(淤泥、淤泥质土等标贯值 $N$<10 击)的联络通道需进行地层加固,加固方式优先采用冻结法,也可采用其他地面或洞内加固方式(如外包素混凝土墙、深层搅拌桩、旋喷桩、注浆等)。当采用外包素混凝土墙方案时,止水帷幕施工按照以下要求进行处理:

①影响工程安全的溶(土)洞均应处理。

②工程影响范围内的非全填充土洞均应处理,对于全填充土洞应根据填充物性质、地基承载力、周边环境等情况确定处理方案,参考盾构隧道处理原则执行。

③联络通道处理应与盾构隧道、土体加固综合考虑。

④在联络通道处施工素混凝土地下连续墙止水帷幕时,地下连续墙外3m以内、墙底下5m以上范围的溶(土)洞应在施工前处理。

(2)线路稳定和联络通道位置确定后,对联络通道位置做进一步勘察,探明联络通道范围溶(土)洞的发育情况,对岩溶进行处理;联络通道加固设计由设计单位研究确定。

**5)岩溶区明挖基坑设计**

(1)支护结构设计原则

①岩溶地区基坑支护结构的选型可根据基坑所处的工程地质条件及基坑开挖深度进行合理选择,建议优先选择地下连续墙 + 内支撑支护。

②岩溶地区围护结构地下连续墙计算,应进行基底抗突涌验算,采用坑内降水消除突涌影响时务必考虑坑外回灌措施;

基底和墙底位于强风化岩层时,应进行渗透稳定性验算;

地下连续墙的嵌固深度应在抗滑移整体稳定、抗倾覆、抗隆起、渗透稳定性以及被动区土压力等验算后确定;

连续墙施工前“一槽两钻”发现溶(土)洞时,应向基坑内部继续探边,深度不小于“一槽两钻”的钻孔深度,如果该溶洞向上发展并与基坑内部连片,且位于基底溶洞处理范围内,则连续墙应加深或至少有素混凝土连续墙穿透溶(土)洞且进入溶(土)洞底下完整岩层不小于1m或稳定隔水层不少于 1.5m。

③岩溶区内明挖车站，基坑第一道支撑应采用钢筋混凝土，以加强支护结构的整体性，防止岩溶局部坍塌对周边建（构）筑物产生影响。

（2）防突涌水设计措施

①降低基坑开挖时的涌水风险

为降低基坑开挖时的涌水风险，明挖车站基坑宜尽量浅埋。另外，可优化结构底板下翻梁截面高度或将接地网由底板接地改为顶板上方接地，以减少对基坑底部地层的扰动。基坑开挖前进行降水试验以检查围护结构止水效果，在地下连续墙工字钢接头处封钢板以减小地下连续墙接头处涌水涌砂风险。

②防止未查明及未处理的岩溶在运营期坍塌对地铁结构造成损坏。

③岩溶地区水量大，且岩溶水具有连通性、承压性等特点，在基坑开挖前，宜通过基坑内的降水井进行抽水，试验检验其截水效果。

灰岩区基坑施工应设置水位自动化监测系统，基坑开挖过程应加强水位监测，除沿基坑周边设置水位监测孔外，还要求从基坑边缘向外侧 4 倍开挖深度且不小于 70m 范围，设置至少 2 ~ 3 个水位观测断面，要求布点能满足测算降水漏斗的需要。

④研究灰岩区各站点的水文地质条件，摸查邻近建（构）筑物基础资料，充分了解周边风险点的情况，合理布置降水井。根据每个站的具体情况拟定具有针对性的基坑回灌设计方案与监测方案。

a. 基坑回灌宜采用压力回灌；

b. 回灌参数需要根据基坑及风险点监测情况适时调整。

6）盾构隧道设计

（1）所有灰岩地区，盾构隧道设计时均应预留注浆管；

（2）盾构隧道施工过程中应加强二次注浆；

（3）隧道周边工程活动及施工过程的影响无法准确模拟，应根据计算统计与工程类比，从提高管片施工及运营阶段的安全系数考虑，适当增加管片含钢量；

（4）岩溶发育区盾构端头加固一般采用旋喷桩加外包素混凝土地下连续墙的加固形式，当地面无加固条件或风险较大时，推荐采用钢套筒平衡接收。

### 1.5.3 岩溶区地铁施工

**1）溶（土）洞处理**

（1）处理范围

在满足列车高速运行条件下地基承载力要求的基础上，应结合基底以上是否有稳定隔水层及隔水层厚度确定岩溶处理范围，一般情况下可按照以下要求执行：

①对嵌岩的围护结构、处于嵌岩段的溶洞需采用注浆处理,防止围护结构施工时产生塌陷。

②基底处于灰岩层段:

a. 处于基坑开挖深度内的浅层溶洞需提前注浆充填处理;

b. 底板以下 2m 范围内的所有溶洞均需处理。

③基底处于土层段:

a. 底板以下、岩面以上有一定厚度且较稳定的隔水层时,其下灰岩中所发现的岩溶原则上不需要处理;隔水层的厚度可根据基坑抗渗计算确定。

b. 基坑内隔水层厚度有变化时,可考虑设置格栅进行分区处理。

④基底处于砂层时:

a. 基底砂层如已采用格栅进行分压处理时,原则上仅对已发现的具有开放性的溶洞及浅层溶洞进行处理。浅层溶洞是指溶洞顶板厚度小于 1m 溶洞。

b. 基底采用"水泥土墩柱"加固的基坑,需对墩柱间已发现的顶板厚度小于 2m 的溶洞进行处理。

⑤当地铁工程处在岩溶区段时,为了保证施工期间的安全和使用期间的正常运营,所有勘察资料揭露的工程影响范围内的土洞均必须处理。

⑥隧道底为灰岩时,结构轮廓外放 1m 后,隧道底板以下 2m 内的溶洞必须处理。

⑦隧道位于土层:

a. 隧道仰拱底有较稳定的隔水层(黏土、粉质黏土),其厚度大于 2m 时,隔水层以下的岩溶可不做处理;

b. 隧道仰拱底下均为砂层及无稳定隔水层时,隧道结构轮廓外放 3m 后,隧道底板以下 2m 内的溶(土)洞必须处理。

⑧施工单位应根据设计单位进行岩溶风险分析后确定的范围进行处理。

(2)明挖基坑及盾构隧道溶(土)洞处理措施

①溶(土)洞采用充填注浆的方法进行处理:

a. 充填压力需根据溶(土)洞的充填情况进行调整。未填充溶(土)洞采用水泥砂浆进行注浆充填,对于全填充溶(土)洞应根据填充物的情况确定是否处理。

b. 充填注浆需边注浆边摸查溶(土)洞的规模及处理后的状态。

摸查方法:根据注浆量及注浆孔所检测到的溶(土)洞洞径,初步估算溶(土)洞的规模后再向周边布设检查孔。

检查孔除需注意检查溶洞的延展状况外,尚需检查注浆充填状况,发现注浆不饱满的需利用检查孔继续注浆。

c. 规模较大的溶洞,其范围已超出地铁结构设定的安全限界时,可先在安全限界钻孔,采用速凝浆控制边界,减小注浆的范围及注浆量。

d. 充填注浆需根据溶(土)洞所处的深度、地层条件分别采用振动沉管及钻孔埋管进行注浆。

埋深较浅、围岩为砂土层的土洞可采用振动沉管方式进行充填注浆。

溶洞需采用先成孔、后埋入注浆管并注意封闭溶洞顶板及注浆管与孔壁间的间隙后才能注浆。

对于洞高大于3m的无填充溶(土)洞和半填充溶(土)洞(含特大溶洞),可采用$\phi$200的PVC套管注水泥砂浆。对于非填充或半填充的特大溶洞,可采用泵送混凝土进行填充。

②溶沟、溶槽及破碎带(含岩溶坍塌区)采用固结注浆进行处理;固结注浆需采用"前进式"或"后退式"分段注浆,注浆深度需从隧道结构底板上3m至隧道结构底板下不少于5m。

③施工前应进行现场注浆试验,注浆参数根据试验情况进行调整。注浆量和注浆有效范围通过现场试验确定。

(3)盾构内对溶(土)洞的预处理

①由于岩溶区工程地质条件复杂,城区内受交通、管线、建(构)筑物的影响,较难全面开展与探明岩溶的发育状况,因此参与岩溶地区盾构隧道施工的单位需配置(盾构)机内超前探测的仪器与机械设备(小钻机)。

②机内配置的超前探测仪器或设备每次探测距离应不少于15m,探测范围应不少于隧道结构外3m。

③在岩溶区盾构掘进前需进行超前探测,掘进到超前探测距离前3 ~ 5m,需再向前进行超前探测,即超前探测应"交叉"3 ~ 5m。

④采用机械(小型钻机)设备进行超前探测时,每个断面需施工不少于6个探测孔,分别向掘进前方及前下方,重点是探测前下方有无导致盾构掘进时发生"栽头"、陷落的溶(土)洞。

⑤超前探测发现需处理的溶(土)洞时,可根据实际施工条件选择地面或洞(机)内处理方法;有条件时,优先采用地面处理方法。

(4)溶(土)洞处理质量检测

主要是检查填充率及密实程度,可考虑采用"二次压浆"方法进行填充率检查。

密实程度检查:采用标贯试验测定,标贯值达到"坚硬"状土为优,"硬塑"状土为合格。

**2)明挖基坑施工**

明挖基坑施工总体流程如图1-23所示。

(1)施工前准备工作

因灰岩区地面坍塌的风险在溶(土)洞开始处理阶段就存在,所以灰岩区的房屋鉴定、周边环境、管线和地面建(构)筑物调查及地面的沉降监测布点与初始值的采取,要求在溶(土)洞钻孔及注浆处理前就要实施。沉降布点的监测数据实时反馈指导溶(土)洞处理过程的施工。

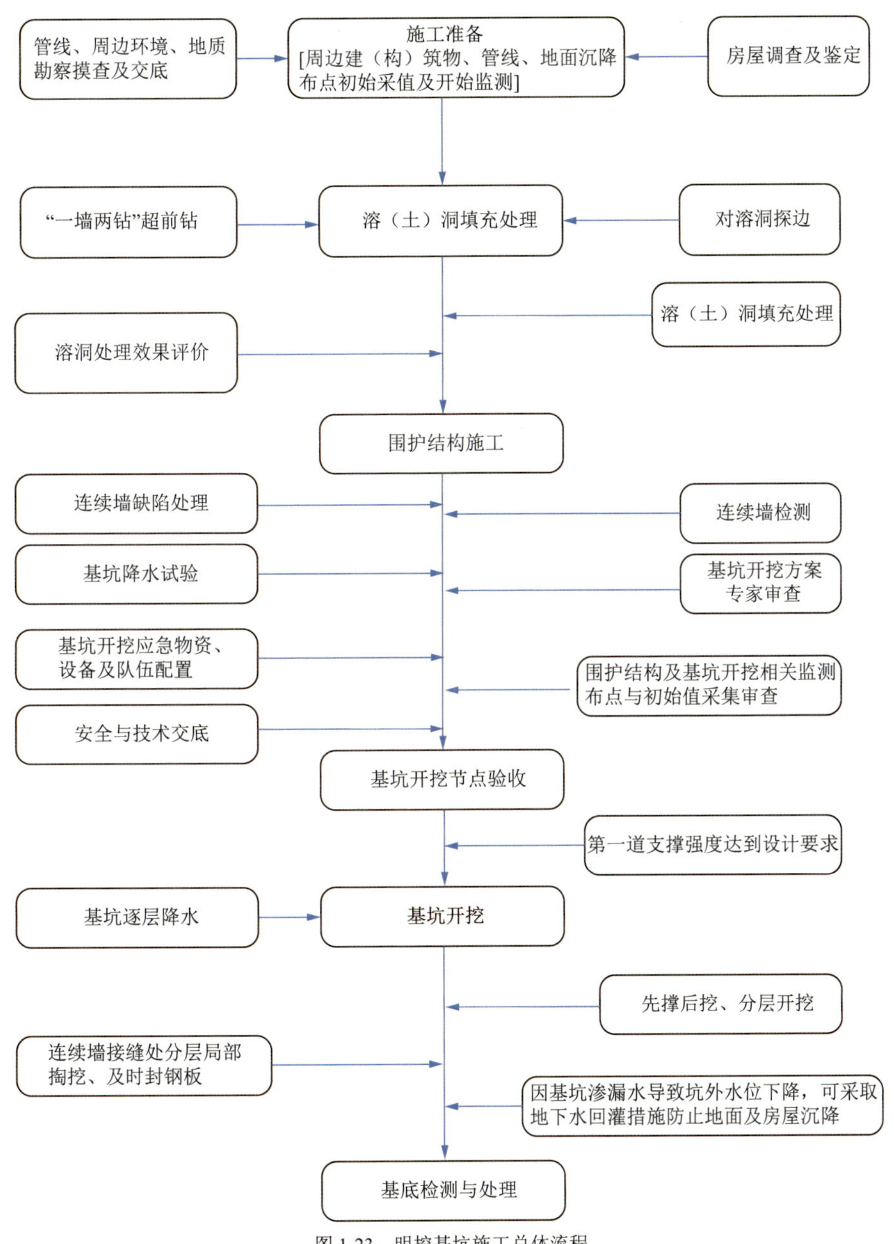

图1-23　明挖基坑施工总体流程

(2)溶(土)洞处理施工

地质详细勘案、补充勘察及围护结构"一墙两钻"发现影响基坑开挖施工的溶(土)洞都需要进行钻孔探边及注浆填充处理。溶(土)洞处理方法遵循"探、处、检"的原则,处理后须进行有效的质量检测及效果评估,确保注浆效果检测合格后,方可开槽施工连续墙。

(3)围护结构施工

①围护连续墙(桩长)深度确定原则

车站基坑地下连续墙采用"一槽两钻"的原则布置,平均布孔间距3m;抗拔桩及临时立柱采用“一孔一钻”的原则布置，设计通过钻孔地质资料完善围护结构及桩的深度。

②地下连续墙施工

在富水砂土岩溶复合地层中进行地下连续墙施工，存在以下风险：

a. 遇到未处理好的溶洞，会造成槽段坍塌。

由于溶洞客观存在探不明、处理不彻底的情况，在成槽作业的过程中，振动或冲穿溶洞，造成上部富水砂土漏入溶洞时，会导致地面沉降，甚至坍塌的情况出现。要求做好地面监测，加大设备与地面的接触面积，加强施工现场巡查力度，做好应急准备工作。

b. 溶洞发育，岩面不规则，斜孔，卡锤，造成连续墙墙体不闭合。

这种情况会给后续基坑开挖带来风险，包括墙体接缝不闭合，墙脚迈步，斜孔造成结构侵限、鼓包，导致基坑开挖时发生渗漏水、墙脚涌水涌泥等。成槽施工过程中要做好垂直度控制、泥浆质量控制，选择适合的成槽设备，保证成槽质量。

c. 基岩冲钻时间长，效率低，造成塌孔。

上软下硬地层，富水砂土层在上部，冲钻基岩时，由于效率低，振动大，容易在冲钻基岩的过程中，发生上部砂土层坍塌，或是冲穿基岩溶洞，造成漏浆漏砂的情况，进而造成塌孔或地面坍塌。施工时，要求工序连续，不停顿；做好泥浆质量控制；选择高效的基岩成槽设备，包括旋挖钻和双轮铣成槽机等。

d. 基岩面判断不清楚、不正确，地下连续墙嵌岩深度不够，后续基坑开挖，造成变形过大或地下连续墙踢脚失稳。

在做“一槽两钻”时，应做好基岩面的确认，编制正式补充勘察报告。基坑开挖前做好上墙图表，明确各槽深及入岩深度。成槽过程中做好成槽记录，到基岩面时，施工监理做双确认，对岩样进行标记并留存。

（4）基坑降水试验

围护结构已经进入基岩，理论上隔断了基坑内外地下水的水力联系，基坑内疏干降水应不会影响基坑外的水位。

①降水开始前，所有抽水井统一编号。需测定各井口和地面标高，静止水位，然后开始试运行。

②试运行之前，检查抽水设备、抽水与排水系统能否满足降水要求。

③每口井在第一次试抽水时，记录抽水的时间与单井出水量，然后测定动水位的深度，观测停抽后的水位恢复情况。当水位上升幅度相对较快，断定洗井有明显效果时，该井可作为正式降水井使用；否则，应重新洗井，直到满足要求为止。

④根据地质及水位情况进行综合考虑，适当在基坑外侧设置回灌井，基坑开挖过程中做好水位孔监测，同时根据基坑内外水位差及变化情况，适当采取回灌措施。

⑤通过基坑降水试验，判断确定基坑降水孔作用的有效性；通过基坑内外水位差的稳定性，

判断围护结构防止水渗漏的有效性，提前检查围护结构的施工及溶（土）洞处理的施工质量，从而判断基坑是否达到开挖条件。如果降水试验结果不理想，则须分析原因，提前对围护结构或溶（土）洞处理的缺陷部位进行补强处理。

（5）基坑开挖

①基坑开挖条件验收的要点

a. 基坑施工图纸已会审并完成交底。专项施工方案（基坑开挖、降水等方案）已经通过专家组审查，并完成上报审批。

b. 分项工程已完成并通过验收。

c. 降水工作已经抽水试验，达到开挖降水要求，施工现场坑外排水、回灌措施已落实。

d. 调查基坑周围的保护构筑物、管线等现有状况，以及能承受变形的能力，并且制订切实可行的保护措施。

e. 围护结构施工阶段遗留问题已按要求解决或已制订相应的解决方案。

f. 基坑监测控制点已按监测方案布置，通过由监理、施工、第三方、设计等有关各单位组织的现场验收，且监测点已测取初始值。

g. 对本工程潜在的风险进行辨识和分析，有针对性、可操作性的应急预案编制完成并落实抢险设备、材料、人员、方案等，且完成安全技术交底。

②基坑开挖施工

在富水砂土岩溶复合地层基坑开挖施工过程中，富水砂层段连续墙接头易渗漏水，造成涌水涌砂、地面坍塌的情况；基坑开挖近基岩面处或收底过程中，易由于存在溶洞裂隙通道发生基底涌水涌泥的情况。针对这一施工特点，本工程重点做好以下工作。

a. 开挖原则

▶基坑开挖必须在降水井完成并正常运转，围护结构达到设计强度后方可进行。

▶基坑开挖按照“开槽支撑、先撑后挖、分层开挖、严禁超挖”的原则进行。尽量减少基坑无支撑区域及暴露时间，严禁超挖。

▶合理划分开挖顺序和每步开挖土体的空间尺寸，保证每一工况挖土及钢支撑的安装时间不超过 24h。

b. 开挖方法

受灰岩区地质情况复杂及周边环境控制要求限制，要求基坑开挖岩层不能采取传统的爆破形式，一般采用以下工艺：

▶采用炮机直接破岩配合挖掘机挖除工艺，即将土方开挖至岩面，根据岩面的情况以及岩石的性质，采用多台挖掘机配合机械锤击破岩开挖。

▶采用潜孔钻钻孔 + 炮击工艺，即先潜孔钻（钻孔直径 8cm，钻孔深度 2m，平面距离随机分布），钻孔找出破岩临空面，然后用炮击进行破除。

▶采用静态爆破＋锤击工艺，即利用岩石钻孔内装填破碎剂流体的水化反应，产生体积膨胀，形成压力及环向拉应力，相邻周边钻孔内的破碎剂在此时共同作用形成贯穿的径向裂隙，使岩石破裂，出现破岩临空面，然后用炮击进行破除。

③安全控制措施

开挖过程中，认真按照设计要求进行监控量测工作，并及时分析反馈数据，做到信息化施工。当数据超标、场地条件变化较大、发现危险事故征兆时，应适当加密监测频率。各监测控制数值的累计变化量及变化速率均应在控制范围内。采取措施排查异常后方可重新进行开挖。

基坑开挖过程中，在第一层支撑以下及砂层地层中，对连续墙接头位置进行分层局部掏挖，及时进行封钢板及灌注水泥浆处理，避免连续墙接缝出现漏水漏砂情况。

开挖分层基坑内降水位至开挖面以下 1 ~ 2m 处，保证基坑开挖面的干燥。基坑开挖至基底后，快速浇筑混凝土垫层对基底进行封闭，以缩短基底暴露的时间。

根据监测数据及时对基坑外回灌井进行回灌水，确保地下水位变化可控，建筑物沉降稳定。切实做好建筑物监测工作，如有需要，应及时进行地层跟踪注浆。

做好应急准备工作，包括应急物资、设备和应急组织。应急物资、设备包括沙袋、止水用的钢板、棉絮，钻注一体机、地质钻机、水泥、水玻璃等。

④基坑开挖涌水涌砂应急处理措施

安排专职人员 24h 值班巡查基坑及周边建筑物、路面安全情况；险情发生应及时启动应急预案，同时安排加密监测及周边建筑物、路面巡查。

对涌水涌砂原因进行分析，确定处理方案。总体处理原则：

a. 对于连续墙接缝漏水漏砂，无法采用封钢板形式处理的，在基坑内外采取钻注一体机（或配合地质钻机引孔）距离围护结构 0.5 ~ 1m 处进行单双液浆注浆处理，注意控制注浆压力及配合比；

b. 对于基坑内外由于灰岩裂隙连通产生的基坑底部涌水涌砂情况，初步判断水流通道后，在影响区域安装导流管并进行回填，采用钻注一体机钻孔进行单双液浆注浆处理，止水后再继续开挖施工。

3）盾构选型

盾构的性能及其与地质条件、工程条件的适应性是盾构隧道施工成败的关键，所以采用盾构法施工就必须选择最佳的盾构施工方法和最适宜的盾构。盾构选型第一要保证可靠性，第二要讲究技术先进性，第三需考虑经济性，尽量做到盾构施工的安全性、适用性、先进性、经济性相统一。类似广州地区复合地层的施工环境，可供选择的盾构类型只有两种，即土压平衡盾构（简称“土压盾构”）和泥水平衡盾构（简称“泥水盾构”）。两者所适应的地层条件不同，各有优缺点。八号线北延段地质条件复杂，穿越地层中岩土类型组合多样，多段区间先后交错穿越全断面砂层、上软下硬地层、全断面硬岩等，对盾构选型及参数控制、刀盘选用等提出了非常规的要求，本节对八号线北延段几个典型区间盾构施工进行总结，提出合理建议。

（1）同德站—上步站区间

同德站—上步站区间地质纵剖面图如图1-24所示。隧道拱顶多为冲洪积砂层、土层。大部分地段隧道上部断面为冲洪积砂、土层，下部断面为残积土层。局部地段微风化灰岩侵入隧道，微风化灰岩强度大，硬度较高，隧道横断面上软下硬，给盾构掘进带来困难。

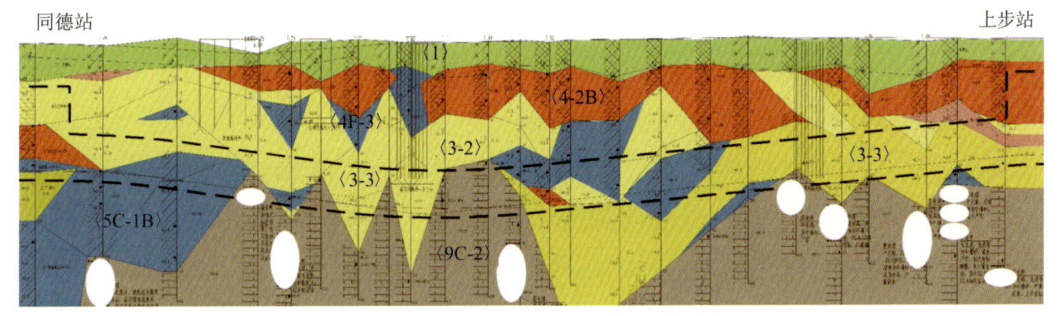


图1-24 同德站—上步站区间地质纵剖面图

本区间采用海瑞克泥水平衡复合式盾构在上软下硬的灰岩地区掘进施工，过程虽然困难重重，遇见很多问题，但最终还是比较顺利圆满地完成了区间隧道施工。以下对施工过程中所遇到的问题进行了简单总结。

①地质条件恶劣，施工难度大

区间隧道主要穿越灰岩地带，地质包含〈3-2〉中粗砂及〈3-3〉砾砂、粉质黏土，局部处于上软下硬地层，岩层最大天然单轴抗压强度达到79.3MPa。在软硬不均地层中掘进，盾构易发生"栽头""抬头""偏向"的情况，并且软硬不均地层对刀盘刀具的磨损较大，富水地层中检查刀具的风险也较大。针对这些风险，盾构施工中采用了以下措施。

a. 刀具配置全断面滚刀，其中周边滚刀选用合适单刃滚刀，扩大盾构刀盘开挖面，滚刀均采用镶合金宽刃、耐冲击滚刀。使用该种滚刀可减少换刀次数和频率，加快施工进度。根据土层的具体情况选定合理的掘进参数，并严格控制盾构姿态，做到勤测勤纠，降低纠偏的难度。

b. 刀盘在开挖掌子面时可能切下大块岩块，当无法将其切成小块时，泥水模式下可在环流输送系统中安装破碎机，防止大的岩块堵管卡泵。

c. 开挖掌子面推进的支反力是由管片提供的，刀盘切削土体的扭矩主要由盾构壳体与洞壁之间形成的摩擦力矩来平衡，当盾构在〈9C〉地层中推进时，盾构壳体与洞壁之间只有部分产生摩擦力提供摩擦力矩，当该摩擦力矩不能平衡刀盘切削土体的扭矩时会引起盾构本体的滚动，过大的滚动会影响盾构的拼装，也会引起隧道轴线的偏斜。掘进时加大刀盘的正反转频率，保持盾构的稳定，减小盾构的振动并防止其产生超限扭转，可使管片的受力稳定，确保隧道的成形质量，防止盾构变形。

d. 盾构在上软下硬、软硬夹层等复合地层中施工时，推进千斤顶的受力不均匀，盾构的方向控制较为困难，容易偏位。地质情况变化较大也容易引起切口水压的不稳定，给盾构操作带来一定的难度。施工该地层，必须加强测量监控，必要时启用盾构的仿形刀进行辅助施工，使盾构操作人员能够较容易地实现对掘进方向的控制。

e. 盾构在上软下硬地层中掘进时，刀盘切削容易形成大块岩块，泥水掘进模式时可采用黏性大的泥浆，适当加大泥浆相对密度，增加泥浆流量，可使硬岩块更好地悬浮在泥水中被带出。

f. 根据掘进参数提早判断换刀的必要性。必要时，采用超前注浆系统加固地层和人闸气压作业相结合的方式进行安全、快速换刀。

②施工穿越建（构）筑物多，沉降控制要求高

同德站—上步站区间线路基本上呈南北走向，线路出上步站后沿西槎路敷设，区间沿线主要的建（构）筑物有广州市北环高速公路人行涵洞、污水处理厂2号泵站、上步桥、新建商铺楼及居民区。工程对沉降控制要求高，特别针对下穿涵洞，采取了以下措施：

a. 采用“袖阀管注浆+双管旋喷桩+MJS[1]注浆+筏板”对涵洞进行加固处理。施工中，加强对桥的监测，实现信息化施工。

b. 采用海瑞克泥水平衡复合盾构，通过控制泥水压力，保持工作面稳定，地面沉降较小；排土采用泥浆管来输送，水压较高地段也不会出现喷涌现象；由于使用泥水，需要扭矩较小，刀具不易磨损；使用流体运输，弃土输送效率高，适合长距离输送。

c. 施工过程中需要控制好掘进参数。

设定本区段盾构施工参数为：扭矩0.757～1.7MN·m；推力10000～15000kN；切口水压1.9～2.03bar[2]；推进速度2～20mm/min；刀盘转速1.0～1.5r/min；同步注浆6～10m³/环；泥浆黏度24～39s，二次补浆根据地层变化变换点位注浆，隧道顶部必须进行二次注浆，注浆根据压力控制，控制在5～8bar，初凝时间为20s，注浆量根据注浆压力调整。

在〈5C-2〉土层中，推力控制在10000～13000kN，扭矩控制在0.8～1.2MN·m，推进速度控制在15～20cm/min，进排浆流量控制在700$m^3$/h以上；在〈9C-2〉岩层中，推力控制在12000～15000kN，扭矩控制在1.0～1.7MN·m，推进速度控制在2～10cm/min，进排浆流量控制在700$m^3$/h以上。

在盾构下穿北环高速公路过程中，要求泥浆储备充足（1000$m^3$以上），且泥浆黏度控制在40s以上。

③盾构过岩溶发育区风险系数高

区间溶洞发育，盾构施工前已对探明的溶（土）洞进行了注浆处理，但由于灰岩地区的岩面起伏大，溶洞在径向与竖向发育分布无法准确判定，可能存在部分溶洞未能预处理，盾构在

[1] MJS即全方位高压喷射法。

[2] 1bar=0.1MPa。

穿越未处理的溶洞时可能出现“栽头”、土仓失压引起地面沉降等风险，需采取以下控制措施：

a. 结合已细化的区间纵向地层剖面图，当盾构穿越岩溶较为发育的区域时，加强盾构掘进参数管理，主要监控切口水压的波动情况与地表沉降监测数据，出现切口水压瞬间下降时需加大送浆泵的转速，减小排泥泵的转速，恢复切口水压。

b. 在始发站顶板上方设置的泥浆池，储蓄足量为 4200m³，盾构推进速度约为 4 环 /d，当天泥浆产生量 230m³，即蓄浆池可满足 9d 的双线盾构施工。而同德站—上步站区间盾构施工配套使用的压滤机系统，每天可以处理浆液 500 ~ 600m³，根据鹅掌坦站—同德站区间压滤机机械故障率，故障最长耽误时间为 2d，因此即使压滤机出现机械故障，也可以满足同德站—上步站区间盾构双线掘进的需求。

c. 盾构仓壁预留了地质超前钻探孔，需要时可通过该孔对盾构前方的地质情况进行探查。

d. 合理控制掘进速度、刀盘转速等参数，保持匀速平稳掘进，盾构掘进完成一环后及时进行同步注浆与管片注浆。

④部分区间隧道间距小，施工过程风险大

由于同德站—上步站区间里程 ZDK21+279.000 ~ ZDK21+360.000 范围内左右线隧道线中心间距为 9.0 ~ 10.97m，最小隧道间距为 2.6m，属于小间距隧道设计段。根据地质勘察资料，该区段土、岩层从上往下主要有〈1〉人工填土、〈3-1〉粉细砂、〈3-2〉中粗砂、〈3-3〉砾砂、〈9C-2〉微风化灰岩。该区段岩面起伏变化大，隧道盾构掘进处在上软下硬地层中。由于隧道间距小，后行盾构施工对先行隧道影响较大，有可能对其造成挤压，导致其变形破坏。

为了降低后行隧道对先行隧道的影响，保证已施工的隧道结构安全，对小间距范围内的隧道段采取隔离保护措施。小间距隔离桩采用 $\phi$800@1000，入〈9C〉地层 1m，共 124 根，隔离桩钢筋笼的长度为从拱顶以上 3m 进入盾构隧道拱底以下 2.0m 或进入〈9C-2〉地层 1m。同时，预先设定盾构参数，控制好掘进，以保证隧道和地面安全。

虽然施工过程中遇到了较多困难，但最终比较圆满地完成了掘进。而针对所遇到的问题，处理过程中还存在很多不足，需要从以下几方面进行优化：

①同步注浆时在单液浆注浆系统的基础上增设双液浆同步注浆系统。

由于盾构施工过程中，所穿越的建（构）筑物比较多，沉降控制比较严格，要求较高。本项目区间隧道盾构穿越污水处理厂 2 号泵站时，由于地层极为复杂，地质条件极差，砂层较厚，同步注浆系统只能注单液浆，注浆填充缝隙难于满足该地层沉降的控制要求，需要改进，增设双液浆同步系统，才能及时填充缝隙，减少地面沉降。

②泥水盾构的双仓式改为单仓式。

在灰岩地区盾构施工，岩面起伏不定，有时遇到全断面或者部分断面为灰岩层，刀盘切削下来的石块大小不一，容易造成堵管。采用单仓式盾构，满足逆循环操作，容易处理堵管问题，以便提高盾构施工效率，加快施工进度，满足工期要求。

③刀盘改为冷冻刀盘，便于在不利条件下进行开仓处理。

在灰岩地区，特别是在软硬不均地层中掘进，盾构易发生“栽头”“抬头”“偏向”等情况，并且软硬不均地层对刀盘刀具的磨损较大，富水地层中检查和更换刀具的风险也较大。此时，采用冷冻刀盘，在不利条件可以随时进行开仓，检查和更换刀具，保证盾构施工安全。

（2）上步站—聚龙站区间

上步站—聚龙站区间地质纵剖面图如图1-25所示。隧道拱顶多为冲洪积砂层、土层。大部分地段隧道上部断面为冲洪积砂、土层，下部断面为微风化灰岩。局部地段穿越全断面灰岩。隧道横断面穿越上软下硬、全断面硬岩地层，为盾构掘进带来困难。

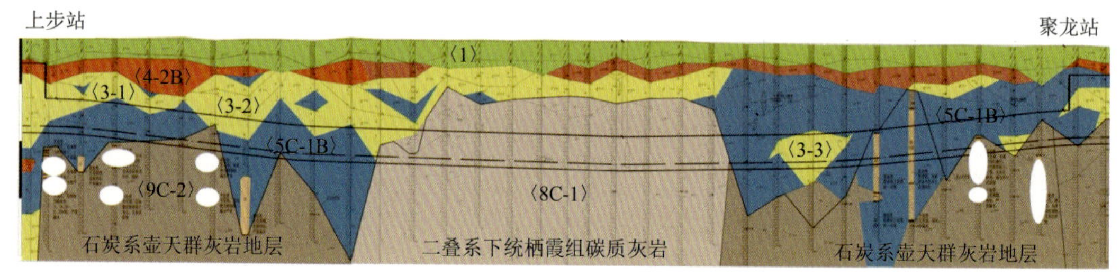


图1-25 上步站—聚龙站区间地质纵剖面图

上步站—聚龙站区间采用了海瑞克双螺旋土压盾构，在岩溶发育、较厚砂层、上软下硬灰岩这几类不良组合地层中，每条线路掘进过程中只进行了2次开仓换刀，掘进速度快，施工进展顺利。对此进行了以下简单总结。

①盾构选型

土压盾构能够适应较大的地质范围与地质条件，能用于黏结性、非黏结性、有水或无水、软土和卵石圆砾等多种复杂的地层施工，速度较高，可有效控制地表沉降，故本区间选用该种盾构施工。

该盾构盾体外径为6260mm，盾尾内径为6060mm，从刀盘面至盾尾长9.87m；盾尾刷4道3腔，由盾构生产厂家配备，每道腔内均设置4个盾尾油脂注入孔；设计最大推进速度80mm/min；盾构千斤顶布置20根，最大推力39914kN；装备一个两室串联型、最大耐压0.7MPa的人行闸；管片拼装机旋转质量最大6.1t，能够沿隧道轴线方向前后滑动（前400mm，后550mm）；盾尾布置4组注浆孔，每组2个孔（一孔备用）。

②工程难点及控制措施

a. 工程地质软硬不均，上软下硬，盾构掘进控制难度大

盾构穿越隧道部分区间上部为砂层、残积土层，下部为中风化、微风化灰岩。根据详细勘察资料显示，岩层强度13.8～93.2MPa。在软硬不均地层中掘进，风险较大，本区间采取以下应对措施。

▶更换刀具：经多方研究，放弃使用原厂配置的单刃及双刃光面滚刀，改为更适合上软下硬

地层及全断面硬岩地层的楔形合金耐磨滚刀。通过掘进中的参数显示，与以往上软下硬地层盾构掘进经验对比，在相同推力及扭矩下，配备楔形合金刀具的盾构具有更快的破岩速度，掘进速度大大提升，能达到 10 ~ 35mm/min。同时，根据开仓换刀的情况（右线第一次换刀，连续掘进 275 环，其中上软下硬地层 80 环、全断面灰岩 35 环），更换下来的楔形合金刀具完整性保持良好，磨损量较低。

▶对盾构掘进参数进行严格控制：为保护刀具从软土进入灰岩切削时有足够的贯入度但又不会瞬间产生过大的剪力破坏刀具刀圈，需控制盾构的掘进速度以及刀盘转速。以本标段为例，盾构掘进刀盘转速控制在 1.6r/min 以内，推力控制在 10 ~ 14kN，扭矩控制在 2000kN·m 以内。

▶使用发泡剂：往刀盘前及土仓内注入发泡剂，改良渣土的黏性，使其不易形成泥饼，防止刀具卡死，降低刀盘和螺旋输送机的扭矩。

b. 区间地层溶（土）洞较多，盾构施工风险大

上步站—聚龙站区间溶洞强烈发育，土洞稍发育，部分地段砂层直接覆盖在基岩之上，盾构施工易引起溶（土）洞失稳而导致地面沉降和塌陷。同时，溶蚀裂隙和溶洞发育，富水性较强，易发生岩溶水的突涌。

应对措施：两台盾构均采用双螺旋设计，在岩溶地区浅覆土砂层和上软下硬地层中，通过区间的掘进情况来看，选用配备双螺旋的土压盾构是可行的，能解决盾构喷涌的问题。区间两台土压盾构遇到富水砂层，也曾出现喷涌的状况，但双螺旋设计能够很好地控制喷涌，保障不超挖、不出现坍塌的问题。

（3）聚龙站—石潭站区间

聚龙站—石潭站区间地质纵剖面图如图 1-26 所示。隧道拱顶多为冲洪积砂层、土层。大部分地段隧道上部断面为冲洪积砂、黏土层，下部断面为微风化灰岩、粉质黏土，局部区域为全断面砂层。结构底板下 2m 范围内见岩溶（土）洞发育。本区间隧道顺利通过，对盾构施工总结如下。

①在岩溶发育地区需做好地质补充勘察钻孔工作，发现溶（土）洞时加密钻孔勘探，及时对溶（土）洞进行预处理，后期通过抽芯检测确保注浆质量，防止盾构通过时引发地面沉降、塌陷，盾构“栽头”等不良事件。

②场地条件具备的情况下尽量将泥浆池容量做大，储备足够的泥浆量，以防遇到未探明溶洞失浆时没有泥浆补充土仓掌子面造成地面坍陷。

③盾构掘进过程中及时调整泥浆浓度等参数，保持泥浆具有较好的携渣性能，以免造成堵管。

④遇较复杂气压开仓情况，可采用“衡盾泥”填充土仓造泥膜，可较明显延长气压开仓掌子面稳定时间。

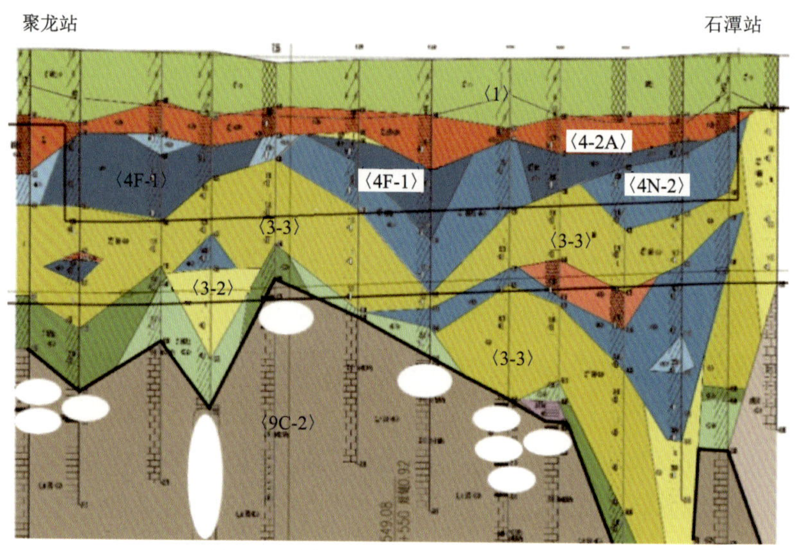


图 1-26　聚龙站—石潭站区间地质纵剖面图

⑤遇造浆明显地层段，应尽可能利用压滤机处理多余泥浆，以免循环泥浆池溢满造成无法环流掘进。

⑥采取地面移动围蔽措施，确保掘进过程中掌子面上方地面交通安全。另外，也可更迅速地对沉陷地层进行注浆处理。

（4）小坪站—石井站区间

小坪站—石井站区间地质纵剖面图如图 1-27 所示。隧道穿越灰岩地区，主要穿越上部冲洪积砂层、残积土层，下部微风化灰岩的上软下硬地层或全断面灰岩、泥岩或砂岩层。全断面灰岩段溶（土）洞发育。本区间地质环境复杂多变，掘进过程中遇到各类问题，但最终顺利通过，对本区间隧道盾构施工总结如下。

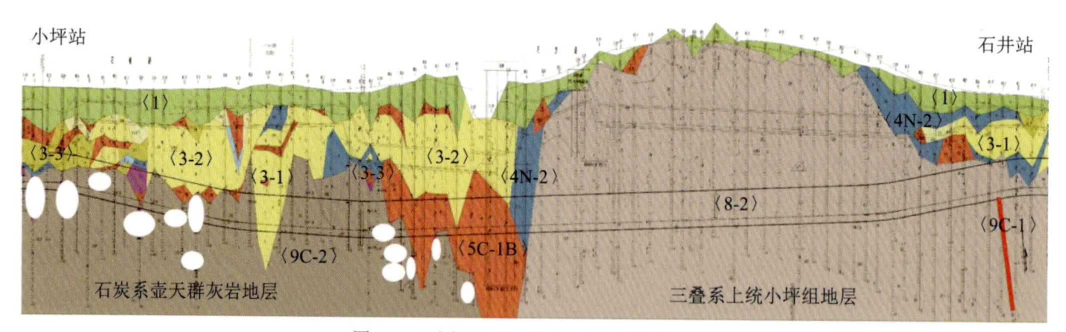


图 1-27　小坪站—石井站区间地质纵剖面图

①在岩溶发育地区需做好地质补充勘察钻孔工作，发现溶（土）洞时加密钻孔勘探，及时对溶（土）洞进行处理，后期通过抽芯检测确保注浆质量。

②泥水盾构在上软下硬地层中掘进，由于岩面不均匀、不规整，容易产生大块石头堵塞采石箱的问题，建议暂时对采石箱用管路进行短接。

③泥水盾构在全风化、强风化地层中掘进容易产生滞排导致结泥饼现象，在具有一定自稳性地层可采用气压辅助半仓掘进模式，每环掘进完成后泥水仓切换至满仓模式。

④泥水盾构压气造泥膜压气开仓换刀时，盾体需后退几厘米，确保掌子面形成一层较厚泥膜，同时对盾尾管片注双液浆进行止水，地面在切口环上方采用钻注一体机布孔注浆，提高压气开仓的成功率。

⑤双舱式泥水盾构气垫仓底部泥浆管容易堵塞，停机时应确保气垫仓渣土环流干净，每班至少检查一次，发现堵塞及时处理。

⑥泥水盾构需确保进浆管路的泥浆质量，特别是含砂率的控制。含砂率过大容易磨损盾构的进浆管路，使掘进出现异常。

（5）石井站—亭岗站区间

石井站—亭岗站区间地质纵剖面图如图1-28所示。隧道拱顶处为粉细砂、中粗砂、淤泥、淤泥质土及少量软塑粉质黏土，隧道穿越地层主要为饱和砂土、软土、粉质黏土、全强风化岩，底板处主要为砾砂、中粗砂、粉质黏土、残积土、各风化带，隧道围岩条件差、岩土类型多。

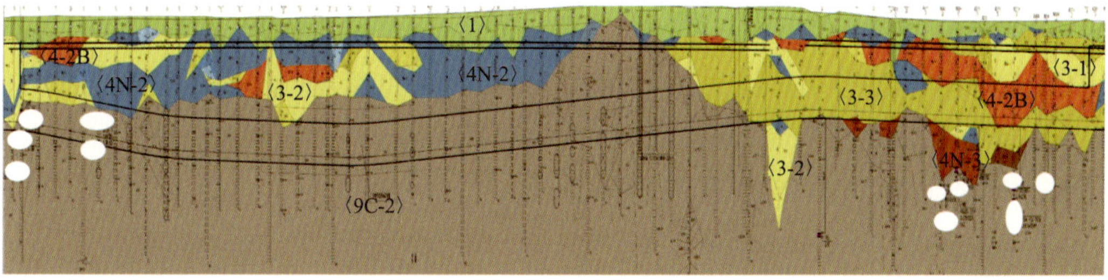

图1-28 石井站—亭岗站区间地质纵剖面图

石井站—亭岗站盾构区间（单线）总长约1550m，采用海瑞克双螺旋土压盾构（编号S-371、S-372）施工，区间最小曲线半径450m，最大纵坡为20‰，中间设置两个联络通道，线路沿石沙路下方敷设。区间位于岩溶地区，岩溶发育，上软下硬及全断面岩段地层中均揭示有溶洞，盾构在溶洞区中掘进里程约占区间总长的70%。通过本区间采用双螺旋土压盾构掘进，总结以下几点经验及建议。

①土压盾构在富水岩溶发育地区掘进，建议提前采取雷达扫描+地质补充勘察钻孔查验，发现溶（土）洞需加密钻孔勘探，及时对溶（土）洞进行填充处理，有条件的建议对隧道进行包边处理，后期通过抽芯检测确保注浆质量。

②土压盾构在岩溶区掘进，联动做好地面巡视监测，溶洞区沉降大多为后期沉降塌陷，必要时安排专人在地面进行敲击勘测，取孔验证。

③土压盾构在富水岩溶区、上软下硬地段掘进，采用双螺旋或双闸门螺旋输送机，螺旋出土口采用外包裹式，降低喷涌时的清理量，确保快速施工。

④土压盾构在岩溶区、灰岩等地层气密性较好的地段掘进容易产生滞排导致结泥饼，在具有

一定自稳性地层可采用气压辅助掘进，可以保护刀具避免刀盘板结泥饼。

⑤土压盾构在岩层掘进过程中应尽量保持足够长的铰接，在开仓换刀时，盾体需后退几厘米，确保掌子面脱离刀盘时避免打刀槽，提升换刀效率。

⑥复合地层中掘进，特别是在上软下硬富水地层，应尽量采用可直接运输管片至盾尾的设备，以大大减少清理量提高功效。

4）应急处置

（1）基坑坍塌的应急处置措施

①当发生基坑开挖失稳或坍塌时，对未开挖地段进行双液浆注浆固结土体，减小发生险情的土体量。往部分坍塌的土体中打入方木、钢管，以控制险情的进一步发展。

②当基坑纵坡发生险情时，可用沙袋填满坡面以下支撑与支撑之间的空隙、支撑与开挖面土体之间的空隙，以保证在纵坡失稳时，支撑不被坍方土体碰掉和剪坏，从而起到保护桩安全的作用。同时，派专人对周边管线进行监测。若管线发生沉降，则可对管线进行双液浆注浆或悬挂加支垫的方法控制管线因沉降而造成的破坏。

③发生险情时，可用高压旋喷桩对附近的道路进行保护，以确保正常交通。

④涉及管线、建筑物时，应通知相关单位对事故现场附近管线、建筑物进行排查。发现管线断、裂等情况，应立即进行处理，以免对周围居民生活造成影响。发现周边建筑物开裂、倾斜等情况时，应立即与建筑物业主联系，及时疏散建筑物内居民，现场立即对建筑物进行支撑、注浆等加固措施，以确保周边建筑物的安全，将损失降到最低。

⑤塌方处理全过程中，抢险人员应随时观察塌方情况，防止塌方伤人。必须确保通信畅通，并及时上报处理情况、围岩变化情况、人员及机械设备状况等，以便在抢险有困难或需要救援时，能及时提供救援。

（2）基坑纵向滑坡的应急处置措施

①险情现场人员疏散，同时对可能造成影响的周边单位或住宅内的人员进行疏散。

②通知相关管线单位，根据影响程度进行管线监护和处置。

③会同交警部门对影响到的周边道路进行调整和交通疏解。

④如果纵向滑坡后基坑没有坍塌，则在具备条件和不危及人员安全的前提下补强支撑，并对坡脚处进行土方回填；如果不能补强支撑，则立即组织对坡脚处进行回填土方或砂。

⑤如果纵向滑坡后基坑发生坍塌，则应立即组织对基坑坍方处进行回填土方或砂。

⑥进行坡顶卸载。

⑦尽量减少动载。

⑧杜绝任何流入基坑边坡内的水源。

（3）支撑失稳的应急处置措施

①险情现场人员疏散，同时对可能造成影响的周边单位或住宅内的人员进行疏散。

②通知相关管线单位，根据影响程度进行管线监护和处置。

③会同交警部门对影响到的周边道路进行调整和交通疏解。

④如果发生支撑失稳，基坑未坍塌，则应在失稳的支撑旁加设钢管或工字钢，并施加预应力。同时对周围支撑复查，查找是否有支撑松弛。如果发现有支撑松弛，则应立即采取复加预应力加固措施。如果支撑松弛而发生支撑失稳，则应立即查找周边超载、围护结构背土是否流失、支撑材质等原因，防止失稳现象扩散。

⑤如支撑失稳且已经引起基坑坍塌，则应立即对基坑坍塌处回填土方，并清理基坑周边的超载。如果围护结构背土发生土体流失，则要立即填充砂或混凝土，并同时对周围支撑复查，查找是否有支撑松弛。发现有支撑松弛，应立即增加工字钢支撑，防止失稳现象扩散。

（4）基坑围护结构流砂的应急处置措施

①险情现场人员疏散，对可能造成影响的周边单位或住宅内的人员进行疏散。

②通知相关管线单位，根据影响程度进行管线监护和处置。

③会同交警部门对影响到的周边道路进行调整和交通疏解。

④查清漏点后，先用棉被封堵，用基坑土方回填覆压，在基坑漏点附近增设临时支撑和附加轴力。

⑤在围护结构漏点外侧打孔，压注聚氨酯溶液进行封堵。当漏点被彻底封堵、不再涌砂后，再压注双液浆，对地基进行加固。

⑥当漏砂严重，封堵无效有可能导致周围环境破坏时，用土方、砂或水泥等材料回填基坑。

⑦对周围建筑物、管线和道路进行监控，当变形较大时，采取双液跟踪注浆措施，调整变形速率，对流失的土体进行填充。

第2章

# 典型工点建设风险与防控措施

纵观目前广州市的轨道交通建设情况，对比国内其他城市的地铁建设难度，八号线北延段工程建设面临的地质条件最为复杂。从构造地质和工程地质条件上分析，八号线北延段工程处于广花凹陷和东莞盆地两个四级构造单元内，穿越红层区和灰岩区，受多种地质构造作用影响，工程建设过程中遇到岩溶（土）洞、深厚富水砂层、断裂破碎带、深厚软土层、不均匀风化地层，风化深槽、上软下硬复合地层等风险，并且各种交替、复合出现。从地面、地下的环境条件分析，八号线北延段工程沿线穿过荔湾区和白云区多个密集生活区、城市中心区，下穿、侧穿多条主要交通干道以及地铁隧道、桥桩、涵洞等既有结构，进入多个文物保护单位的保护红线范围，部分线路工程需要与电力隧道进行合建，在工程建设过程中遇到了众多复杂的土建工程难题。

在如此严苛的周边环境和复杂的地质条件条件下进行地下轨道交通建设，需要在工程建设的各阶段全过程综合考虑判断建设过程中的风险并在各阶段有针对性地采取手段规避风险。在设计阶段，从车站建筑、结构、工法和区间隧道平面规划、埋深及选型等方面入手，考虑各类方案受周边环境和地质条件两方面的制约和这种制约存在的风险，对车站和区间隧道的设计方案进行比选、确定及优化。

八号线北延段工程在设计阶段根据各车站和隧道的周边环境和地质条件特征，有针对性地进行设计。如中心城区车站，为解决施工过程中征地拆迁、交通疏解等问题，合理选用明暗挖结合、分期施工等方法或管线迁改、周边建（构）筑物加固等技术手段；灰岩区车站，为规避溶洞发育、断裂破碎带、溶蚀凹槽等风险，重点考虑溶洞预处理、地下连续墙止水、注浆封堵等各类措施的综合应用；针对各类复合地层条件下车站暗挖通道和区间隧道、联络通道，采取预处理等加固措施及开挖方式。本章通过对八号线北延段典型工点的周边环境和地质条件组合下的风险类型进行分析，介绍其通过设计手段规避风险的防控措施。

# 2.1 中心城区车站深厚淤泥质砂层建设风险与防控措施

## 2.1.1 华林寺站建设风险

1）周边环境风险

华林寺站总平面图如图2-1所示，站点设置在康王路与长寿西路交叉路口，兼顾商业步行街的客流，周边以商业和居住用地为主。周边主要建（构）筑物主要有锦纶会馆、华林禅寺、康王路路面交通、康王路隧道结构、周边密集建筑物等。

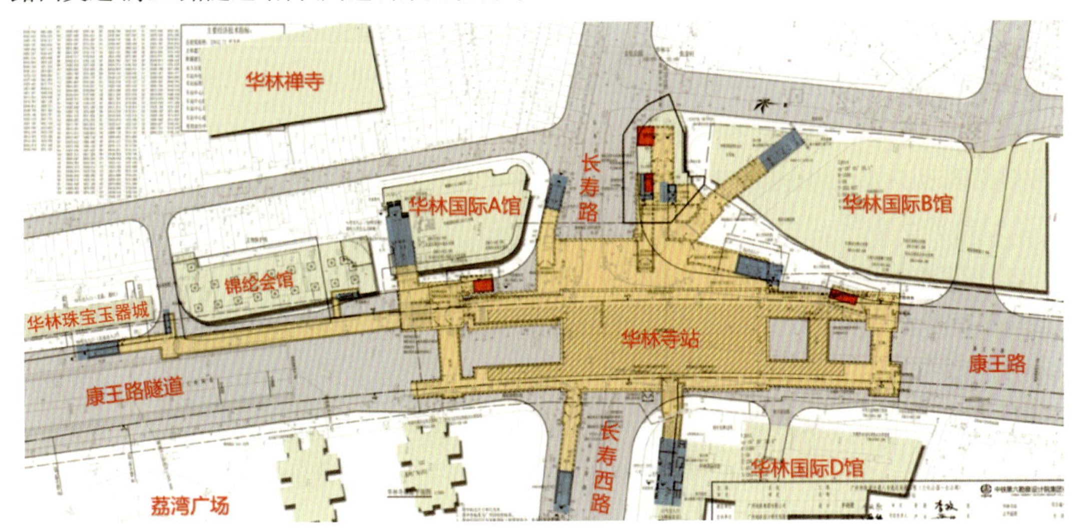


图2-1 华林寺站总平面图

（1）锦纶会馆

锦纶会馆又名锦纶堂，省级文物保护单位，始建于清朝雍正元年（1723年），于道光二十四年（1844年）重修。地上建筑为单层砌体结构，地下设有一层地下空间，目前为正在运营的地下停车库，曾经在康王路隧道施工时进行过整体平移，现状文物房屋搁置在一块混凝土板上，此混凝土板与车库顶部的格梁和柱子之间设置了减震垫。柱下桩采用冲孔桩，桩底进入中风化泥质粉砂岩层。锦纶会馆位于荔湾区康王路隧道北出口的西侧，华林寺站主体的西南侧、华林寺站Vb号出入口西北侧，距离出入口顶管段最近距离约3.66m，出入口基坑和顶管段施工过程可能会引起地面不均匀沉降或隆起，引起锦纶会馆结构产生不均匀沉降、倾斜、墙身开裂等现象。

（2）华林禅寺

华林禅寺始建于梁武帝普通八年（527 年），其前身是“西来庵”，广州市文物保护单位。华林禅寺位于车站主体西南侧，车站基坑开挖范围的地层主要为淤泥及淤泥质砂层等软土、海陆交互相冲积砂层、残积黏性土层，开挖过程引起基坑支护结构的变形可能导致周边地层发生变形，华林寺基础为浅基础，对地层变化较为敏感，存在一定的风险。

（3）康王路与康王路隧道

图 2-2　康王路隧道与上下九牌楼

康王路是荔湾区一条贯穿南北的城市主干道，设置双向 8 车道。康王路以隧道形式下穿商业步行街，隧道上盖为商业广场，如图 2-2 所示。道路路面车流量大，人流密集，交通压力大。车站主体基坑沿康王路南北方向设置，基坑开挖可能会引起路面不均匀沉降、变形、开裂、塌陷等。道路交通繁忙，若发生路面开裂或塌陷，可能导致交通瘫痪。

（4）周边密集建筑物

本车站附近建筑较密集，有多幢高层建筑，最高 32 层。基坑开挖卸土会引起坑外土体向坑内方向位移，引发基坑周边建筑不均匀沉降、倾斜甚至结构开裂等问题。

（5）地下管线

车站范围内管线较多，基坑开挖过程中，管线可能由于基坑周边土体变形及地下水位下降而发生沉降或开裂，影响基坑安全，给周边居民生活带来较大干扰。

**2）地质风险**

（1）地质构造和地层特征

华林寺站位于广从断裂以东，海珠断裂上盘位置。本次勘察虽揭示岩芯多破碎，裂隙面有擦痕、阶步等构造痕迹，但未发现断层破碎带等明显的构造迹象。

华林寺站的上覆土层主要由人工填土、全新统海陆交互相砂层、软土层、黏性土层以及第四系的残积土层组成，地质纵断面图如图 2-3 所示。基岩为白垩系上统东湖段，岩性以紫红色泥质粉砂岩和紫红、棕红色的泥岩为主。根据 1∶50000《广州市航空遥感基岩地质图》，该地层倾向北西，倾角 27° ~ 45° 。详细勘察和补充勘察阶段揭露基岩岩面起伏大，软土及砂层分布层厚变化较大。

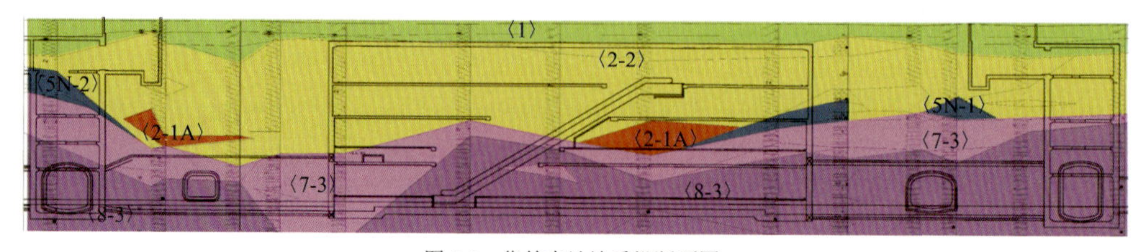

图 2-3　华林寺站地质纵断面图

华林寺站场地揭露有较广泛的淤泥质砂层，粉黏粒含量较高，局部含淤泥薄层。软土具有含水量大、高压缩性、强度低、高灵敏度、易触变等特点，导致在地下水位下降或处理不当时发生固结沉降和地基施工后沉降。从地质断面图上看，软土层主要分布在车站基坑上部，过度降水或对软土的加固处理不当、地面超载等都可能导致地面沉降或塌陷、周边建（构）筑物及地下管线的变形破坏。

（2）水文特征

华林寺站场地无地表水系，场地内广泛分布有厚层海陆交互相冲积砂层，砂层多含黏粒，富水性中等，透水性中等。但由于基岩与上覆砂层直接接触，基岩裂隙发育，基岩裂隙水与砂层孔隙水有良好的水力联系。整体水文地质条件中等复杂。

3）工程风险

华林寺站采用明暗挖结合形式，中间设置明挖站厅，南北两端分别各设置左右线暗挖站台隧道共4段，设置3个暗挖横通道。车站设置一组新排风井，两个活塞风井，设置了6个出入口，Ⅰ号出入口设置在长寿西路东侧，Ⅱ、Ⅲb、Ⅴa号出入口与物业衔接，Ⅳ号出入口设置在康王路西侧，Ⅴb号出入口设置在康王路南侧，距商业步行街约160m，其中Ⅴb号出入口通道采用顶管法施工。

（1）明挖基坑风险

车站明挖站厅主体基坑深约31.48m、南北风井基坑深33.2～33.6m，围护结构均采用1m厚地下连续墙+5道内支撑。围护结构与主体结构的关系为复合墙结构，围护结构承受施工期间的水土压力，使用阶段与主体结构共同受力。车站明挖段基坑采用5道支撑，基坑南侧为满足康王路使用功能采用盖挖法施工，如图2-4、图2-5所示。

图2-4　华林寺站明挖区域

图2-5　基坑南侧盖挖法施工解决康王路使用问题

场地内淤泥、淤泥质粉细砂层较厚，最大厚度达18.40m。淤泥质粉细砂层标贯值较低（$N$=3～9击），结构松散。基坑开挖范围内软土深厚，连续墙成槽易发生槽壁坍塌，砂层深厚区域地下连续墙接缝处易发生涌水涌砂现象，对周边文物、建筑物、道路、管线造成较大的影响。

（2）暗挖通道风险

车站南北两端为地下暗挖，左右线共设置4段暗挖站台隧道。南端左线暗挖站台隧道长38.3m，南端右线暗挖站台隧道长38.7m，北端左线暗挖站台隧道长39.1m，北端右线暗挖站台隧道长 52.2m。车站暗挖隧道标准段开挖宽度为 10.6m，高度为 9.75m，主要采用 CD 法（即中隔壁法）施工；北端右线大里程端头为盾构接收端，设计为扩大断面（开挖宽度为 12.92m，高度为 11.85m），采用 CRD 法（即交叉中隔壁法）施工。

暗挖站台隧道拱顶距离淤泥质粉细砂层较近，部分暗挖隧道拱顶以下 1.5m 位于淤泥质粉细砂层。暗挖横通道拱顶距离淤泥质粉细砂层最近处 0.4 ~ 0.7m。软土层侵入隧道范围，暗挖隧道开挖易发生拱顶坍塌，存在较大风险，进行暗挖施工前应进行预加固降低风险。

### 2.1.2 华林寺站风险防控措施

结合周边环境条件，华林寺站可选择的站位平面有限，跨康王路和长寿路路口站位对于吸引客流是最有利的，交通疏解条件也最好，但管线纵横交错，非常复杂。

车站选择交叉路口站位，受十字路口密集管线及康王路、康王路隧道交通疏解条件控制，车站明挖部分只能布置在路口中间位置，两端采用暗挖"穿裤腿"的方案。

采用明暗挖结合的方案后，存在暗挖风险高、通道多、接口多的问题。

**1）明挖部分风险防控措施**

（1）连续墙槽壁加固降低成槽风险

车站场地范围内存在较深厚的〈2-2〉淤泥质富水粉细砂层和〈2-3〉中粗砂层，厚度达 7.2 ~ 18.7m，层底埋深 14.1 ~ 21.6m。因此，在深厚淤泥质砂层中连续墙成槽对泥浆相对密度等要求较高，若控制不当，可能会引起连续墙槽壁坍塌，从而对周边环境造成较大的影响。在主体及南北风井连续墙外侧设置了 $\phi$550@500 搅拌桩帷幕，降低了连续墙塌槽的可能性。

施工期间，连续墙未发生塌槽影响周边安全的情况。

（2）连续墙接缝内侧封钢板防控涌砂风险

连续墙采用工字钢接头形式，若地下连续墙接头处理不好，容易在基坑开挖过程中连续墙接头位置发生渗透水风险，进而发生涌砂的险情，并且存在开挖时接头不漏水而开挖到底后再发生漏水漏砂的可能性，处理难度将非常大。为防止砂层位置连续墙接缝出现漏砂，对砂层范围连续墙接头内侧增加钢板封堵措施，如图 2-6 所示。

施工期间，连续墙接缝未发生涌水涌砂事故。

（3）附属结构基底承载方式优化

附属结构场地范围分布有较厚的淤泥质粉细砂层，附属结构基底均位于该地层，根据勘察报告该层为可液化砂层，液化等级轻微 ~ 严重。因附属场地范围存在较多前期主体施工时临迁管线及原状管线，另外附属结构开挖范围内上层主要为杂填土，且存在较多混凝土块、砖块等建筑垃圾，还发现有大量砖砌条形基础及木桩基础，杂填土回填不密实更是加大了大型机械倾覆的施工风险。因此，结合周边环境特点及社会关注度、施工风险及工程可实施性，基底处理选用基底承载桩＋连续墙基底设置混凝土牛腿方案(图2-7)。另外,考虑基底淤泥质粉细砂层承载能力低、变形大、易受扰动,为便于施工,基坑开挖到底后增加500mm厚碎石抛填层,继而进行垫层及底板结构施工。

图2-6　地下连续墙接缝处封钢板

图2-7　基底承载桩＋连续墙基底设置混凝土牛腿

**2)暗挖部分风险防控措施**

(1)冻结法加固方案控制南端暗挖站台施工风险

详细勘察及补充勘察地质钻孔加密(钻孔间距约20m),资料显示,拱顶上砂层进入隧道拱顶以下1.5m,其中富水淤泥质砂层厚16～19m,暗挖隧道施工存在较大风险,如图2-8所示。

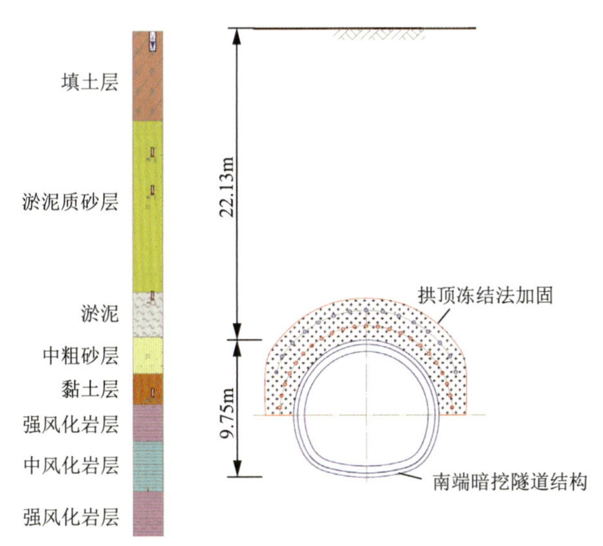


图2-8　南端暗挖站台隧道横断面图

为降低施工风险,需要对地层进行加固,过程中对比了明挖法、底板标高降低5m暗挖法、冷冻法、MJS加固法四个方案:

方案一:明挖法与明挖主体基坑连为一体,分4期交通疏解,南北走向的管线采取临时迁改出明挖基坑范围,东西走向的管线采用临时悬吊的方式,预计工程投资增加约3422万元。

方案二:底板降低5m,采用暗挖法将轨道下压5m,下压后暗挖隧道处于〈7-3〉或〈8-3〉地层,拱顶距离〈2-2〉淤泥质粉细砂层最近约3.48m,设计方案维持原暗挖方案,预计工程投资增加约 2242 万元。

方案三：沿隧道拱顶 180° 范围内设置两排共 42 根冻结管，冻结帷幕厚 3m，冻结前采取花管对软弱地层进行预注浆，预计工程投资增加约 1071 万元。

方案四：在隧道拱顶以上布置 3 排 MJS 加固水平旋喷桩，加固长度至强风化岩层，预计工程投资增加约 1089 万元。

经研究对比，若采用明挖法，交通疏解和管线迁改难度非常大，工期无法控制；若采用底板标高降低 5m 暗挖法，受出入口及疏散通道设置的制约，增加的一层无法用作商业开发。MJS 加固法在〈7〉地层中成桩效果难以保证，并难以在砂层及强风化层之间的岩土分界面形成有效封闭，无法保证止水效果；而冻结法止水及稳定性较好，在市政和地铁项目中施工工艺成熟，加固后施工安全风险可控，最终确定采用冻结法进行地层预加固，降低暗挖施工风险。实际开挖过程中，大断面暗挖站台冷冻法加固效果明显，开挖过程顺利，如图 2-9~ 图 2-11 所示。

图 2-9　长距离水平冻结管成孔施工

图 2-10　暗挖通道冷冻冰晶

图 2-11　华林寺站站台大断面暗挖

（2）冻结法加固控制北端暗挖站台施工风险

根据详细勘察钻孔揭露，北端暗挖站台隧道拱顶〈7-3〉、〈8-3〉总覆盖厚度不超过 3m，〈7-3〉以上为 14m 厚〈2-1A〉淤泥、〈2-3〉中粗砂层和〈2-2〉淤泥质粉细砂层，且相邻钻孔地质连线显示岩面向暗挖段呈下降趋势，如图 2-12 所示。

初期支护采用拱顶 115° 范围内 $\phi$42 小导管超前注浆加固 + 单层钢筋网 + 间距 0.5m 格栅钢架 +0.3m 厚 C25/P6 网喷混凝土，CRD 法施工。

北端活塞风井开挖到底，底板浇筑完成后，基底东北侧、西北侧矮边墙出现明显渗水点，稳定后涌水量约 30m³/h。4 号横通道开挖到距离右线暗挖站台隧道约 3m 处，上台阶出现渗漏水现象，且水量较大。根据以上施工过程中出现的渗漏水现象判断，该区域〈7-3〉、〈8-3〉岩层可能受地质构造影响，裂隙较为发育，地下水丰富。

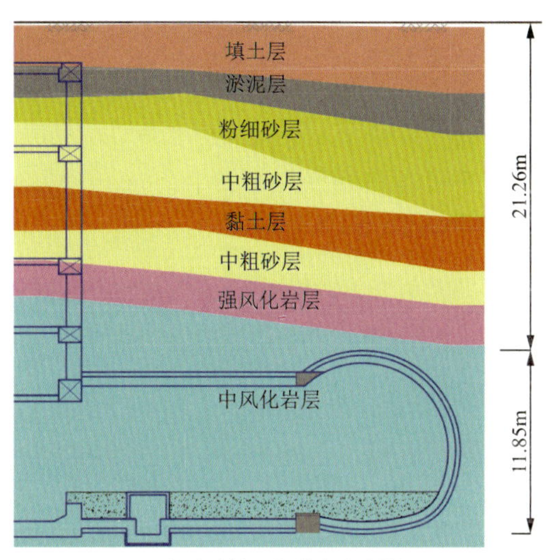


图 2-12　北端暗挖站台隧道地质横剖面图

车站暗挖站台隧道处于交通量较大的康王路下，且距离周边购物场所、高层住宅较近，若地下水损失过多，则可能存在地面、周边建（构）筑物沉降的风险。综合现场揭示地下水条件和周边环境条件，有必要对拱顶以上软弱层较厚和拱顶以上破碎岩层进行加固处理。工程采用前进式注浆加固，以提高地层强度封堵地下水。

北端右线暗挖站台隧道在施工过程中，加固注浆量远超预估量，注浆压力很难上升。综合判断，注浆孔可能已进入砂层等强透水层，仅采用注浆措施难以达到加固止水要求。

结合本站南端暗挖站台隧道已设计为冻结超前加固措施，从冻结设备、工期等方面考虑，补充冻结法加固措施。

实施过程中暗挖冻结效果较好，未发生涌水涌砂事故。

（3）明挖改暗挖方案降低东侧出入口施工风险

车站Ⅱ号出入口设置于康王中路东侧，为车站东侧唯一具备实施条件的出入口，制约车站开通运营，该出入口与周边某建筑地下室连接，该地下室已预留与地铁接入的条件。

受交通疏解、管线及工期影响，该出入口通道采用暗挖法施工，拱顶为杂填土层，洞身及基底整体位于淤泥质地层，暗挖通道开挖断面宽度 9.3m，开挖高度为 8.13 ~ 9.31m，拱顶覆土为 3.8 ~ 5m，暗挖通道中心长度约 8.3m。经比选，最终确定采用拱顶大管棚支护 + 洞身冻结法的加固方案，CD 法开挖。

北端右线暗挖站台隧道扩大段拱顶加固示意图如图 2-13 所示。Ⅱ号出入口冷冻法施工设备和开挖现场如图 2-14、图 2-15 所示。

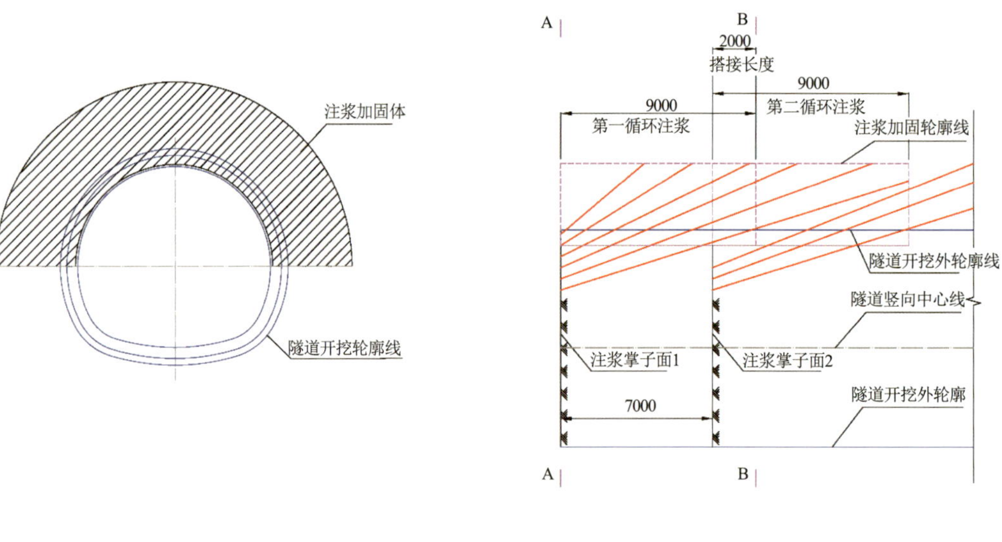


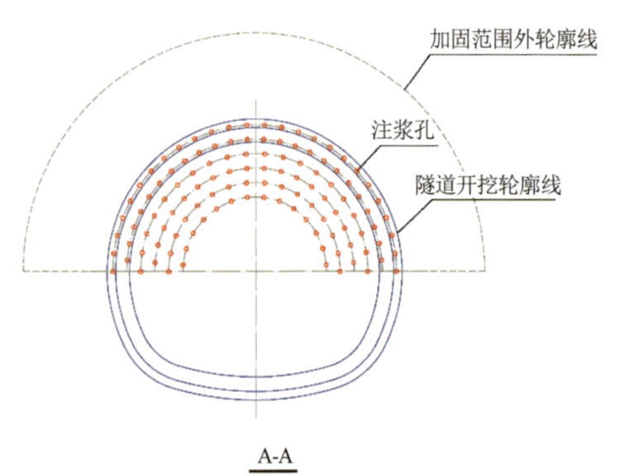


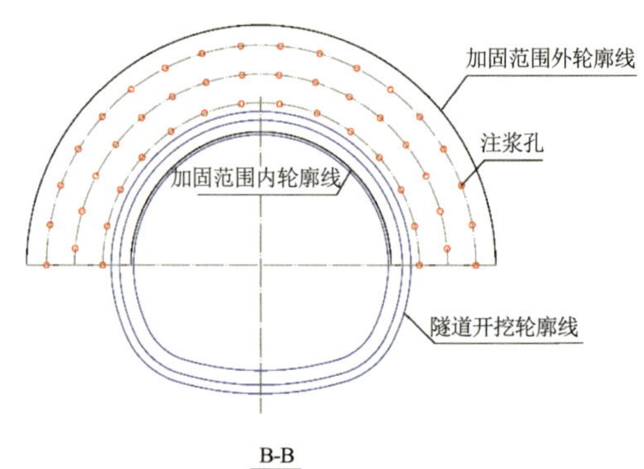


图 2-13　北端右线暗挖站台隧道扩大段拱顶加固（尺寸单位：mm）

图 2-14　Ⅱ号出入口冷冻法施工设备

图 2-15　Ⅱ号出入口开挖现场

该出入口的顺利完成保证了本站能够按计划开通。

当然，冻结法加固也有其缺点，本站主站台隧道采用冻结法加固之处属于深埋，虽然前期冻胀不明显，但后期融沉量都较大；Ⅱ号出入口由于埋深较浅，实施期间出现了较大的地面冻胀。

### 2.1.3 小结

（1）针对存在深厚砂层的明挖基坑，连续墙成槽本身就存在较大的风险，在连续墙外侧应增加槽壁加固措施；另外，连续墙接缝是基坑开挖过程中的薄弱点，增加接缝封钢板措施，以防止基坑涌水涌砂事故发生。

（2）本站初步设计方案依据的是初步勘察钻孔结果，车站范围含两端头钻孔共5个，钻孔纵向间距60 ~ 106m，左右线钻孔间距约40m；钻孔不足、间距过大导致后期详细勘察钻孔揭示地层对原暗挖方案产生重大变更。因此，针对初步设计阶段采用暗挖法施工的车站或区间，建议初步勘察钻孔进行加密，以查明不良地层的分布情况。

（3）在主干道上进行勘察钻孔，要加强与交通部门的沟通，保证钻孔顺利实施，避免暗挖施工无钻孔带来未知地质风险，以及后期产生的重大变更；要保证暗挖隧道附近有勘察钻孔，以便制订合理可行的设计方案。

（4）针对地质条件复杂的车站、区间，可以采用站位调整或线路调整方式规避风险。

（5）为了使区间满足盾构平移吊出条件，车站北端暗挖横通道断面变化较大，此处还涉及与扩大端站台隧道的连接，工序转换很麻烦，风险很高。因此，初步设计阶段需做好总体统筹安排及工法选择，尽量避免后期出现大的变更。另外，针对此种类型的暗挖风险叠加段，加强支护是比较好的措施。

## 2.2 中心城区车站古树保护建设风险与防控措施

### 2.2.1 西村站建设风险

**1）周边环境风险**

西村站南接彩虹桥站，北连鹅掌坦站。车站位于西湾路与内环路交叉路口南侧，为五号线与八号线的换乘站，车站周边建（构）筑物主要有内环路高架桥、五号线既有车站及区间、居民楼及医院等，如图2-16、图2-17所示。

（1）西村古树

西村站施工影响范围内有两棵古树，均为大型榕树，分别有130年和150年的树龄。其中，古树1位于车站主体范围内左线正上方；古树2位于车站主体西南侧，临近Ⅳ号出入口。根据

《广州绿化条例》,树龄在 100 年以上不足 300 年的古树或者珍贵稀有、具有历史价值和纪念意义的名木,为二级古树名木,且明确表示,禁止砍伐、迁移古树名木。城乡建设应当采取措施避让古树名木。故决定对两棵古树进行原地保护。

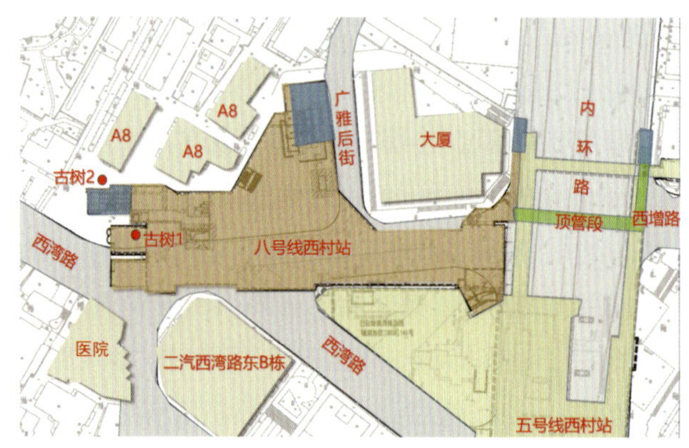


图 2-16　西村站总平面图

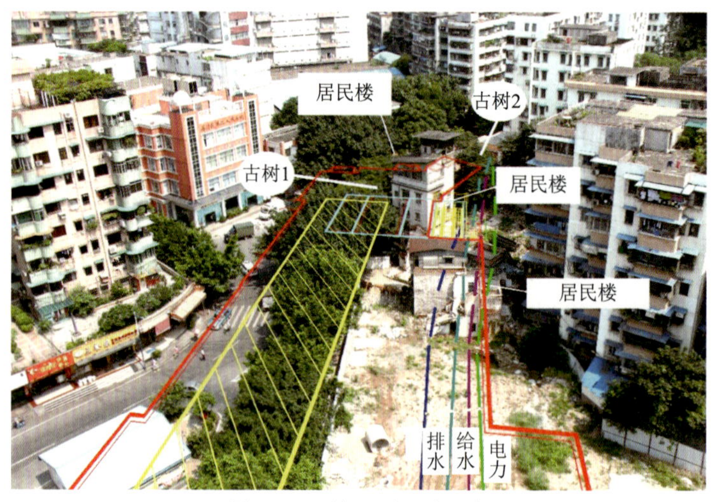


图 2-17　西村站站点周边环境

在古树周围和下方进行地铁结构施工将会导致地下水流失和污染,古树生存环境的改变将会影响古树的存活率。同时,施工过程中产生的振动也可能对古树造成影响,发生树体倾斜,枝叶伤害等,存在较大风险。

(2)南端未拆除的“3 栋 4 户”房屋

西村站南端房屋拆迁问题未能顺利解决,严重制约西村站的施工进度,导致西村站成为全线工期的控制节点,影响全线开通目标。为了降低因“3 栋 4 户”房屋未拆迁引发线路无法如期开通的风险,需通过调整建筑方案和工法实现线路开通目标,但无疑这会增加车站施工过程的风险。

(3)内环路高架桥

内环路高架桥位于八号线西村站北侧,桥桩为直径 1.8m 的灌注桩,桩长 35m,桥桩距离八号线西村站车站主体最近约17m，距离下穿内环路顶管结构最近约3m。西村站施工对土体有卸荷作用，导致上部土体发生沉降变形，且因应力释放造成土体物理力学参数减小从而对桥桩产生影响。内环路高架桥为广州城区重要的快速通道，双向6车道，车流量大，若基坑或顶管施工对桥桩造成较大影响，将导致交通瘫痪等社会问题，风险较大。

(4)五号线西村站

西村站是八号线北延段与已运行五号线的换乘站，建筑设计上需考虑换乘站功能。同时，西村站施工会对五号线既有结构造成影响，施工产生的振动对地铁运营线路有较大风险。

(5)周边建筑物

车站周边建筑物主要有居民楼、学校、医院等。东侧受西村古树的影响，同时需满足环评要求，车站通风风亭等附属结构设置位置受限，设计难度加大。车站周边建筑物密集，车站主体和附属结构施工会对周边建筑物造成一定程度的影响，振动、噪声等对周边居民和学校产生影响。

(6)道路及地下管线

西村站站点周边地面道路有西增路、西湾路、广雅后街。西村站车站主体部分位于西增路和西湾路下方，广雅后街东北侧，施工期间需占用道路。道路下方敷设有管线，西增路和西湾路下方管线因车站施工而需迁改和废除，不能迁改的管线受车站基坑开挖影响，会有沉降、开裂等风险。

**2) 地质风险**

(1)地质构造和地层特征

西村站穿越的土层有填土层、冲洪积层、残积层，基岩为白垩系上统大朗山组黄花岗段沉积碎屑岩，岩性主要为杂色砾岩夹暗紫红色泥质粉砂岩。基岩存在风化不均匀，垂直方向不同风化程度的岩石往往交错出现，岩体的力学强度变化和差异较大的现象。根据1∶50000《广州市航空遥感基岩地质图》，该地层倾向北西，倾角27°~45°。西村站普遍分布有软土，主要在基坑侧壁中上部。地铁施工时可能会引起软土固结、变形，导致地面沉降，对周边建筑物特别对采用天然地基的民房和地下管线有较大影响。

(2)水文特征

西村站范围内无明显地表水系。场地水文地质条件较简单，土、岩层透水性弱，地下水较贫乏。

3)工程风险

西村站采用明暗挖结合工法施工。车站主体采用明挖法施工；综合考虑古树保护、管线迁改、保证工期，小里程端左右线为双线暗挖施工。车站设5个出入口，Ⅰ号出入口为预留口，Ⅱa号出入口通道过内环路段采用顶管法施工，其余出入口采用明挖法施工。

(1)明挖基坑风险

车站标准段宽为24.85m，车站基坑平均开挖深度为17.4m，采用$\phi$1000@1150钻孔灌

注桩 +3 道内支撑方案，桩间采用 $\phi$600 双管高压旋喷桩止水。对撑区域第一道支撑采用 1200mm × 800mm 的钢筋混凝土支撑，第二、三道支撑采用 $\phi$600、厚 16mm 的钢管支撑，角撑区域采用 3 道钢筋混凝土支撑。本站主体明挖基坑需与五号线车站连通，接口部分围护结构与主体结构施工需考虑对已运营五号线的影响。

（2）大断面暗挖风险

西村站南端左右线采用矿山法暗挖站台方案。为满足隧道活塞风过风面积及区间盾构空推吊出的要求，暗挖断面采用 11.88m × 11m（宽 × 高）大断面。隧道主要在粉质黏土和强风化层中穿行，双线隧道最小距离仅 1.87m，存在暗挖段拱顶坍塌风险。暗挖段上方为古树，大断面施工对古树的存活、生长产生不利影响，需选用合理的方案进行暗挖超前支护，降低古树被伤害的风险。

### 2.2.2 西村站风险防控措施

**1）主体方案调整降低古树保护风险**

（1）问题

车站北侧为内环路高架桥，西侧为某大厦及 A8 民用住宅，南侧为医院，东侧为西村站五号线南站厅，周边控制条件较多。

本站南端场地范围现状有两棵古树，古树 1 在本站主体结构范围，树冠直径约 7m；古树 2 位于车站南端交通疏解道范围，距离车站出入口约 2m，树冠直径约 5m。

广州市政府明确要求“西村站要求本着保护古树优先的原则，优化站位方案以避让古树”。

（2）建筑方案

2015 年第一次修改初步设计阶段，根据广州市林业和园林局及相关古树保护条例的要求，考虑车站南端古树保护，站位不变，车站长度向南延长 3m，在古树 1 的位置小里程端左线采取局部暗挖施工（图 2-18~ 图 2-20）。为避让古树，古树下方采用暗挖减小了车站面积而牺牲了部分功能，如车站使用空间变得狭小、站内公共卫生间无法设置等。调整方案加大了原外挂部分的面积以满足地铁车站使用功能，相应调整南端排风亭、活塞风亭、内部风道、环控机房位置，同时相应调整南端排风亭、活塞风亭、内部风道、环控机房位置。车站主体和外挂部分增加建筑面积约 1570m$^2$，附属增加建筑面积约 300m$^2$。调整后与古树的平面关系为：

①古树 1：距离围护桩南侧约为 4.0m、北侧约为 4.3m、东侧约为 10.6m、西侧约为 5.5m，保证树根保护面积大于树冠面积；底部距离矿山法隧道大约 7m，根据地质条件可采取加密大管棚通过，避免注浆对古树产生危害。

②古树 2：通过调整风亭、出入口位置对古树 2 进行原地保护。方案调整后，距离东侧最近围护桩由原方案 2m 增加至 6.7m，其余三面均维持古树原状。

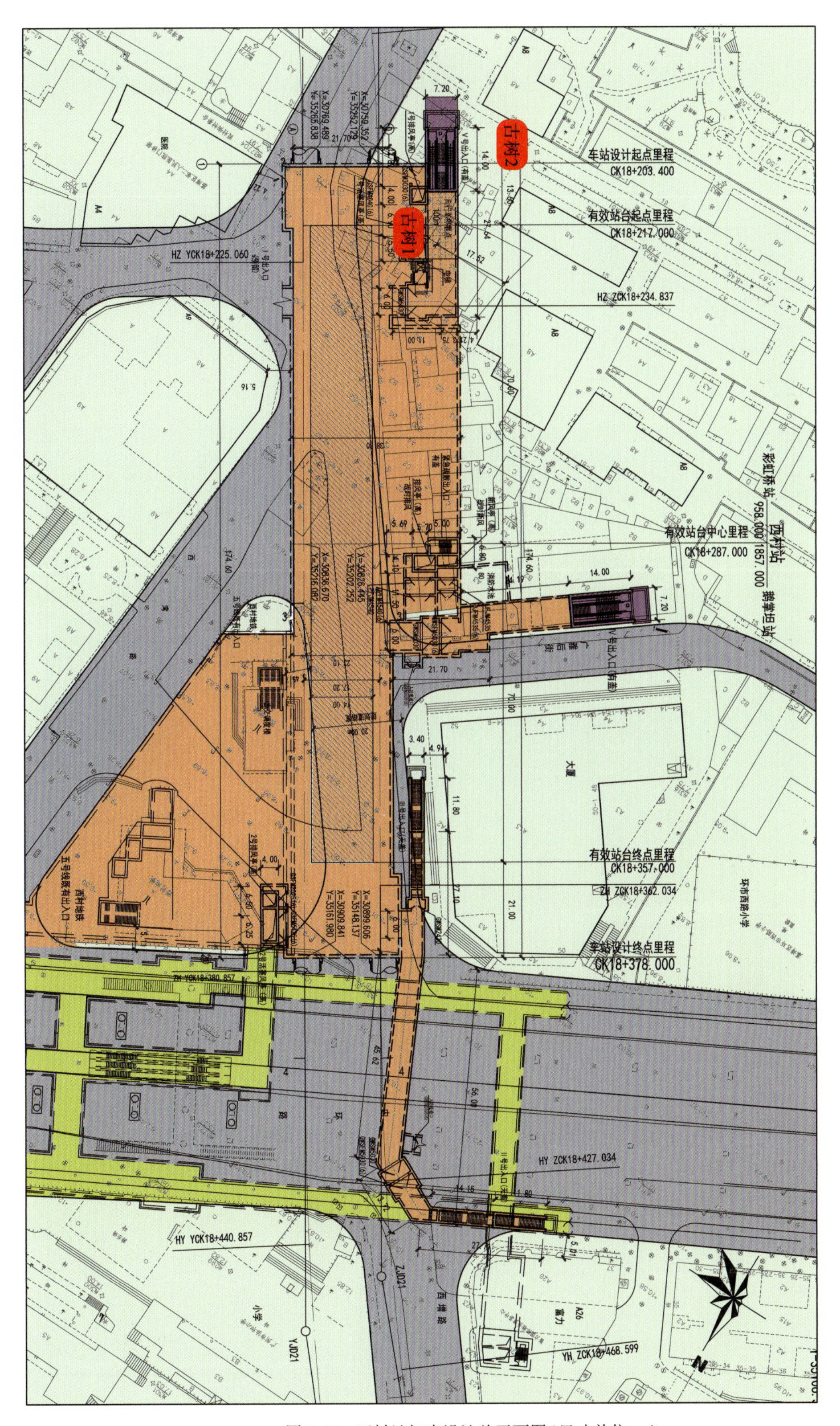


图 2-18　西村站初步设计总平面图(尺寸单位:m)

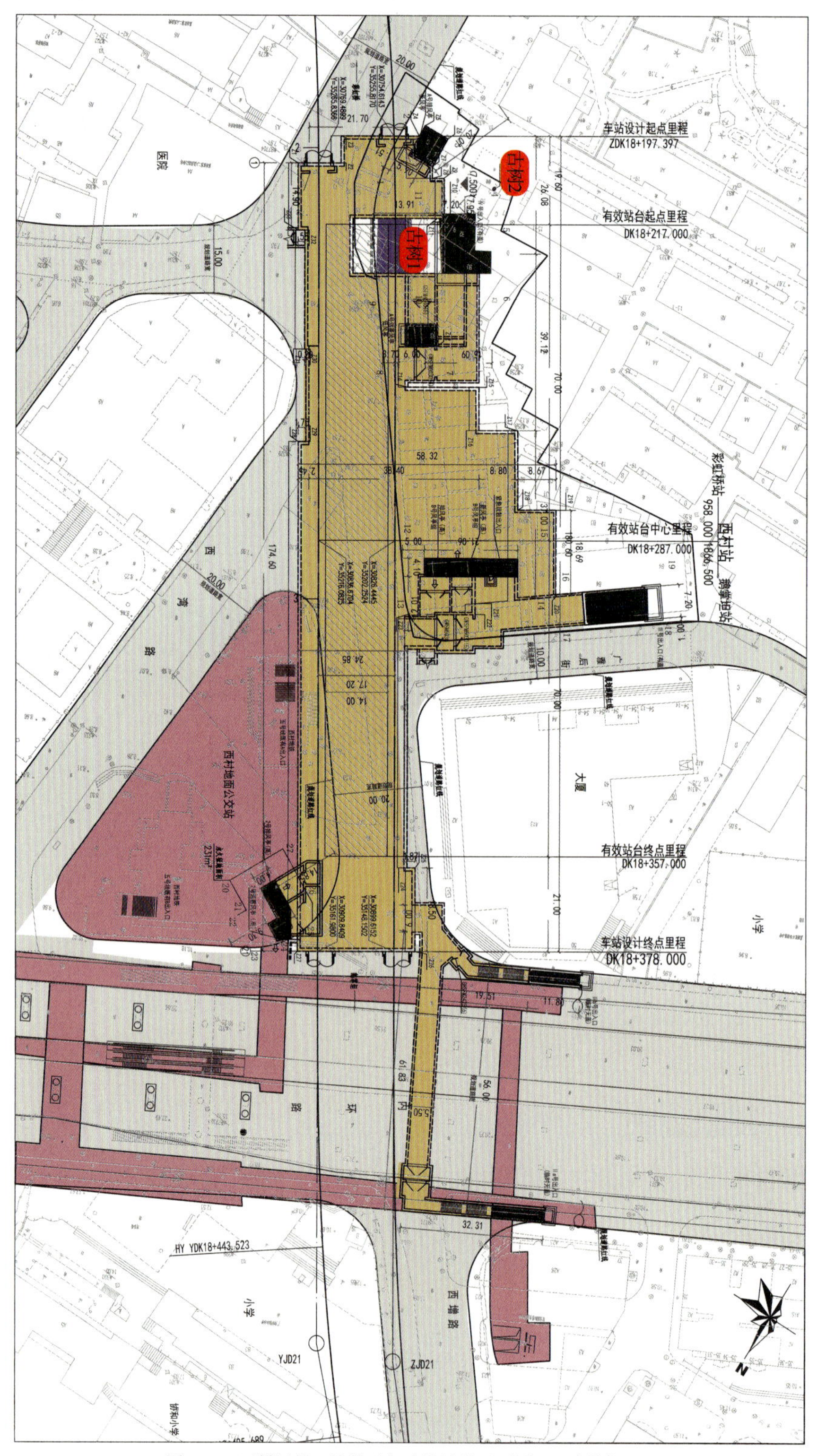


图 2-19　西村站第一次修改初步设计总平面图(尺寸单位:m)

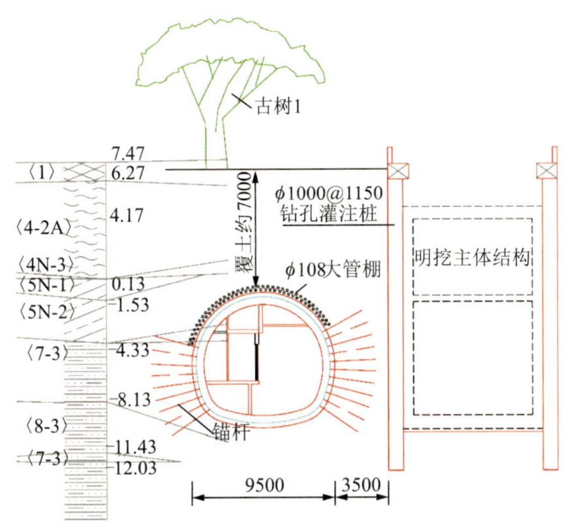


图 2-20 古树 1 下方暗挖隧道断面图(尺寸单位:mm)

(3)结构方案

车站局部受古树影响的左线站台层按喷锚构筑法进行施工,采用复合式衬砌结构形式。初期支护采用喷混凝土、钢筋网和型钢钢架,二次衬砌采用钢筋混凝土。超前支护措施采用双层 ϕ108 大管棚,CRD 法开挖。隧道主要在粉质黏土和强风化层中穿行。其余结构采用半盖挖法施工,围护结构采用 ϕ1000@1150 钻孔灌注桩 + 内支撑。

**2)主体基坑分期实施及车站南端双线暗挖**

(1)研究背景

因南端主体结构范围有“3 栋 4 户”房屋迟迟未完成拆迁,至 2016 年 9 月施工单位仍不具备围挡进场施工条件,同时影响管线迁改和交通疏解方案的实施,导致本站的工期成为全线的节点工期,影响通车目标的实现。

西村站未拆迁房屋与车站位置关系如图 2-21 所示。

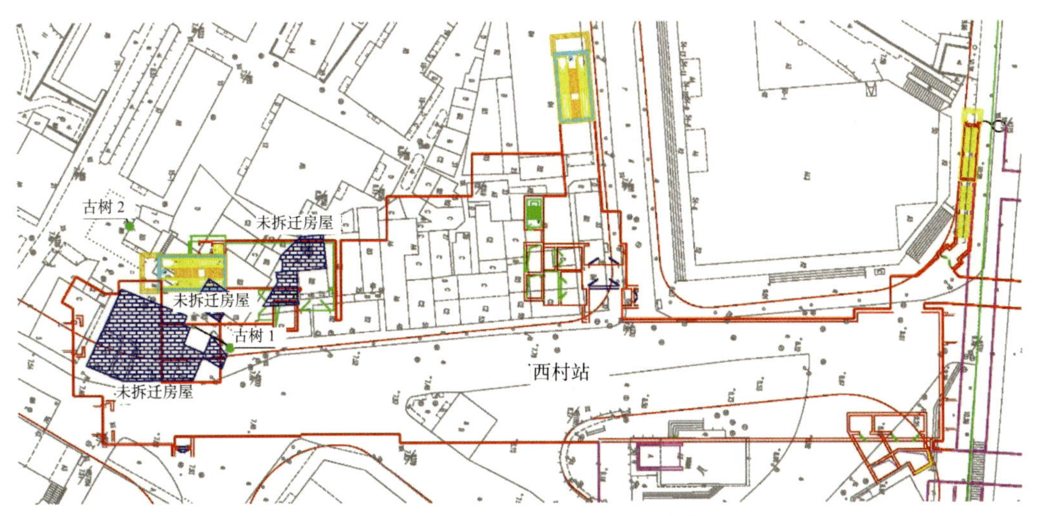


图 2-21 西村站未拆迁房屋与车站位置关系图

(2)主体基坑分期实施方案

为尽快组织施工单位进场围挡施工,将西村站主体基坑进行分期实施。在车站主体基坑中部增置一排围护桩,将其分为两期施工(图 2-22),一期施作北段主体基坑(图 2-23),待拆迁完成后,二期施作南段主体结构基坑。本方案北段基坑不受房屋拆迁因素的影响,有利于解决施工单位迟迟无法进场施工而导致工期严重滞后的问题。

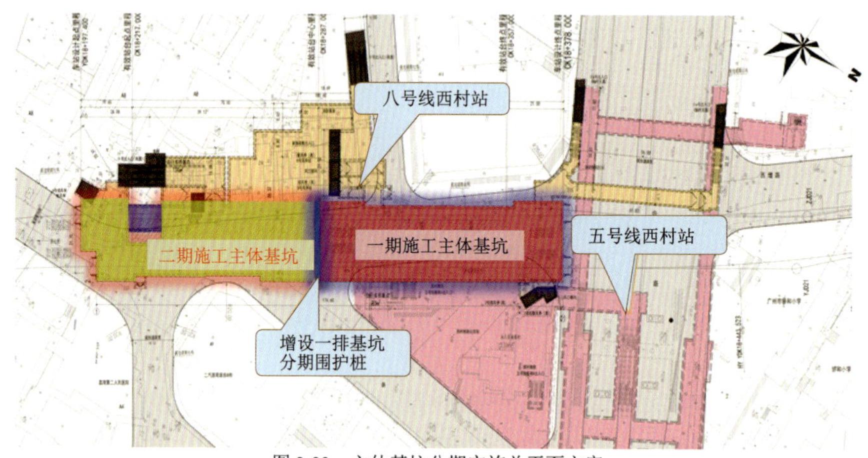


图 2-22 主体基坑分期实施总平面方案

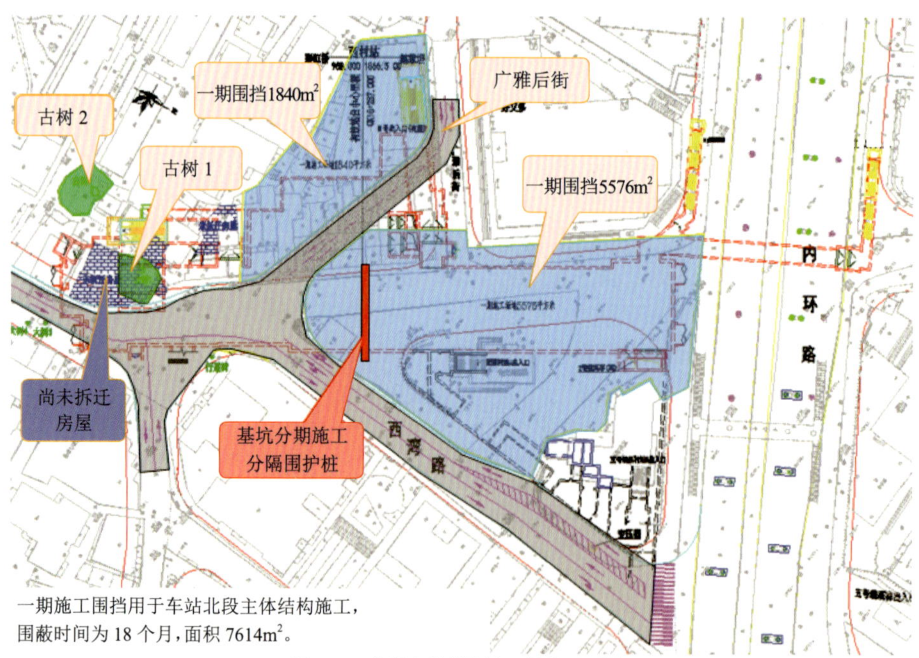


图 2-23 北段主体基坑施工围挡平面图

(3)车站南端左右线双线暗挖

为推进工程进度,最大限度地减少车站南端交通疏解、管线改迁等前期工作对工程进度的影响,采用西村站南端小里程双线暗挖方案。将南端设备用房移至外挂设备区,故扩大车站外挂区,并优化空间布置。采用上述方案调整后可避开车站南端管线密集、交通疏解困难“咽喉”段。

调整后，车站南端左右线双线暗挖段长度为15.2m，车站明挖段长度为150.2m。为满足隧道活塞风过风面积及彩虹桥站—西村站区间盾构空推吊出的要求，左右线暗挖均采用11.88m×11m（宽×高）大断面，暗挖隧道顶部距离古树约7m。为尽量避免注浆对古树存活、生长的不利影响，采用管幕支护方案，如图2-24所示。

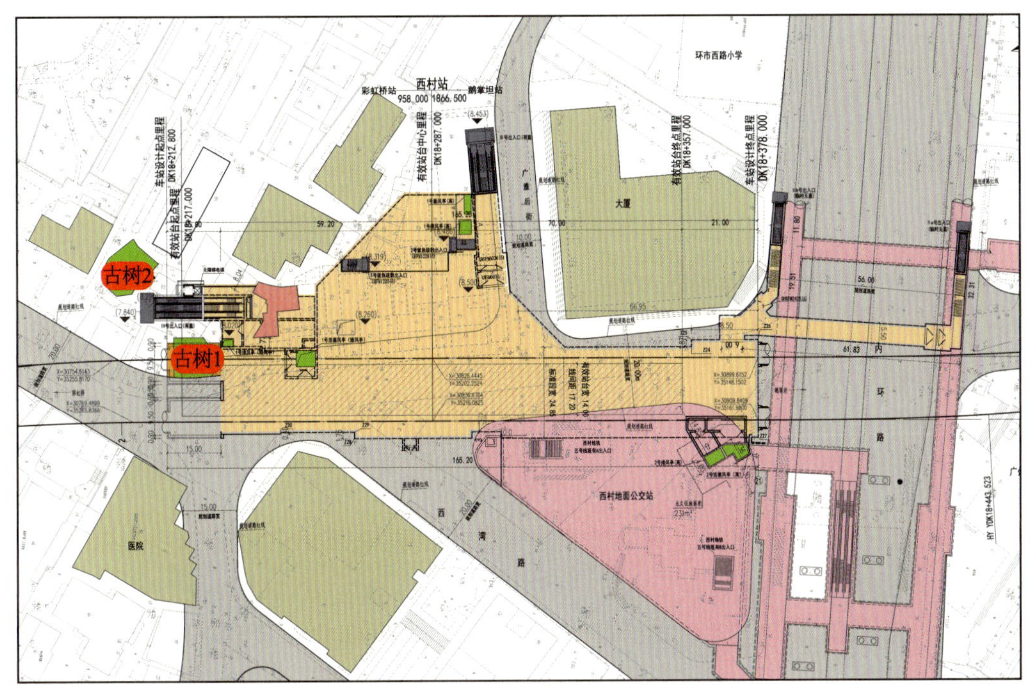


图2-24 西村站第二次修改初步设计总平面图

对隧道拱顶的〈4-2A〉、〈5N-1〉、〈5N-2〉层范围采用非咬合管幕方案（图2-25、图2-26），暗挖断面主要支护措施有：

（1）初期支护喷混凝土：C25/P6早强混凝土，全断面支护。

（2）锚杆：$\phi$22砂浆锚杆，$L$=3.5m，间距0.5m×1.0m，梅花形布置，设于边墙部位。锚杆与格栅钢架对应设置，其尾端与钢架焊接牢固。

（3）钢筋网：采用$\phi$8钢筋，构成150mm×150mm网格，拱墙设置。钢筋网应与锚杆尾端连接牢固。

（4）型钢钢架采用I25b型工字钢，全环设置，间距0.5m，其布置间距可根据地质情况或监测信息予以调整。

（5）管幕：设于隧道拱部，采用$\phi$600管幕（厚10mm），环向间距725mm。

（6）二次衬砌：C35防水钢筋混凝土，其抗渗强度等级不小于P10。混凝土中掺加抗裂剂和聚合物纤维。

（7）对掌子面前方的〈4-2A〉、〈5N-1〉层进行深孔预注浆，浆液采用双液浆。注浆后达到止水效果后方可开挖施工。

暗挖隧道采用 CRD 法开挖，按喷锚构筑法进行设计和施工，采用复合式衬砌结构。

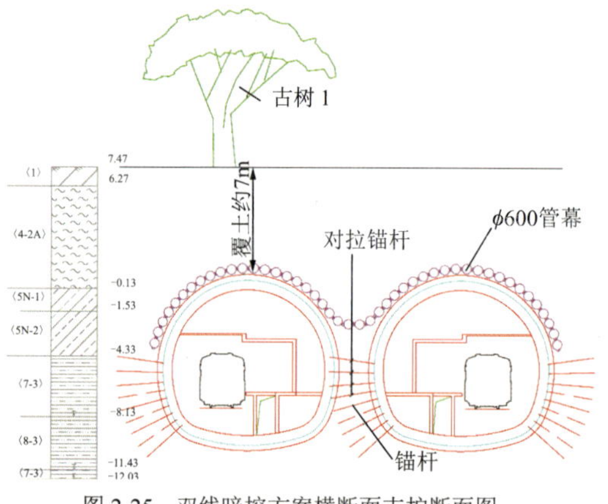


图 2-25　双线暗挖方案横断面支护断面图

图 2-26　西村站南端双线暗挖管幕法施工现场

### 2.2.3　小结

（1）车站小里程端结构形式，由原初步设计的明挖两层到第一次修改初步设计的左线局部暗挖，最大限度地减少了施工对古树的影响，古树得到成功保护和存活。

（2）施工图方案在车站主体基坑中部增置一排围护桩，将基坑分为两期施工，先期施作北端主体基坑，及时规避了房屋拆迁滞后对施工的影响。车站南端左右线双线暗挖方案，使得路口管线迁改工程量大大减少，节约了工期，同时交通疏解范围大大缩小，降低了施工对路口交通的影响，也规避了未拆迁房屋对主体施工的影响。最终西村站轨行区实现按时交付，区间得以按计划工期施工贯通，对实现全线洞通及开通起到关键作用。

（3）车站外挂主体部分，轮廓以相邻房屋施工最小间距要求为边界，尽可能扩大面积以满足车站功能需求，最大限度地利用已拆迁形成的三角区域，同时在满足房屋保护的前提下外轮廓尽可能平直，方便围护结构施工。该方案外挂规模扩大后，相应增加了外挂两跨非付费公共区，同时局部顶板采用无柱起拱方案，使非付费公共区空间更大、流线更清晰无阻挡，优化外挂区结构，降低工程造价并提高建筑装修效果。

## 2.3　岩溶区深埋车站跨地层接触带建设风险与防控措施

### 2.3.1　鹅掌坦站建设风险与防控措施

**1）建设风险**

（1）周边环境风险

鹅掌坦站位于西槎路东侧（同康路路口南）地块内，南接西村站，北连同德站，周边建（构）筑物主要有大厦、厂房仓库、道路及地下管线等。

①大厦

大厦为9层框架结构，基础采用 $\phi$480沉管灌注桩，桩长10～13m，持力层为强风化岩。建筑物位于车站南侧，车站征地范围内部分建筑已拆迁，未征迁建筑物距离车站主体基坑最近距离为7.3m。

②厂房仓库

车站场地原为厂房用地，场地内为密集厂房，多为1～2层砖混结构。未征迁厂房最近距离车站主体基坑为2.2m，位于车站东南角。车站基坑施工易引起厂房不均匀沉降，风险较大，施工前应对房屋采取预加固或预埋袖阀管等必要措施降低风险。

③道路及地下管线

西槎路位于车站西侧，沿南北走向，北侧临近地铁车站主体结构，南侧临近附属结构；过路人行天桥位于车站西南侧，距离附属结构最近距离为8m。西槎路下方管线密集，主要有电信、污水、电力、煤气、给水、排水等市政管线，并有深埋3～6m的排水沟箱涵。

（2）地质风险

①地质构造和地层特征

鹅掌坦站主要位于黄榜岭背斜的东南翼，新市向斜的西南翼。三元里—温泉断裂在本车站北部同德站附近横穿线路，本车站位于该断裂上盘，为非全新活动断裂。本站推测地质分界线示意图如图2-27所示。

如图2-28所示，鹅掌坦站覆盖层是海陆交互相砂层、淤泥层、冲洪积砂层，土层发育厚度较大，下伏岩层分别为二叠系下统碳质灰岩和石炭系上中统灰岩，两套地层在车站中部分界，基岩面相差较大。分界线南部为二叠系地层，弱岩溶发育区，岩面较高；北部为石炭系地层，溶（土）洞较发育，岩面较低。车站南北两区地层差异较大，地层接触带部位岩石风化作用强烈，碳质灰岩已风化成土状、碎块状，接触带处裂隙和溶蚀发育。

二叠系下统栖霞组地层中的钻孔未揭出露溶（土）洞，石炭系上中统壶天群灰岩地层中的钻孔单孔见洞率为44.12%。溶洞多为有充填，部分为无充填，有充填溶洞基本为全填充，填充物呈黑色，以流塑、可塑状粉质黏土为主，含砂及灰岩风化岩屑。溶洞埋深17.2～36.0m，洞高0.5～13.6m。

本站工程地质条件比较复杂，上部覆盖层砂层、软土层发育，车站南半段砂层厚3～5m、北半段砂层厚5～20m，地下水丰富，车站基坑施工水土压力大，支护结构变形、内力较大，主体基坑东南侧建筑物密集，有住宅楼、厂房仓库距离基坑较近，支护结构变形已引起周边建筑物发生沉降、倾斜、开裂等。西侧西槎路人流、车流量大，地下管线复杂，对基坑变形较为敏感。基岩为灰岩，溶洞发育，溶洞填充物以流塑、可塑状粉质黏土为主，含砂及灰岩风化岩屑，洞高、埋深起伏大，施工可能会造成围护桩或墙成孔（槽）中漏浆跑浆，严重的还会引发周边地表塌陷，施工风险较大。地层接触带两侧地层特征差异明显，接触带附近溶蚀发育，基岩岩体破碎，裂隙发育，发育的残积土层中含有大量的风化岩碎屑和角砾，孔隙度大。车站受地层接触带、溶洞发育及砂层和软土层发育、地下水丰富等多方面地质条件叠加作用，施工过程对周边环境影响显著，风险较大。

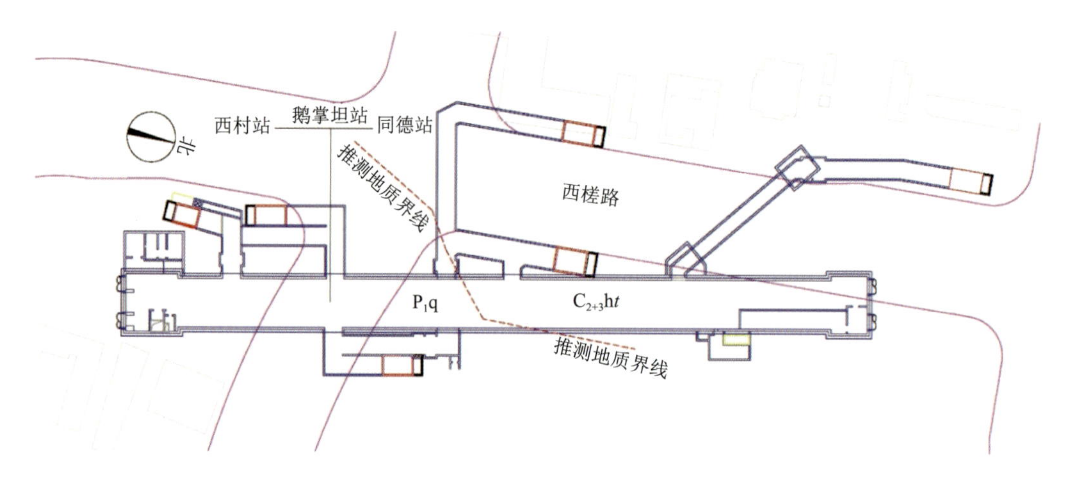


图 2-27　鹅掌坦站推测地质分界线示意图

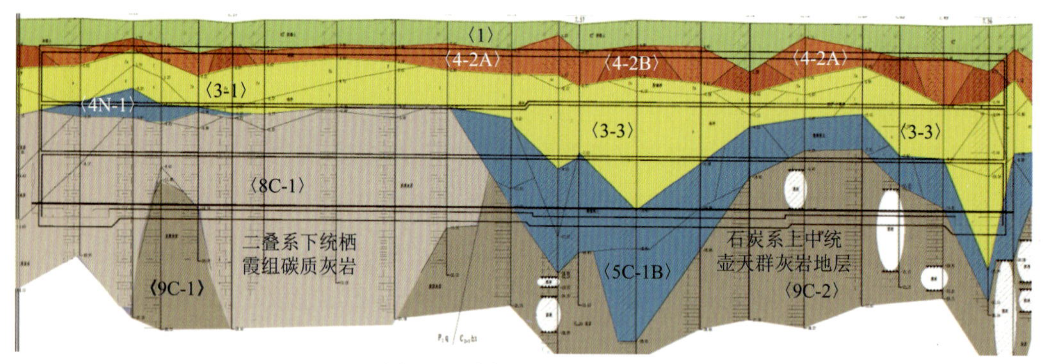


图 2-28　鹅掌坦站地质纵断面图

②水文特征

鹅掌坦站北侧分布有同德围涌。同德围涌汇入石井河，涌宽约 12m、深约 2m，涌水发黑，异味较重，污染源多为周边生活污水。同德围涌对车站基坑施工影响较大。

鹅掌坦站范围内的地下水按赋存方式划分，主要为第四系松散层孔隙水和岩溶裂隙水两种类型。第四系松散层孔隙水主要赋存于冲洪积中粗砂和砾砂中，岩溶裂隙水主要赋存于车站石炭系灰岩中，溶蚀裂隙和溶洞发育，基岩裂隙水与第四系孔隙水水力联系密切，溶蚀裂隙发育的部位透水性一般中等，溶洞发育的部位透水性一般较强，有较大涌水的可能。

总之，本车站砂层分布广泛，相互连通，局部砂层位于基坑底以下，存在突涌的可能；岩溶水丰富，且站位北侧有地表水体分布，地表水与地下水水力联系密切，车站处整体水文地质条件较复杂。地下水对基坑及周边建（构）筑物的稳定性有重大影响。

（3）工程风险

鹅掌坦站采用明挖法施工，车站为地下3层11m岛式站台车站，标准段宽20.5m，端头扩大段宽24m，Ⅲ号出入口位于西槎路西侧，车站与出入口之间的连接通道横跨西槎路，拟采用顶管法施工。

车站主体结构基坑深24～25.3m。车站主体围护结构基坑采用1000mm厚地下连续墙+4道内支撑，第一道支撑为截面800mm×1000mm的钢筋混凝土支撑，水平间距8m和9m；第二道支撑为截面800mm×1100mm的钢筋混凝土支撑，水平间距8m和9m；第三道支撑为$\phi$600、厚16mm的钢支撑和截面1000mm×1200mm的钢筋混凝土支撑；第四道支撑为$\phi$600、厚16mm的钢支撑。

车站范围内覆盖较厚软土层、砂层，地下水丰富，地下连续墙在深厚砂层中成槽施工时有塌槽和偏孔风险。同一槽段或者相邻墙段不能对齐和漏水，墙底无法按设计要求嵌入岩层而产生缝隙形成渗水通道，地层接触带附近溶蚀发育，基岩岩体破碎，裂隙发育，破碎带与基岩交界面起伏变化大，整个场地裂隙通道丰富，基坑开挖过程中涌水涌砂风险较大。场地北侧分布有河涌，地表水与地下水水力联系密切，地下水为流动水体，对地下连续墙和止水帷幕等成槽、成桩质量有较大影响。基坑中部不同岩性交界面以北区域溶洞较为发育，基坑施工过程中容易与上覆砂层形成涌水通道，在基坑底出现涌水涌砂现象。一旦出现涌水现象，涌水量较大，且与地表水形成水力联系，流动性大，则注浆封堵难度大，对周边建筑物和道路影响较大，容易发生沉降、开裂等，风险较大。

本站由于受周边环境和征地拆迁等原因限制：

①右线区间隧道出鹅掌坦站北端后需下某公司综合楼，该楼为桩基础（高强度预应力管桩），桩长36～61m，其中有46根桩侵入隧道范围；本范围砂层较厚，溶洞发育，桩基托换风险大，需要进行拆迁，但拆迁难度大。

②招标阶段区间隧道下穿某水产研究所用地，根据协调，本用地范围禁止地铁进场钻探和施工，且该范围内溶（土）洞发育，施工安全隐患很大。

③区间避让水产研究所范围，需适当旋转线路（车站），导致区间隧道新增下穿某办公楼（A3），为避让其桩基，线路需下压6m。

④因车站位置调整，根据勘察报告，车站范围内淤泥层厚度由1.6m增加为3.6m，且标贯值减小；车站埋深增加导致地下连续墙成槽深度增加，且下部主要为中、微风化岩层，为典型的上软下硬地层，连续墙成槽时间长，成槽过程中易踢孔。

根据以上原因，站位方案进行了调整，车站由地下2层变为地下3层，入岩深度增加，地下连续墙施工困难，后期基坑开挖岩石约40000m$^3$；车站位于繁华区，岩溶发育，基坑开挖采用松动爆破对周边影响也非常大，易振动激活下伏岩溶，风险极大。若采用化学静爆开挖，则工期难以保证，经济压力较大。施工过程中应针对地层条件和周边环境等因素综合考虑选用合理的硬岩开挖方式。

**2）风险防控措施**

鹅掌坦站工程地质条件复杂，车站范围上覆淤泥、砂层较厚，下伏二叠系下统碳质灰岩和石炭系上中统灰岩，基坑在开挖到接触带附近便开始有少量涌水，后续开挖到石炭系便开始大量渗水且造成一次周边塌陷。综上所述，本站的工程地质条件十分复杂，周边建（构）筑物较为敏感。为应对上述工程本体风险及周边环境风险，本站有针对性地采取风险防控措施，降低建设风险。

初步设计阶段（图 2-29），鹅掌坦站位于西槎路东侧、南北向平行于道路布置，车站长 330m，标准段宽 20.1m，为地下 2 层明挖岛式车站。车站共设 4 个出入口、2 组风亭，冷却塔位于北侧。

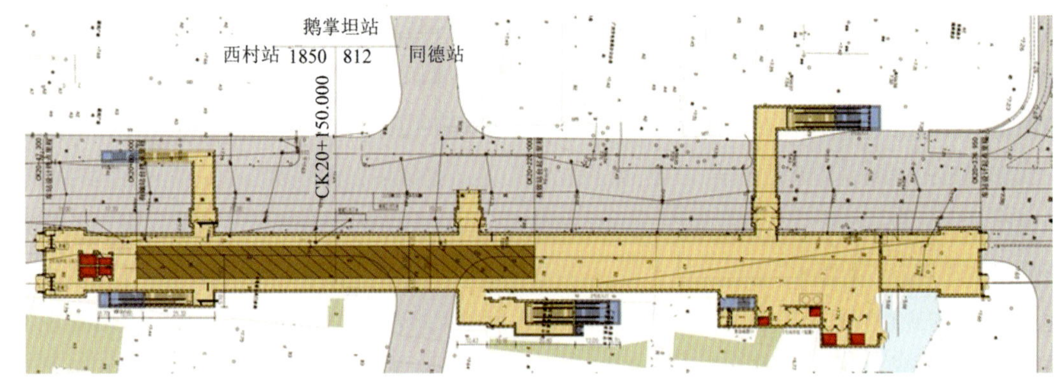


图 2-29　鹅掌坦站初步设计总平面图

修改初步设计阶段（图 2-30），为减少区间隧道对周边建（构）筑物的影响，车站站位适当旋转角度，保证区间隧道避开某公司综合楼、区间下穿某水产研究所用地长度约为 50m，降低施工风险。为了保证区间隧道避开其下穿的某办公楼（A3）桩基，车站线路下压 6m，车站总长度由 330m 调整为 294m，大里程端头避开了同德围涌，避免了河涌改迁。

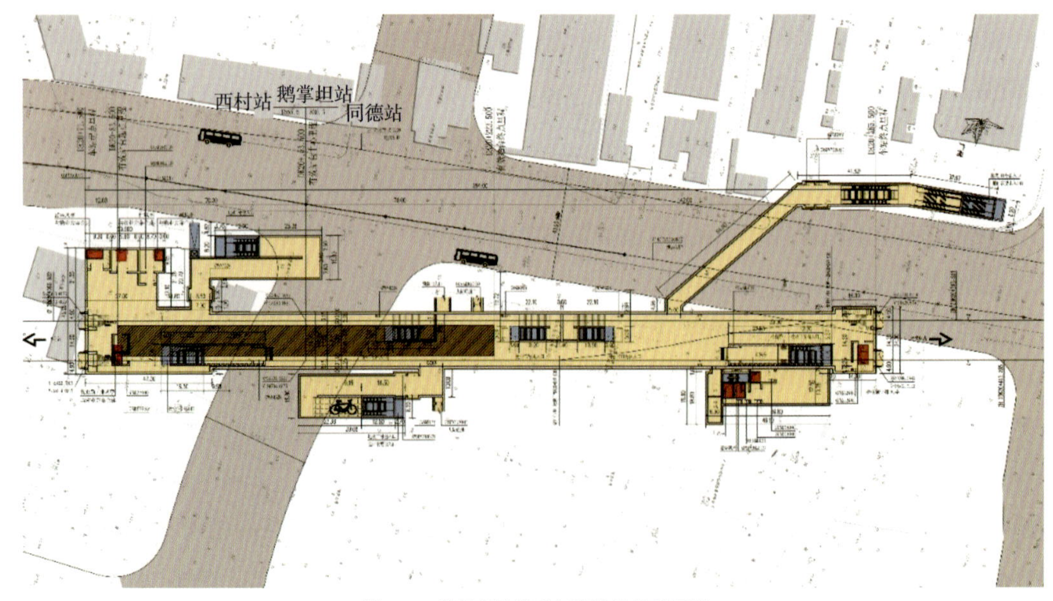


图 2-30　鹅掌坦站修改初步设计总平面图

车站标准段基坑开挖深度约 24m，两个扩大端及中间局部 25m。围护结构采用 1000mm 厚地下连续墙，共 114 幅，墙深 26.5~44.1m。地下连续墙深度：黏土层和全风化层为 7.5m，强风化层为 4.0m，中风化层为 2.5m，微风化层为 1.5m。基坑底位于粉质黏土层时，地下连续墙插入深度不小于 7.5m。

车站标准段基坑南、北半段横断面如图 2-31、图 2-32 所示。

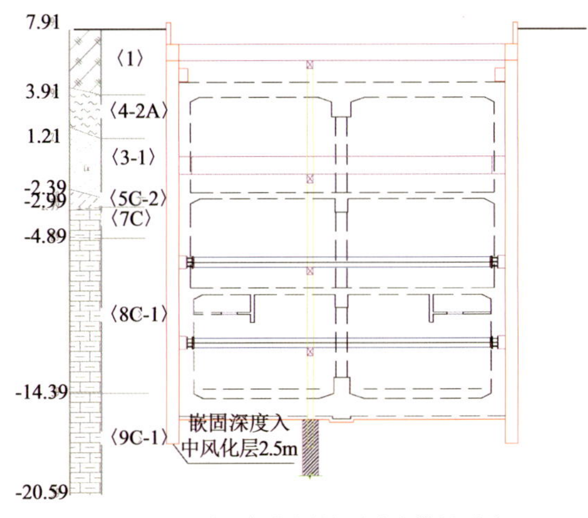


图 2-31 车站标准段基坑南半段横断面图

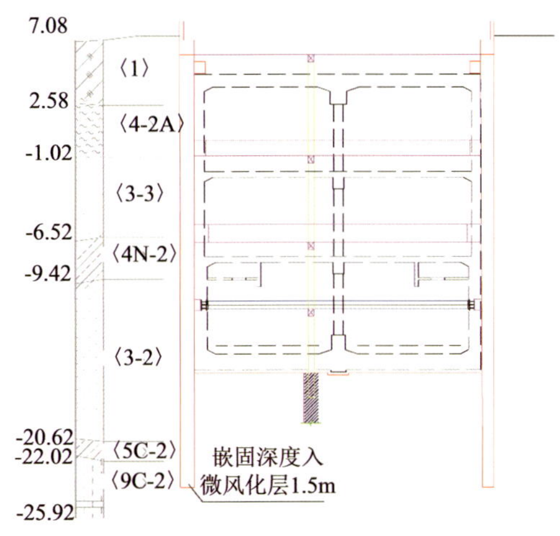


图 2-32 车站标准段基坑北半段横断面图

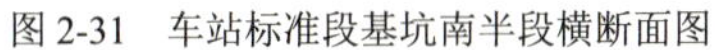

(1)基底注浆加固处理防控涌水风险

鹅掌坦站基坑开挖揭露地层整合接触面，如图 2-33 所示。当开挖至地质交界面附近(⑯ 轴，对应 E26 幅地下连续墙)时，基底连续出现小的冒水点。

图 2-33 鹅掌坦站基坑开挖揭露地层整合接触面

根据基坑中部地质交界面的复杂状况，结合基坑抽水及基底冒水情况，制订了对 ⑯ ~ ㉖ 轴，基底以下 6m 进行注浆加固封堵裂隙水的方案。注浆采用双液浆，注浆压力不小于 0.6MPa，以 0.8 ~ 1.0MPa 为宜。图 2-34 为不同阶段的注浆孔平面布置图，图示不同颜色为不同阶段注浆孔布置。

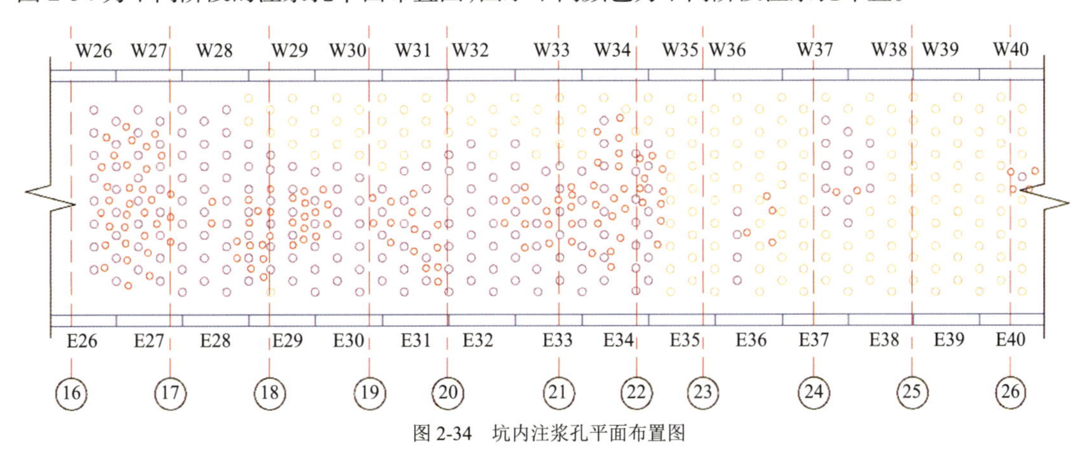


图 2-34 坑内注浆孔平面布置图

(2)涌水抢险处理

①险情出现

在进行基底注浆加固过程中，A 区 E36 幅地下连续(图 2-35、图 2-36)墙附近涌水点起初与前期涌水点相似，水量较少，水质清澈，现场按照基底加固的方案进行注浆，在钻至其附近第五个孔时基底以下 4m 的位置发现高度约 1m 的溶洞，涌水量突然增大，水较浑浊，未发现涌砂、夹泥等，现场灌注砂浆被冲出。现场立即对涌水点附近采用混凝土反压措施并设置引流管，浇筑混凝土 36m³，反压完成后实测涌水量每小时约为 45m³。C 区 E45 幅地下连续墙附近出现同样的涌水涌砂情况，现场浇筑混凝土 76m³，反压完成后实测涌水量每小时约为 25m³。靠近项目部一侧场地内地表发生塌陷，现场浇筑混凝土处理。

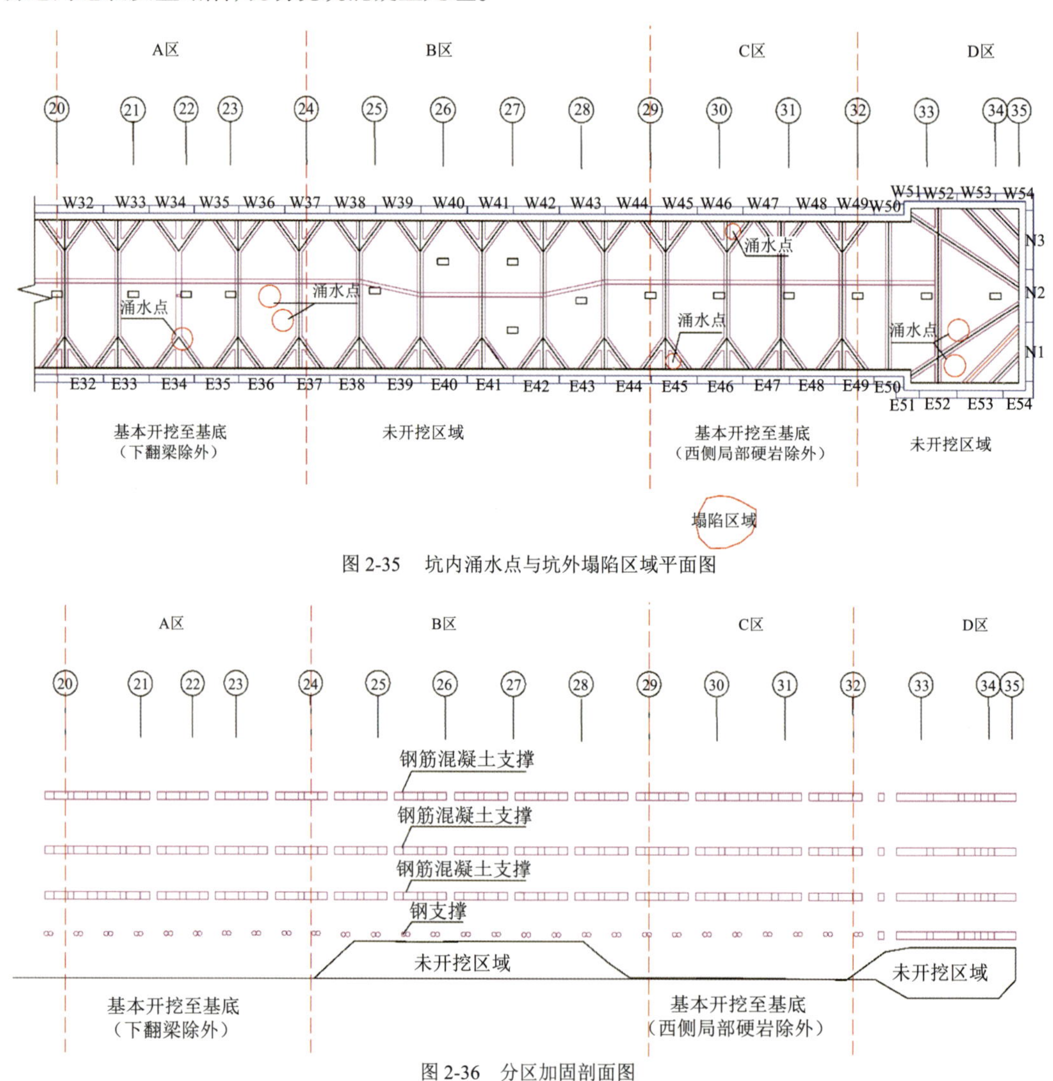


图 2-35 坑内涌水点与坑外塌陷区域平面图

图 2-36 分区加固剖面图

涌水前车站施工工况说明如下：

车站底板从南至北完成 163m（①～⑳轴，至 E31 幅地下连续墙），完成率 55%，底板完成的区域正在从南往北呈台阶形流水施工主体结构；

北半段⑳～㉑轴 +2m（对应 E32 ～ E33 幅地下连续墙，长度约 14m）开挖至基底，但基坑中部下翻梁部位尚未开挖（基底以下深度 1.7m，硬岩，采用 320 炮机破除）；

㉑轴+2m ~ ㉔轴(对应E34 ~ E36幅地下连续墙,长度约18m)开挖至基底还剩0.5 ~ 1.0m。

㉙~㉜轴(对应E44 ~ E50幅地下连续墙,长度约38m)基本开挖至基底(局部有硬岩小山包正在破除);

剩余㉔ ~㉙轴(对应E37 ~ E43幅地下连续墙,长度约42m)、㉜~㉟轴(对应E51 ~ E54幅地下连续墙,长度约16m)最后一层土石方尚未开挖(开挖至第四道支撑位置)。

②抢险

a. 第一阶段抢险处理

初步原因分析:该部位位于二叠系栖霞组碳质灰岩与石炭系壶天群灰岩地层的接触带,基坑东西两侧基底岩性差异较大,西侧为壶天群灰岩,东侧为二叠系栖霞组碳质灰岩。二叠系栖霞组碳质灰岩上覆石炭系灰岩,接触带部位岩石风化作用强烈,形成风化深槽,上部碳质灰岩已风化成土状、碎块状,底部中风化碳质灰岩与壶天群接触带部位裂隙及溶蚀发育,地下水丰富,压力较大,地下水主要来自破碎层(〈7〉层)与岩层(〈8〉层或壶天群岩面)的接触面,壶天群岩面呈南低北高,涌水点部位距离接触面和基底较近,钻孔至接触面时发生涌水。另外,E32 ~ E34幅地下连续墙底部接触面较低,最深达47m,地下连续墙未将破碎层隔断,也是一个地下水来源,对涌水有较大影响。

抢险原则:遵循“内外结合,先隔水,后止水,再加固”的原则。

钻孔布置:

▶坑内布孔:涌水点位置南侧约8m沿基坑宽度方向布置3排注浆孔,间距1m梅花形布置,钻孔深度为基底以下进入完整岩面0.5m,遇到溶洞钻穿溶洞至溶洞底0.5m。基坑东侧(E37地下连续内侧)沿纵向布置2排注浆孔,间距1m梅花形布置,钻孔深度为基底下15m(墙底以下7.5m),追平两侧墙,遇到溶洞钻穿溶洞至溶洞底0.5m,钻孔间距可根据现场实际情况适当调整。

▶坑外布孔:E31 ~ E37(E36除外)地下连续墙外侧1.5~2.0m位置布置1排注浆孔,间距1.5~2.0m,钻孔深度至对应地下连续墙底以下3m,遇到溶洞钻穿溶洞至溶洞底0.5m,根据第一排注浆孔及注浆情况判断连通通道,对应位置施作第二排注浆孔。

注浆:以水泥—水玻璃双液浆为主,单液浆为辅,交替注浆,必要时可采用砂浆或其他浆液。

通过以上部位的钻孔注浆形成相对隔水帷幕,使涌水量减小,然后对涌水点进行注浆堵水,最后对周边地层进行基底注浆加固。

抢险施工:

抢险过程中,再次发生钻孔涌水,涌水量较大,钻孔深度为基底以下10m(到达完整岩面)。新涌水点出现后,现场浇筑混凝土反压处置,并设置引流管,新涌水点的涌水量为45~50m³/h,原涌水点的涌水量明显减少,涌水量约为15m³/h,出水量两个涌水点合计与原来一个涌水点的涌水量相当。涌水点引流管的水浑浊,现场取样后含泥量约5%。引流管中出现碳质灰岩小石块且含量有增大趋势。为了防止更大风险发生,现场紧急利用引流管灌注砂浆+水玻璃处理,之后涌水止住，但附近的Y10号降水井（井深基底以下5m）开始往外涌水，现场进行混凝土反压并设置引流管后，水浑浊但无碎石颗粒，而通过附近的钻孔注双液浆将该涌水止住以后，旁边又再次出现一个新的涌水点，水质浑浊，出水口用手捞出碎石、卵石（图2-37）。

图2-37　涌水点碎石、卵石

根据涌水点出现情况，可以判定该区域涌水点具有连通性。现场监测数据显示，相邻地下连续墙出现踢脚位移，基底处位移增大到131.83mm。主要原因是基坑东侧基底以下为较厚残积土层和强风化碳质灰岩，深度达11～26m，涌水使被动土压力减小，加上注浆扰动，墙体向坑内发生位移。

b.第二阶段抢险处理

在E32、E33两幅地下连续墙第四道支撑至基底的中间部位各增加2根钢支撑，限制墙体位移。

⑳～㉑轴（对应E32～E33幅地下连续墙）抢做底板封闭基底，保障基坑安全。

对应E34～E36幅地下连续墙范围内进行全面反压，将之前做的3个反压平台连接成片。

c.第三阶段抢险处理

▶布孔：坑内反压平台区域。

▶钻孔：第三阶段坑内共钻孔27个，钻孔深度为反压平台以下19～24m，基底以下深度17～22m，深层溶洞顶在基底以下8～17m。

▶注浆：同第一阶段，进行双液浆加固处理。

注浆完成后，对底板以下的水进行了封堵隔离，涌水量明显减少，注浆效果显著。

同时，制订分区注浆加固方案。

③抢险处理小结

A区E36涌水点的水源有两个：一个是基底以下破碎带及其与基岩交界面（基底以下8～12m）；另一个是岩面以下溶洞（分布在基底以下12～17m，止水主要通过基底以下15～17m的溶洞注浆）。两个不同高度的水源影响着不同的涌水点，且互相有连通，抢险的第一、第三阶段处理部位分别与之对应。

根据第一阶段涌水过程中带出的碎石及卵石判断，本站基底下方存在暗河，暗河的流向及与裂隙连通性存在极大的不确定性，为抢险造成了极大的困难。故岩溶发育区不建议做地下三层及以下的车站，以降低施工程中的风险。

## 2.3.2 聚龙站建设风险与防控措施

1）建设风险

（1）周边环境风险

聚龙站南接上步站，北接石潭站，与规划的十二号线呈“T”形换乘关系。车站东西南侧建筑物较密集，周边环境条件较为复杂（图2-38、图2-39），几处严重破损房，对施工过程的扰动极为敏感。明挖基坑施工期间需在狭小场地条件下进行多次交通疏解，风险较大。

图2-38 聚龙站周边复杂环境（二期交通疏解期间）

图2-39 聚龙站周边复杂环境（三期交通疏解期间）

①周边严重破损房

某仓库为地上一层建筑，2011年建成，位于车站西侧，距车站及出入口基坑最近约33.1m；临街商铺为一层框架结构建筑，约2006年建成，距车站及出入口基坑最近约34.05m；某家具城为两层钢筋混凝土结构，约2006年建成，距车站及出入口基坑最近约23.14m。库房、临街商铺及家具城均为天然基础，根据有关房屋鉴定报告显示均属于严重破损房。

②周边建筑物

本站周边建筑物密集，于1999～2004年建成，多为2～4层建筑，砖混或混凝土结构，以管桩或灌注桩基础为主。某小区建筑为地上9层、地下2层混凝土框架结构，锤击灌注桩基础，桩径0.48m，桩长20m，距车站及出入口基坑最近约6.39m。

③道路与地下管线

车站位于市政石槎路上，沿石槎路与西槎路南北布置。车站盾构井及中心里程段位于十字路口，此处管线异常密集，十字路口往北主要是混凝土排水管，以及铜质电力线、铸铁或钢质的给水管。$\phi$500~1200混凝土排水管沿市政路3排，垂直市政路网格展布，埋置在地下4.18m深范围内，而地下2m深范围内还有$\phi$500、$\phi$1200给水管，以及电信光缆、光纤等。车站周边地下管线密布，施工前需进行管线改移。管线迁改完成后，DN1600供水、110kV高压电缆及$\phi$300煤气管横跨车站结构，需进行悬吊保护，另有多条市政管道位于车站结构两侧，其中车站东侧污水管与车站结构最小距离为 2.7m。施工对需要原位保护的管线风险较大。

（2）地质风险

①地质构造和地层特征

聚龙站位于石炭系与二叠系地层分界线的两侧，北部揭露石炭系壶天群的浅灰色、灰色、灰白色石灰岩，并揭露溶洞；南部二叠系主要以碳质灰岩、碳质页岩、砂质页岩等为主，溶洞不发育，石炭系壶天群与二叠系下统栖霞组呈整合接触。场地位于黄榜岭背斜的东翼，新市向斜的西翼。站址范围内无断裂构造通过。

本站范围内主要为填土、砂层、淤泥质土层、软塑~流塑的粉质黏土以及风化灰岩地层，基坑岩面起伏较大，南高北低，南端微风化岩面突出，北段基岩以微风化灰岩为主，南段基岩以中风化碳质灰岩为主，如图 2-40 所示。

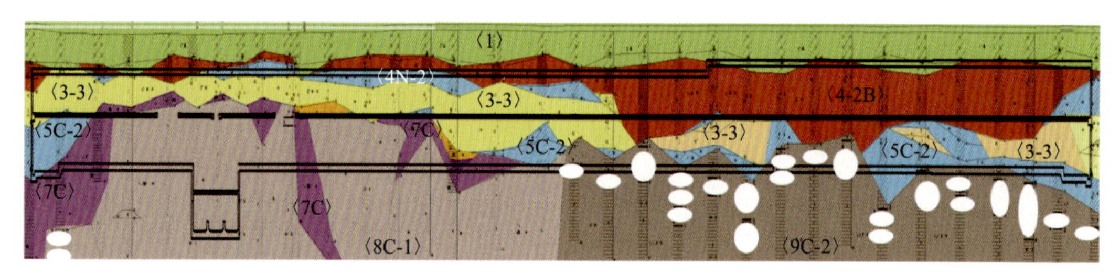


图 2-40　聚龙站地质纵断面图

本站溶洞发育，见洞率为 43.8%，其中灰岩区见洞率为 80.5%，碳质灰岩区见洞率为 34.4%。溶洞充填情况分为全填充、半填充和无填充三种，对应三种填充情况的比例分别为 21.4%、33.5% 和 46.1%。溶洞发育在车站结构底板下，在基坑支护结构施工过程中，对支护结构影响很大，容易发生塌孔，甚至坍塌事故，引起周边地表下沉，造成巨大损失。

②水文特征

聚龙站勘察场地范围内无地表水系、沟渠等。溶蚀及裂隙发育的部位，透水性一般中等，溶洞发育的部位透水性一般较强，有较大涌水的可能。局部砂层覆于灰岩上，孔隙水与岩溶水水力联系密切。场地主要含水层是第四系冲洪积的粉细砂、中粗砂、砾砂层，垂直分布厚度大，水平分布广泛；基岩裂隙水为岩溶水，根据钻探和抽水试验，岩溶水单孔涌水量为 100.8$m^3$/d。

中粗砂、砾砂层透水性强，且潜水含水层多分布在基坑侧壁范围，需注意做好基坑侧壁砂层的支护与止水措施；结构底板下岩溶发育复杂，岩溶水的承压性可能导致顶板突破后造成突涌，对基坑施工带来风险，故应对基坑底板做好加固、止水措施。

总体上，本车站灰岩中溶洞发育，赋存溶洞裂隙岩溶水，透水性中等，富水性较强。

（3）工程风险

聚龙站为八号线与规划的十二号线的换乘车站，地下 2 层（局部 3 层），其中八号线站台设置在地下二层，站台采用 140m 岛式布局，全长 575.1m；规划的十二号线站台设置在地下三层，站台预留采用140m岛式布局，全长220.9m，标准段宽为25.30m。由于十二号线为规划线路，聚龙站近期先实施八号线车站部分（含换乘节点），十二号线车站部分作预留考虑。

八号线聚龙站基坑开挖深度为17.3～20.8m（局部27.3m），主体结构采用明挖顺做法施工，如图2-41所示。

图2-41 聚龙站施工现场

车站基坑支护采用地下连续墙厚800mm（1000mm）+多道内支撑方案。第一、三、四道支撑采用截面为900mm×1000mm的混凝土支撑、第二道支撑采用截面为1000mm×1000mm的钢筋混凝土支撑，第三道支撑对撑部分采用$\phi$600、厚16mm的钢管支撑。大跨度混凝土支撑中部设置了中立柱。地下连续墙墙幅采用工字钢接头。

本站溶洞发育，车站围护结构施工可能会造成围护桩或墙成孔（槽）中漏浆跑浆，严重的还会引发周边地表塌陷。该区间多处灰岩上覆盖层为砂层，溶洞无充填或少量充填，溶洞顶板破坏、坍塌，砂层下漏至溶洞，砂层自稳能力差，塌陷极易扩展到地面，引起地面沉陷和突水，造成无法估量的经济损失和极其恶劣的社会影响。同时，溶洞坍塌还可能引起地下水位大幅下降，引发地下管线沉降、开裂，周边建（构）筑物不均匀沉降等。岩溶发育在底板以下，岩溶水具有承压性，基坑开挖到底时，容易出现坑底涌水冒砂。明挖基坑开挖过程中溶洞风险较大，围护结构施工前需对溶洞进行全面勘探和处理，以降低风险。

同时，本站还受地层接触带影响，接触带处会因应力作用形成褶曲，导致岩层破碎。当破碎状岩带与溶洞裂隙水通道连通时，基坑开挖过程中容易形成溶洞裂隙水的渗透通道，发生突涌。

**2）风险防控措施**

结合周边环境条件，聚龙站可选择的站位平面有限，如图2-42所示。

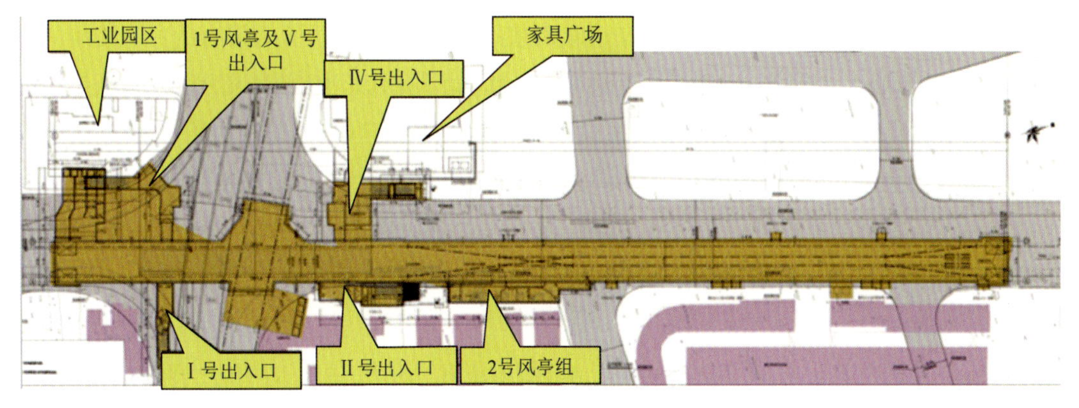


图2-42 聚龙站总平面图

（1）车站注浆封堵防止破碎带涌水风险

破碎带由无定向的裂口和裂隙破坏的岩块组成的具有一定宽度的带，也称碎裂带，可能由矿物充填，呈网状脉络，也可能大致相当于断裂带。同断层伴生的破裂带内充填有由断层壁撕裂下来的岩石碎块、碎石和断层作用而成的黏土物质。有的破碎带会被重新胶结起来形成破碎岩、断层角砾岩等。本站在详细勘察阶段未发现有破碎带。

2016 年 11 月 30 日下午 3 时基坑中部发生涌水，初始涌水量为 $80m^3/h$ 左右，位于开挖面基底，开挖深度约 18m。发生基坑突涌后项目部立即启动抢险预案并及时通知建设单位和监理单位。基坑内形成反压层，基坑外注浆填充封堵，降低涌水量。至次日凌晨，现场已经完成涌水点处首层混凝土反压层浇筑。基坑内反压混凝土减小了基坑内外的水头差，起到增加基坑稳定性的作用，有利于基坑外注浆效果，且反压混凝土对控制基坑内涌水量起到一定作用，预埋引流管将出水点汇集到一处，方便集中钻孔注浆处理和观察。

根据现场勘察资料及已经处理的基坑内漏水点分析研究，涌水处的破碎岩体应为石炭系 C 和二叠系 P 两套地层整合接触带上因应力作用形成的一个小的褶曲（图 2-43、图 2-44），呈薄层状，岩性为碳质灰岩或碳质泥岩类，倾角 50°~60°，其本身的含水量不丰富，透水性中等，但由于破碎性，当与溶洞裂隙水通道连通时，很可能成为溶洞裂隙水的渗透通道，造成突涌。

图 2-43　聚龙站地层接触破碎带

图 2-44　接触带上因应力作用形成的褶曲

现场采用投放颜料的方式确定了基坑内外连通的孔位，并进行封堵。涌水通道确定后，对于连通孔，为保证渗水通道内全部填充完成，对注浆范围界定为地下连续墙底以上 1m 至破碎带以下 1m。初始采用袖阀管注双液浆（单双液浆孔顶混合方式）及孔底混合的注双液浆的方式注浆，但由于涌水量较大，单双液浆的瞬时凝结量较小、凝结速率较慢、浆液随水流从基坑内涌水点位置冒出等原因，达不到封堵效果；后采用聚氨酯进行注浆封堵，但由于水量较大，聚氨酯仅凝结成白色絮状物，在未凝结成型时被水流冲出由涌水点冒出；因涌水量大且急，之后改用陶粒和塑料颗粒的方式进行物理填塞涌水通道，以减小水流速率，再配合注双液浆的方式进行处理，但仍有浆液冒出；最终通过调整双液浆浆液浓度、增大单双液浆套管尺寸的套管式双液浆灌注方式，将涌水量减至 $7m^3/h$。

为保证基坑内涌水通道全部充填完成，满足地基承载力要求，连续墙外侧已钻孔完成注浆工作后进行坑内钻孔注浆。在涌水点位置基坑内东、西侧沿南北走向间隔 3m 钻孔注浆，北侧沿东西方向间隔 3m 施工一排孔，其余位置根据涌水通道走向布孔，进行地基注浆加固。由于基底以下仍存在基坑外钻孔注浆未处理到的岩层破碎带，基坑内钻孔时从钻孔内冒水，遂进行双液浆注浆封堵;对于基坑内钻孔未冒水的部位采用单液浆注浆封堵。为防止注浆过程中相邻孔位冒浆,采用“成一孔,注一孔”的注浆方式。基坑内注浆结束后,涌水点处涌水量由 7m$^3$/h 减少至 2m$^3$/h,如图 2-45 所示。

图 2-45 基坑底部涌水处理

为检测处理效果保证后续开挖安全,在基坑内部设置 9 个检测孔。基坑内检测孔施工完成后,钻孔取芯显示孔内无出水情况,充填密实,存在凝固的水泥浆,处理效果良好。

(2)基坑新做中隔墙分块开挖防控工期风险

聚龙站车站长、规模大,周边环境复杂,管线繁多。基坑北端大部分连续墙已施工,受车站中部横跨基坑的 2 根 DN1200mm 自来水管影响,管线周边连续墙无法施工,须待环岛处 DN1600mm 自来水管接驳正式运行,对 2 根 DN1200mm 水管进行废除、清理后方可进行连续墙施工。同时,环岛处除 DN1600mm 自来水管外,还存在 110kV 高压电缆横贯基坑,连续墙施工需对此电缆进行两次横向拨移,而两次拨移时间间隔长、耗时久,严重影响基坑连续墙施工。此外,基坑南端由于疏解道借地问题短期内无法围避进行连续墙施工。受上述因素制约,聚龙站围护结构连续墙部分无法施工,导致基坑围护墙未封闭、迟迟无法开挖施工,存在极大的工期风险。另外,车站场地地质差,周边建(构)筑物密集,部分建(构)筑物在基坑未施工的情况下已发生沉降、开裂现象。基坑连续墙施工滞后,基坑施工总工期延长,无形中加大了基坑周边建(构)筑物的安全风险。

根据以上原因,拟在基坑中部、DN1200mm 自来水管北侧增设一堵素混凝土中隔墙,将基坑分为南、北两个分区,基坑北端先行封闭,原内支撑支护体系不变,采用放坡开挖施工。增设中隔墙后,车站北端可先行施工,尽快完成主体结构后覆土回填,大大减少对周边建(构)筑物的影响,变相加强了对周边建(构)筑物的安全保护。同时,车站北端完工后,既能按时为北端提供盾构吊出条件,也能为南端基坑施工提供场地、提高效率。

施工期间,总工期提前约 8 个月。

## 2.3.3 小结

(1)灰岩区非必要条件下,不设置地下 3 层及大于 3 层的地下车站,尽量减少开挖深度以降低施工风险。针对地质条件复杂的车站、区间，可以采用站位调整或线路调整的方式以规避风险。

(2)灰岩区的地层接触带要进行专项勘察，并采用多种勘察方式以充分揭露此处的地质情况，为后续的设计提供坚实的基础资料。

(3)深埋站、临近河流站、地层接触带，勘察钻孔间距深度可以突破规范，按照规范下限或者结合具体站点实际情况突破规范布置钻孔。城市主干道上的勘察钻孔，要加强和交通部门沟通，保证钻孔实施，避免施工无钻孔带来未知地质风险，以及后期产生的重大变更；要保证车站范围内有勘察钻孔，以便制订合理可行的设计方案。

(4)对于基坑开挖过程中出现的涌水涌砂，应结合坑内外勘察钻孔及相应超前地质勘察，找到涌水通道。注浆处理应以涌水点及涌水通道为核心位置，且以基坑内为主、坑外为辅助措施的原则进行处理。其中，反压是处理坑内涌水的一个有效措施，反压需要留有溢水孔，以卸掉涌水涌砂的部分压力。涌水的反压应以快速有效为原则，优先采用速凝型混凝土，根据涌水情况判断需要反压的厚度并及时进行反压。

## 2.4 受地质构造影响的大型岩溶塌陷区车站建设风险与防控措施

### 2.4.1 同德站建设风险

**1)周边环境风险**

同德站南接鹅掌坦站，北连上步站，位于西槎路上步桥高架东侧地块内，周边建(构)筑物主要有居民楼、仓库、废品站、临街商铺等。

(1)上步桥

西槎路上步桥是一座上跨广州市北环高速公路的桥梁，与同德站平行，大致呈南北走向，距离同德站基坑边缘17m左右，桥面宽度为13.3m，双向4车道，该桥梁桩基为$\phi$1000钻孔灌注桩，车站附近的桩基长20～24m。桥梁桩基按摩擦桩设计，持力层为砾砂层。该桥为同德乡交通要道，地理位置重要，距离车站基坑较近，桥梁健康状况一般，桩基对地层变化极为敏感，已发生一定程度的沉降，若车站施工影响该桥安全性，则会引发同德围片区的交通瘫痪，风险大。车站施工前应评估上步桥的安全性，对其进行必要的加固处理，以降低工程风险。

(2)周边建筑物

同德站周边建筑物建筑年代久远，均在20世纪80～90年代建成。侨德花园建筑为框架结构，基础为沉管灌注桩，桩长20～30m，为摩擦桩，距离同德站主体基坑的水平距离为14～17m；仓库、废品站、临街商铺等均为独立基础，埋深1～2m，距离车站基坑最近为13.5m。建筑物使用时间较长，结构形式简单，基础形式大多为浅基础，基坑开挖过程中支护结构变形将引起周边土体变形，浅基础和摩擦桩基础的老旧建筑物对土体变形极为敏感，可能出现沉降、倾斜、开裂等风险。

（3）道路及地下管线

除上步桥外，同德站临近西槎路东侧人行道和慢车道，道路下方敷设有较大直径的铸铁给水管和混凝土排水管，以及沿西槎路敷设的电信、电力、煤气管线等。同德站东侧临近居民楼，地下埋设有大直径渠箱及住宅供水、供电及燃气管线等。管线使用时间较长，老化程度大，车站施工会引起管线发生沉降和开裂，应通过迁改等措施降低风险。

**2）地质风险**

（1）地质构造和地层特征

同德站主要位于瘦狗岭断裂以南构造区，从构造分区上处于广花凹陷盆地的南西部和三水断陷盆地的东延部。三元里—温泉断裂西段推测在同德站与线路近垂直相交，断裂上下盘均为中石炭系壶天群灰岩，勘察钻孔未揭露断裂构造破碎带。

同德站所处地层主要发育有填土、淤泥质土和冲洪积砂层。岩土工程勘察显示车站中心至北端范围为一较大型的受地质构造影响的溶岩塌陷区，其发育范围大，周边溶洞发育，其中勘察钻探中最深钻至56.3m仍为砂土，砂层最厚达30多米，给基坑支护止水帷幕设计带来了非常大的挑战。同德站地处广花凹陷区，地下水系发育，基岩为石炭系上中统壶天群灰岩。受三元里—温泉断裂影响，车站中部以南岩面较高，相对平缓，中部以北岩面起伏大，部分相邻钻孔出现临空面，多处基岩面高差大于5m。

地质勘察方面，在施工图阶段对北基坑进行了详细勘察（2012年11月）、（补充）详细勘察（2013年3月）、溶蚀凹槽补充专题勘察（2013年11月）、北基坑围护结构地质补充勘察（2016年12月）、同德站主体结构基坑岩土工程勘察综合分析（2017年3月），共钻孔254个，其中溶蚀凹槽范围内的钻孔间距达到10m的密度，并绘制了等高线图（图2-46）。

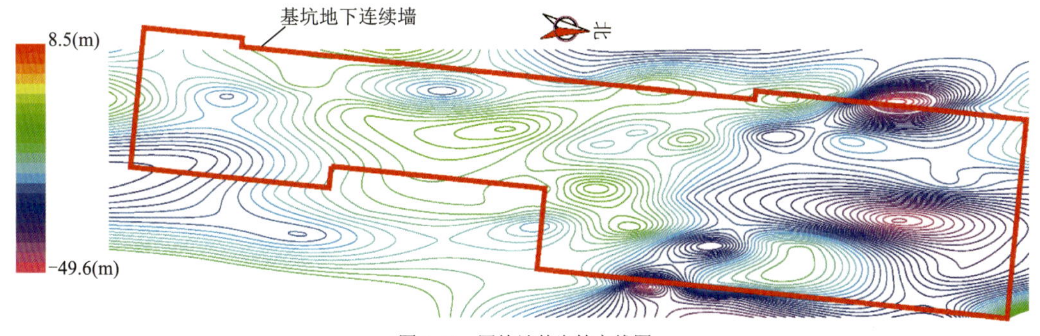


图2-46 同德站基岩等高线图

软土和砂层均全场分布，淤泥质土层底最大埋深为17.5m，层厚1.2 ~ 11.6m，砂层层顶埋深在5.0 ~ 45.0m，层底埋深为9.3 ~ 56.30m。本车站基坑开挖深度范围主要为淤泥质土和砂层，软土沉降主要是由于自重固结引起的，砂层则会因施工过程中砂层水或流砂进入基坑，引发地面沉降、开裂等风险。本站场地砂层发育，厚度较大，如图2-47所示，如不做好基坑止水及支护，则易因水土流失等引发周边道路和建筑物发生不均匀沉降等危害。

图2-47　同德站深厚砂层抽芯取样

受地质构造作用影响及地下水侵蚀等综合因素，场地岩溶发育特征明显。勘察的53个钻孔中，34个孔钻到基岩且有20个孔揭露有溶洞，钻孔见洞率为52.3%。溶洞多呈串珠状，洞体大小不一，洞顶埋深为25.00 ~ 59.80m，洞底埋深为28.00 ~ 62.00m，洞体高度为0.30 ~ 20.00m。在岩溶塌陷区影响范围内基岩浅部溶洞仍较发育，溶洞多为全充填，部分孔为无充填，钻探过程中掉钻，充填物主要为流塑和软塑状黏土，含风化灰岩角砾。当溶洞发育在车站结构底板下，对基坑支护施工影响很大，容易发生塌孔，甚至坍塌事故，引起周边地表下沉，造成巨大损失。

同德站工程建设中地质风险为断裂综合影响下的溶洞、受地质构造影响的溶岩塌陷区、岩溶水的强烈发育与软土和砂土同时发育叠加下的风险，岩溶在水平向、垂直向上均为强烈发育，体现了石炭系壶天群地层在断裂构造影响下，岩溶强烈发育、岩面起伏、受地质构造影响的溶岩塌陷区发育、地下水复杂的地质特征。本站地质条件复杂，不良地质风险极大。

（2）水文特征

同德站位于广从断裂构造区以西，冲洪积平原，附近区域地表水体有增埗河、石井河及不知名小河涌。主要含水层是第四系冲洪积砂层，基岩强～中风化带和基岩内发育的溶洞。同德站范围内无出露地表水系，但广泛分布砂层，厚度较大，地下岩溶发育，受地质构造影响的溶岩塌陷区发育，地下水丰富。局部砂层直接覆盖于灰岩上，第四系孔隙水与灰岩裂隙岩溶水水力联系密切。

本场地广泛分布的石炭系壶天群灰岩，溶（土）洞的发育和分布与裂隙、节理、破碎带有直接的关系。因此，一般连通性较好，溶（土）洞多为无充填或半充填状态，部分为全充填状态。溶（土）洞空隙中充满了地下水，局部土层缺失，砂层直接覆盖于下伏灰岩之上，构成“天窗”，沟通砂层水与灰岩岩溶裂隙水的水力联系，补给充足，水量很大，应引起重视。节理裂隙发育段、破碎岩带往往含较多的地下水，基坑开挖风险大。

根据抽水试验资料预测本车站基坑的涌水量为 20027m³/d，基坑涌水量非常大，且溶蚀深槽 56.3m 仍未见基岩，车站主体结构底板以下仍有 30 多米厚砂层。目前止水搅拌桩施工机械施工深度要达到 40 米以上的难度极大，且根据钻探资料，仍不知溶蚀深槽具体有多深，基坑止水帷幕难以封闭，给基坑施工及周边环境的保护带来很大的风险，设计与施工单位应充分考虑基坑开挖地下水问题，切实做好保障基坑且周边环境安全的降排水或止水方案。

3）工程风险

同德站采用明挖法施工，Ⅲ号出入口位于西槎路西侧，车站与出入口之间的连接通道横跨西槎路，拟采用顶管法施工。

车站范围内风化凹槽发育，多个钻孔终孔范围内未见岩层，砂层深厚，且分布连续。地下水量丰富，具有承压性。基岩坚硬且岩面倾斜起伏大。地下连续墙在深厚砂层中成槽施工时有塌槽和偏孔风险。同一槽段或者相邻墙段不能对齐和漏水，墙底无法按设计要求嵌入岩层而产生缝隙形成渗水通道，可能造成后续基坑开挖时渗水、涌水灾害等问题。

本车站岩溶非常发育，见洞率高，溶洞多呈串珠状，洞体大小不一，对基坑支护施工影响很大，基坑施工时容易发生塌孔塌槽，甚至发生坍塌事故，引起周边地表下沉，造成巨大经济损失，还可能会威胁施工作业人员生命财产安全。位于基坑底的溶洞一般富含承压水，基坑开挖破坏原有溶洞平衡时，容易出现管涌现象，导致地下水涌入基坑，引起坑外地表沉降。岩溶风险不仅对施工影响大，而且还会加剧环境风险，社会影响恶劣。

### 2.4.2 同德站风险防控措施

同德站砂层较厚，地面以下 10m 范围内均为软弱的淤泥质土层；车站位于灰岩区，溶洞发育，且北基坑存在溶蚀凹槽及承压水。车站西侧的上步桥为同德围地区连接市区的主要桥梁，桥基为摩擦桩，桥梁状况一般，且车站施工以来，1 号、2 号、3 号桥墩一直处于下沉状态；车站东侧侨德花园基础为摩擦桩，车站施工以来也一直处于下沉状态。综上所述，本站的工程地质条件十分复杂，周边建（构）筑物较为敏感。为应对上述工程本体风险及周边环境风险，本站有针对性地采取风险防控措施，降低建设风险。

车站主体围护结构采用 1000mm 厚地下连续墙，地下连续墙嵌固深度：黏性土和全风化层为 7.5m，强风化层为 4.0m，中风化层为 2.5m，微风化层为 1.5m。基坑底位于砂层时，连续墙嵌固深度不小于 7.5m，且需进入不透水层至少 3m。车站主体结构外挂段基坑竖向共设 3 道支撑，第一道支撑架设于冠梁上，第二、三道支撑架设于混凝土腰梁和钢围檩之上。在外挂段设置 2 排临时立柱，桩基采用 $\phi$1200 钻孔灌注桩。

1）基坑分期施工防控工期风险

本站南北基坑地下水发育、砂层分布存在较大差异，为确保南端基坑顺利开挖及为鹅掌坦站—同德站区间盾构始发提供条件，在车站中部设置钢筋混凝土中隔墙（图 2-48）及斜撑。

中隔墙方案选择合理，未因北基坑抽水试验及溶蚀凹槽处理，而影响南基坑施工及区间盾构始发。

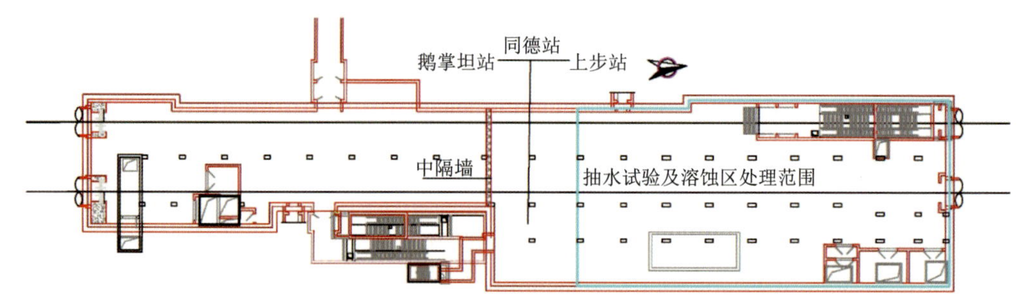


图 2-48　同德站中隔墙布置

2 )采取槽壁保护措施防控周边建筑物沉降风险

因本站砂层深厚，为落实本站基坑审查时的专家组意见“应采取有效措施避免地下连续墙施工塌槽影响周边环境安全及连续墙施工质量”，在距离居民楼及上步桥较近的地段，共计115.5m 的长度范围内，于地下连续墙外侧设置防塌孔。防塌孔设置深度为穿透砂层进入下一层不小于 1m。槽壁保护平面范围如图 2-49、图 2-50 所示。

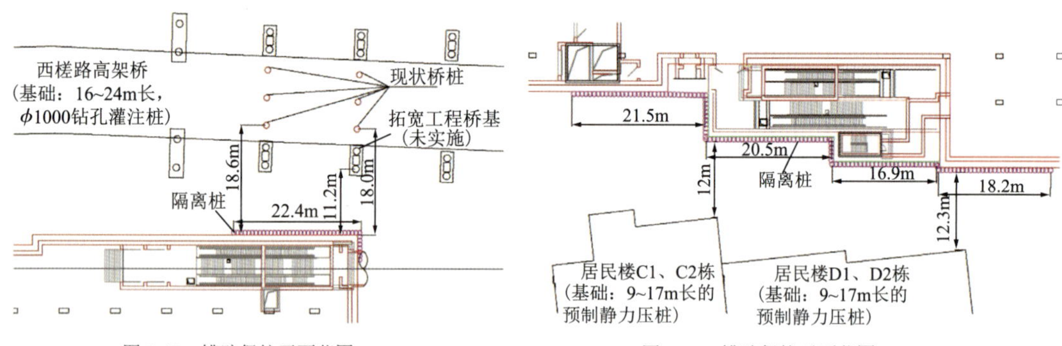


图 2-49　槽壁保护平面范围一

图 2-50　槽壁保护平面范围二

图 2-51　$\phi$ 800@650 加强型单轴搅拌桩试桩芯样

由于本站砂层深厚，根据详细勘察资料，需采取隔离措施的地段，砂层最深处已达到 30m。为保证隔离效果及降低工程造价，经试桩合格后，采用 $\phi$ 800@650 加强型单轴大直径搅拌桩( 图 2-51 )。

3 )溶蚀凹槽处理防止发生涌水风险

同德站地质复杂，且北基坑存在溶蚀凹槽及承压水。

( 1 )第一阶段处理措施

①溶蚀凹槽处理方案

a. 2013 年 11 月“广州市轨道交通八号线北延段工程同德站详细勘察阶段溶蚀凹槽补充勘察岩土工程勘察报告”中的溶蚀凹槽专项勘察报告提出，在车站北基坑约 78m 范围内发育溶蚀凹槽，最深处钻至地面以下56.3m仍为砂层，并得出“凹槽内地下水主要为第四系松散层孔隙水和基岩岩溶裂隙水，本区砂层分布广泛，厚度大，地下水丰富，且局部砂层直接覆盖于基岩上，两者水力联系密切，松散层孔隙水主要为潜水，局部位于弱透水层之下，具有承压性；岩溶裂隙水也具有承压性，其两者稳定地下水位基本一致。因此，岩溶裂隙水承压水水位埋深1.80 ~ 3.40m，标高4.11 ~ 5.33m”的结论。

b. 针对前述报告中得出的溶蚀凹槽内发育承压水的结论，在溶蚀凹槽处理方案讨论过程中，各方均存在疑问。为进一步摸清北基坑溶蚀凹槽范围内地下水的承压情况，在北基坑四周围护结构封闭且在基坑中部设置中隔墙的情况下，进行了北基坑（四周围护结构封闭）抽水试验，并于2014年10月完成了“广州市轨道交通八号线北延段工程施工4标同德站北端基坑局部封闭后抽水试验报告”。该报告确认了同德站溶蚀凹槽内的上层砂与潜水相连，下层砂与基岩裂隙水相连，下层砂的孔隙水具有承压性，承压水水头高度为5.27m（即地面以下约2.5m）。且上层砂与下层砂之间的〈4N-2〉粉质黏土层应为连续隔水层，砂层之间的水力联系不明显。预估北基坑涌水量为9046m³/d。

c. 根据溶蚀凹槽专项勘察报告及北基坑封闭后的抽水试验，对北基坑溶蚀凹槽处理拟定了5个处理方案：方案一为重点区域加固20m，普通区域不处理；方案二为重点区域加固20m，普通区域注浆加固5m；方案三为重点区域加固20m，对剩余区域较薄弱部分采用拌桩加固5m；方案四为重点区域周围加固10m，局部泄压；方案五为重点区域加固10m，普通区域加固5m，局部泄压。因车站周边建（构）筑物较多，且基础均为摩擦型基础，处理方案的主要出发点是封堵溶蚀凹槽范围内的承压水。通过对地质纵横断面的分析，确定了MHBZ3-TDW-B46钻孔附近的400m$^2$范围为溶蚀凹槽重点渗流通道。

后经方案变更审查，确定采用方案一对溶蚀凹槽进行处理，即对MHBZ3-TDW-B46钻孔附近400m$^2$范围内溶蚀凹槽的重点渗流通道进行加固。加固采用三轴搅拌桩，加固深度为基地以下20m或至岩面。因三轴搅拌桩需加固至地面以下38m，现场施工时采用“四搅四拌”工艺。

d. 首期400m$^2$重点区域加固完成后，为检验加固效果，进行了北基坑第二次抽水试验。根据2015年7月出具的“广州市轨道交通八号线北延段工程施工4标同德站北端基坑封闭后第二次抽水试验报告”，首期400m$^2$重点区域加固完成后，北基坑预估涌水量由9046.3m$^3$/d下降到5096 m$^3$/d，加固体实施后小基坑涌水量降低了约43.7%。但基坑涌水量仍偏大，加固体周边或基坑其他区域仍有可能具地下水补给通道，鉴于灰岩区地下水的复杂性，建议对加固体附近可能存在透水的区域再进行加固处理。之后对地质纵横断面进行分析，车站岩面坡度较陡，且三轴搅拌桩施工时，一根轴与岩面接触后，另外两根轴就不能与岩面接触，导致三轴搅拌桩与岩面相接处密贴性不佳。特别是岩面上覆砂层时，处理效果更不易保证。因而首期400m$^2$加固后，又在南侧增加了241m$^2$范围的加固（图2-52、图2-53）。

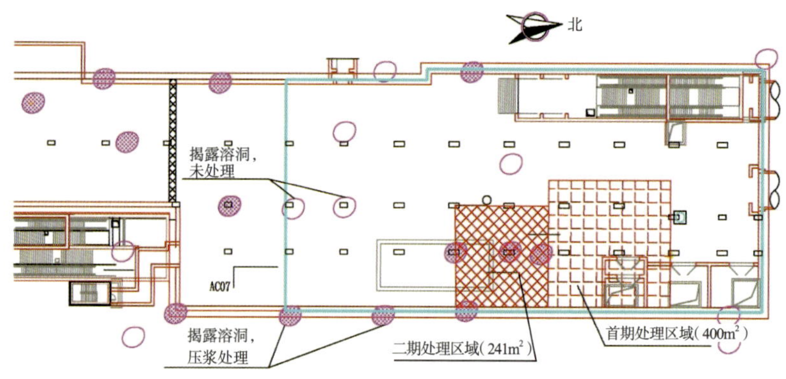

图 2-52 溶蚀凹槽重点处理区域平面图

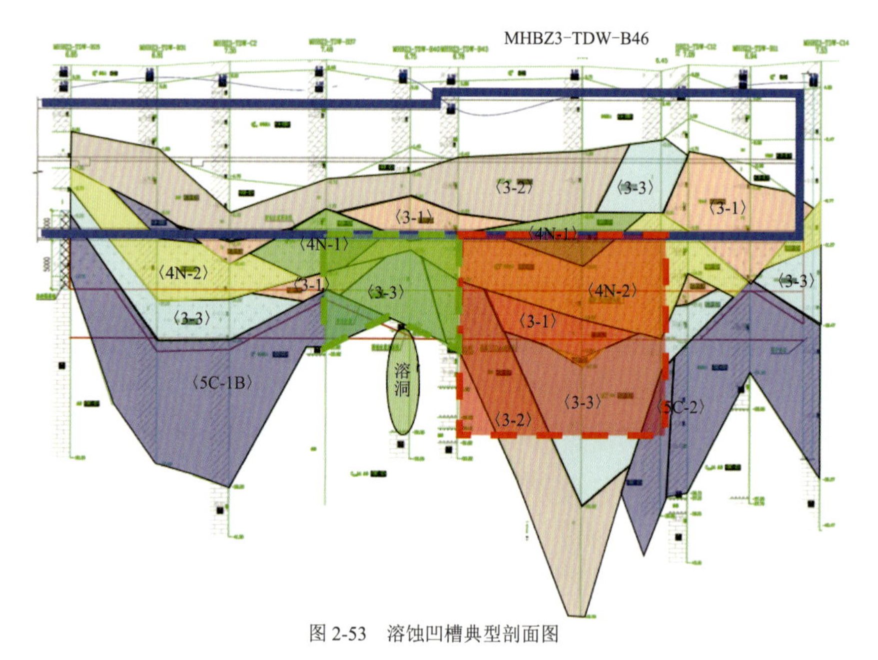

图 2-53 溶蚀凹槽典型剖面图

②连续墙周边基坑内溶洞处理探边原则

岩溶区明挖基坑时应对地下连续墙周边 3m 内、墙底以下 5m 内范围的溶（土）洞进行探边并施工前处理。本站为封堵基坑内外的水力联系，在上述范围内对未能探明边界的溶洞继续外扩范围进行溶洞边界探测、溶（土）洞处理及质量检测。

③基坑回灌设计

根据承包单位场地布置情况，同德站共设置 43 个回灌井，分两次设置。第一批回灌井共 24 个，间距按 20m 布置；第二批回灌井共 19 个，将回灌井间距加密至 10m。其中，在距离房屋较近的位置设置直径 300mm 的大口径钢管回灌井。

（2）第二阶段处理措施（止水帷幕及裂隙通道注浆）

①止水帷幕方案的必要性

北基坑溶蚀凹槽处理完成后，在北基坑开挖之前及开挖过程中，北基坑西侧上步桥持续沉降，北基坑东侧居民楼群沉降也较大。鉴于北基坑地层复杂，且在地下连续墙成槽过程中发现墙底以下地层透水特性不一，墙底存在绕流风险。在此背景下，2016 年 10 月 20 日，由广州地铁集团有限公司邀请地铁领域的 6 位专家对北基坑风险防控措施进行审查。与会专家一致认为墙底存在绕流风险，建议结合各方资料对墙底地层进行全面复核，并对绕流风险区域进行处理。

②止水帷幕方案介绍

勘察单位对“一槽两钻”发现的墙底存在砂层的区域进行补充钻探，以便确定止水帷幕施作范围。根据“广州市轨道交通八号线北延段工程同德站北基坑围护结构地质补充勘察岩土工程勘察报告”，确定了 C17 ~ C19、C28 ~ C33、B3 ~ B5、A20 ~ A25 槽段为绕流风险较大的区域。

根据地质纵断面图，C17 ~ C19、C28 ~ C33 槽段墙底存在砂层，在上述共计 43.1m 长的槽段外侧布置一排 $\phi$2000@1700MJS 咬合桩（半圆），如图 2-54、图 2-55 所示。MJS 桩的实桩深度范围为连续墙底以上 2m（与连续墙搭接 2m）至穿透砂层至岩面。

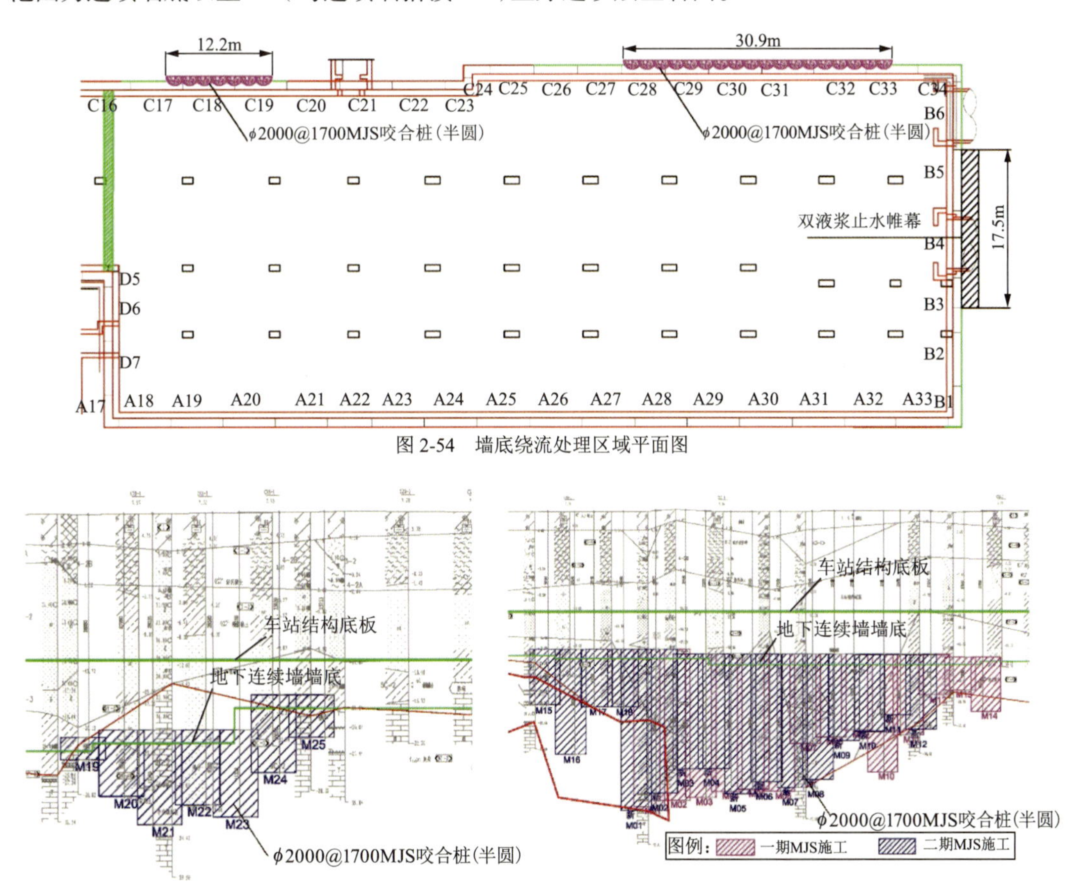


图 2-54 墙底绕流处理区域平面图



图 2-55 墙底绕流处理区域剖面图

根据地质纵断面图，B3 ~ B5 槽段墙底无砂层，但墙底溶（土）洞发育，在上述共计 17.5m 长的槽段外侧采用注浆（双液浆）方式形成一堵 2m 厚止水帷幕。

同时，为进一步减少基坑内外的水力联系，对基坑内已发现的溶（土）洞进行注浆处理。

③基底渗漏通道注浆

2016 年 12 月,北基坑坑外 MJS 桩开始施工(图 2-56)。施工过程中,北基坑出现涌水漏气(图 2-57)。经分析,可能是由于连续墙底仍存在不明溶蚀通道与基坑内相联系,导致 MJS 试桩过程中气流和水流直接通过联系通道进入基坑内,造成基坑内涌水漏气。

图 2-56 北基坑坑外 MJS 桩施工

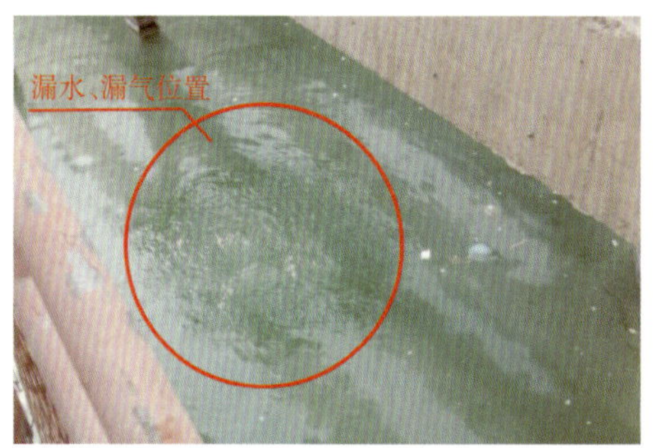

图 2-57 北基坑坑底冒气点

为保证止水帷幕桩施工效果,切断基坑内外水力联系,对基坑内涌水冒气点进行 WSS(即无收缩双液注浆)加固。基坑内外注浆加固及 MJS 桩止水帷幕平面布置图如图 2-58 所示,北基坑蓄水平衡后 WSS 加固水上作业如图 2-59 所示,墙底绕流处理后的效果如图 2-60 所示。

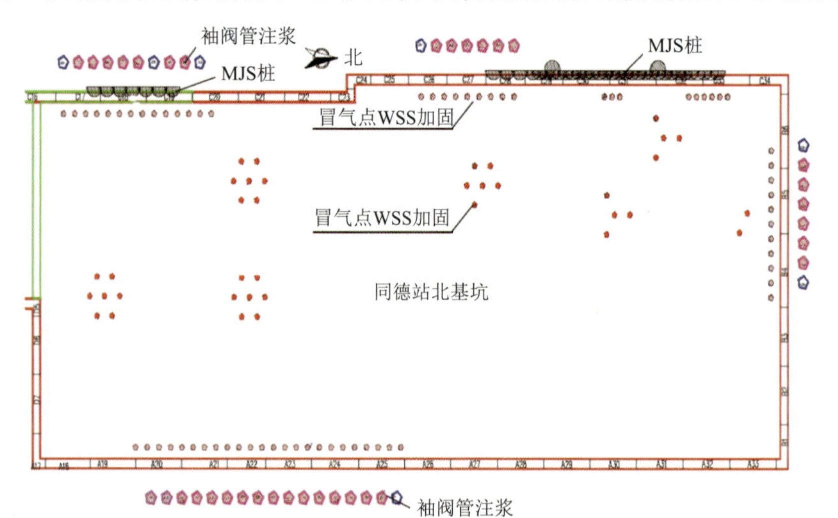

图 2-58 北基坑内外注浆加固及 MJS 桩止水帷幕平面布置图

图 2-59 北基坑蓄水平衡后 WSS 加固水上作业

图 2-60 墙底绕流处理后的效果

④第二阶段方案现场实施及效果

北基坑墙底绕流及基坑内注浆处理完成后，北基坑已开挖至基坑底部（图 2-61），每天抽水量约 100m³/d，风险可控。

图 2-61 同德站基坑开挖到底现场

（3）溶蚀凹槽处理总结

溶蚀凹槽处理时间持续约 2 年，主要分为两个阶段：基坑内三轴搅拌桩加固形成“瓶塞”、连续墙底接长止水帷幕及基底通道注浆。

基坑内三轴搅拌桩加固形成“瓶塞”的措施，将基坑预估涌水量 9046m³/d 降低了 60% ~ 70%；后续增加连续墙底止水帷幕及基底通道注浆措施后，基坑开挖期间抽水量约为 100m³/d，完全解除了溶蚀凹槽的风险。

### 2.4.3 小结

同德站的安全风险评估等级为 I 级，从 2013 年 2 月（补充）详细勘察报告提出车站北基坑存在溶蚀凹槽以来，至 2018 年 1 月北基坑底板封底成功，探察溶蚀凹槽、处理溶蚀凹槽，前后历时约 5 年时间。在此过程中，结合每阶段的勘察及抽水试验报告，参建各方均进行了大量的风险分析、方案研究、方案比选工作，采取了充足的风险管控措施，确定了技术可行、经济合理的处理方案，最终解除了同德站 I 级风险，并总结了以下几点工程建议。

（1）灰岩区地质情况非常复杂，水文、地质勘察非常重要，在设计前各个阶段的勘察工作及配合施工过程中的补充勘察都非常重要。本站共进行了 5 次地质勘察及分析、2 次抽水试验，逐步全面揭示了岩溶塌陷区的情况，设计措施按部就班进行，过程中没有出现大的险情，处理措施是成功且经济的。

（2）灰岩区，对于已探明岩溶非常发育的车站，在车站施工前做好充分的水文、地质勘察工作，考虑充足的设计措施，保证施工过程中的连续性。

## 2.5 岩溶区上覆深厚淤泥、砂层车站建设风险与防控措施

### 2.5.1 上步站建设风险

上步站与周边建（构）筑物、管线位置关系如图 2-62 所示。

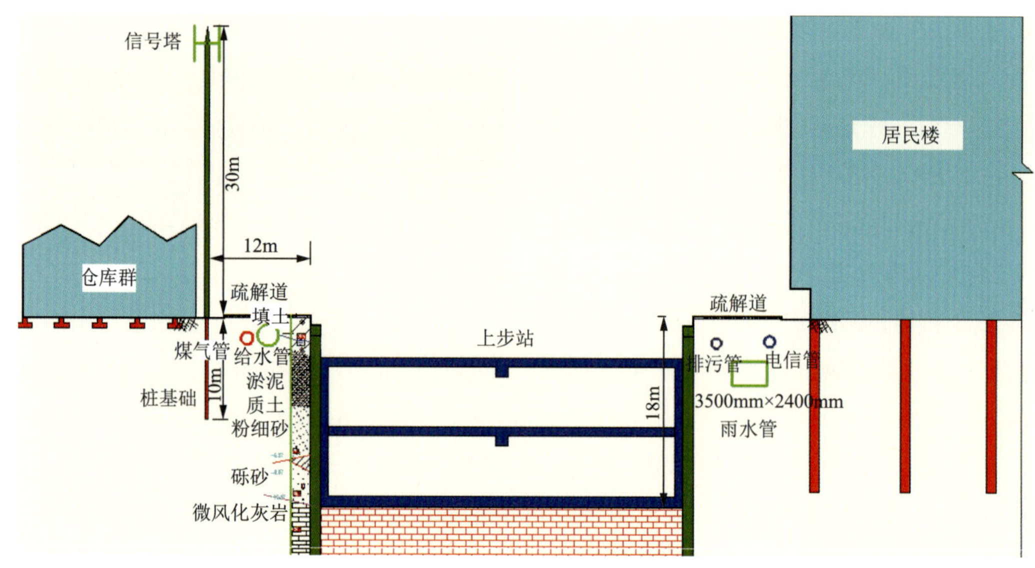

图 2-62　上步站与周边建（构）筑物、管线位置关系

**1）周边环境风险**

（1）周边建筑物

上步站位于石槎路上，两侧为中高层建筑，多栋居民楼和仓库均为桩基础，距离车站基坑均有一定距离（15 ~ 25m）。其中，居民楼一直在沉降，施工前已沉降 1m 多；仓库群为条形基础，基础埋深约 2m；某小区牌坊为独立基础，基础埋深 3m。车站基坑施工若引起周边地下水位变化或周边地表大面积沉降，将会导致周边房屋建筑发生沉降，严重时会出现安全问题。

（2）信号塔

车站西侧有两座高约 30m 的信号塔，信号塔为 10m 长的单桩桩基，桩端未入岩。信号塔距离车站基坑最近距离仅 4.7m（图 2-63）。信号塔为长细比非常大的构件，一旦基础受到扰动，很容易倾斜或倒塌，造成大面积通信中断，甚至危及居民及行人安全。

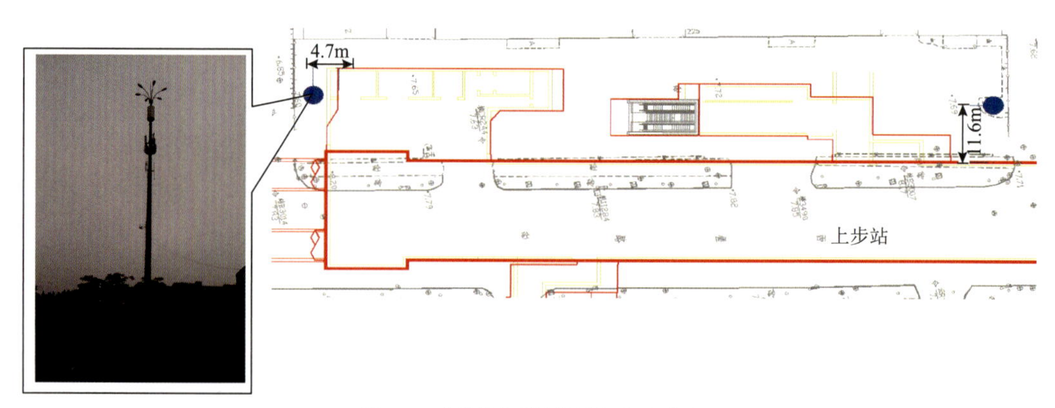

图 2-63　信号塔与基坑位置关系平面图

（3）道路和地下管线

上步站位于西楼路上。西楼路面以下管线众多，主要沿西楼路两侧展布，有 $\phi$1200 铸铁给水管，埋深 1.20m；$\phi$600 混凝土给水管，埋深 2.50m；3500mm × 1800mm 雨水管，埋深 3.40m。另外，还有若干条埋深小于 1m 的通信光缆。基坑开挖可能会激活未被钻探处理到的溶洞，造成道路和管线发生沉降或开裂，影响居民正常生活。

**2）地质风险**

（1）地质构造和地层特征

从区域地质看，场区北东向的广州—从化断裂、石井断裂、沙贝海断裂、泌冲—凤岗断裂，近东西向的海珠断裂、清泉街断裂、三元里—温泉断裂、新市断裂这些断裂在早～中更新世有过活动。

从地震活动性、断裂的活动性，以及断裂的新构造特征来看，近场区未来仍存在发生中强地震的可能性。其中，最有可能发生中强地震的地区是这些断裂的交汇处，因为在这些断裂的交汇处，历史上亦曾发生过破坏性地震和强有感地震。

上步站场地总体上砂层发育，主要为粉细砂、中粗砂和砾砂，如图 2-64 所示。粉细砂层和中粗砂为可液化砂土，同时场地范围内淤泥、淤泥质土分布较广泛。第四系冲洪积土层多呈交替、互层出现，分布不均匀。基岩为二叠系栖霞组碳质灰岩和石炭系壶天群灰岩，石炭系基岩中岩溶发育。

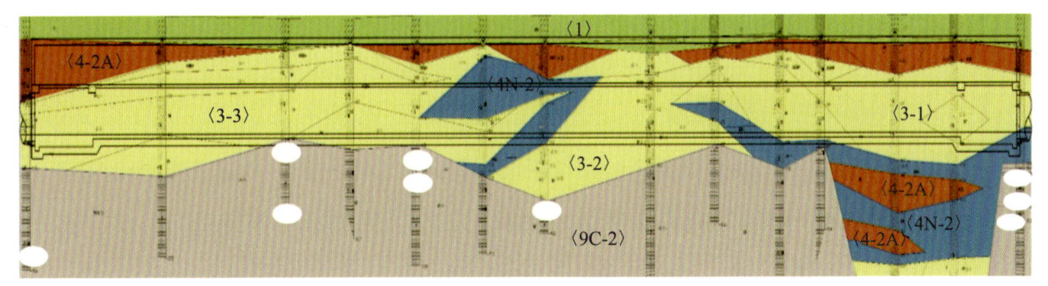


图 2-64　上步站地质纵断面图

上步站溶洞见洞率为 17.86%，有 3 个钻孔揭露两层岩溶以上，占揭露岩溶钻孔的 30%，场地灰岩内溶洞发育。溶洞顶板埋深 16 ～ 39.4m，洞高 0.6 ～ 15.6m，多数溶洞为半填充，少数溶洞为全填充和少量填充，填充物为黄褐色粉质黏土、中粗砂及角砾；半填充和少量填充的溶洞，在钻探过程中出现掉钻和严重漏水现象。

场地北侧揭露有溶蚀深槽，表现为灰岩表面溶蚀不均匀，形成高、低不平的溶沟、溶槽，被第四纪地层覆盖，局部地段冲洪积、风化残积土层厚度较大，岩层层面剧变。钻孔 MHBZ2-154 和 MHBZ3-SB-16 揭露的溶蚀深槽发育，砂土层较厚，终孔深度内未钻至岩面。溶蚀深槽的发育对地基的均匀性产生不利影响，易造成基底沉降不均匀，对设计和施工影响较大。

（2）水文特征

场地范围内无地表水系、沟渠等，但在主站西侧约 180m 处有石井河，场地范围内砂层发育，推测与石井河水有一定水力联系。

本站范围内砂层发育，主要分布在车站主体范围，受大气降水和地表水体补给，渗透系数为3~15m/d，透水性中等，富水性中等；底板以下的灰岩地层渗透系数为5m/d，溶洞裂隙水的水量中等~丰富，具有承压性，在基坑施工时发生突涌的可能性大。基坑涌水量为上部砂层涌水量与下部灰岩岩溶水涌水量之和，总计为4034$m^3$/d。

3）工程风险

车站位于灰岩区，基坑采用明挖顺作法施工。基坑开挖的主要风险为溶洞风险，对于未能探测到的溶洞无法进行处理，基坑支护结构施工与土方开挖过程中可能会激活溶洞，发生溶洞坍塌，引起周边道路和建筑物沉降等。另外，车站基坑开挖范围内软土分布深厚，地下连续墙施工过程中，在淤泥地层容易扩孔或缩槽，地下连续墙向内侵入车站内，影响主体结构的使用。同时，由于淤泥地层中基坑支护地下连续墙随着基坑开挖也会向基坑内侧侧移，更加大了向内凸起量，会引起周边地表沉降变形，目前周边建筑物已发生历史沉降，对周边土体变形极为敏感，基坑开挖过程中会引起周边建筑物发生不均匀沉降，风险极大。

车站北端部分钻孔终孔范围内未见岩层，车站主体结构底板以下为淤泥和砂层。岩面倾斜大，地下连续墙施工难度大。同时，墙底无法按设计要求嵌入岩层而产生缝隙形成渗水通道，基坑开挖会引起周边地下水位变化，引发溶洞和砂层塌陷，严重时造成道路和建筑沉降过大，倾斜严重，出现开裂现象，影响使用功能。基坑底位于软弱地层，开挖会导致基坑发生较大的隆起变形。

## 2.5.2 上步站风险防控措施

结合周边环境条件，上步站可选择的站位平面有限（图2-65），最终设置于西槎路西侧，沿西槎路南北向布置，设置一侧对交通疏解条件也最好，但管线纵横交错，非常复杂。

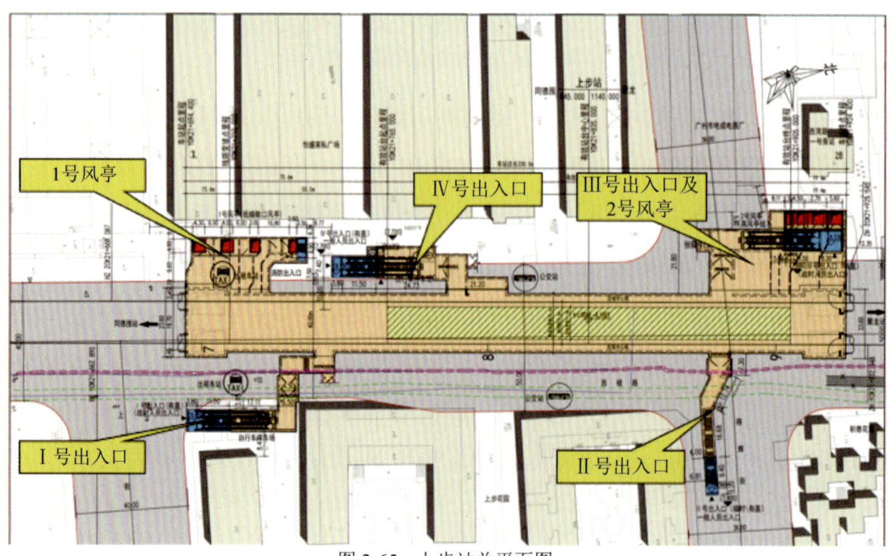


图2-65　上步站总平面图

车站明挖站厅主体基坑深16.6~17.6m，围护结构方案均采用800mm厚地下连续墙+4道内支撑。

1）溶洞处理防控地下连续墙成槽时坍塌及涌水风险

车站北端超前钻施工勘察成果与详细勘察成果及详细勘察补充勘察成果均揭示车站北端区段基岩溶洞发育强烈，北端46.1m范围内共布置48个“一槽两钻”钻孔，仅6个钻孔未发现溶洞，且砂层直接覆盖岩层，存在规模较大的溶蚀塌陷区。溶蚀塌陷区空洞有全填充、半填充及无填充。地下连续墙成槽时有坍塌、涌水涌砂风险。

为避免基坑外侧未处理的溶洞在地下连续墙成槽时发生坍塌并防止基坑内侧未探明的溶洞在地下连续墙成槽时坍塌而突涌水，以及切断基坑内外侧的水力联系，对地下连续墙墙底深度进行调整。连续墙深度应穿过溶蚀塌陷区，在配筋满足受力的条件下，下方采用C30水下素混凝土穿过溶洞进入溶洞底板不少于0.5m。对揭露的溶（土）洞进行单液浆填充处理，可有效降低本段溶洞发育突水风险。但根据揭露的溶蚀塌陷区范围，溶洞注浆加固已完成，不具备对溶（土）洞处理及基底加固并同时处理的条件。结合溶（土）洞处理范围及溶（土）洞检测指标要求，对北端头46.1m揭露溶蚀塌陷区处理范围内的基底进行了$\phi$600@500旋喷桩格栅式加固处理。

施工期间，连续墙成槽未发生坍塌、涌水涌砂事故。

2）布置回灌井防控周边建（构）筑物及管线发生变形、沉降等风险

车站环境复杂，周边建（构）筑物密集，邻近市政路交通繁忙，地质条件差。车站范围内存在深厚淤泥层及砂层，部分砂层直接覆盖在微风化灰岩上。若基坑周边土体地下水位下降过快，则土层将失水压密，导致周围邻近建（构）筑物发生不均匀沉降或开裂，危及周边建（构）筑物的安全。基坑开挖前，车站周边道路及建（构）筑物存在不均匀沉降现象（图2-66）。

图2-66 上步站基坑开挖前周边小区地表发生沉降

因此，考虑沿车站主体基坑周边靠近重要建（构）筑物或管线附近布置回灌井，回灌井间距约25m，共计22口。砂层厚度小于5m时，回灌井底挖至砂层底；砂层厚度大于5m时，回灌井底挖至砂层顶面以下不小于5m。封孔材料采用微膨胀砂浆，距地面3m范围需封堵密实。回灌周期自基坑开始降水至底板施工完成达到设计强度，按2个月满负荷考虑，具体以现场实际情况为准。

施工期间，周边建（构）筑物及管线未发生变形、沉降等事故。

## 2.5.3 小结

（1）针对存在深厚砂层的明挖基坑，连续墙成槽本身就存在较大的风险，应在连续墙外侧增

加槽壁加固措施；另外，连续墙接缝是基坑开挖过程中的薄弱点，应增加接缝封钢板措施，防止基坑涌水涌砂事故发生。

（2）在主干道上勘察钻孔，要加强和交通部门沟通，保证钻孔实施，避免暗挖施工无钻孔带来未知地质风险，以及后期产生的重大变更；要保证暗挖隧道附近有勘察钻孔，以便制订合理可行的设计方案。

（3）针对地质条件复杂的车站、区间，可以采用站位调整或线路调整方式规避风险。

（4）溶洞发育的场地基坑开挖风险较大，即使采用多种风险控制措施，仍无法保证在基坑施工过程中无险情。针对岩溶发育车站，基坑开挖过程中应加大连续墙超前钻深度，以防止基坑内外通过墙底溶洞或裂隙形成涌水通道，待将岩溶大小、类型进行区域划分后，再进行有针对性的处理，做好各种风险应对措施及紧急应急预案，将施工风险控制在较小影响范围内。

## 2.6 岩溶地层大型天然裂隙涌水区车站建设风险与防控措施

### 2.6.1 滘心站建设风险

**1）周边环境风险**

（1）周边建筑物

滘心站东侧为空地，西侧为某物流园，距离该物流园建筑最近约12.88m。站后折返线东侧为工业区，距离工业区建筑最近约12.8m，其他三侧场地较空旷。基坑开挖卸土会引起坑外土体向坑内方向位移，地下连续墙侧移，可能造成基坑周边建筑不均匀沉降、倾斜甚至结构开裂等。

（2）管线

本车站场地范围内埋藏的地下管线相对较少，主要为折返线区域的一条高压燃气管线（该管线未正式通气使用）。其埋深约2.0m，直径为711mm。基坑开挖过程中，管线会因基坑周边土体变形及地下水位下降而发生沉降或开裂。

**2）地质风险**

（1）地层特征

车站的第四系地层由人工填土、冲洪积砂层、土层以及残积土层组成；基岩为石炭系梓门桥段的灰岩、棕红色、紫灰色砂岩、泥岩及局部页岩以及石炭系测水段深灰色粉砂岩、页岩、泥岩，局部为灰岩。

滘心站结构底板主要位于粉细砂层，局部位于中粗砂、淤泥、粉质黏土层，底部砂层间分布一层淤泥及软塑状粉质黏土，基坑开挖范围内主要发育有填土、冲洪积砂层、淤泥层等。

（2）水文特征

本站北侧分布有不知名河涌，南侧为白云湖引水渠，东侧为排污渠。水渠与白云湖有水力联系。

地下水主要赋存于冲洪积粉细砂、中粗砂和砾砂中及溶蚀裂隙和溶洞中。本站不均匀发育的溶洞是主要的储水空间，同时溶蚀裂隙和构造裂隙既是储水空间，也是导水通道。本站结构底板部分直接覆盖于灰岩之上，部分底部砂层与灰岩有直接水力联系，基坑施工时发生岩溶水突涌的风险大。

本车站水文地质条件复杂，预测基坑涌水量为 4646$m^3$/d。

3）工程风险

车站基坑支护采用地下连续墙＋内支撑的刚性支护形式。地下连续墙是目前基坑支护形式中刚度最大、止水效果最可靠的支护结构和止水帷幕。内支撑采用钢筋混凝土支撑和钢支撑两种，内支撑方案也是目前基坑支护体系中对坑内外水土压力平衡和控制周边地层侧移与沉降最有效和最可靠的方案，但基坑开挖大量卸载土体，不可避免地会对周边环境产生一定的影响。尤其在岩溶区施工，风险较大。本车站溶洞见洞率为 22.90%，洞高 0.9 ~ 8.7m。溶（土）洞发育区域，车站围护结构施工可能会造成围护桩或墙成孔（槽）中漏浆跑浆，严重的还会引发周边地表塌陷。车站开挖范围内砂层较厚，局部达 10m。砂层富水量大，且具有承压性，盾构施工过程中易发生涌水、突水、喷涌，影响施工安全。砂层因稳定性差，容易坍塌、变形，从而引发地表变形过大甚至沉陷等。

## 2.6.2 滘心站风险防控措施

滘心站为八号线北延段的最后一个车站，位于白云区石井滘心村距华南快速路北侧 500m 的规划路上，车站呈南北向布置（图 2-67）。车站以南为站前出入段线，车站以北为站后折返线。

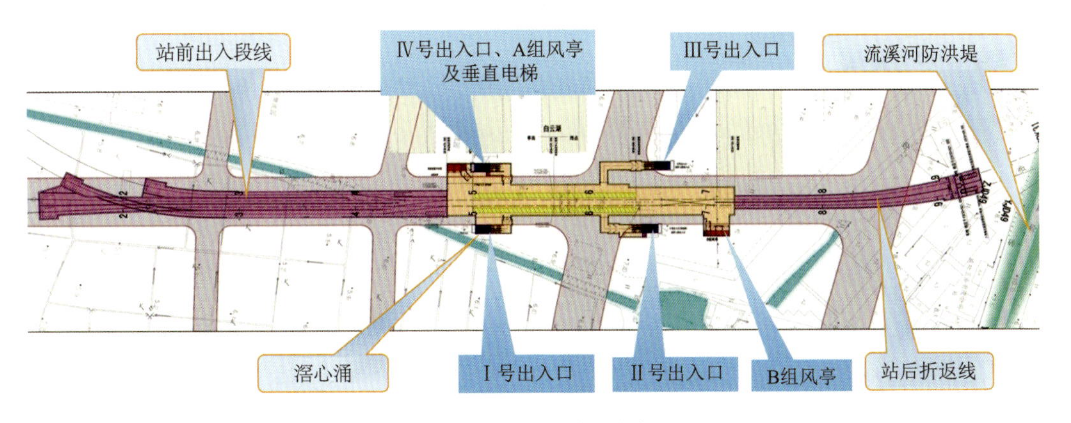


图 2-67　滘心站总平面图

车站明挖站厅主体基坑深 16.5 ~ 24m，围护结构方案采用 0.8m 厚地下连续墙 +3 道内支撑（局部 4 道支撑）。

1）车站注浆防控基坑涌水风险

车站场地范围内溶洞发育，砂层较厚，地下水丰富。岩层的涌水量和透水性主要由其裂隙发育程度所控制，存在明显的不均匀性，因此局部有较大涌水量的可能。本站在详细勘察阶段揭示较多溶洞，围护结构及基坑开挖前已采用注水泥浆的方式进行处理。

2015 年 12 月 15 日，滘心站站前明挖段第三仓基坑在开挖至深度约 19.5m 时，基坑中部位置出现涌水涌砂现象（图 2-68），1h 后在基坑外侧东北方向距涌水点约 50m 处施工围墙的正下方，地面发生下沉塌陷（图 2-69），塌陷面积约 $200m^2$，中心塌陷 75cm，部分围墙倒塌。17 日 7 时，基坑东侧施工便道发生开裂下沉，下沉面积约 $50m^2$，中心塌陷 15cm。

发现该情况后现场立即组织安排抢险处理。涌水处理方法为引流管导流，沙袋堆筑围堰，钢板盖住围堰形成空腔，混凝土浇筑覆盖反压（图 2-70）。至 18:40，基坑漏涌水基本被控制（图 2-71）。

图 2-68　基坑底涌水点

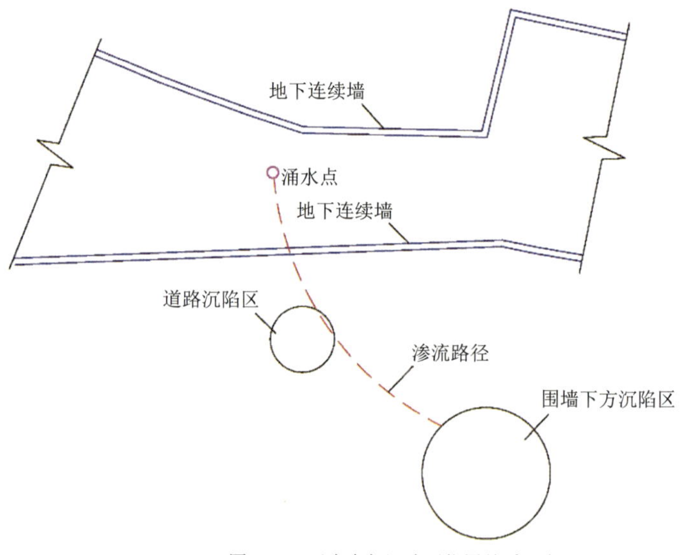


图 2-69　涌水点与沉陷区位置关系示意图

图 2-70　坑内混凝土反压

图 2-71　坑内涌水处理完成

为防止围墙塌陷区（图 2-72）进一步扩大，对塌陷区进行钻孔注浆（图 2-73），填充地下水土流失形成的塌陷空洞。

图 2-72 围墙塌陷区

图 2-73 钻孔及注浆填充

基坑涌水止水处理过程如下。

（1）通过对地下连续墙“一墙两钻”溶洞及溶洞探边注浆处理情况分析，初步判断溶洞发育是绕过连续墙底至基底，坑内和坑外为连通状态。为了判断溶洞发育情况和连通路径，在平行连续墙外 5m 处通过钻孔探明溶洞，孔距 2m，沿南北方向布孔。钻孔深度定为 31m（前期“一墙两钻”孔深 28m），如遇溶洞则钻至溶洞底 2m。

墙外钻孔揭示有溶洞存在，探明溶洞后注双液浆截断溶洞的连通路径从而达到封边止水的效果，注浆参数、注浆原则按溶洞处理原则实施。在实际双液注浆过程中，涌水处断续含有浆液流出。注浆完成后涌水处水流量明显减少、流速明显减缓，但仍有涌水，可推断基坑涌水不是单一通道，墙外已处理的溶洞下部可能存在深层溶洞。

（2）12 月 16 日在围墙塌陷区外围进行钻孔，钻孔揭示该位置埋深 18 ~ 31m 处存在大型溶洞，当日晚投入 2 台 WSS 注浆钻机进行注浆。

12 月 18 日下午在塌陷区附近用潜孔钻机完成砂浆孔钻挖。当日晚采用地泵灌注砂浆，但由于溶洞内充填物过厚砂浆无法灌入。

12 月 19 日上午坑内涌水处出现水泥浆。通过采用分批注浆排除法确认水泥浆来源于坑外塌陷区附近注浆孔处。由此判断该溶洞与坑内涌水处相连通。

针对该情况，在溶洞周边加密钻孔，投入多台注浆设备同时注浆。由于水源处水量较大，双液浆被严重稀释无法凝固。该区钻孔较多，揭示溶洞也为浅层溶洞，溶洞内充填物过多，孔位全部注浆完成后，该区溶洞大部分已固结，但基坑涌水并未截止，基坑止水仍需查找水源。

（3）在道路沉陷区南侧溶洞钻孔向南探边过程中，大量钻孔揭示有溶洞。该溶洞岩层顶板薄，承载能力低，为降低后期塌陷风险，溶洞均需填充处理。

（4）至 12 月 24 日，基坑外侧溶洞钻孔注浆过程中，基坑涌水虽然断续出现水泥浆，但涌水依然没有被堵住，进而采用基坑内溶洞钻孔注浆止水的处理方式，探明基坑下溶洞发育情况，并注浆填充封堵止水。同时，预防后期运营风险，该处基底溶洞需注浆填充处理密实。在基坑内距连续墙 2m 位置处，间距 2~3m 布孔（以首个探到溶洞高度考虑，溶洞高度大于 3m，应加大孔距，减小对溶洞顶板承载能力的破坏）进行注浆。经过抢险处理后，基坑涌水点的涌水量已大幅减少，仅有较少的涌水。通过监测观察，塌陷区外围地面沉降基本稳定，基坑围护结构各项监测数据基本稳定。

（5）为了进一步封堵基坑底的溶洞，对坑内涌水点周边进行探孔注浆处理，坑内以漏水点位置4m半径范围进行布孔，孔间距1.5m梅花形布置，共计布孔28个。经过对坑内涌水点周边布置探测孔并对发现的溶洞进行注浆处理后，涌水点的涌水量已减少至不影响施工的可控范围。后续站前明挖段第三仓底板顺利完成混凝土浇筑施工。

**2）基坑新做中隔墙分块开挖防止工期风险**

滘心站车站长、规模大。基坑中部受河涌及临时便道的影响，部分连续墙无法施工，须待河涌迁改后方可进行连续墙施工。河涌临时迁改时间间隔长、耗时久，严重影响基坑连续墙施工。滘心站围护结构连续墙部分施工较晚，导致基坑围护墙未封闭、无法整体开挖施工，存在较大的工期风险。

根据以上原因，拟在基坑中部、河涌及临时便道处增设两堵钢筋混凝土中隔墙，将基坑分为南、北及二期施工三个分区，基坑北端先行封闭，原内支撑支护体系不变。增设中隔墙后，车站北端可先行施工，尽快完成主体结构后覆土回填。

施工期间，总工期提前约10个月。

### 2.6.3 小结

（1）溶洞发育的场地基坑开挖施工风险较大，即使设计中采用了多个风险控制措施，但仍然无法保证在基坑施工过程中无险情。不过，做好各种风险应对措施和紧急预案，还是可以将施工风险出现后造成的影响降低的。

（2）对于埋深较大的车站，特别是溶洞较发育的车站，连续墙超前钻的深度应加大，以防止基坑内外通过墙底溶洞或裂隙形成涌水通道。

## 2.7 岩溶区上软下硬地层隧道过高速公路路基建设风险与防控措施

### 2.7.1 同德站—上步站区间建设风险

**1）周边环境风险**

本段区间从同德站北向穿越北环高速公路及某污水处理厂2号泵站后沿石槎路南北向展布，周边建（构）筑物密集，人流车流密集，地下管线复杂，西侧约200m处石井河自北向南与线路并行流过。主要受影响的建（构）筑物有北环高速公路桥涵、某污水处理厂2号泵站、居民区、在建临街商铺、建筑工地等。

（1）桥涵

广州环城高速公路是全国首条环绕城市的高速公路，于 1987 年动工建设，全长约 60km，双向 6 车道，车速限制为 100km/h。广州环城高速公路分为东环、南环、西环和北环 4 段，西槎路人行涵洞为北环高速公路上一座 13m 跨空心板梁简支结构桥梁，两侧桥台为悬臂式钢筋混凝土挡墙，桥台基础采用 $\phi 480$ 灌注桩，桩基进入粗砂层约 5m，桩长约 7.5 m，承台厚度为 1.0m。

本区间距同德站北端头约 85m 区间隧道下穿西槎路人行涵洞，区间隧道与桥涵平面约呈 75°交叉，如图 2-74 所示。隧道顶位于〈3-2〉粗砂层，仰拱主要位于〈9C-2〉微风化灰岩中，两侧桥台桩基位于〈3-2〉粗砂层。

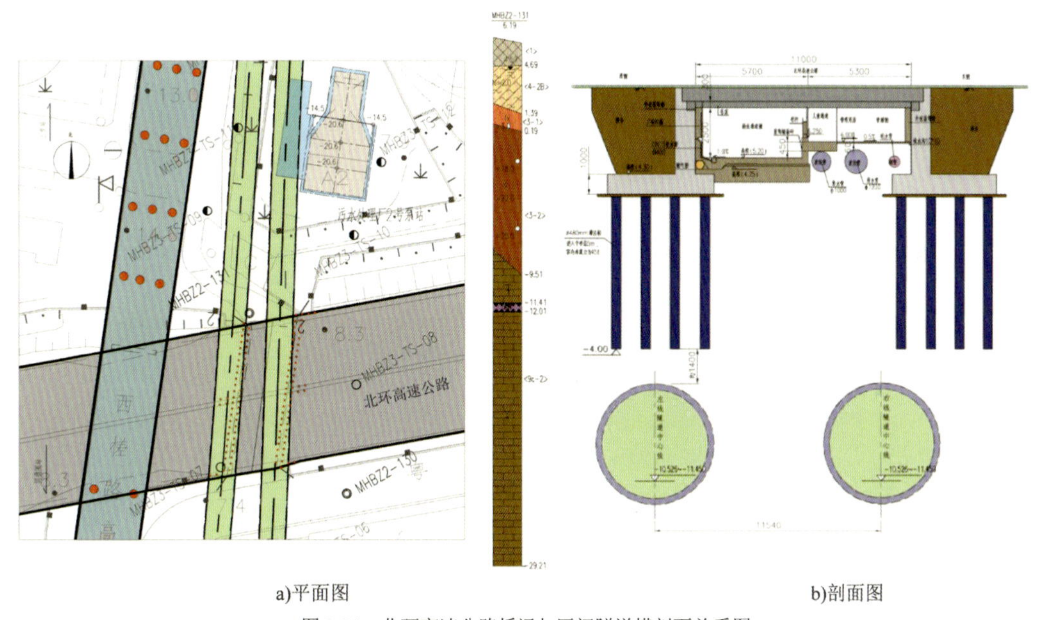


a)平面图　　　　b)剖面图

图 2-74　北环高速公路桥涵与区间隧道横剖面关系图

北环高速公路桥涵修建年代久远，隧道顶距离桥梁桩底最小垂直距离为 1.8m。根据钻孔揭示，桥涵桩基底位于中粗砂层中，属于摩擦桩。隧道近距离下穿桩基，盾构掘进卸土可能会引起四周岩土体应力释放和变形，桩基四周摩擦力及端承力也随之下降。同时，盾构掘进时，由于盾尾空隙的存在，虽然有同步注浆，但仍不可避免隧道顶土体发生沉降变形，从而对桩基产生向下的负摩阻力，降低桩基的承载力，引发桩基沉降，造成北环高速公路路面高低不平、开裂，甚至倾斜、损坏。北环高速公路车流量非常大，一旦出现安全事故，社会反响强烈。2014 年 9 月，由于南北高架施工造成北环高速公路某桥桥墩下沉，局部路段东往西向封闭，致使广州半个城堵塞，社会不良影响巨大，广州日报对此进行了报道（图 2-75）。

（2）某污水处理厂 2 号泵站

该泵站位于本区间线路上方，靠近同德站，建于 2003 年，框架结构，采用钻孔灌注桩基础，桩长 14 ~ 20m，隧道从其下方侧穿通过，隧道顶距离结构内底最小垂直距离为 5m，泵房桩基础桩底埋深比隧道深，隧道距离桩基的水平距离约 3.42m，如图 2-76 所示。2 号泵站结构底位于砂层，隧道从其下方通过时为上软下硬地层，隧道在砂层通过易造成沉降过大，且砂层自稳性差，2 号泵站存在不均匀沉降，甚至结构开裂等。

广州日报

中俄蒙元首首次举行会晤

习近平晤普京 强调继续促进两国战略性大项目合作

歪了俩桥墩 堵了半边城

图 2-75 北环高速公路桥涵桩基安全事故及报道

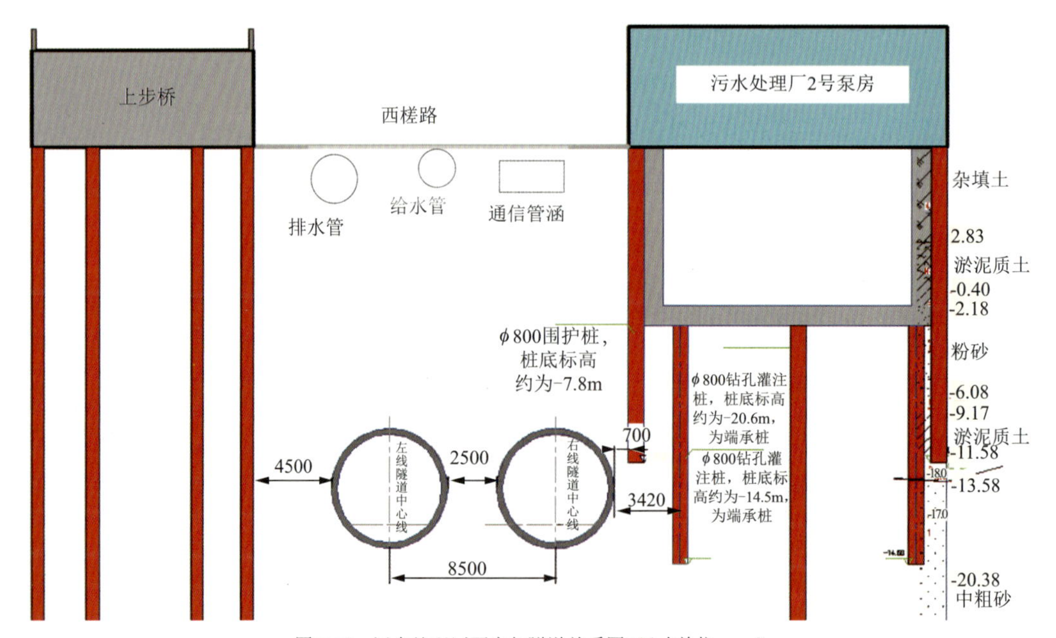


图 2-76 污水处理厂泵房与隧道关系图(尺寸单位：mm)

（3）居民楼

隧道沿石槎路南北向展布，沿路两侧为多个居民楼。该楼于1998～2000年间建成，为8～9层建筑，框架结构，桩基础。其中，灌注桩长16～20m，其地上结构距离隧道左线结构外边缘约2.4m。盾构侧穿建筑桩基础，影响桩基础承载力，易使建筑物发生沉降、倾斜等现象，影响建筑物结构安全。

（4）建筑工地

该工地位于西槎路侧，开挖基坑约7m，始建于2014年9月，距离本段区间隧道约20.4m。

（5）道路和地下管线

隧道位于西槎路下方，地下岩溶强发育。岩溶发育区域施工容易引起地表沉降甚至塌陷；同时，由于隧道开挖断面内多上软下硬地层，隧道掘进过程中施工振动大，刀盘磨损大，隧道进度慢，也容易引起地表沉降。在此两种不良地质条件影响下，石槎路在隧道施工过程中发生沉降甚至塌陷的可能性很大。西槎路交通繁忙，车流量大，一旦路面发生塌陷，交通疏解困难，将对地表车辆及行人构成巨大威胁。

西槎路地下管线众多，主要沿道路两侧展布，有$\phi$1200铸铁给水管，埋深1.20m；$\phi$600混凝土给水管，埋深2.50m；3500mm×1800mm雨水管，埋深3.40m。另外，还有若干条埋深小于1m的通信光缆。隧道在岩溶和上软下硬两种不良地质条件下开挖，极易引起管线沉降变形过大，甚至开裂等问题。

**2）地质风险**

（1）地质构造和地层特征

从区域构造看，本区间受三元里—温泉断裂的影响。

如图2-77所示，区间广泛分布淤泥层、淤泥质软土层、可液化的砂土层、粉土层、软塑状的残积土层，冲洪积砂、土层发育，局部残积土层厚度大。下伏基岩为灰岩，溶洞发育，岩面起伏大，溶蚀凹槽发育，局部钻孔孔深30多米未见基岩，隧道底板以下有20多米厚的砂层。

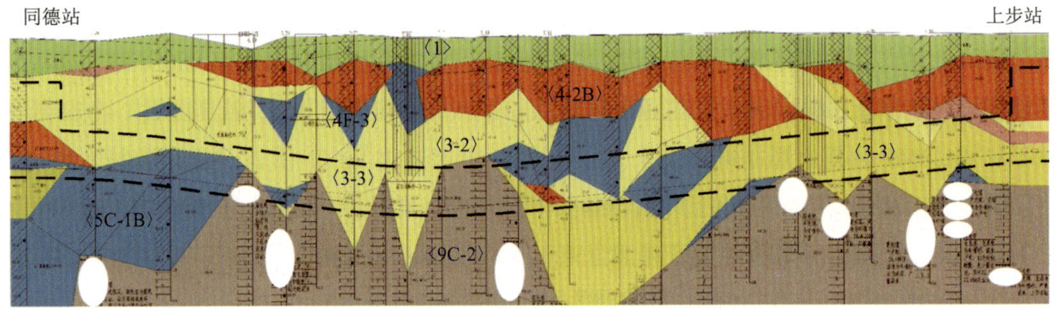


图2-77 区间纵断面图

盾构隧道围岩条件差，为Ⅵ级围岩，隧道拱顶多为冲洪积砂、土层。大部分地段隧道上部断面为冲洪积砂、土层，下部为残积土层。局部地段微风化灰岩侵入隧道。微风化灰岩强度大，硬度较高，造成隧道横断面上软下硬，给盾构掘进带来困难。结构底板下5m范围内见岩溶（土）洞发育。联络通道隧顶为可塑状粉质黏土及砂层，洞身从冲洪积砂层中穿过，Ⅵ级围岩，稳定性差。隧道结构底板主要位于冲洪积粗、砾砂层，呈硬塑状，土层的类别、性质、物理力学性质差别大，地基土稳定性差。残积土为粉质黏土及粉土，硬塑状残积土含较多原岩风化岩碎屑和角砾，残积土在垂直方向往往分布于冲洪积砂层之下和基岩中微风化岩面以上，地下水活动较强，极易在本层中形成土洞。

本区间钻孔见洞率为30.2%，线岩溶率为41.2%，为岩溶强发育程度。溶洞顶板埋深17.6～36.7m，洞体高度0.6～15.6m，部分钻孔揭露串珠状溶洞。溶洞多为全填充或半填充，少数为无填充，充填物为中粗砂、角砾石和黏性土，钻探过程中漏水严重。

（2）水文特征

区间勘察场地范围内无地表水系、沟渠等，但在区间西侧约180m处有石井河流过。根据勘察成果，场地范围内砂层发育，推测与石井河水有一定水力联系。

同德站—上步站区间隧道顶板、底板及洞身侧壁均有中粗砂、砾砂层分布，透水性中等，富水性中等，同时是第四系潜水的良好的地下通道，底板下灰岩中发育溶洞，岩溶水丰富，整体水文地质条件较复杂。

3）工程风险

本段区间采用泥水盾构掘进施工。泥水盾构是往支承环前面装置隔板的密封仓中，注入适当压力的泥浆使其在开挖面形成泥膜，支承正面土体，并由安装在正面的大刀盘切削土体表层泥膜，与泥水混合后，形成高密度泥浆，由排浆泵及管道输送至地面处理，整个过程通过建立在地面中央控制室内的泥水平衡自动控制系统统一管理。泥水盾构的优点：在易发生流砂的地层中能稳定开挖面，可在正常大气压下施工作业，无需用气压法施工；开挖面平衡土压力的控制精度高，对开挖面周边土体的干扰少，地面沉降量的控制精度高；较土压盾构施工能更好地控制地表沉降变形，对周围岩溶扰动较小，但在岩溶区施工风险仍较大。

区间隧道左线开挖断面内地层上软下硬，多处隧道开挖断面上半部分为粉细砂、中粗砂，下部为微风化灰岩，隧道在上软下硬地层施工对盾构刀具的影响大，刀具极易损坏，切口压力不稳定，振动大，对地层扰动大，极易导致上部粉细砂、中粗砂层沉降变形大，溶（土）洞失稳等，进而导致地面沉降和塌陷。

盾构在上软下硬地层中掘进，刀具的磕碰磨损及偏磨比较严重，掘进速度较慢，将会导致频繁的开仓检查及更换刀具，严重制约施工工期。同时，砂层中地下水丰富，地下水具有承压性，开仓作业对施工人员的风险极大。

另外，由于隧道范围内上下部分地层强度差异极大，导致盾构在该地层中极易发生姿势扭曲上抬现象，影响盾构施工姿态的控制，容易造成隧道轴线偏移和地面的沉降超限，并造成隧道质量缺陷。

## 2.7.2 同德站—上步站区间风险防控措施

同德站—上步站区间隧道左线全长617.007m、右线全长616.281m，区间设置一个联络通道，与废水泵房合建，如图2-78所示。

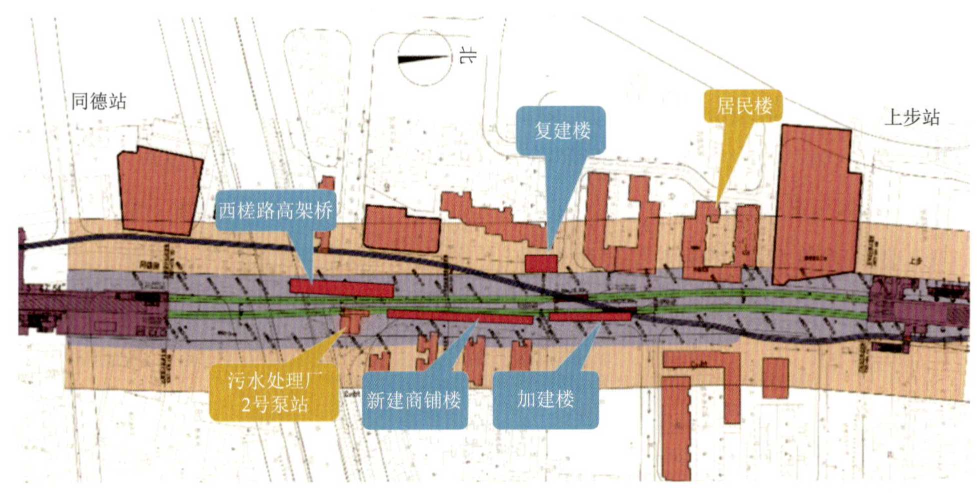


图2-78 同德站—上步站区间平面图

1）合理选线降低周边环境风险

区间隧道出同德站后在85m处下穿北环高速公路，受东侧污水处理厂泵站及基础、西侧西槎路高架桥桥桩及桥台影响，线路中段160m范围线间距压小至9.5m后通过，然后受到周边既有居民楼及桩基础影响，线路沿石槎路敷设进入上步站。

区间线路下穿西槎路人行涵洞控制性分析：

（1）根据"广东省发展改革委关系广州市城市轨道交通八号线北延段工程可行性研究报告的批复"，八号线北延段工程起始于文化公园站后折返线，沿康王路、西槎路、石槎路、石沙路敷设，下穿华南快速路高架桥后至终点站滘心站，线路全长约16km，均采用地下敷设方式。从总体规划及线路设置考虑，同德站—上步站区间上跨西槎路人行涵洞无可行性。

（2）线路旁穿污水处理厂泵站处左右线隧道线间距约9.5m。线路东侧受困于污水处理厂泵站地下室结构净距最小为1.33m，西侧受困于西槎路高架桥，距桥桩结构边线最近处为7.3m，且南端距同德站较近，平面线路无法避开西槎路人行涵洞。

（3）根据现行《地铁设计规范》（GB 50117），并考虑地铁线路运营要求，地铁隧道纵坡坡度不宜大于30‰。现隧道设计纵坡现为28‰，若调整至30‰，则隧顶与桩底距离约为1.54m，变化不大；且根据详细勘察资料，区间见灰岩钻孔43个，揭露发育岩溶的钻孔13个，钻孔见洞率为30.2%。纵坡下压可能性小，根据现有基础资料，同德站—上步站区间需下穿西槎路人行涵洞，应采取人行涵洞的加固保护措施。

2）施工前采取加固措施防控制下穿涵洞风险

区间线路出同德站后约85m下穿西槎路人行涵洞。下穿长度约35m，如图2-79所示。左右线隧道与涵洞大致呈垂直相交，如图 2-80 所示。桩基承台高度 1.0m，桩底距离隧道顶部约 1.4m。下穿涵洞段隧道覆土 13m，隧道洞身范围地层主要为粉质黏土、中粗砂层。盾构施工前需对桥涵采取针对性的保护措施。

图 2-79　西槎路人行涵洞

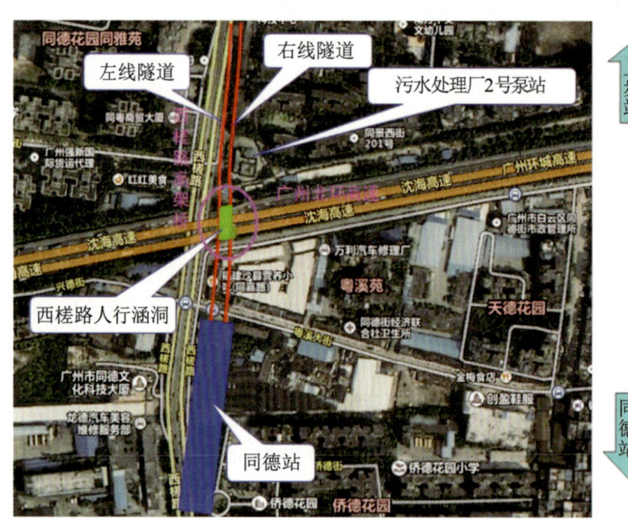


图 2-80　区间下穿北环段平面图

(1)探明地质

招标阶段，根据岩土工程初步勘察报告，MHBZ2-130 和 MHBZ2-131 钻孔所揭露区间隧道下穿北环高速公路涵洞段地层主要为〈1〉、〈3-1〉、〈3-2〉、〈3-3〉、〈5C-2〉、〈6C〉、〈9C-1〉。隧道洞身及拱顶地层主要为〈3-2〉、〈3-3〉，隧道底板地层为〈5C-2〉、〈6C〉，如图 2-81 所示。考虑盾构施工对上部涵洞及桥台的影响，对涵洞桩底、隧道上方砂层进行地面袖阀管注浆加固处理。

施工图阶段，因北环高速公路封路钻孔困难，详细勘察钻孔 MHBZ3-TS-07、MHBZ3-TS-08 无法施工，北环附近 MHBZ3-TS-05 和 MHBZ3-TS-10 钻孔所揭露隧道洞身及拱顶地层主要为〈3-3〉、〈5C-2〉，隧道底板地层为〈5C-1B〉、〈5C-2〉、〈4N-2〉，隧道洞身位于均一地层内。

施工单位进场后，针对初步勘察及详细勘察钻孔偏少的问题，利用北环高速公路自身封路施工期间，与北环高速公路管理单位协调进行施工补充勘察，原详细勘察单位对施工补充勘察过程进行了技术指导，并收集了补充勘察钻孔揭示的地质资料，同时结合北环高速公路外的详细勘察钻孔资料，出具详细勘察阶段补充岩土工程勘察报告，报告中隧道左线 TSBH-BK-4、TSBH-BK-5、TSBH-BK-6 钻孔揭露隧道洞身及拱部地层主要为〈3-2〉中粗砂、隧道底板处存在〈9C-2〉微风化灰岩地层凸起，其侵入隧道底板以上最大高度为 2.7m，影响范围 24m。隧道右线 TSBH-BK-1、TSBH-BK-2、TSBH-BK-3 钻孔揭露隧道洞身及拱部地层主要为〈3-2〉、隧道底板处存在〈9C-2〉地层凸起，其侵入隧道底板以上最大高度为 3.6m，影响范围 22.8m。

根据原详细勘察单位 2015 年 3 月的补充勘察报告揭示的隧道穿越上软下硬地质情况，施工单位在 2015 年 5 月利用北环高速公路封路管养的间隙，又再次对盾构下穿北环段进行了施工补充勘察（补充 4 个钻孔），补充勘察结果再次印证详细勘察阶段补充岩土工程勘察报告揭示的地质内容：隧道上部地层主要为砂层与淤泥层，且在下穿桥涵范围内隧道穿越地层多半为上软下硬地层，如图 2-81 所示。

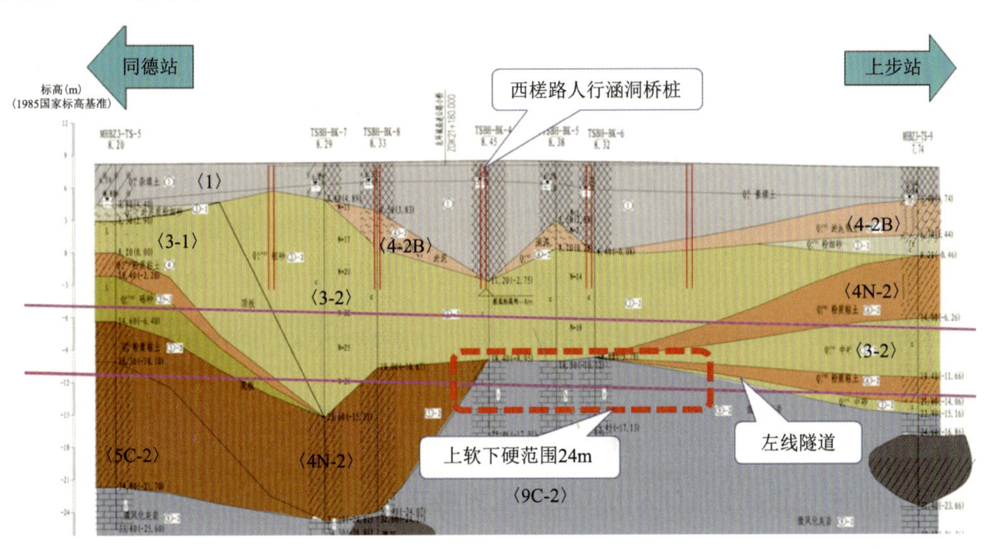


图 2-81　地质纵断面图

基于详细勘察阶段补充岩土工程勘察报告，同时参考施工补充勘察结果，均显示区间盾构在上软下硬地层中掘进，并且岩层上直接为中粗砂层，区间盾构掘进施工过程中受力不均匀，易引起盾构“抬头”，地层的相对稳定或平衡状态很容易破坏而引起坍塌风险，严重时会对桥梁桩基带来破坏性的损害，导致大量涌砂涌水风险，在掘进为砂层的情况下易造成喷涌的加剧，并引起地面沉降不均、局部塌陷甚至大范围沉降，导致隧道正上方北环高速公路的正常通行受阻等连锁效应。

（2）技术方案

招标图设计，考虑受场地限制，注浆固结范围并不能完全覆盖盾构施工影响区域，且注浆过程容易产生跑浆、砂层流失等无法确保注浆加固效果。此外，地面袖阀管注浆加固需对北环高速公路进行临时封路，对交通通行影响较大，协调难度大，且高速公路营运部门认为袖阀管注浆工艺难以达到较好的固结加固效果，建议选择更加合理的保护措施。

施工图阶段，采用 MJS（斜向旋喷桩加固）+ 筏板 + 复合地基（竖向旋喷桩加固）方案以降低盾构施工过程中对桥涵的影响，如图 2-82 所示。加固简便易行，加固过程中可较好控制注浆压力对桥桩的影响，加固效果好，加固过程中利用涵洞进行竖向旋喷桩和 MJS 施工，如图 2-83、图 2-84 所示，无需占道施工，能够较好地控制盾构在上软下硬地层掘进时对上部桥梁结构的影响，可通过在涵洞内倒边围蔽确保人行涵洞正常通行，从而确保北环高速公路正常通行。

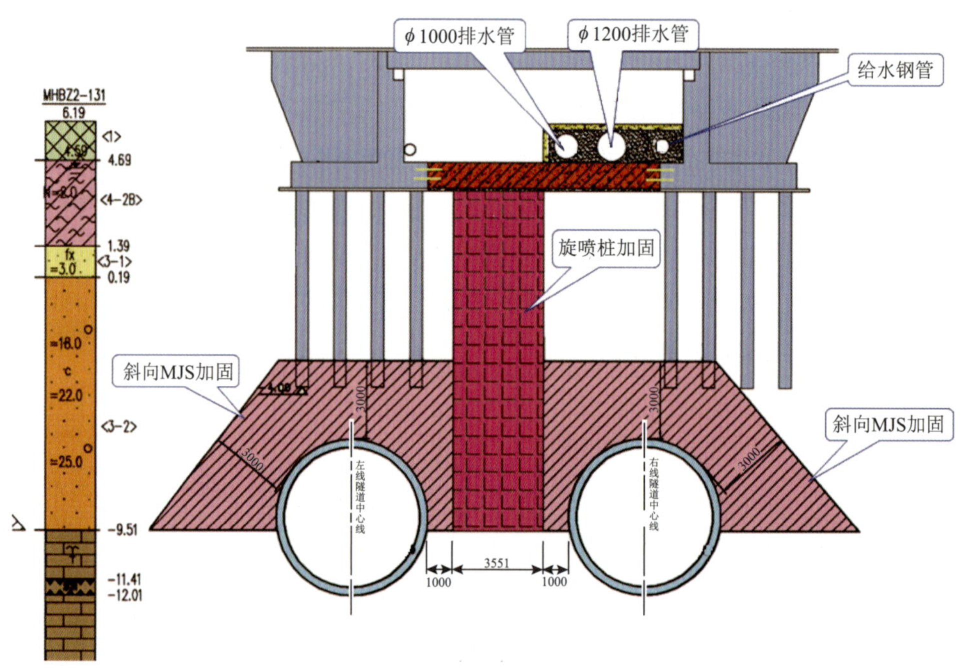


图 2-82　MJS（斜向旋喷桩加固）+ 筏板 + 复合地基（竖向旋喷加固）（尺寸单位：mm）

图 2-83　涵洞底旋喷桩施工

图 2-84　利用涵洞空间进行 MJS 加固

通过对隧道结构外边线 3m 采取 MJS 斜向旋喷桩封边，封边范围内的砂层采取袖阀管注浆加固，在确保加固效果的前提下，可减小盾构掘进过程中对上方加固体范围外地层及上层桥梁摩擦桩的扰动及变形影响。此外，为控制桥梁变形，通过在原桥涵两侧桥台之间新做筏板，将两侧桥台及桩基连成一大筏板，以提高桥涵整体刚度，并结合在两隧道之间施作旋喷桩加固复合地基，从而提高地基的承载能力，确保盾构通过桥涵时，控制桥涵的整体位移及变形能够在规范允许范围内。最后，通过加固改良隧道范围内的砂层，可避免地层上软下硬，减小盾构施工对砂层及桥梁桩基的扰动，进而减小盾构施工对北环高速公路的影响。

**3）采取盾构施工控制措施降低建设风险**

盾构掘进下穿过程中，尚应从刀盘配置、注浆技术、掘进参数优化等方面提出保护方案，同时从信息化施工、盾构隧道结构加强等方面采取措施。

（1）刀盘配置

根据国内盾构施工的实践经验，在砂层中通过时，针对刀盘或刀具的磨耗及更换问题，通过采取措施，可以保证盾构的顺利掘进。

①采用高强度、耐磨损刀具；

②在刀盘外周环和轮辐等磨损较大的部位加焊耐磨层；

③向泥土仓加注泡沫剂等塑性剂改善渣土的流动性，降低刀具及刀盘磨耗。

（2）注浆技术

注浆是控制地表沉降的一种有效措施，应做好盾构通过过程中的同步注浆，以及盾构通过后的二次或多次注浆。多种注浆方式的组合是盾构穿越砂层控制地表沉降最有效的措施。

①同步注浆

盾构的同步注浆是指在盾构向前推进过程中，在施工间隙形成的同时立即注浆的方式，即要尽快在脱出盾构后的衬砌背面环形建筑空隙中充填足量的浆液材料。这是使周围土体获得及时的补偿，有效防止土体塌陷，控制地表沉降的有效手段。

②二次（或多次）注浆

由于同步注浆为易于流动的单液浆，注入时是完全没有自立性的物体，容易流失到尾隙处的其他部位，因而注入的区域，特别是管片背面的上顶部位很难充填到，加上同步注浆浆液固结时间较长，容易受到地下水的稀释，致使早期强度下降，使得隧道上方的土体向未充填到的空隙滑动、坍塌，尤其是在砂层中，极易产生空洞，从而导致地表产生较大的沉降。

为了限制同步注浆浆液的流动，减小浆液流失，达到充填不密实区域的目的，本区间过西槎路人行涵洞段盾构每推进1环均进行二次注浆，根据监测数据及时进行分析并调整注浆参数和注浆量，注浆压力控制在0.5～1MPa之间。通过在注浆孔中打设一定长度的注浆管，深入地层中向盾构施工引起的拱顶松动地层进行二次补充压浆。浆液采用水泥—水玻璃双液浆，地层填充率根据实际情况进行确定，为确保效果建议不小于50%～60%。二次注浆范围在桥涵前后各20环。

（3）盾构掘进参数控制

多种注浆方式的组合是盾构穿越砂层控制地表沉降最有效的措施，而合理地控制盾构顶推压力、掘进速度等参数也是不可忽略的。

①利用盾构掘进桥涵下方前50m作为试验段，模拟盾构下穿西槎路人行涵洞段施工，通过对试验段的掘进参数及地面沉降情况进行统计分析，预测盾构通过西槎路人行涵洞段时可能出

现的沉降值。若试验段地面沉降值超过下穿西槎路人行涵洞段地面沉降报警值，则应在洞内对管片上方地层进行补充注浆，同时调整好盾构掘进参数，以最优的盾构掘进参数通过框架桥段。

②选择正确的掘进参数，加强地表沉降、地下水位及周围建(构)筑物的倾斜观测，并及时反馈施工。加强过程控制管理，实施信息化施工，防止开挖面失稳引起过大的地表沉降。

③盾构本身应增加盾尾刷保护及其严格控制盾尾油脂的压注。使用时，对盾尾舱进行定期检查，平均每8环全面检查一次，并且在管片拼装前必须把盾壳内的杂物清理干净，以防对盾尾刷造成损坏。

④加强对盾构掘进中的工况管理。

(4)开展第三方鉴定

在盾构下穿西槎路人行涵洞施工前，需对桥涵进行第三方鉴定，避免后期纠纷，为盾构隧道施工提供指导。

(5)与北环高速公路主管部门联系

在盾构穿越施工前，与该段北环高速公路主管部门取得联系，并取得主管部门的支持，了解西槎路人行涵洞与地铁隧道的相对关系；在桥涵变形和高速路路面沉降超标时，能够及时通知北环高速公路管理部门，并配合采取相应措施。

(6)实施信息化施工

盾构穿越西槎路人行涵洞前，建立系统、完善的监测网，施工中进行变形监测并及时反馈信息，以跟踪注浆或补充注浆，做到信息化施工。信息化施工是盾构施工安全下穿北环高速公路桥涵的有效保障，施工期间应密切监控桥涵的变形情况，以确保桥涵及隧道掘进安全。盾构下穿西槎路人行涵洞期间，要根据地层沉降变形情况，及时调整盾构施工参数，尽可能减少对周围土体的扰动，确保盾构开挖面的稳定，并及时进行洞内同步注浆、补充注浆，以减少地层损失。

(7)盾构隧道结构加强

盾构隧道管片外径为6000mm，管片厚度为300mm，管片宽度为1500mm，管片混凝土采用C50高强混凝土。盾构隧道下穿桥涵段管片衬砌结构的内力计算采用荷载—结构模式，考虑永久荷载、可变荷载、偶然荷载等最不利荷载组合下的结构受力，对管片进行加强配筋。

(8)盾构施工应急保护措施

在盾构掘进过程中若发现北环高速公路地表沉降超过限值，应立即采取以下应急保护措施：

①立即停止掘进，并保持好泥水压力，立即通知建设单位、设计单位、监理单位以及北环高速公路主管部门，以共同商酌采取抢险措施；

②加大盾尾注浆压力及注浆量，并在沉降区内管片背后进行补充注浆，同时加密地面监测的频率，及时反馈数据，以调整注浆参数；

③对沉降区内进行袖阀管注浆补强，以控制沉降；

④待地表沉降稳定并已处理完成后，盾构方可继续掘进。

**4）小净距隧道处理防止盾构施工及运营影响**

区间线路由于受东侧污水处理厂2号泵站及基础、西侧西槎路高架桥桥桩及桥台的影响，线路中段160m范围线间距压小至9.5m。

招标图设计阶段，小间距隧道采取 $\phi$800@1000钻孔桩隔离保护，局部范围因为有地面建筑，地面措施无法施作，故采取洞内注浆加固措施，同时在先行隧道洞内临时设置型钢支撑。

施工图阶段采用动态小净距实施方案，具体如下：

里程ZDK21+276～ZDK21+296段地面建筑已拆除，但里程ZDK21+276～ZDK21+279段有一棵大树，里程ZDK21+279～ZDK21+296段已具备地面施作隔离桩条件。相对于隔离桩，洞内注浆具有不确定性，加固效果检验困难，因此对里程ZDK21+279～ZDK21+296范围小间距隧道由招标设计的洞内注浆加固改为采取 $\phi$800@1000钻孔桩隔离保护。

里程ZDK21+319.034～ZDK21+329.134段共10.1m联络通道地层已采用外包连续墙+内部旋喷桩加固，加固体能满足隧道施工及运营需要，因此取消该范围内的隔离桩。

里程ZDK21+329.134～ZDK21+360段，根据地质超前钻成果决定隔离桩施作范围，若拱腰以下地层为〈9C〉，则不需进行小间距隧道处理，否则需要采取 $\phi$800@1000钻孔桩隔离。

因为本工程处于岩溶地区，地层起伏较大，为探明地层情况，为隔离桩施工提供输入条件，里程ZDK21+200.000～ZDK21+319.034、ZDK21+329.134～ZDK21+360.000段每隔2根桩施作一个地质超前钻。

里程ZDK21+200～ZDK21+276段有地面处理条件，该地处于污水处理厂围墙内，若能临时借地，则应优先采用地面隔离桩加固；若无法借地，则采用洞内注浆处理。里程ZDK21+276～ZDK21+279段内的一棵大树，若能迁走，则应优先采用地面隔离桩加固；若无法迁走，则采用洞内注浆处理。

小间距隧道处理具体方案：

（1）小间距隧道优先采取 $\phi$800@1000钻孔桩隔离保护，钻孔桩桩底进入盾构隧道拱底以下1.0m或进入〈9C-2〉地层1m。拱顶以上3m往下钻孔桩范围内配筋，其余段为C30素混凝土。

（2）若无地面施作隔离桩条件，里程ZDK21+200～ZDK21+279段，即1～78号桩范围，采用洞内注浆处理。在后行隧道开挖时，在盾构掘进前后各30m范围，于先行隧道洞内临时设置型钢支撑。

### 2.7.3 小结

同德站—上步站区间位于人口密集的老城区，周边建（构）筑物密集，且管线众多。

在人口密集的老城区建设地铁车站和区间隧道，首要任务是调查清楚周边房屋、管线、高速公路、道路桥梁、电力塔座等建（构）筑物的类型、基础形式和埋深，为线路的选型和避让提供准确的基础资料。本区间受到高架桥梁桩基、污水处理厂2号泵站地下室、周边房屋桩基础、北环高速公路桥涵及基础等众多因素影响,在成功避开建(构)筑物制约因素后将线路调整为小净距隧道。但由于有小净距段地面管线和古树的制约,被迫调整处理方案。

建(构)筑物越是密集、区域地质条件越是复杂,探明地质条件就越是重要。本区间下穿西槎路人行涵洞,初步设计阶段2个地质钻孔显示隧道上部为中粗砂层,隧底为黏性土层,故仅采用袖阀管注浆加固。施工阶段利用北环高速公路自身施工间隙,进行了详细勘察和施工补充勘察,探明了地质条件发现存在硬岩凸起,可能影响盾构"抬头"等,故对技术方案进行调整,以加强对桥涵的保护。

## 2.8 岩溶区深埋隧道和地层接触带并行段建设风险与防控措施

### 2.8.1 石潭站—小坪站区间建设风险

**1)周边环境风险**

(1)周边建筑物

本段区间隧道上方两侧受影响的建筑物主要有村民房屋、某鞋服商贸中心、汽配城等,线路北端有大片空地,总体建筑无非密集区,并穿越一条张村涌,隧道开挖可能会激活未被钻探到的溶洞引起建筑物不均匀沉降、倾斜,导致结构外墙、散水开裂等。

(2)石槎路

本段区间隧道沿石槎路下方敷设,石槎路为市政道路,人流、车流量大。区间位于岩溶发育区,且掘进断面上软下硬,盾构掘进时,遇到上软下硬地层振动大,易引起地表沉降变形。同时,隧道掘进可能击穿勘察未探测到的溶洞,引发道路塌陷,一旦发生路面塌陷,风险和社会影响较大。

(3)地下管线

本段区间隧道沿线地下管线密集,有给水、排水、电信光缆、光纤、煤气、高压电缆等管线,其中大直径的给排水管道多条,基本沿市政路展布,埋深在地面下3m以内,左线盾构隧道739环上方有埋深1.7m的DN300燃气管。隧道卸土开挖可能会激活未被钻探到的溶洞,打破原有地下水的平衡,导致地下管线下沉、开裂等。

(4)张村涌

张村涌位于小坪站南侧,距离端头约178m,河面宽10m,隧道横穿河涌,隧顶距离河底约8m,盾构掘进过程中河底可能出现较大沉降、塌陷等。

**2)地质风险**

(1)地质构造和地层特征

本段位于黄榜岭背斜的东翼,新市向斜的西翼;石井断裂组东侧,横湖正断层东北向。本区间无断裂通过,勘察过程中也未发现断裂构造迹象,但勘察钻孔揭露区间线路包括石炭系壶天群上中统与二叠系栖霞组两套地层，以及溶蚀风化深槽，有断裂构造作用性质，两套地层交界处，岩层溶蚀风化严重，溶洞发育。

区间揭露的土层主要有人工填土层、冲洪积层、残积层，基岩主要为石炭系上中统壶天群灰岩和二叠系下统栖霞组碳质灰岩，局部揭露有砂岩、泥岩、页岩等。区间盾构隧道穿越的地层主要为冲洪积层、残积层和风化岩层，隧道洞身范围大部分为软弱地层。隧道围岩条件差，为Ⅵ级围岩，隧道拱顶多为冲洪积砂层、土层。大部分地段隧道上部断面为冲洪积砂、土层，下部为微风化灰岩。

结构底板下 2m 范围内见岩溶（土）洞发育。大部分区间段位于岩溶见洞率 6.2% 的二叠系碳质灰岩地层、局部区间段位于岩溶见洞率 38.2% 的灰岩地层，最大洞体高度为 11.70m。溶洞大部分为半填充或无填充，充填物为流塑状粉质黏土，钻探过程中漏水和掉钻现象严重。

本段有淤泥、淤泥质土层，平均厚度为 1 ~ 6m，强度低，压缩性大，主要分布在隧道顶部。隧道施工时，如过度降水或对软土的加固处理不当、地面超载等都有可能导致地面沉降或塌陷。溶（土）洞均较发育，部分地段砂层直接覆盖在基岩之上，地下水位的变化使溶（土）洞周边土体应力平衡遭到破坏或受地下水潜蚀、冲刷，使溶（土）洞中或周边土体颗粒流失，或过度抽排地下水、冲击振动、地面加载等人类活动等均可能导致溶（土）洞失稳塌陷，从而引起地面沉降或塌陷。

（2）水文特征

石潭站—小坪站区间在里程约 DK24+840 处有一条横贯石槎路的张村涌，该河涌宽约 10m、深约 1m，涌底标高约 4.6m。涌底位于本区间隧道顶板上方较高处，对盾构隧道施工影响较小，但对场地内地下水有一定影响。

场地内第四系松散层孔隙水主要赋存于〈3-1〉冲洪积粉细砂、〈3-2〉中粗砂和〈3-3〉砾砂中。岩溶裂隙水主要赋存于区间石炭系灰岩中，溶蚀裂隙和溶洞发育，水量中等 ~ 丰富。由于本区间砂层多直接覆盖于基岩之上，两层地下水联系密切，因此本层地下水多数地段为潜水，局部基岩上覆盖有隔水层的地段，地下水具有微承压性。

3）工程风险

本区间隧道开挖断面内地层上软下硬，隧道开挖断面上部为中粗砂、砾砂层，下部为微风化灰岩，该地层对盾构刀具的冲击很大，极易损坏刀具。同时，刀具切口压力不稳定，振动大，对地层扰动大，也极易导致上部粉细砂、中粗砂层沉降变形大，溶（土）洞失稳等，进而导致地面沉降和塌陷。

盾构在上软下硬地层中掘进，刀具的磕碰磨损及偏磨比较严重，掘进速度较慢，将会导致频繁的开仓检查及更换刀具，严重制约工期。同时，砂层中地下水丰富，地下水具有承压性，开仓作业对施工人员的风险极大。另外，由于隧道范围内上下部分地层强度差异性极大，导致盾构在该地层中极易发生姿势扭曲现象，影响盾构施工姿态的控制，造成隧道轴线偏移和地面的沉降超限，导致隧道质量缺陷。

本段溶洞发育，灰岩中溶洞大多赋水量丰富，并多为承压水。盾构掘进时可能产生突水，引起周边地下水位大幅下降，并对周边建（构）筑物造成较大的影响；盾构在岩溶地区推进时，遇到未被处理到的不大不小的溶洞时，盾构可能被溶洞卡死，无法推进。该区间多处灰岩上覆盖层为砂层，溶洞无充填或少量充填，溶洞顶板破坏、坍塌，砂层下漏至溶洞，砂层自稳能力差，易塌陷并扩展到地面，引起地面沉陷和突水，造成无法估量的经济损失和极其恶劣的社会影响。同时，溶洞坍塌还可能引起地下水位大幅下降，引发地下管线沉降、开裂等。

## 2.8.2 石潭站—小坪站区间风险防控措施

石潭站—小坪站区间线路由南向北，沿石槎路敷设，南起石潭站，北到小坪站。泥水盾构由小坪站始发，从石潭站过站，在聚龙站北端头吊出。区间设计起、终点里程为 Z（Y）DK23+906.600 ~ Z（Y）DK25+036.755，左线短链 3.113m，左线全长 1127.042m，右线全长 1130.155m，隧顶埋深 6~10m，隧底埋深 12~16m，区间设置 1 个联络通道，如图 2-85 所示。

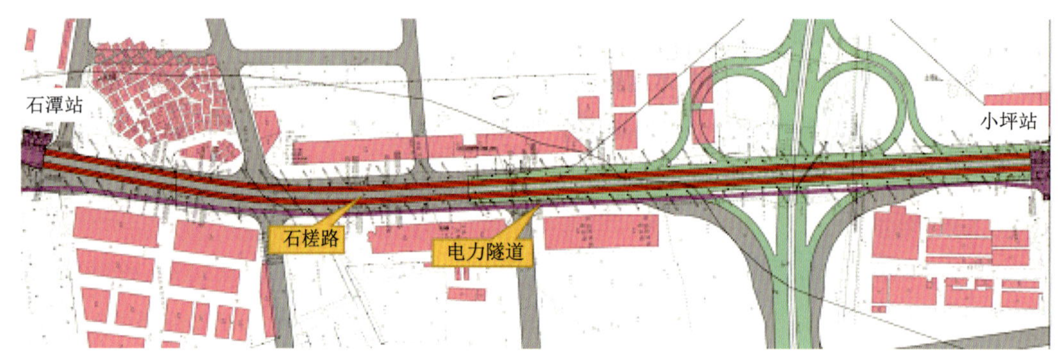


图 2-85 区间线路平面图

初步设计阶段，考虑区间隧道敷设的地层上部 9m 范围内主要为〈1-2〉人工填土、〈4-2B〉淤泥质土、〈4N-2〉粉质黏土、〈3-3〉砾砂层；9m 以下区域为〈9C-2〉微风化灰岩地层，强度较高、节理裂隙发育且富含溶洞，如图 2-86 所示。故采用浅埋线路方案，设置“人”字坡，最大坡度为 10‰，上软下硬地层长度约 566.98m，区间最大埋深约 15.9m，设 2 个联络通道。

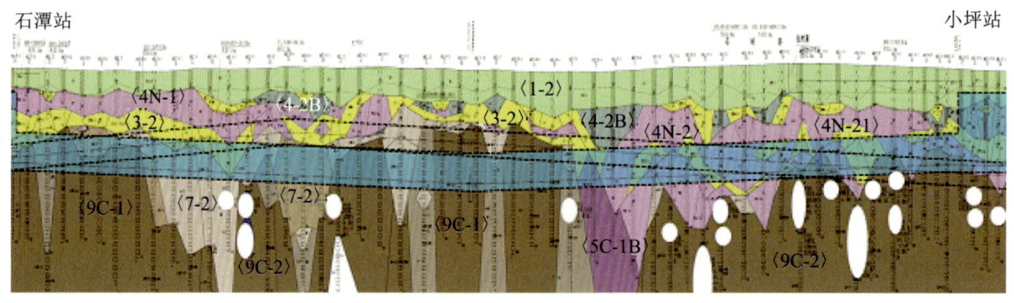


图 2-86 区间线路纵断面图

**1）由浅埋敷设下压至灰岩地层降低对管线的影响风险**

施工图阶段，摸查发现在石潭站—小坪站区间隧道上方有较多地下管线，距离隧道较近，且隧道所处地层大部分为砂层，隧道仰拱地层多半为基岩。

其中电力管线已侵入地铁隧道，埋深较深，盾构掘进前需对管线进行临时迁改的实施难度大且工期长，需新增管线迁改相关费用及交通疏解。由于石槎路交通繁忙，道路受限，需倒边施工，新增道路修复费用，同时也势必会影响道路的正常通行。

联络通道地面加固施工上方管线影响较大，主要为1号联络通道上方 $\phi$1200 排水钢管，埋深2.07m；$\phi$1000 钢筋混凝土给水管，埋深3.96m，分别距离联络通道4.6m、2.7m。如图2-87所示。采用联络通道冷冻法加固，冻结帷幕距管线底较近，较难控制融沉及冻胀影响。

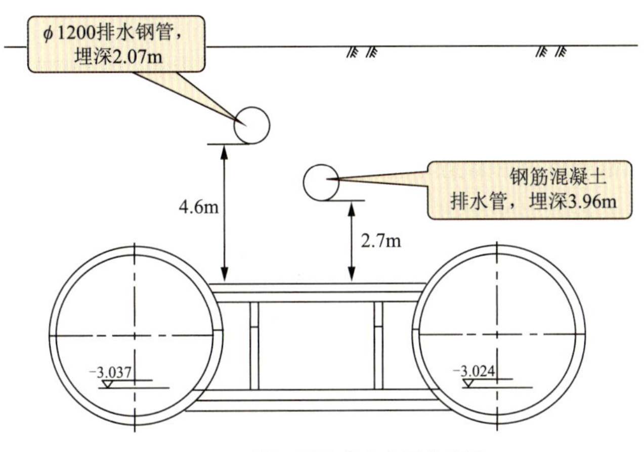


图2-87 联络通道与管线位置关系图

为减少本区间盾构和联络通道施工对管线及周边环境的影响，拟采用线路下压方案，并在车站靠近区间两端设置横通道，将区间内2个联络通道优化调整到1个。初步设计阶段管线平面位置关系如图2-88所示。区间隧道整体下压，由原方案的“人”字坡改为“V”字坡，下压后区间隧道与电力管最小净距控制为3.4m，有效减小了隧道开挖对管线及周边环境的影响；隧道基本在全断面岩层或单一地层中掘进，避免了盾构在上软下硬地层中掘进，减少对砂层的扰动，同时将区间优化调整后的联络通道设置于全断面岩层范围内，可有效降低联络通道加固难度，降低联络通道暗挖施工风险；经初步勘察、详细勘察以及补充勘察发现线路下压段需新增岩溶处理量较小；区间线路下压后隧道覆土最小厚度由原6.2m增加至10.3m，可减小盾构施工对石槎路及周边建（构）筑物的影响。

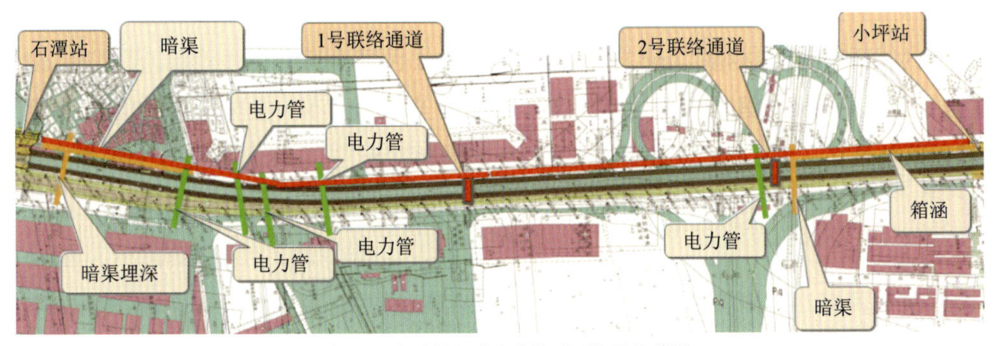


图2-88 初步设计阶段管线平面位置关系图

线路下压方案优缺点如下：

优点：隧道远离管线，调整后原垂直距离最小处电力管线距隧道增大至3.40m；隧道在全断面岩层及土层中，可有效减少隧道在上软下硬地层的掘进范围，减小对上方地层的扰动；砂土液化处理范围减小；1号联络通道地面加固可进行优化调整，取消2号联络通道；区间运营能耗左线可节省4.41%、右线可节省10.76%，合计节省约7.60%。

缺点：1号联络通道增设废水泵房，溶（土）洞处理量增大。

**2）下压至灰岩地层的隧道预处理降低盾构施工风险**

根据白云区地质灾害调查走访资料《广州市白云区国土资源和规划局关系征求2016年地质灾害隐患点治理计划意见的函》，显示在建地铁区间沿线场地范围均属于岩溶塌陷高发区，且溶洞处于极限平衡状态极易发生突变现象，此范围客观存在很大的岩溶地质塌陷风险。

2017年3月19日上午，广州市建委组织专家针对石沙路“3.18”地面突发塌陷事件召开了专家评估会，进一步确认了该场地范围为岩溶坍塌高发区，并提出针对地铁沿线历史塌陷区进行梳理，进行专项勘测并拟定专项处理措施。此外，根据对八号线北延段地质风险进行历次梳理，鉴于八号线北延段地质风险较大，为确保地铁建设工程安全，各参建单位提前做好预防措施；要求尽快组织专家对该塌陷区域地段地质进行专项评估，制订专项处理方案；“白云区石沙路地陷现场会议纪要”要求八号线北延段灰岩区加强对地质风险的预先处理，降低施工和运营风险；“石沙路塌陷事件专项方案研讨及八号线北延段工程管理会议纪要”要求对后续上软下硬岩溶地层提升相应风险等级，并对软土地层进行加固处理，以及落实“关系在建线路工程安全风险防控巡检情况的报告”建议核实地面加固的施工条件，对“上软下硬”管线密集段采取加固措施，降低盾构掘进风险。

结合地铁区间隧道处于岩溶坍塌高发区，且溶洞处于极限平衡状态，工程细小扰动都极易破坏溶（土）洞的极限平衡状态，发生塌陷沉降风险，且掘进地层上部为富水砂层，下部为微风化灰岩，但微风化灰岩较破碎，岩溶发育。因大部分区段砂层直接覆盖在微风化基岩面上，详细勘察综合判定地表水与赋存在砂层、基岩、岩溶的水存在密切的水力联系。由于管线埋深较深，管线路由基本与区间隧道一致，迁改难度大。在此类上软下硬地层中盾构掘进易引起地面异常沉降、坍塌、管线断裂等风险。

针对区间盾构隧道位于微风化灰岩上方直接覆盖砂层类的上软下硬地层，岩层裂隙发育区域，通过对此类地层范围内的砂层采取注浆加固处理，可有效确保在盾构施工过程中，降低盾构掘进软硬不均风险，同时切断盾构掘进施工掌子面范围内与外界地下水力联系通道，避免引起涌砂涌水、异常沉降及塌陷风险。

（1）裂隙处理原则

为切断隧道与远方地层岩层裂隙，对全断面岩层区段裂隙采取注浆封堵处理措施，如图2-89、图2-90所示。

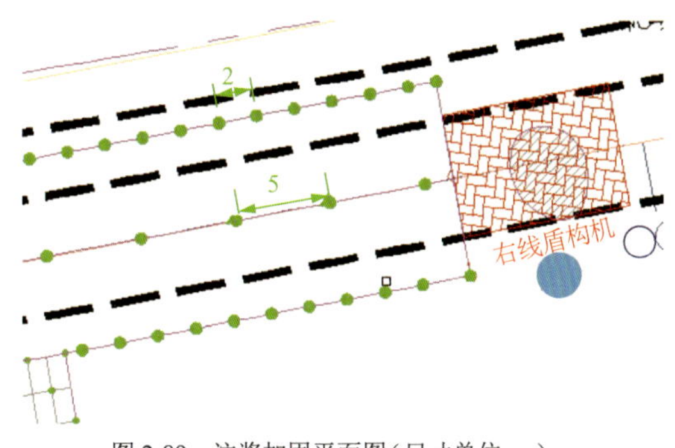


图 2-89　注浆加固平面图（尺寸单位：m）

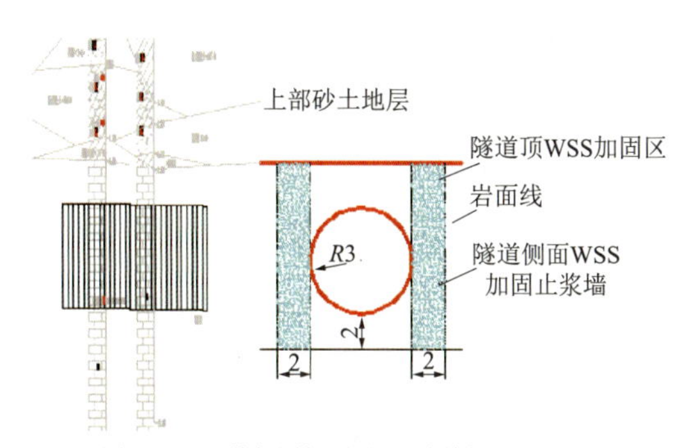


图 2-90　注浆加固剖面图（尺寸单位：m）

平面范围：以隧道结构外边线 1m 范围内进行 2m 间距进行钻孔布置，隧道中心线 5m 间距（补充勘察兼注浆）及两隧道中心线间 2m 钻孔布置（左线已通过段）。

竖向范围：加固隧道顶 2m 至隧道底 2m 范围，对加固范围内的裂隙压注双液浆。

（2）现场控制标准

①钻孔过程中严格要求对每回次岩样进行依次摆放，并对岩样进行分析，详细记录现场钻孔情况；

②注浆过程中严格控制水泥浆相对密度（1.51），监理及技术人员按时进行抽检，确保水泥浆质量；

③采用后退式注浆工艺，在进行双液浆施工时，先对岩土交界处进行封堵，后由深至浅依次注浆，在进行双液浆注浆过程中压力稍有偏大，普遍起始压力为 0.6~0.7MPa，停注压力 1.2~1.5MPa，具体根据地面监测情况进行终孔注浆；

④针对破碎带及漏水处，进行统计并形成台账，在注浆过程中着重处理；

⑤注浆完成后统计，全断面岩段钻孔 285 个，共注浆 5048.8m³，单孔注浆量为 17.72m³/ 孔。

（3）加固前后掘进风险降低

自采取了地面加固处理，通过对比左右线 666~752 环加固区与非未加固区掘进出土量以及后续塌陷次数进行对比分析见表 2-1。

**加固区与非加固区掘进对比**　　表 2-1

| 线　路 | 掘进环数（环） | 总出土量（m³） | 每环出土量（m³/ 环） | 掘进塌陷次数（次） | 备　注 |
|---|---|---|---|---|---|
| 左线 | 87 | 5524 | 63.5 | 5 | 未加固 |
| 右线 | 87 | 5380 | 61.8 | 0 | 加固 |

通过掘进情况的对比分析，地面加固做止浆墙后，渣土含水量得到明显控制，掘进过程中需往土仓内加水改良渣土，未出现喷涌现象，相比左线，右线每环出渣量（包括地下水）少出 1.7m³/ 环。

（4）盾构掘进实际处理效果

在未加固段掘进时，掘进速度 8~10mm/min，扭矩 2200~2800kN•m，推力 15000~18000kN，土压 1.3~1.5bar。因最后区间掘进距离较短，采取超压掘进，仍然出现了局部沉降达 3.5cm 的问题，后通过地面跟踪注浆及洞内盾尾后补浆措施才得以顺利掘进完成。

加固段盾构掘进参数正常：掘进速度 8~12mm/min，扭矩 2000~2500kN·m，推力 13000~16000kN，土压 1.2~1.5bar。通过渣土取样判断掌子面上部为砂层，下部为微风化灰岩，通过地面注浆处理后掘进过程中未出现喷涌现象，地表沉降在可控范围内，盾构掘进过程中掌子面地下水较少，表明地层注浆加固后止水效果明显，地面沉降得到了有效控制，达到了保护管线的目的。

图 2-91~ 图 2-93 分别为处理前后盾构掘进的情况。

图 2-91　处理前盾构掘进喷涌

图 2-92　未加固处理掘进时的渣土

图 2-93　处理后盾构掘进喷涌得以控制

## 2.8.3 小结

石潭站—小坪站区间大部分区间段位于岩溶见洞率 6.2% 的二叠系碳质灰岩地层、局部区间段位于岩溶见洞率 38.2% 的灰岩地层，整个区间跨越两个地质地层，在石槎路下方敷设，掘进范围涉及众多管线，给后续工程建议如下：

（1）在岩溶区范围对于沿道路敷设的浅埋隧道，应做好管线的调查、现场摸查、物探、现场问询等工作，查清掘进范围内的一切管线，防止意外事故发生。在线路设计前期查清管线，可通过线路下压、平面调整等方式避让管线。

（2）在岩溶高发育区，工程细小扰动都极易破坏溶（土）洞的极限平衡，导致坍塌，故线路敷设应尽可能避免上软下硬的情况。若实在无法避免且上部为软弱地层或富水砂层，则建议对上部地层进行注浆加固等地层加固处理，以 降低掘进风险。

（3）在岩溶地区进行区间设计，应尽可能减少联络通道的个数，以降低联络通道暗挖风险。同时，联络通道应尽可能设置在全断面岩层中，以降低暗挖对地面沉降的影响。

## 2.9 下穿历史塌陷区及正穿敏感建筑物区间隧道建设风险与防控措施

### 2.9.1 小坪站—石井站区间建设风险

**1）周边环境风险**

（1）既有建筑物

本区间位于建筑物密集区，隧道上方有商铺楼、宾馆、石井河桥，建筑基础形式多样。隧道开挖可能会激活未被钻探到的溶洞引起建筑物的不均匀沉降、倾斜、结构外墙开裂等。其中，宾馆下方有洞高 8.1m 的溶洞，位于隧道底板下 2.5m，隧道顶部上覆很厚的砂层。溶洞处理及盾构施工对建筑物均存在较大的风险。

（2）道路和地下管线

本区间范围内线路沿着石槎路、石沙路敷设，区间上软下硬区域兼有高发育的溶洞，盾构施工难度非常大，极易出现喷涌、超挖、姿态难以控制等情况，导致地面出现过量沉降甚至塌方，造成石槎路交通瘫痪，市政排污系统、供水系统、供电系统、通信系统等中断，影响小坪村、张村等大面积居民的生活出行，社会影响非常大。

（3）石井桥

石井桥坐落于广州市白云区石井镇内，是第二次鸦片战争的遗迹。桥建于清道光十一年（1831 年），全桥长 68m、宽 3.8m，有 6 个桥墩，属梁式石桥。区间溶洞发育，施工过程中可能会激活未处理到的溶洞，引发地下水位变化和周边土体变形，影响石井河桥桩基的承载力及安全。

（4）石井河

石井河为珠江支流，与珠江水有水力联系，宽约 40m，水量丰富，本段隧道在里程 DK26+70 左右下穿通过，河道对施工影响较大。同时，隧道开挖会改变地下水环境，可能引起石井河水位下降。

**2）地质风险**

（1）地质构造和地层特征

与本段线路交汇的断层是石井断裂组，呈北北东走向，倾角较陡，为逆断层。由两条北北东向支断裂组成，处于线路里程 DK26+130 及 DK26+990 左右地段，东支上盘石炭系上中统壶天群灰岩、西支下统大塘阶测水段碳质灰岩逆冲到下盘三叠系上统小坪组砂、页岩之上，东支断裂处形成深厚的风化溶蚀深槽，均与线路大角度斜交。隧道在断层破碎带施工时，由于岩石的整体性较差，易发生突水突泥等现象，引起隧道塌方。

本区间段沿线穿越第四系地层、石炭系地层、三叠系三套地层，如图 2-94 所示。第四系包括全新统和上更新统，其下缺失中更新统和下更新统，全新统由人工填土，海陆交互相沉积的淤泥层、淤泥质土层和淤泥质砂层、海相冲积砂层组成；上更新统由冲洪积砂层、土层、坡积土层以及残积土层组成。石炭系为上中统壶天群和下统大塘阶测水段岩性，主要为微晶质灰岩、白云质灰岩、角砾状灰岩及砂岩、页岩夹煤层及灰岩、碳质灰岩。三叠系上统小坪组地层，岩性主要为粉砂质碳质页岩、灰黑色绢云母泥质粉砂岩夹煤层及中～薄层状暗红色泥质粉砂岩、厚层状灰黑色含白云母砂岩。

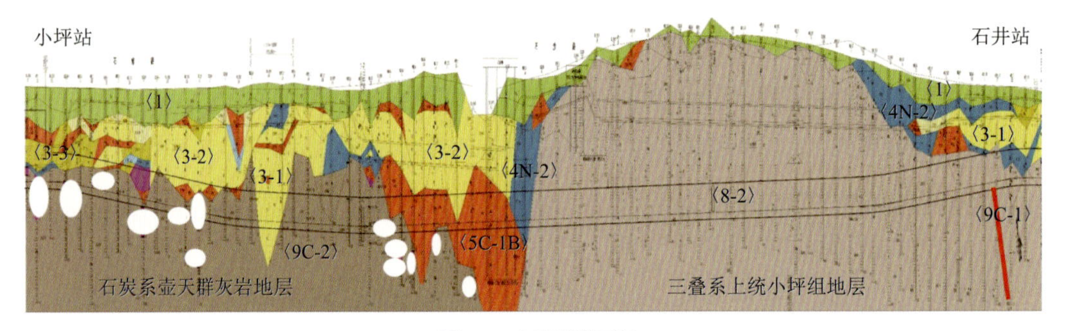


图 2-94 区间纵断面图

本区间见洞率为 32.9%，溶洞埋深 14.1 ～ 31.2m，洞高 0.30 ～ 6.7m。部分溶洞位于隧道底板以下，呈串珠状，溶洞对轨道交通地下线有较大影响，可能造成地面沉陷和突水、盾构塌落等工程事故。

（2）水文特征

隧道采用盾构法施工，结构底板埋深一般在现自然地面下 17.0 ～ 35.0m。隧道拱顶多为冲洪积砂层、残积土层，局部为微风化灰岩，隧道穿越的地层有第四系地层、灰岩层及溶（土）洞等，孔隙水、基岩裂隙水和岩溶水均发育，水文地质条件复杂。

3）工程风险

本段主要为盾构穿越灰岩地区，溶洞发育，富水砂层深厚。区间砂层富水量大，具有承压性，盾构施工过程中易发生涌水、突水、喷涌，影响施工安全，由于砂层稳定性差，容易坍塌、变形，进而引发地表变形过大甚至沉陷等。受断层影响，岩石整体性差，盾构施工对围岩扰动大，周边溶（土）洞易因扰动发生坍塌。同时，本段盾构施工叠加上软下硬地层风险，下穿石井河风险，盾构过程中刀具磨损严重，开仓换刀风险大，一旦击穿溶（土）洞，引发河床坍塌，河水倒灌，淹埋盾构及施工作业人员，风险极大。

## 2.9.2 小坪站—石井站区间风险防控措施

小坪站—石井站区间沿石槎路及石沙路下方敷设，左线全长1660.517m、右线全长1677.845m。石槎路、石沙路为双向4道道路，路面较为狭窄，人流车流繁忙，道路两侧建（构）筑物密集，地下管线复杂，线路在本标段里程DK26+70左右下穿宽约40m的石井河。区间左线在里程ZDK26+050.000 ~ ZDK26+380.000段隧道线间距最小，9 ~ 12m。区间包括4组曲线，第一组曲线左线半径为450m、右线半径为450m，第二组曲线左线半径为450m、右线半径为450m，第三组曲线左线半径为800m、右线半径为800m，第四组曲线左线半径为800m、右线半径为800m。

区间线路纵断面为"V"字坡，自小坪站出站以2‰坡度下坡、22‰下坡、4.381‰上坡、20‰上坡、最后2‰坡度下坡以至石井站，左线最大纵坡为22‰。区间右线隧道纵断面自小坪站出站以2‰坡度下坡、21‰下坡、4.204‰上坡、20‰上坡、最后2‰坡度下坡以至石井站，右线最大纵坡为21‰。

隧道于里程ZDK26+066 ~ ZDK26+108段下穿石井河，左右线隧道与石井河桥主桥平行呈东西走向，区间左右线位于桥梁北侧，区间左线侧穿桥梁桩基。石井河桥梁结构为预应力混凝土简支板梁，桥桩基为1.5m钻孔桩，桩尖进入基岩中不小于3m，平均桩长约37.2m，桩基深入隧道下方约13.7m。考虑避开石井河桥较密集桩基，综合考虑线路曲线要素，若区间隧道从石井河桥南侧穿过，则曲线半径较小，达不到规范要求。故区间隧道选择从石沙路北侧穿过石井河，隧道左线结构外边线距最近桩基仅1.25m，隧道右线需部分下穿某宾馆附近。

区间平面图如图2-95所示，区间线路与石井河桥基础位置关系如图2-96所示。

图2-95 区间平面图

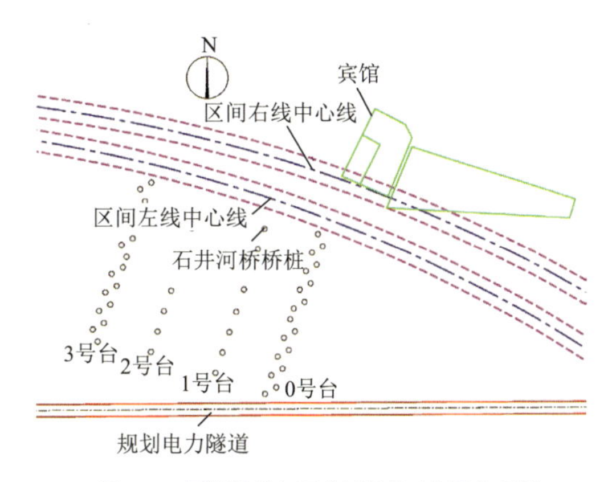


图2-96 区间线路与石井河桥基础位置关系图

1）进行溶（土）洞处理降低隧道下穿风险

小坪站—石井站区间线路主要沿石槎路及石沙路下方敷设，线路为避开石井河桥桩，需下穿周边建筑物。根据招标图，区间左右线初步勘察钻孔共39个，揭露溶（土）洞10个，均分布在石槎路及石槎路与黄石西路交叉口下方。施工图阶段，区间左右线详细勘察钻孔共108个（不含初步勘察)，揭露溶(土)洞12个(不含初步勘察)，主要分布在小坪站北端头约400m以内石槎路下方以及石槎路与黄石西路交叉路口下方。区间溶(土)洞分布如图2-97所示。

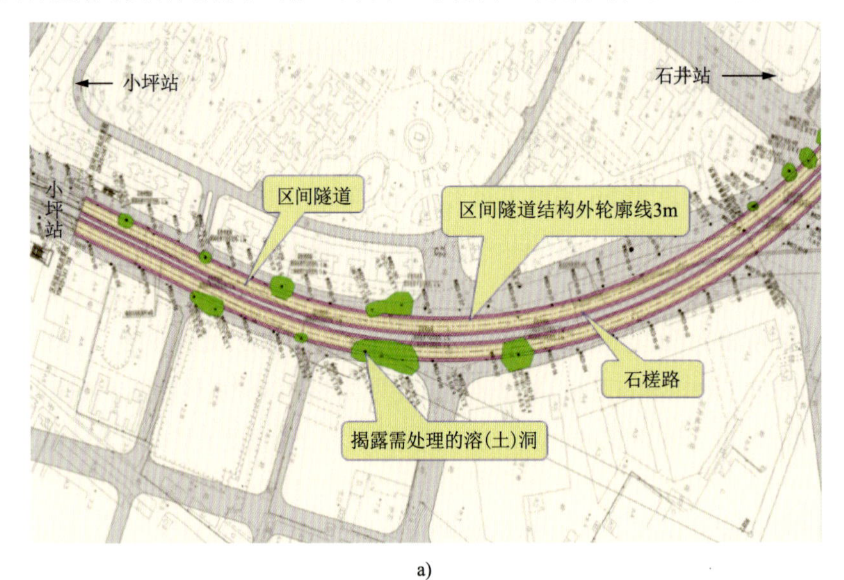


a)

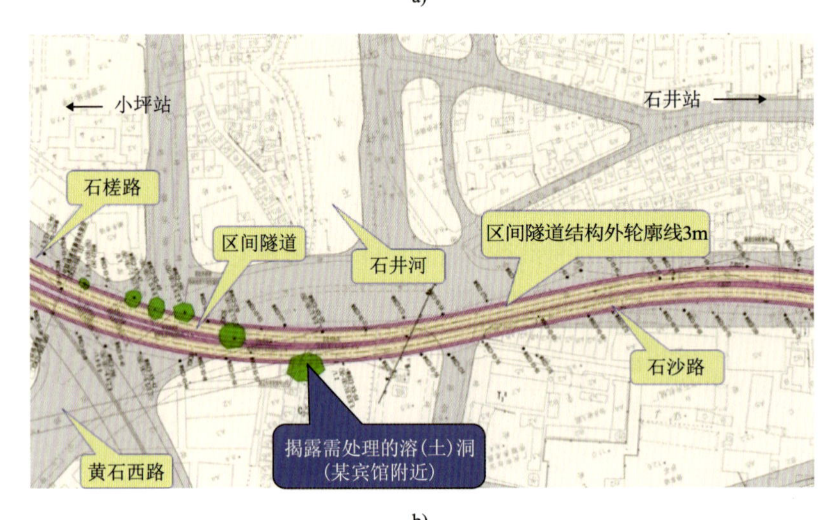


b)

图2-97　区间溶(土)洞分布图

因招标图采用初步勘察钻孔，在下穿建筑物区域并未揭露溶(土)洞。详细勘察揭露溶洞的钻孔有左线MHBZ3-XS-52、MHBZ3-XS-54、MHBZ3-XS-55，其中MHBZ3-XS-52钻孔距建筑物结构外边线约4.6m、距离石井河边5.5m，区间隧道下穿建筑物约2.02m。且根据区间溶(土)洞处理施工图及处理原则，此处揭露的溶(土)洞需要处理。

根据问询了解该下穿建筑物为4～5层，基础为木桩，桩深约8m。桩端距隧道结构顶约8.4m，距隧道右线结构外边线约2.02m。其中，详细勘察钻孔MHBZ3-XS-52揭露该溶洞高为8.1m，距隧道结构底约2.6m，埋深位置为26.9～35.0m。该溶(土)洞为半填充，串珠状，内有软塑状、黄褐色黏土充填,漏水。溶洞顶板厚度约 40cm,距离上部房屋基础底部约 19m。

该下穿建筑物木桩基础底部位于砂层,且毗邻石井河,地下水丰富,可见该房屋对地层变化的敏感性非常高。溶(土)洞处理时不可避免地会对地层产生一定影响,因此对房屋造成损坏的可能性较高。

由于揭露钻孔需处理范围处于建筑物下方,溶(土)洞处理在探边、注浆孔过程中无施工作业平面,为使溶(土)洞处理达到效果,确保隧道盾构掘进施工过程及运营安全,拟对该房屋进行临迁。临迁时间约 6 个月。其中,溶(土)洞处理耗时约 2.5 个月,盾构下穿该房屋耗时约 1.5 个月,房屋的恢复修缮约 2 个月。

**2)联络通道设置在全断面岩层内防控暗挖风险**

区间线路主要沿石槎路及石沙路下方敷设,线路纵断面为"V"字坡,区间线路轨面最低点里程为右线 YDK25+900.000(左线 ZDK25+885.151)。招标图阶段采用初步勘察钻孔显示最低点处地质从上到下依次为素填土、砾砂、粉质黏土及灰岩,且洞身均处于岩层范围内。

施工图经详细勘察钻孔揭露岩面下降,隧道结构顶、部分洞身处于粉质黏土层内,隧道结构底处于岩层范围内。考虑 1 号联络通道兼废水泵房处在上软下硬地层范围内施工的安全与经济性,故将区间线路轨面最低点里程调整至全断面岩层范围,2 座联络通道调整为 3 座,如图 2-98 所示。

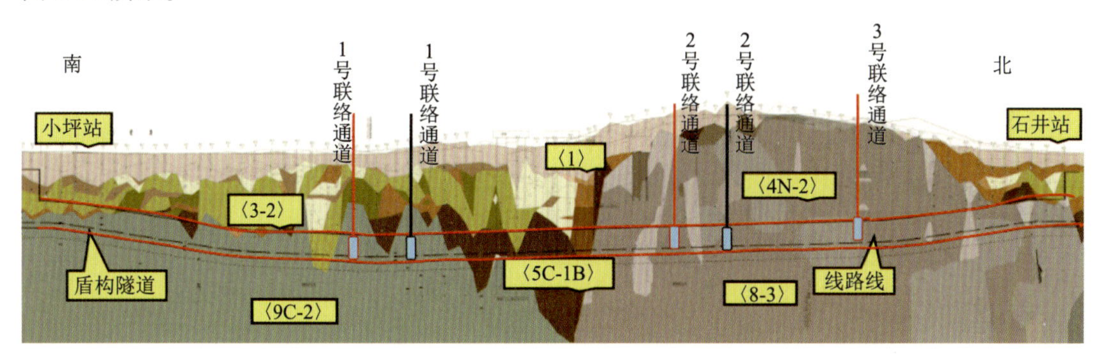


图 2-98 区间纵断面及联络通道布置调整图

调整后的技术合理性:

(1)将区间线路最低点(经竖曲线修正后)里程调整至支 YDK25+794 处,使得 1 号联络通道兼废水泵房处在全断面岩层范围内(图 2-99),在无联络通道地层加固的情况下,保证联络通道兼废水泵房施工的安全与经济性。

(2)根据区间初步勘察、详细勘察地质纵断面图,区间线路纵断面坡度调整后,现区间线路轨面最低点里程(经竖曲线修正后)隧道处于全断面岩层内,并结合区间联络通道间距应按不超过 600m 间距设置的原则,调整 2 号联络通道位置并新增一座 3 号联络通道,以满足相关规范要求,加强施工安全性,降低风险。

图 2-99　1 号联络通道全断面硬岩开挖

（3）线路纵坡调整后，区间里程 YDK25+700 ~ YDK25+850 范围轨面最大变化值为 -0.68m（向下为负），根据溶（土）洞处理施工图，在本段范围揭露的溶（土）洞都需处理，故此次线路调整未对区间溶（土）洞处理产生影响。

### 2.9.3　小结

小坪站—石井站区间沿既有道路敷设，受石井河桥梁影响下穿既有房屋。

在建（构）筑物密集的岩溶区，应查清地质情况，特别是岩溶发育情况。本区间沿道路敷设，并下穿既有建筑物，在初步勘察时建筑物范围并未发现溶洞，但在施工阶段发现有特大溶洞，且必须处理。本工程为既有房屋下方溶（土）洞处理提供的工程处理方案为：①房屋拆 + 溶洞处理；②房屋人员临迁 + 进屋溶洞处理 + 房屋恢复。

岩溶地区的联络通道应尽可能避免设置在上软下硬地层中，以降低暗挖风险。如有必要，可增加联络通道数量、调整线路纵断面，以确保暗挖施工安全。

## 2.10　灰岩区深埋硬岩盾构隧道建设风险与防控措施

### 2.10.1　石井站—亭岗站区间建设风险

1）周边环境风险

（1）道路和地下管线

石井站—亭岗站区间范围内线路沿石沙路敷设。石沙路为双向 4 道道路，路面较为狭窄，人流车流较繁忙。道路地下管线密集，主要分布有电力、电信、给排水、煤气、污水等管线，区间埋藏有大直径给排水管、煤气管等，材质为混凝土或者专用材质。其中，地下有埋深约 5m 的 DN800 污水管，走向与线路并行。受地下管线影响，本区间隧道如果按常规的浅埋设计和施工，对与隧道平行的地下管线保护非常困难。盾构施工对大型管线特别是高压水管、高压煤气有一定影响。且前期钻探已发现局部煤气管已经泄露，一氧化碳浓度超标。

（2）周边建筑物

隧道经过红星村附近时两侧建筑物较多，而红星村至亭岗站区间地面建筑物稀疏，主要有一层仓库位于轨道正上方。

2)地质风险

(1)地质构造与地层特征

从区域地质上看,与本线路交汇的断层是石井断裂组,断裂组呈北北东走向,倾角较陡,为逆断层。该断裂分布于小坪(石井河以北)至亭岗段,由5条北北东向支断裂组成,均与线路大角度斜交。钻孔未揭示断裂构造迹象。

区间揭露的土层主要为人工填土、冲洪积层、残积层,基岩主要为石炭系上中统壶天群灰岩,局部揭露有砂岩、泥岩、页岩等。

本区间石炭系地层岩溶较发育,区间见洞率约15.5%,其中壶天群灰岩见洞率45%,多见串珠状溶洞,单个溶洞最大洞高8.2m,溶洞发育强。

区间隧道埋深6.05 ~ 16.15m,结构顶板处为粉细砂、中粗砂、淤泥、淤泥质土及少量软塑粉质黏土,隧道侧壁为饱和砂、软土、粉质黏土、全强风化岩,底板为砾砂、中粗砂、粉质黏土、残积土、各风化带,隧道围岩条件差、岩土类型多。

(2)水文特征

勘察范围内有无名暗渠,在里程YCK28+350处下穿不知名河涌,现受到污染为臭水沟,涌宽6m,勘察期间水深1 ~ 1.5m,汇入石井河。

场地第四系松散层孔隙水主要赋存于冲洪积粉细砂、中粗砂和砾砂中,其含水性能与砂的形状、大小、颗粒级配及黏粒含量等有密切关系。层状基岩裂隙水主要赋存于碎屑岩强~中风化带中,因砂层直接覆盖岩层,裂隙水与砂层潜水连通,为潜水,局部微承压,地下水的赋存不均一。岩溶裂隙水主要赋存在石炭系灰岩岩溶中,在溶蚀裂隙和溶洞发育地段,水量中等~丰富,有较大涌水量的可能。

地表水、第四系孔隙水和基岩裂隙水、岩溶水均发育,地表水与地下水存在水力联系,下部砂层具有一定承压性,而下部砂层与基岩裂隙水、岩溶裂隙水存在水力联系,水文地质条件复杂,易出现砂层水突涌及岩溶裂隙水突涌,需做好预防措施。

3)工程风险

石井站到里程YDK27+660区间段隧道主要从微风化灰岩、粉砂、中砂和黏性土层中通过,盾构断面上软下硬,刀具的磕碰磨损及偏磨比较严重,掘进速度较慢,导致频繁的开仓检查及更换刀具,严重制约工期。

里程YDK27+660~YDK28+210区间段隧道全断面在岩层中通过,通过的岩层主要为微风化灰岩和强、中风化页岩。地表建筑主要为红星村民居,民居非常密集,大多数无基础或为浅基础,盾构施工有造成民居不均匀下沉、开裂的风险。

里程YDK28+210到亭岗站区间段隧道主要从粉砂、中砂、淤泥质土和黏性土中层通过,隧道围岩性质差,粉细砂含水量大,盾构施工过程可能发生涌砂,引发地表沉降;基岩为壶天群灰岩，溶洞发育，串珠状溶洞多，溶洞对地铁隧道施工的风险大。

总体来说，本区间穿越上软下硬地层、全断面岩层、全覆土层，地质条件复杂，叠加溶洞发育，地面红星村密集建筑物且多为无基础或浅基础等不利因素，工程风险较大。

## 2.10.2 石井站—亭岗站区间风险防控措施

线路在本标段里程约 YDK28+345.000 下穿宽约 10m 的红星河水渠，如图 2-100 所示。

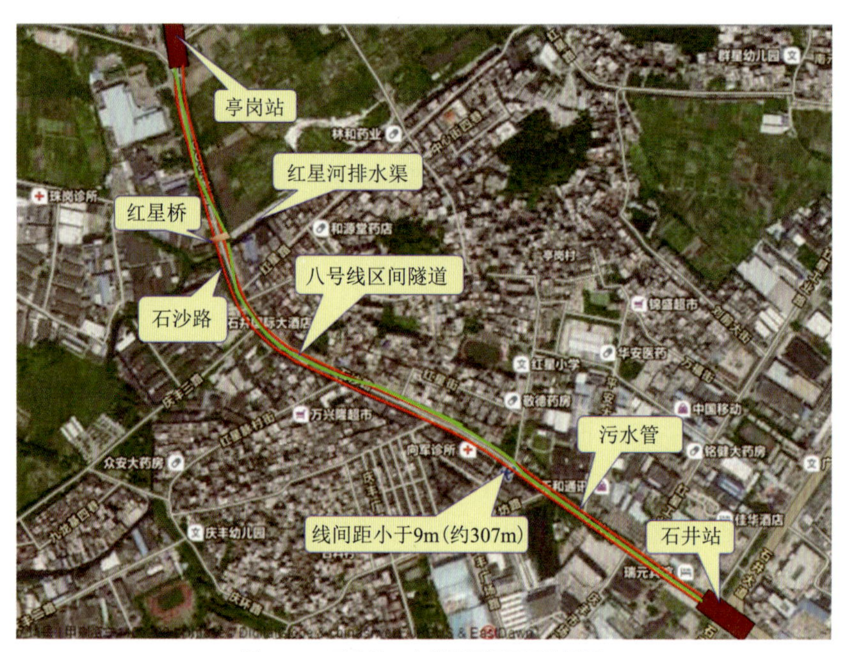


图 2-100　石井站—亭岗站区间平面位置图

隧道单线长度约 1543m，区间左线纵坡呈“人”字坡设置，最大坡度为 13‰，上软下硬地层长度约 536.6m，区间最大埋深约 15.9m。

初步设计阶段，考虑区间隧道敷设的地层上部 10m 范围主要为〈1-2〉人工填土、〈3-2〉中粗砂层、〈4N-2〉粉质黏土、〈3-3〉砾砂层、〈7-2〉强风化泥岩，10m 以下区域为〈9C-2〉微风化灰岩地层，且强度较高、节理裂隙发育、富含溶洞，故采用浅埋线路方案，设置“人”字坡。

**1）由浅埋敷设下压至灰岩地层防控污水管破坏风险**

施工图设计阶段，管线调查过程中，在区间隧道上方新发现 DN800 污水管，两者相距较近，（图 2-101），垂直距离最小处约 0.4m，并且污水管平面走向与隧道基本重合。由于隧道局部地段线间距较小（仅有 9m），且隧道所处地层大部分为砂层，隧道仰拱地层多半为微风化基岩。区间盾构掘进过程中易引起盾构“抬头”，破坏污水管，导致污水大量进入土仓，并在砂层中掘进时加剧喷涌，从而引起地面沉降不均、局部塌陷甚至大范围沉降，导致隧道正上方石沙路的正常通行受阻等连锁效应。

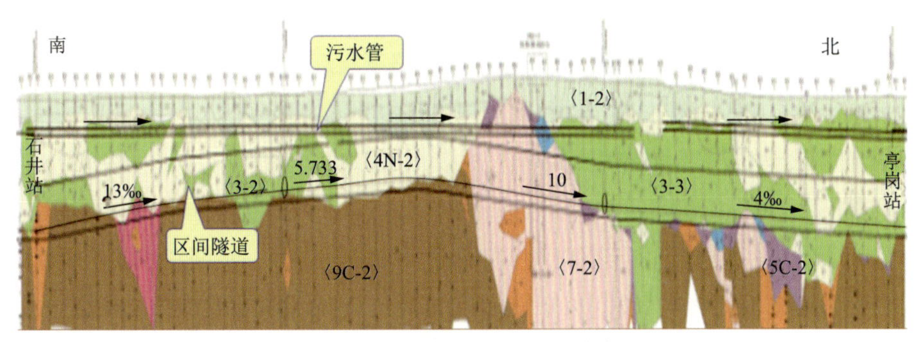


图 2-101 区间隧道与污水管位置关系图

综合分析区间隧道施工风险有：

（1）区间隧道上方新发现 DN800 污水管，敷设平面与区间线路基本重合，垂直最小距离约 0.4m，盾构掘进过程中易破坏污水管；

（2）隧道穿越红星河排水渠，隧道顶板距水渠底约 3.5m，盾构掘进注浆易导致冒浆，且无处理工作面；

（3）盾构掘进处于上软下硬地层，易导致盾构“抬头”，对上方土层扰动较大，影响周边环境。

为降低施工风险，根据周边环境和地质情况，拟采用线路下压方案（图 2-102）：区间线路出石井站后采用大坡度下压，使隧道尽可能全断面进入〈9C-2〉微风化灰岩地层，区间隧道最大下压深度约 10.5m，埋深由 5.7m 调整为 21.5m。

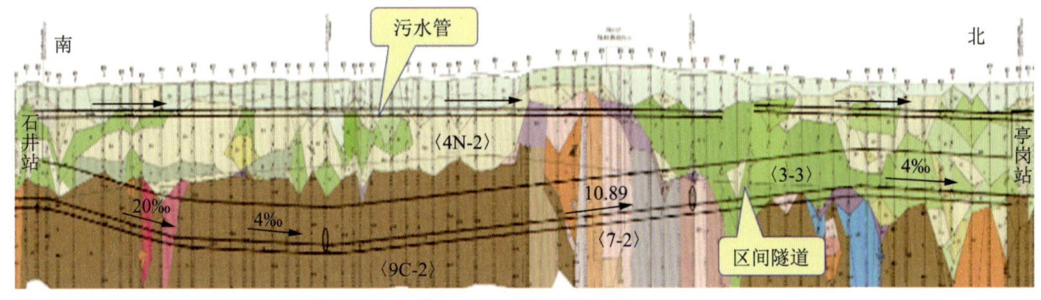


图 2-102 线路下压方案

优点：隧道远离污水管，盾构在全断面岩层中掘进可避开上软下硬地层，减小对上方地层的扰动影响。砂土液化处理范围减小，1 号联络通道地面加固取消。

缺点：1 号联络通道增设废水泵房，溶（土）洞处理量增大；隧道在全断面岩层中掘进施工工期增加。

采用线路下压方案减小盾构施工对污水管的影响，使得污水管能够得到有效的保护。区间隧道原线路纵断面为“人”字坡设置，将区间纵断面下压，由原来的“人”字坡改为“V”字坡，下压后区间隧道与污水管最小净距控制为 4.0m，有效地减小了隧道开挖对污水管的影响；隧道基本在全断面岩层中掘进，避免了上软下硬地层，同时可避免盾构施工对砂层的扰动（上软下硬由

40.5%减少至19.9%，软土由50%减少至26%，全断面岩层由9.5%增加至54.1%），且经初步勘察、详细勘察发现线路下压段岩溶发育较少；区间线路下压后隧道覆土最小厚度由原5.7m增加至9.2m，可减小盾构施工过程中对石沙路及周边建筑物的影响。

2）进行岩溶处理防控盾构施工风险

线路下压后，区间左线隧道纵断面自石井站出站以2‰坡度下坡、20‰下坡、4‰下坡、10.892‰上坡、最后4‰坡度下坡至亭岗站，左线最大纵坡为20‰。区间右线隧道纵断面自石井站出站以2‰坡度下坡、20‰下坡、4‰下坡、11.031‰上坡、最后4‰坡度下坡至亭岗站，右线最大纵坡为20‰。

区间为全线典型岩溶裂隙发育区，共146个钻孔，平均间距15～25m；揭露灰岩的钻孔共110个，其中揭露到溶洞的钻孔有17个。区间盾构主要穿越的地层为〈3-1〉粉细砂、〈3-2〉中粗砂、〈3-3〉砾砂、〈7-2〉灰岩强风化层、〈9C-2〉灰岩微风化层（壶天、测水、石磴子），局部为〈4〉淤泥质土、〈7〉碳质灰岩强风化层，少量分布有〈8〉灰岩中风化层。

对于区间所揭露的溶（土）洞按下述常规原则进行处理：

（1）当隧道底为灰岩：隧道结构外轮廓平面外1m、隧道底板下2m内溶洞必须处理。

（2）隧道位于砂土层：隧道仰拱底有较稳定的隔水层（黏土、粉质黏土），其厚度大于2m时，隔水层以下的岩溶可不做处理；隧道仰拱底下均为砂层及无稳定隔水层时，隧道结构外轮廓平面外3m、隧道底板以下2m内的溶（土）洞必须处理。

溶（土）洞注浆材料采用水泥浆液，如在岩溶处理范围边界仍揭露溶（土）洞，则采用双液浆进行封边处理，并对溶（土）洞注浆效果进行检验，对每个溶洞均采取随机原位标贯试验，标贯值应不小于10击。本区间工程在盾构掘进前均已完成溶（土）洞注浆处理及注浆效果检测工作，检验结果为合格。

图2-103为溶（土）洞处理平面图。

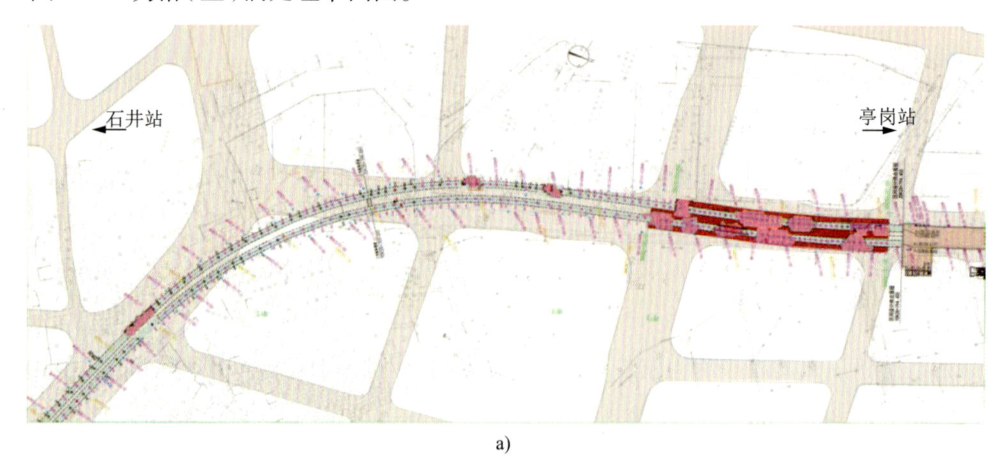


a)

图 2-103

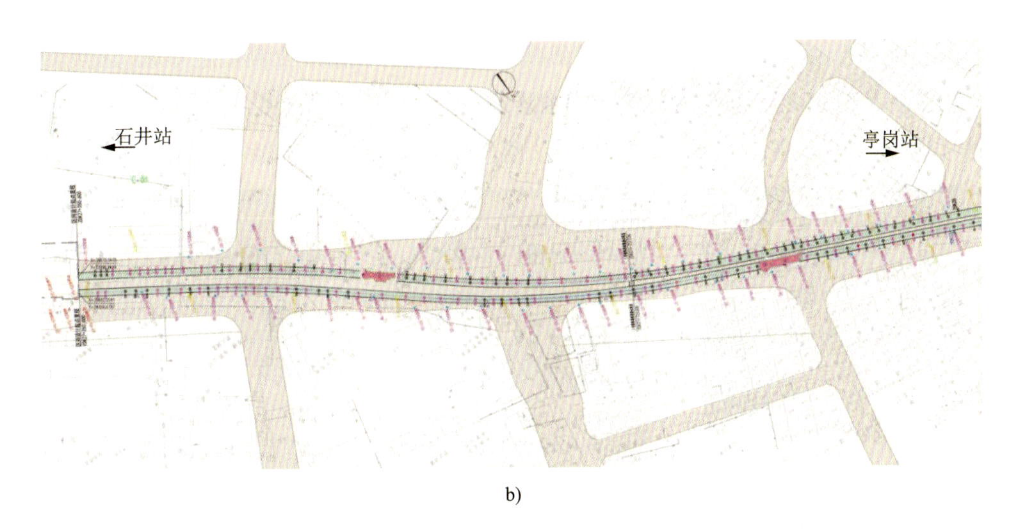


b)

图 2-103　溶（土）洞处理平面图

3）全断面岩层隧道进行注浆裂隙封堵防控地面坍塌风险

区间采用双螺旋土压平衡盾构由亭岗站往石井站掘进，左线掘进历时 491d，平均指标约 2 环 /d；右线掘进历时 486d，平均指标约 2 环 /d。盾构在始发端穿越〈3-1〉粉细砂、〈3-2〉中粗砂、〈3-3〉砾砂地层时，周边建（构）筑物、管线及地表无异常变化。但自进入全断面岩层后，盾构掘进过程中不断发生路面坍塌事件，如图 2-104 所示。其中，在左线完成掘进 778 环、右线完成掘进 666 环时，右线左前方约 50m 处人行道外侧出现地面塌陷，面积约 $50m^2$，深度约 4.5m。

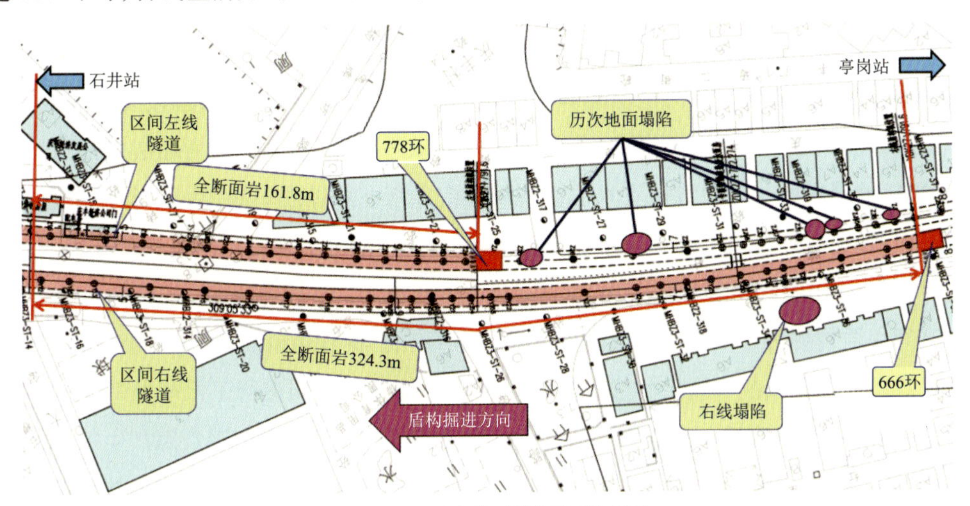


图 2-104　历次地面塌陷平面关系图

本区间隧道处于岩溶高度发育区，裂隙发育程度高，外部扰动极易破坏溶（土）洞的极限平衡状态，诱发地表发生坍塌沉降。针对本区间所发生的历次塌陷，分析原因有以下几点。

（1）经核查塌陷位置处的地质资料（图 2-105）可知，塌陷处岩层极为破碎，岩芯裂面上布满锈迹，岩石近似 RQD 值（即岩芯采取率）小，由此可判断为岩石裂隙发育程度较高。在区间岩溶处理范围以外，仍可能存在多处半填充或无填充土洞，且多个土洞相互串联，延伸面积广，土洞中地下水与隧道开挖范围内的基岩裂隙连通，形成水力联系通道，当土洞内压力差发生变化，土洞顶板土层承载能力不足时，洞顶冒落，发生地面塌陷，属于潜蚀—土洞冒落机理类型。

图 2-105　塌陷地段详细勘察钻孔芯样

（2）塌陷地段隧道均位于裂隙发育的全断面岩层中，地层从上至下依次为杂填土、粉细砂或中粗砂、微风化灰岩，岩层上方直接覆盖较厚粉细砂层及中粗砂层。当隧道上方的填土、砂层中的孔隙水与隧道开挖面范围内的岩溶裂隙水发生直接联系时，地下水位随着盾构掘进过程不断升降变化，加剧了地下水垂直向下渗流现象，引起岩层上方砂层流失，属于渗流破坏—流土—漏失类型。经现场取渣样冲洗，发现渣样中岩石碎块较大且含砂量占 10% 左右，进一步证实了岩层裂隙发育以及施工过程中砂层与裂隙的连通性强。

（3）根据盾构在软弱地层与全断面岩层掘进参数对比分析，盾构在裂隙较为发育的全断面岩层中掘进极易引起偏转及出渣超方，同时盾构保压效果差，超方大部分为地层水，且岩溶裂隙水力连通强，地层失水过多导致地下水位在短时间内急剧下降过程中的“活塞”作用下形成负压甚至真空状态，在这种负压或真空作用下，覆盖土层对应岩溶地下通道的薄弱位置在瞬间产生陷坑或陷洞，属于真空吸蚀机理塌陷类型。

本区间在盾构掘进始发前已对区间全线进行了溶（土）洞探边以及溶（土）洞注浆处理工作，且其处理效果满足全线统一规定的检验要求。虽然已对溶（土）洞进行了常规处理，但区间掘进过程中仍发生数次地面塌陷，经分析判断，常规处理措施不能有效阻断岩溶裂隙产生的水力联系。通过对灰岩裂隙发育诱发地面塌陷理论分析以及本区间多次地面塌陷事件总结分析后，为降低盾构在岩溶裂隙地层中掘进对周边环境影响的风险，在盾构掘进前有必要对裂隙发育区域采取预先处理措施以降低施工风险。处理措施主要从两方面考虑，即洞内掘进参数控制和地面处理措施。

地面处理主要是结合岩溶地面塌陷发生的机理采取应对措施进行防治。在具体处理措施实施前，施工现场进行了注浆材料、注浆间距、注浆压力、浆液扩散半径等测试，根据现场测试结果，对本区间位于岩溶裂隙发育区未掘进段制订了详细的处理方案，具体措施叙述如下。

（1）处理范围

平面处理范围：本区间右线单线未通过区域（区间里程 DK27+629.1 ~ DK27+791.6 段），在距离区间隧道结构边线外放 1m 处的位置，沿掘进方向按 1 孔 /2m 的间距各布置一排注浆钻孔，共 2 排；区间双线未通过区域（区间里程 DK27+467.3 ~ DK27+629.1 段），在距离区间双线隧道结构最外侧边线外放 1m 处的位置，沿掘进方向按 1 孔 /5m 的间距各布置一排注浆钻孔，两隧道中心线位置沿掘进方向按 1 孔 /5m 的间距布置一排注浆钻孔，共 3 排。

竖向处理范围：注浆钻孔深度为隧道底板下 2m，若补充勘察钻孔发现岩溶发育及漏水现象，则采取注浆进行裂隙封堵，注浆范围由隧道底板下 2m 扩大至岩面顶或隧道顶板上 2m。

图 2-106、图 2-107 分别为全断面岩层裂隙注浆处理平、剖面图。

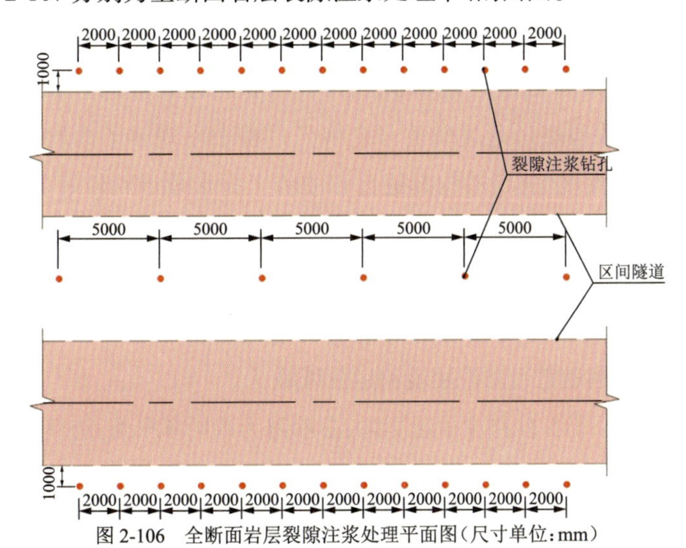


图 2-106 全断面岩层裂隙注浆处理平面图（尺寸单位：mm）

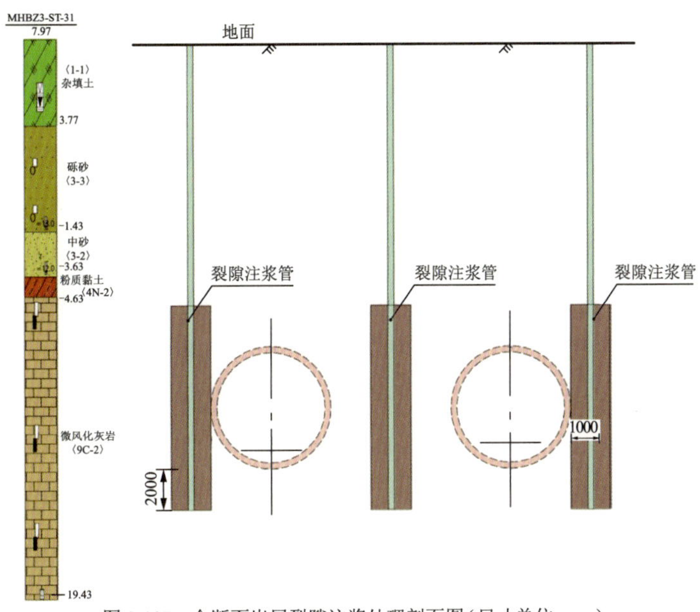


图 2-107 全断面岩层裂隙注浆处理剖面图（尺寸单位：mm）

(2)材料及参数

①钻孔进入隧道底板以下不小于2m。如遇溶洞,则穿越溶洞不小于2m,并对揭露的溶(土)洞按常规技术原则进行处理;②注浆材料采用水泥浆+水玻璃浆液,配合比为1:0.5～1:1,其中水泥浆采用强度等级为42.5普通硅酸盐水泥;③注浆压力取值0.4～1.0MPa,并视现场注浆情况适当调整;④布孔间距不应大于2.0m;⑤采用钻注一体机后退式注浆工艺(图2-108),在进行双液浆注浆时,需先对岩土交界处进行封堵,后再由深至浅依次注浆,其中岩石破碎程度与注浆工程量成正比。以石井站—亭岗站区间为例,根据上述注浆封堵方案,灰岩RQD值在25%～50%之间时,双线隧道平均每延米注浆量约为11.56m$^3$。通过地面注浆封堵处理后,在后续盾构掘进通过时的开仓换刀过程中发现掌子面岩层裂隙水较少,地面亦未发生塌陷及沉降过大现象,且盾构掘进过程中渣土含水量得到较好控制。与未处理段对比,处理后需往土仓内加水改良渣土,盾构每环出渣量减少约1.7m$^3$/环,证实了对灰岩裂隙发育段进行裂隙注浆封堵能较好地控制盾构超方,有效阻隔灰岩裂隙水与周边地下水的联系通道,降低地面塌陷风险。

图2-108　现场钻注一体机注浆加固

**4)岩溶发育灰岩区隧道敷设防控建设和运营风险**

本线路有较长区间位于石沙路主干道下方,石沙路为双向4车道,道路宽15m,两侧有1.5m宽的人行道,同时,线路两侧为密集的房屋建筑群,且多为1～7层的商铺及住房;邻近管线复杂,种类众多,与隧道掘进方向既有重合也有正交,处在隧道施工影响范围以内,施工风险大;本路段交通繁忙,车流量大,且因附近多为物流公司及石沙路两侧村属进出的支路较多,因此,时常造成本路段出现交通拥堵。

(1)浅覆岩溶灰岩复合地层盾构敷设技术难度大

该隧道穿越浅覆岩溶灰岩复合地层,溶(土)洞均较发育,且隧道需穿越全断面软土地层、上软下硬地层以及全断面岩层区域,施工难度极大。为了减小和控制地面沉降,在盾构掘进过程中,要在脱出盾构后的衬砌背面环形空隙中及时充填足够的结硬性浆液材料,浆液性能要求很高,特别是当隧道穿越溶(土)洞区域时,需要对溶(土)洞进行充填注浆加固,才能作为隧道基础。要求加固体的注浆材料既不能硬,影响掘进;也不能太软,影响隧道运营期间安全。

(2)浅覆岩溶灰岩地层地铁隧道运营期间风险高

由于本工程下伏地层为石炭系地层,溶(土)洞较发育,因此在地铁结构范围内及以上的溶(土)洞施工期间容易由于列车振动或地震等作用引起岩溶地面塌陷,影响行车安全;对于地铁结构范围以下的溶(土)洞,由于直接承载地铁隧道衬砌和列车荷载,溶(土)洞的顶板容易发生塌落或因承载力不足而塌陷，造成隧道管片错台、变形过大甚至整体塌陷等事故，给施工与运营带来极大风险，必须采取行之有效的方法进行加固处理。

### 2.10.3 小结

石井站—亭岗站区间沿石沙路敷设，位于白云区工业村镇地带，周边村屋民房密集，管线众多。给后续工程的建议如下：

（1）在岩溶地区进行地质勘察时，应追溯岩溶形成与发展的历史，详查该片区近期曾经发生的岩溶塌陷、地面沉降、建（构）筑物倾斜等地质事故。不仅要勘探溶（土）洞位置及尺寸，而且还要关注岩溶裂隙的发育情况，同时应预判岩溶裂隙发育对工程建设的风险，方便设计和施工。

（2）针对盾构区间穿越岩溶裂隙发育区采取的地面注浆封堵处理措施，在本区间得到了极好的验证，该实践经验可供同类工程参考。

（3）在灰岩区进行溶（土）洞探边及溶（土）洞注浆充填处理时，应先对项目所在地的灰岩地段进行风险等级划分。可将曾经发生过地质灾害事故、地面累计沉降过大或已探明溶（土）洞体量较大地段划分为高风险区，而对于高风险区的溶（土）洞探边及处理平面范围可适当放大，有助于降低施工风险。

（4）在岩溶裂隙发育区进行盾构掘进施工，若盾构处于上软下硬或全断面岩层中，则建议盾构掘进前在隧道开挖地段内做抽水试验，观察隧道两侧及周边地下水的动态。若测得地下水变化敏感，连通性较好，且基岩面上方又直接覆盖有砂层，则可参考本项目做法在盾构掘进前从地面注浆对岩溶裂隙进行封堵，隔断裂隙水与周边地下水的联系通道，防止地面发生塌陷，最大限度地降低盾构掘进过程中的风险。

（5）本线路相邻标段的施工经验显示，在盾构掘进岩溶裂隙发育的灰岩地层、上软下压地层时，机械选型十分重要。根据掘进情况分析，掘进类似地层泥水/土压双模盾构优于泥水盾构、泥水盾构优于土压盾构。泥水盾构建议采用逆循环排渣模式。

## 2.11 富水砂层超浅埋隧道下穿高速路匝道桥台建设风险与防控措施

### 2.11.1 出入段线建设风险

1）周边环境风险

出入段线区间线路出滘心站后下穿白云湖引水渠、华南快速路、鸦岗大道，在鸦岗大道南侧吊出，后接U形槽明挖段。出入段线下穿时，地面条件限制较多。

（1）物流园南门桥梁

该桥采用筏板基础，筏板下部采用6.0m长松木桩进行地基处理，松木桩有1.2m侵入隧道。

（2）白云湖引水渠

白云湖引水渠宽约33m，盾构下穿引水渠，渠底离隧道顶6.5m，盾构施工可能会激活溶洞，引发地面沉降或地面塌陷，导致引水渠破坏。

（3）西江引水管

招标设计中，未收集到西江引水管资料，无保护措施。施工图阶段，经现场摸查发现出入段线区间出滘心站后，从西南斜向下穿白云湖引水渠，后向西前行（与引水管平行，约155m），在入段线里程DRK0+765.507（出段线里程DCK0+801.842）处斜向下穿西江引水管。下穿段引水管埋深2.7m，引水管底距离出段线、入段线隧道顶分别为3m、2.1m，引水管为直径2.4m、壁厚20mm的钢管，隧道影响范围内引水管长55m。

（4）华南快速路高架上下桥匝道桥台、桥桩

出入段线区间盾构隧道于里程DCK0+843.97～DCK0+866.465（DRK0+804.35～DRK0+818.20）段下穿华南快速路高架上下桥匝道桥台。该处桥台为华南快速路接鸦岗大道的下地匝道桥台，如图2-109所示，桥台高为2.14m，桥台为3.7m×3.245m钢筋混凝土结构，与桥台相接处桥梁设置2根$\phi$1500钻孔桩，桩基入岩深度分别为2.573m和2.983m，长为22m和24m。桥台左右侧设置长约42m悬臂式钢筋混凝土挡墙。挡土墙采用C25钢筋混凝土浇筑，墙顶宽0.40m，墙底板宽2.4～2.9m，边坡直立，挡墙基础埋深约1.3m。盾构隧道顶距挡土墙墙址最小净距为3.52m，盾构隧道与桥台处桩基水平最小净距为2.1m。根据华南路三期工程A3合同段的竣工资料显示，盾构下穿段桥台段路基已经过搅拌桩进行地层加固，加固深度约8m。盾构隧道近距离通过桩基可能会影响桩基承载力，使桩基发生侧向变形、侧向弯曲等；盾构下穿桥台会引起桥台发生不同程度的隆起和沉降，影响桥台的使用安全。

图2-109　隧道下穿华南快速路下桥匝道段

（5）倒虹吸箱涵

排水箱涵采用底板0.6m、顶板0.5m、侧壁0.5m的箱涵结构，结构部分总高3.7m，底部采用6m长松木桩。出段线下穿此段箱涵（图2-110）。箱涵处隧道埋深为8m，松木桩有3.5m侵入隧道。隧道施工可能会截断箱涵桩基，造成倒虹吸箱涵开裂、破坏。

图2-110　出入段线浅埋段位置处箱涵

（6）鸦岗大道及地下管线

出入线下穿雅岗大道，人流、车流繁忙，常有重车行走，区间地下管线密集，管线种类繁多，主

要有通信电缆、燃气管、电力管、污水管、给水管、高压电缆等，区间隧道埋藏较浅，隧道顶距离管线底0.5～10.7m，其中出入段线上方有一条直径2.4m的铸铁供水管，供水管埋深2.2～2.8m，与隧道顶的距离约为2m。管线底与隧道顶之间的地层较差，盾构掘进对道路和管线距离较近，影响较大。

（7）鸦岗大道旧箱涵出入段线斜向下穿老旧箱涵，箱涵横跨既有公路，车流量巨大。箱涵分为3部分箱体，两端的华南快速路建设期扩建箱涵位于南北两侧，与旧箱涵顶板齐平，但底板标高不一。中部原鸦岗大道旧箱涵侵入出段线隧道。

**2）地质风险**

（1）地层特征

区间揭露的土层主要有人工填土、冲洪积砂层、残积层，基岩主要为石炭系上中统壶天群灰岩。

盾构段隧道拱顶主要为填土、冲洪积砂层和淤泥质土层；隧道穿越的地层为第四系地层，主要有冲洪积砂层、淤泥质土层和粉质黏土；隧底主要为砂层，局部为淤泥质土层、粉质黏土层和微风化灰岩层。明挖段地质情况，开挖深度范围内的土层为填土层、粉细砂和中粗砂层。明挖段持力层为粉细砂层和中粗砂层，下部存在厚度较大的淤泥质土和呈流塑～软塑状态的粉质黏土层。

（2）水文特征

出入段线有白云湖引水渠通过，线路下穿引水渠。

出入段线除白云湖引水渠外没有其他大型地表水，主要含水层是第四系冲洪积砂层和石炭系灰岩溶洞裂隙、岩溶含水层。第四系松散层孔隙水与岩溶水水力联系较密切。水文地质条件较复杂，地下水对盾构工程、明挖基坑、废水泵房等施工影响较大。

**3）工程风险**

本段出入段线盾构隧道局部隧底位于砂层和淤泥层中，在未处理的前提下盾构通过时，容易引起盾构“栽头”或掉头被埋的风险，故施工前需对软弱地基土进行预加固处理。出入场线区间联络通道在白云湖引水渠和华南快速路高架桥之间，上方覆土厚度只有8m左右，地质条件较差，所处地层主要为冲洪积粉细砂层、冲洪积砾砂层、冲洪积粉质黏土层，含水丰富。联络通道处砂层较厚，富水量大，且具有承压性，开挖施工过程中易发生涌水、突水、喷涌，影响施工安全。由于砂层稳定性差，容易坍塌、变形，进而引发地表变形过大甚至沉陷，导致引水渠倒灌等。若采用地面旋喷桩或搅拌桩加固，由于砂层中地下水流动性大，旋喷桩或搅拌桩成桩质量难以保证。

## 2.11.2 出入段线风险防控措施

出入段线区间如图2-111、图2-112所示。南段连接白云湖车辆段，北侧连接滘心站。入段全长 711.659m，出段线长 649.695m，区间设置 1 个联络通道（与废水泵房合建）。区间隧道区间采用小半径、大坡度的“V”字坡设计方案，从滘心站前明挖段始发后，以 $R$=270m 由北向西敷设，以 24.76‰的坡度下坡 270.48m，先后下穿倒虹吸箱涵、物流园南门桥梁、白云湖引水渠，进入引水渠绿化带中，向西直行 61m 后，再以 $R$=250m 向南偏移，以 34‰的坡度上坡 353.36m，先后下穿西江引水管、侧穿华南快速路桥台，再下穿路基挡土墙、箱涵和鸦岗大道，进入吊出井明挖段，吊出段隧道覆土仅 2.1~3.0m。

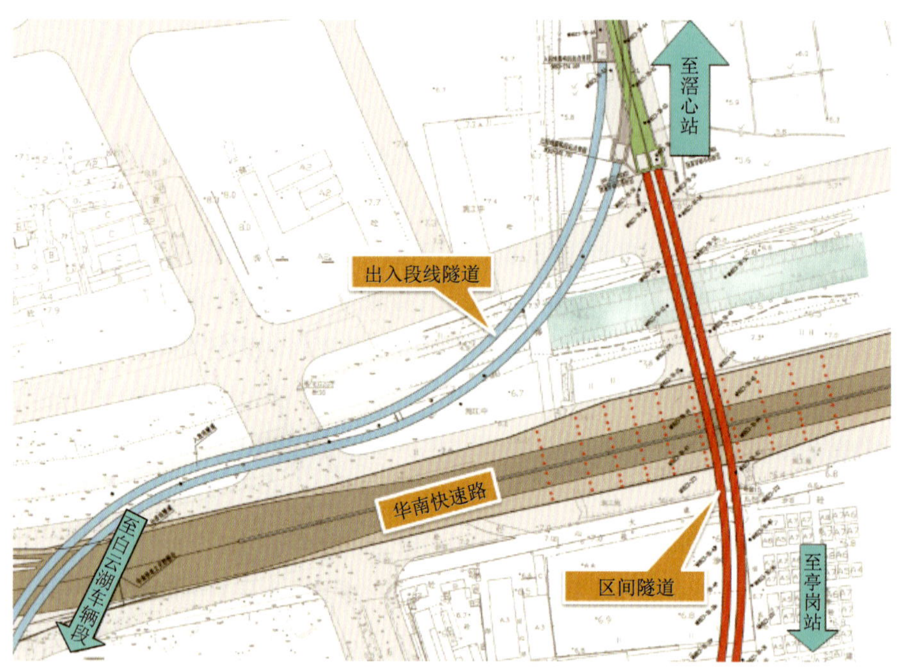


图 2-111　出入段线区间平面图

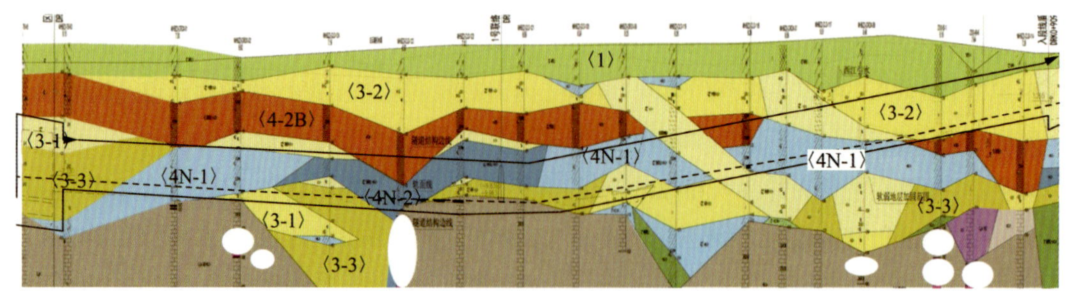


图 2-112　出入段线区间纵断面图

1）注浆加固防控下穿高速公路匝道风险

出入段线区间盾构隧道于里程 DCK0+843.97 ~ DCK0+866.465（DRK0+804.35 ~ DRK0+818.20）段下穿华南快速路高架桥台，该处桥台为华南快速干线接鸦岗大道的下地匝道桥台，如图 2-113、图 2-114 所示。

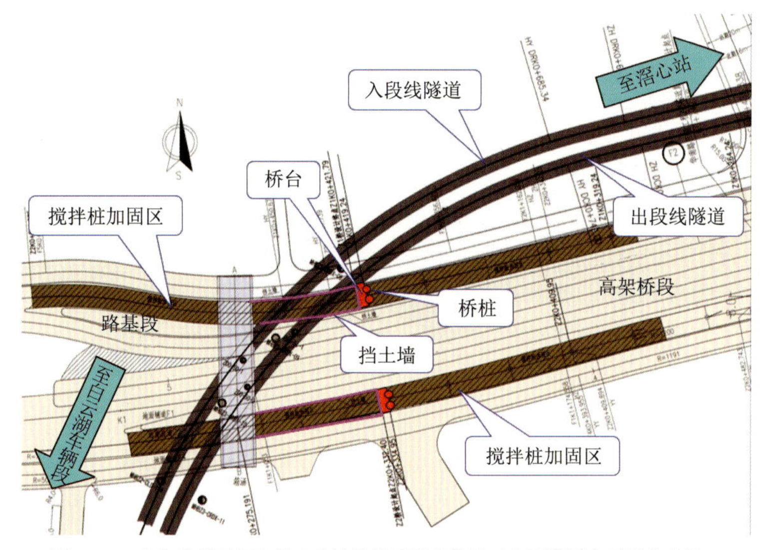


图 2-113　出入段线区间与华南快速路接鸦岗大道的下地匝道桥台平面关系图

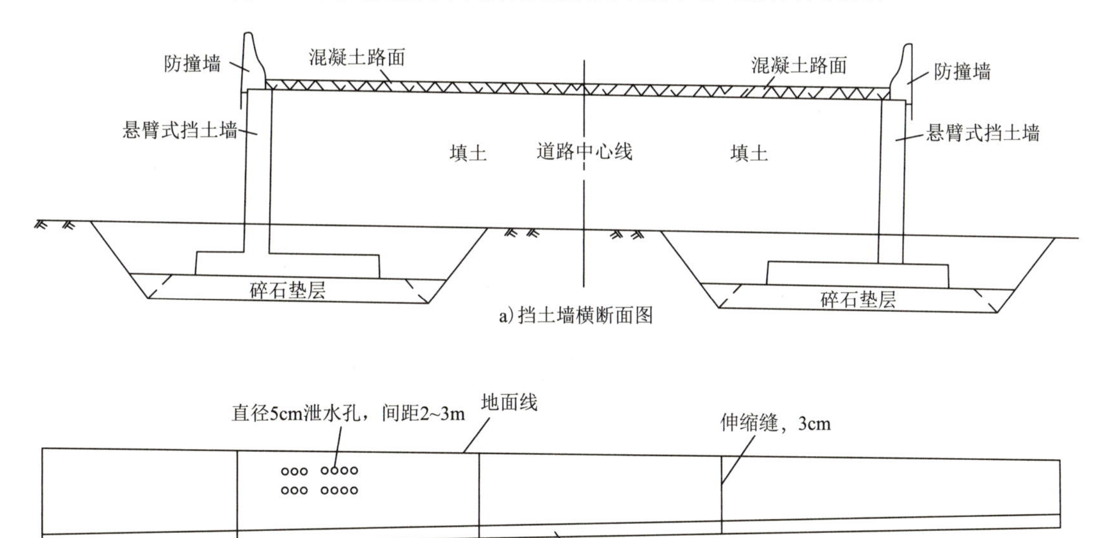


图 2-114　华南快速路下桥匝道结构示意图

盾构隧道顶距挡土墙墙址最小净距为 3.52m，盾构隧道与桥台处桩基水平最小净距为 2.1m（图 2-115）。出入段线隧道在路基段下穿华南快速路钢筋混凝土污水箱涵，隧道距离箱涵最小净距为 0.63m。

拟对华南快速路下桥匝道左右两侧从地面对挡土墙和桥台下方土体进行注浆加固，经采用三维数值分析（图 2-116、图 2-117），出入段线下穿华南快速路盾构法施工对桥台处地面竖向位移影响的三维模拟表明，施工过程引起桥台地面最大沉降量为 -2.0mm，盾构隧道施工对周边环境影响较小；出入段线地面沉降最大值为 4.8mm，相邻墩台沉降差最大值为 0.6mm，经对比认为盾构隧道施工基本不危及华南快速路桥台的结构安全。

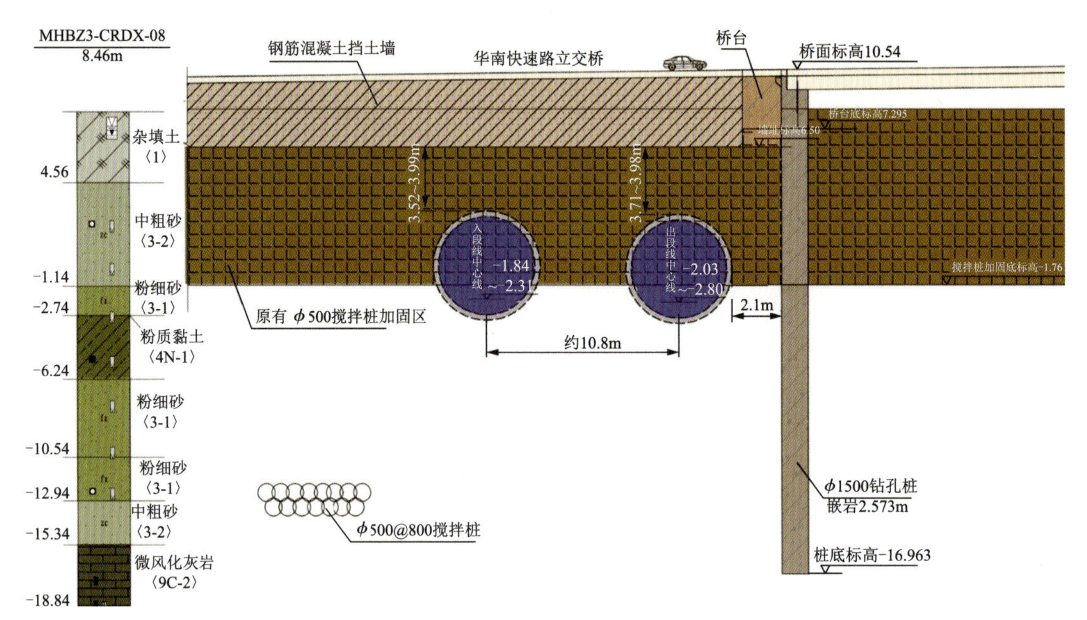


图 2-115　华南快速路下桥匝道与隧道位置关系横断面图

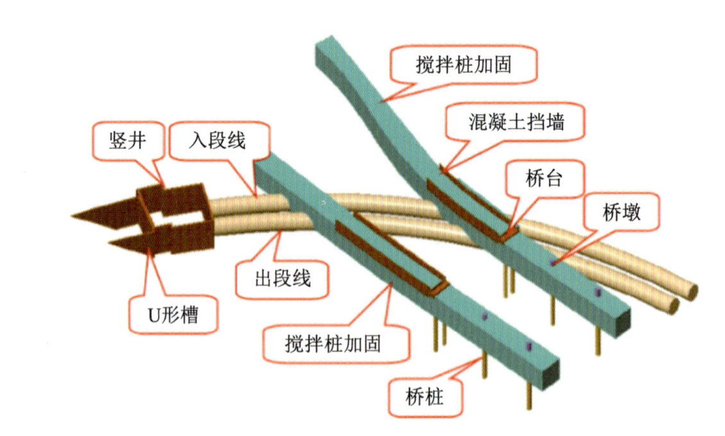


图 2-116　三维数值分析模型

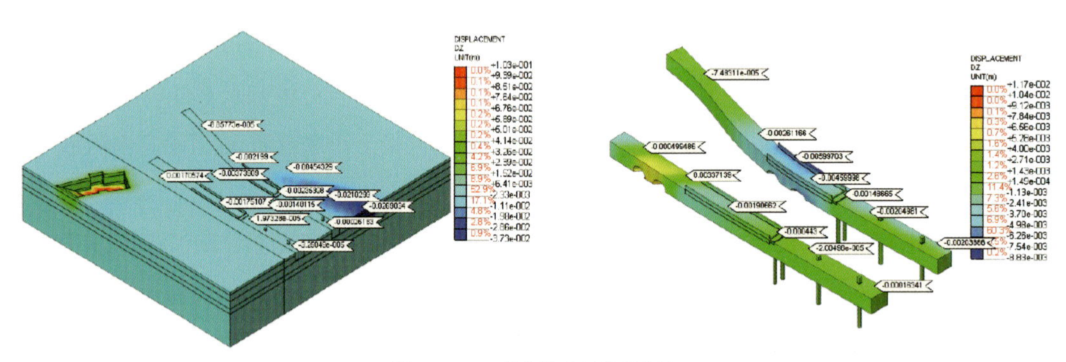

图 2-117　三维数值分析计算结果

施工图阶段，经与华南快速路主管单位协调，对下桥匝道左右两侧从地面对挡土墙和桥台下方土体进行注浆加固（图2-118、图2-119），从确保安全的角度要求注浆加固措施按照不考虑自身措施的原则进行。为保证箱涵稳定并考虑到箱涵段隧道埋深较浅（埋深4.0～5.0m）且车流量大，地面沉降影响较大，要求从箱涵两侧进行地面加固，固化箱涵周边土体以确保隧道掘进中箱涵和周边道路的稳定。

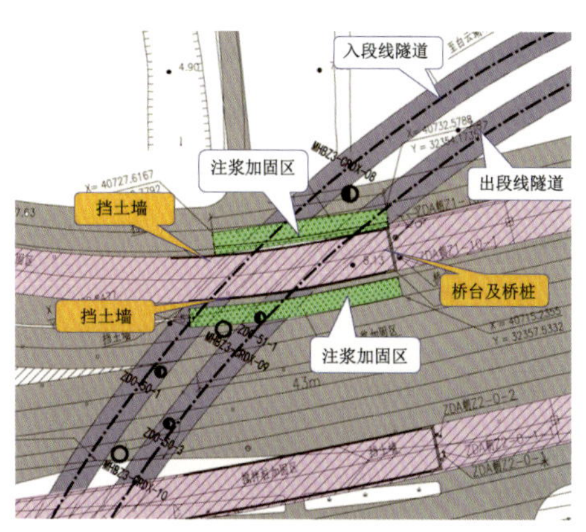


图2-118 注浆加固平面图

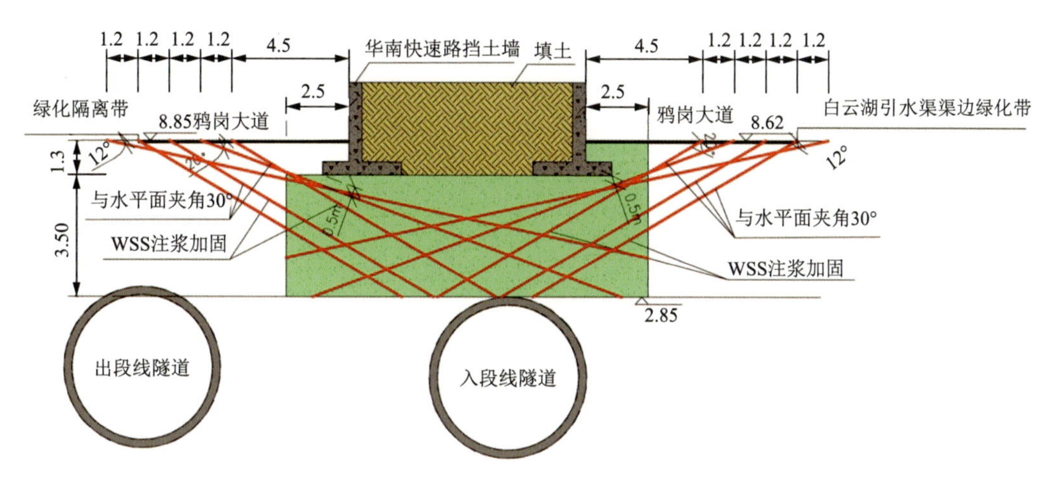


图2-119 注浆加固横断面图（尺寸单位：m）

注浆施工采用后退式分段注浆，每次注浆段长选择为0.6m，即第一段注浆完成后，使止浆塞恢复到原状，将芯管后退0.6m，进行第二段注浆，直到将整个注浆段完成。注浆压力应根据地层致密程度决定，一般为0.5～2.0MPa。浆液采用水泥浆液。

下穿掘进过程中，严格控制掘进参数，同时采取盾构注厚浆措施，加强同步注浆和二次注浆。地面加强监测，做好应急措施。

**2）注浆加固防控下穿白云湖引水渠上某物流园南门桥梁风险**

出入段线区间出段线隧道于里程DCK0+463.264～DCK0+490.407段下穿白云湖引水渠上某物流园南门桥梁。施工图前期桥梁收集资料显示，物流园南门桥梁为双向2车道公路桥梁，桥梁设计荷载为公路—Ⅱ级，桥梁宽度为1.25m人行道+12.99m行车道+1.25m人行道=15.49m（全宽）。桥桩为钻孔灌注桩，其截面为变截面，渠底面下直径为1.2m、渠底面以上直径为1.0m，桩长21～24m，桩底位于隧道以下4.25m，桥身采用预制箱梁。

施工图阶段，根据更为详细的摸查发现：桥梁为物流园南门的主要通道，为筏板基础（板厚

600mm），筏板与桥身通过 3 排（每排 4 根）$\phi$1000 桥桩连接，地基采用抛石进行处理并在每排桥桩下 4.0m 范围内采用 6.0m 长松木桩进行地基加固。

桥梁与出入段线区间位置关系如图 2-120 所示，桥梁与隧道平、剖面位置关系分别如图 2-121、图 2-122 所示。

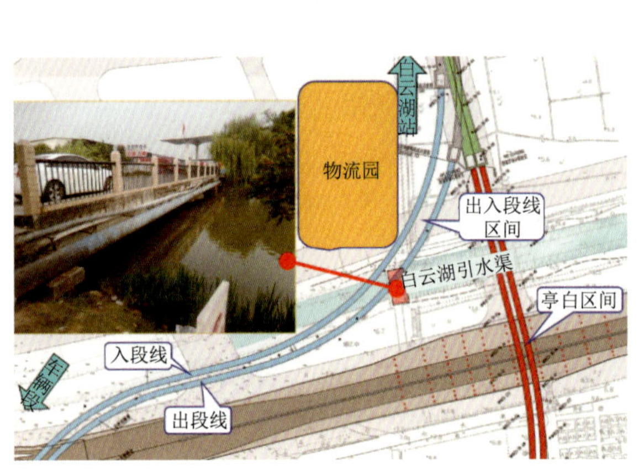


图 2-120　桥梁与出入段线区间位置关系图

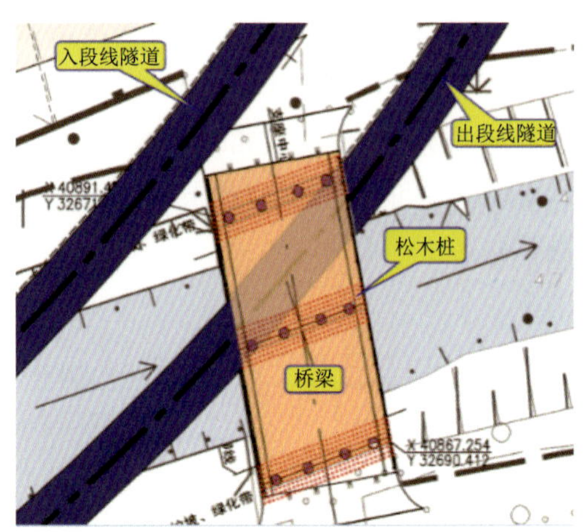


图 2-121　桥梁与隧道平面位置关系图

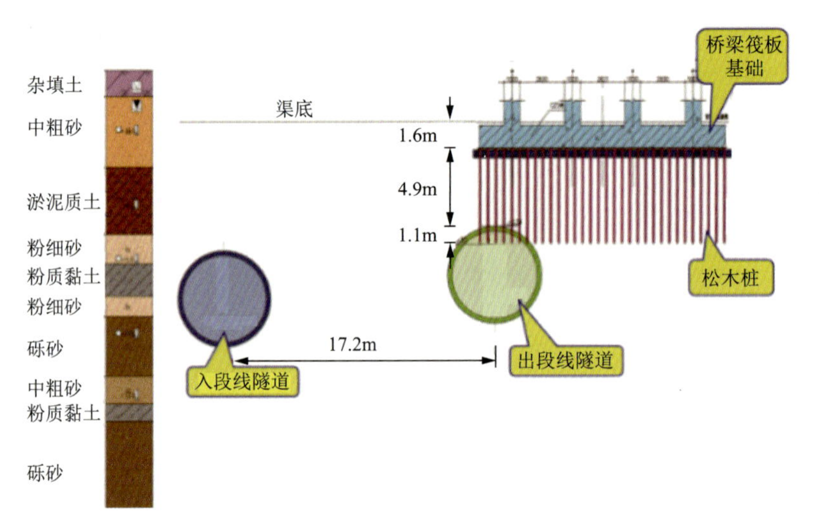


图 2-122　桥梁与隧道剖面位置关系图

筏板基础与隧道结构顶部之间自上而下为〈3-2〉中粗砂、〈4-2B〉淤泥质土、〈3-1〉粉细砂，隧道洞身位于〈4N-2〉粉质黏土、〈3-1〉粉细砂、〈3-3〉砾砂层。筏板基础与隧道结构顶部相距 4.9m，现有资料显示桥桩下部用于地基加固的松木桩部分侵入盾构掘进范围内（图 2-123），最大侵入长度为 1.12m。

为保证在盾构穿越过程中及后期运营时桥梁的安全，盾构通过桥梁后及时在管片背后进行袖阀管注浆加固，对隧道结构顶部与筏板基础之间的地层进行加固。

根据已有经验以及相关的研究成果，隧道施工导致的地表沉降为 Peck 二次曲线沉降槽模式，对于常规盾构隧道，一般认为土层计算分析范围大于20m可满足足够精度的沉降计算模拟；土层下边界距离隧道则应大于一倍隧道埋深，以确保边界条件不会明显限制隧道的变形。

图2-123 出入段线下穿桥梁松木桩

在上述前提下，结合本项目周边环境情况，确定了三维数值模拟分析的对象是东西向长度77.0m、南北向长度60m的区域，计算深度范围为40m。模拟重点分析对象包含桥桩、挡土墙及盾构隧道。有限元数值计算模型如图2-124所示，有限元分析计算结果如图2-125所示。

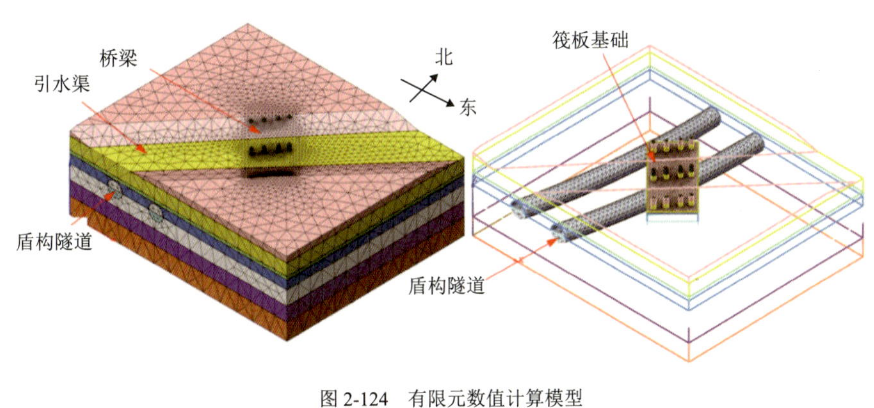


图2-124 有限元数值计算模型

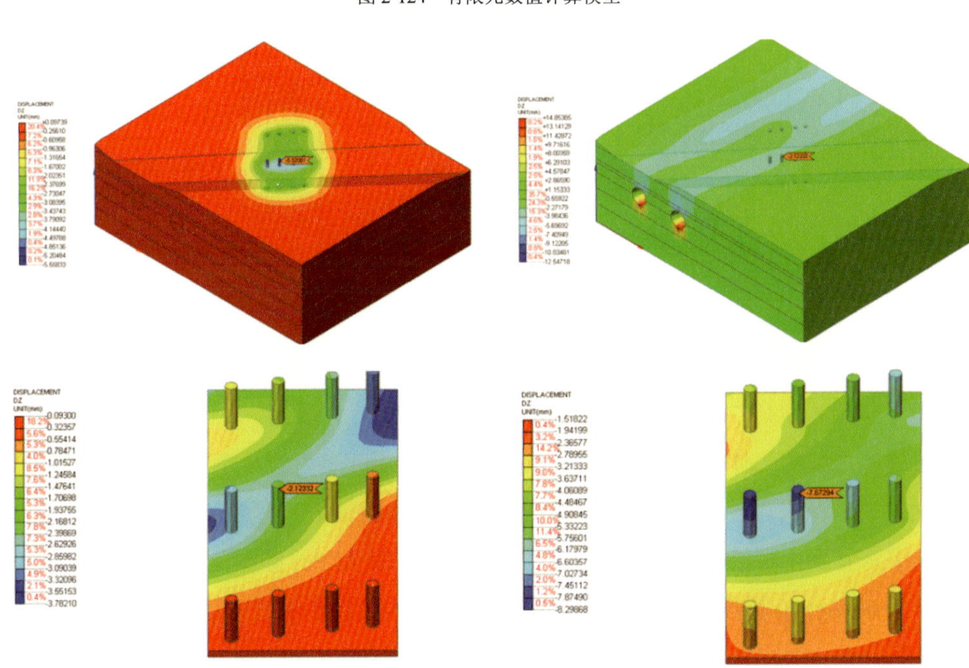

图2-125 有限元分析计算结果

为保证桥梁的安全，具体的安全保护措施有：

（1）在盾构下穿桥梁前对桥梁进行临时封闭；

（2）盾构通过桥梁后及时在管片背后进行袖阀管注浆加固，对隧道结构顶部与筏板基础之间的地层进行加固；

（3）待注浆加固体达到相应的强度要求后，恢复桥面通车；

（4）控制掘进参数，保证低速稳定，防止堵管造成土仓压力波动引发地面沉降。

**3）注浆加固防控低净距下穿主要供水管线风险**

出入段线与西江引水管平行（约155m）段，西江引水管下4.40m宽度范围采用 $\phi$500水泥搅拌桩进行过地基处理（图2-126），搅拌桩桩长3.0 ~ 6.0m。经与西江引水管主管单位沟通，其要求对隧道与西江引水管的管底进行预注浆加固，管线沉降值控制在5mm以内，考虑到后期引水管发生事故时抢险开挖支护的需要，要求提前对下穿段、平行段管线侧面土体进行加固处理，为抢险预留实施条件。隧道下穿引水管段管底与隧道顶部地层主要为〈3-2〉中粗砂层、〈3-1〉淤泥质粉砂层，隧道与引水管平行段管底与隧道顶部地层主要为〈3-2〉中粗砂层、〈3-1〉淤泥质粉砂层、〈4-2B〉淤泥质土层。

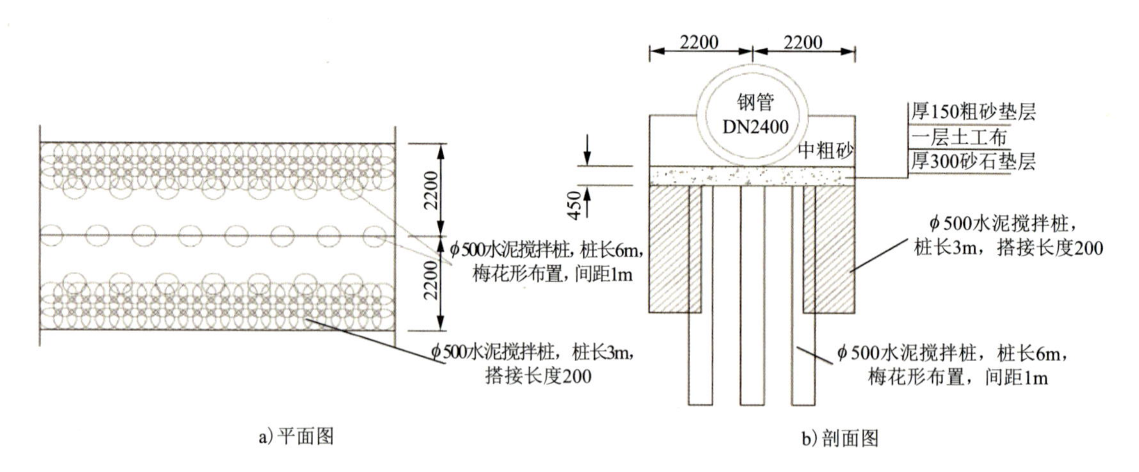


图2-126 西江引水管原有基底加固平、剖面图（尺寸单位：mm）

西江引水管与隧道平面、纵面位置关系如图2-127、图2-128所示。

隧道下穿引水管段75.0m（下穿段55m前后侧各加长10m）影响范围采用注浆加固工艺对管线与隧道之间的土体进行注浆加固（图2-129），以满足西江引水管主管单位的加固要求；同时根据监测情况采用袖阀管对管线进行跟踪注浆，以保证掘进过程中管线的沉降控制。考虑到后期引水管发生事故时抢险开挖支护的需要，下穿段75.0m影响范围内、在引水管两侧各设置6排 $\phi$600@500搅拌桩进行地层加固（隧道范围内搅拌桩施工至隧道顶部），为抢险预留实施条件。

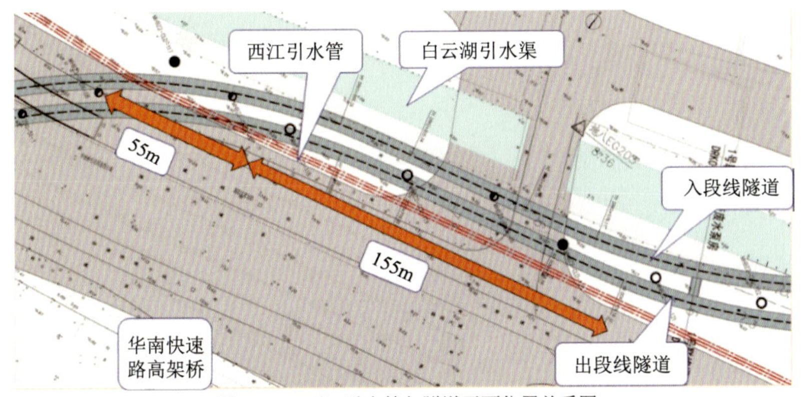


图 2-127 西江引水管与隧道平面位置关系图

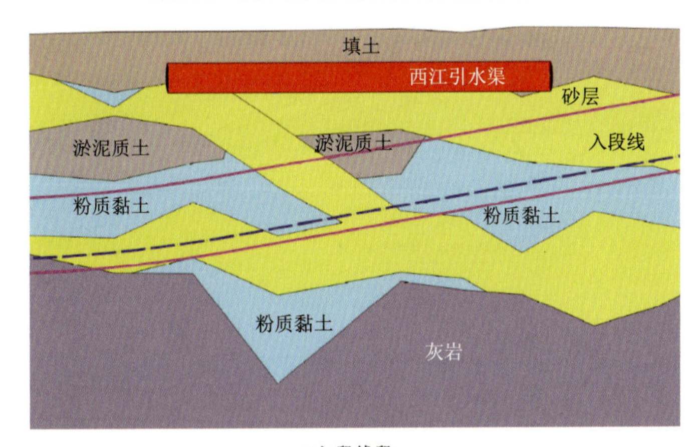


a)入段线段

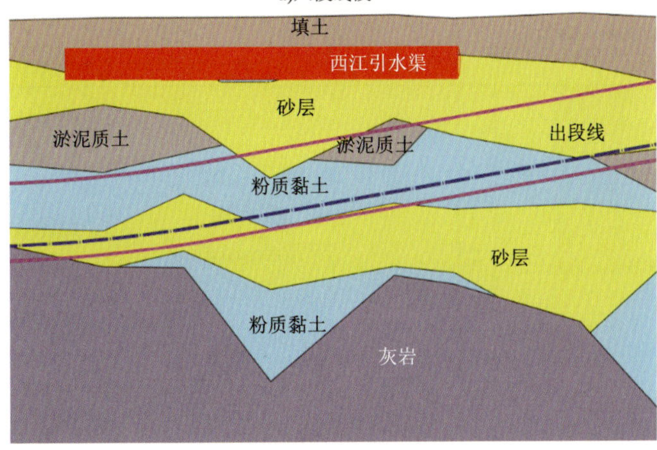


b)出段线段

图 2-128 西江引水管与隧道纵断面位置关系图

隧道平行引水管段（155m）范围考虑到后期引水管发生事故时抢险开挖支护的需要，平行段 155m 范围隧道与引水管之间采用 6 排或 7 排 $\phi$600@500 搅拌桩（该段隧道以 34‰上坡进入吊出井，平行段隧道与引水管间距较大段采用 7 排搅拌桩，其余采用 6 排）进行地层加固，如图 2-130 所示。

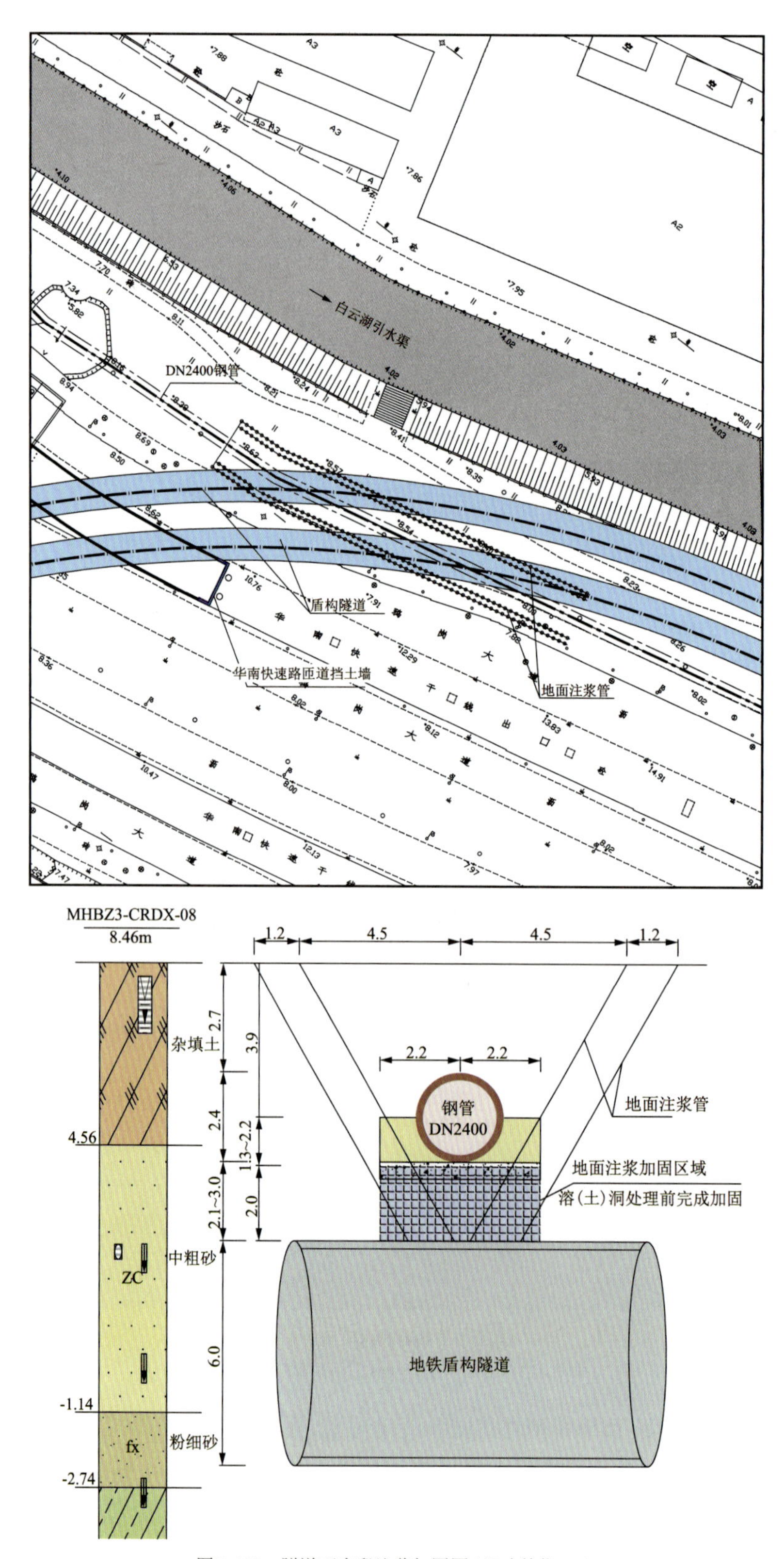


图 2-129　隧道下穿段注浆加固图(尺寸单位:m)

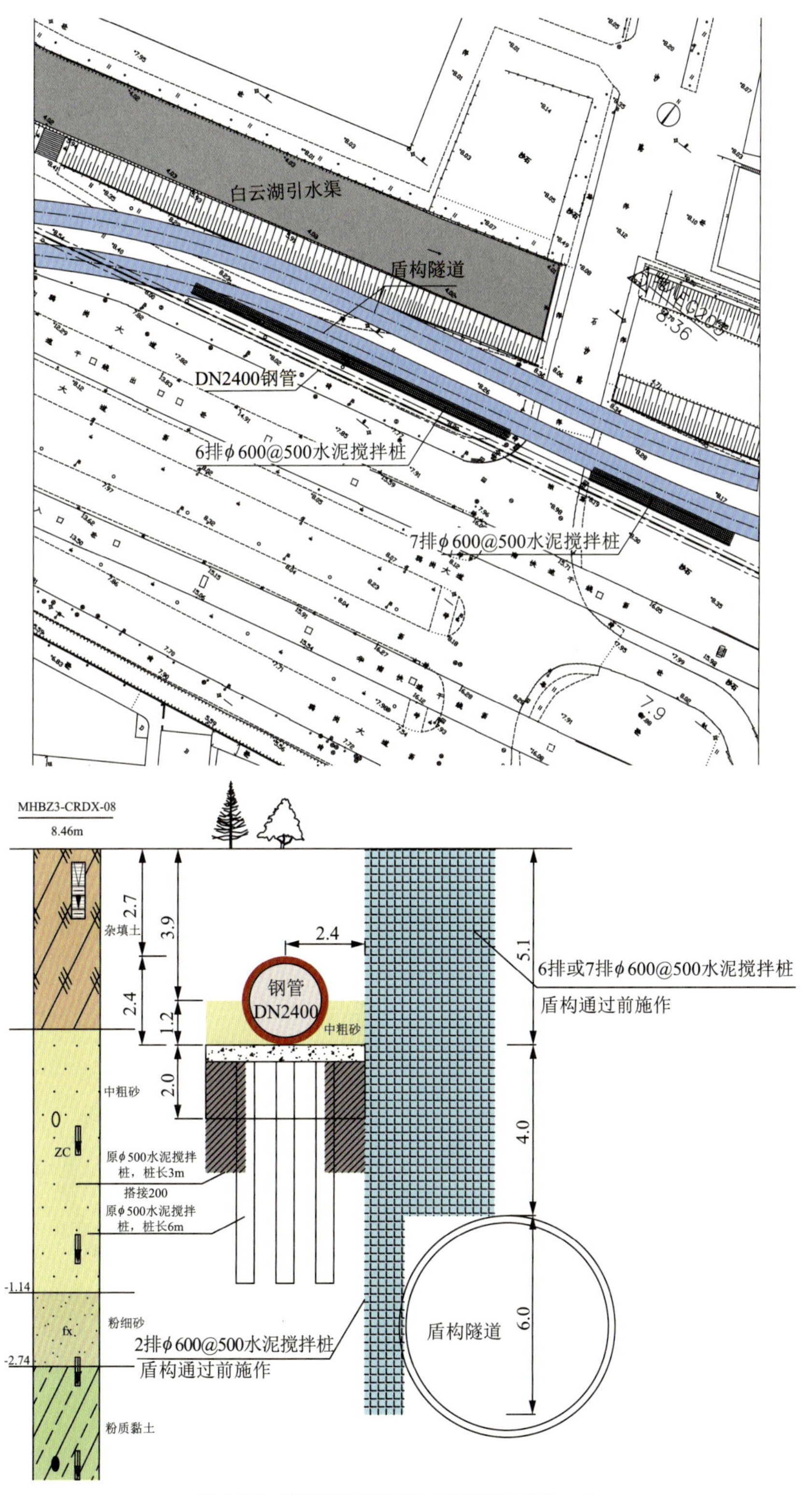


图 2-130 隧道平行段隔离加固图(尺寸单位:m)

下穿掘进过程中，严格控制掘进参数，同时采取盾构注厚浆措施，地面加强监测，做好应急WSS注浆准备。

4）侵限污水箱涵结构凿除处理防控盾构穿越风险

出入段线区间为盾构区间。区间出滘心站后由东北向西南方向敷设。盾构出段线于里程DCK0+904（入段线里程DRK0+831.9）处斜向下穿箱涵（图2-131~图2-132），后进入盾构吊出井，结束盾构掘进。

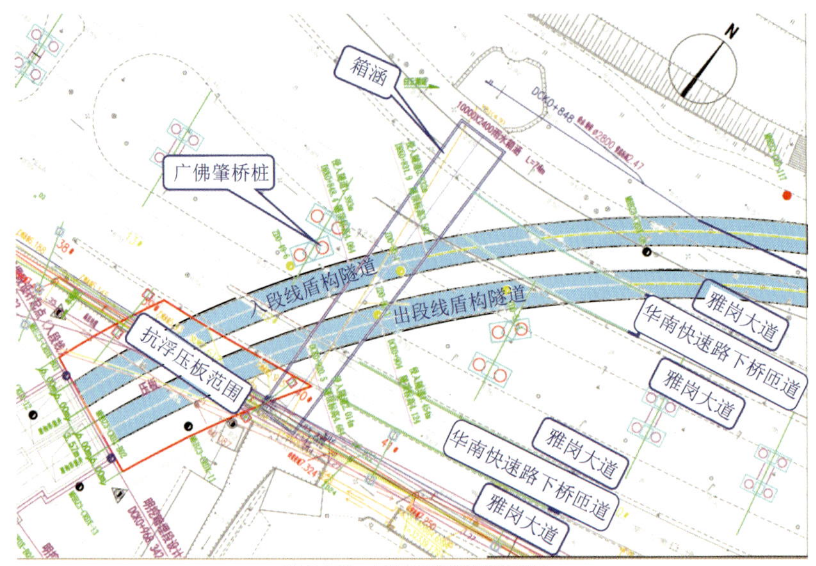


图2-131　区间下穿箱涵平面图

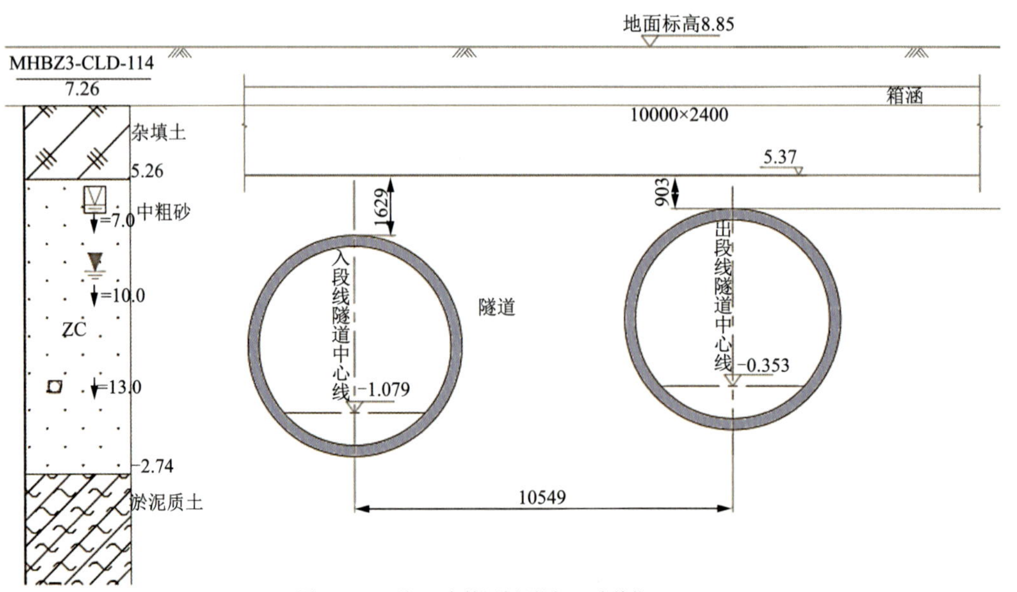


图2-132　区间下穿箱涵剖面图（尺寸单位：mm）

因箱涵地表为鸦岗大道及华南快速路上桥匝道，初步勘察阶段仅测量箱涵两端位置标高，资料显示出入段线距离箱涵距离最小净距为0.9m。在进行华南快速路桥台注浆加固前，对箱涵内部结构进行多次调查和补充勘察，箱涵由两部分组成，两端因鸦岗大道拓宽而扩建的新箱涵净高为 1.6~1.8m，中部的旧箱涵净高为 3m，中部箱涵底板顶标高为 4.05m，厚度为 900mm，采用 $\phi$22 钢筋。经设计复核，中部旧箱涵侵入出段线隧道深度为 0.974 ~ 1.534m，箱涵侵入入段线深度为 0.352 ~ 0.914m。新旧箱涵与出入段线剖面关系如图 2-133 所示。

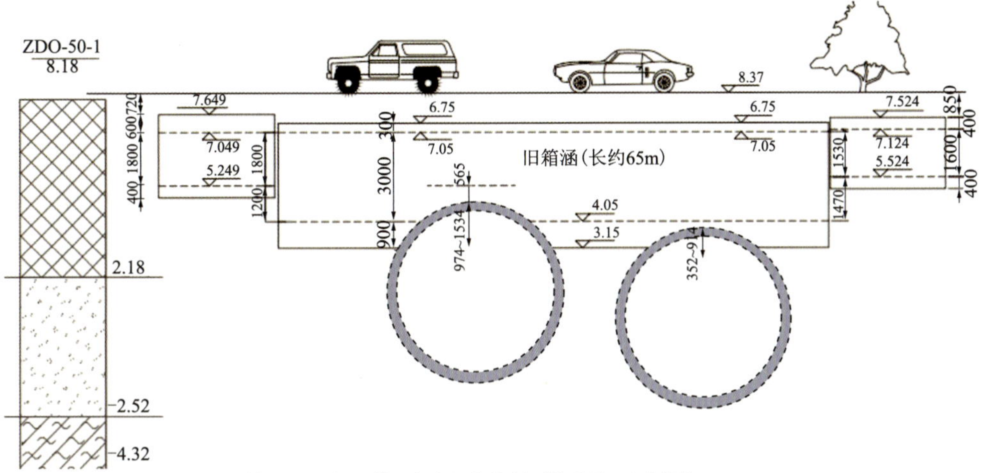


图 2-133 新旧箱涵与出入段线剖面关系图（尺寸单位：mm）

旧箱涵已侵入隧道，为保证盾构掘进及后期运营安全，需提前对箱涵进行处理。经现场调研，箱涵处理措施主要从以下几个方面实施：

（1）箱涵清理；

（2）凿除侵入隧道范围内侧墙底板的钢筋；

（3）制作抗浮压板，并与原箱涵进行植筋连接；

（4）新压板与原底板空隙采用 C20 混凝土充填。

如图 2-134~ 图 2-136 所示。

施工工序：施作施工围堰→ 清除施工范围淤泥→凿除影响范围底板钢筋→填筑 C20 素混凝土→制作新压板→ 盾构掘进。

图 2-134 箱涵清淤

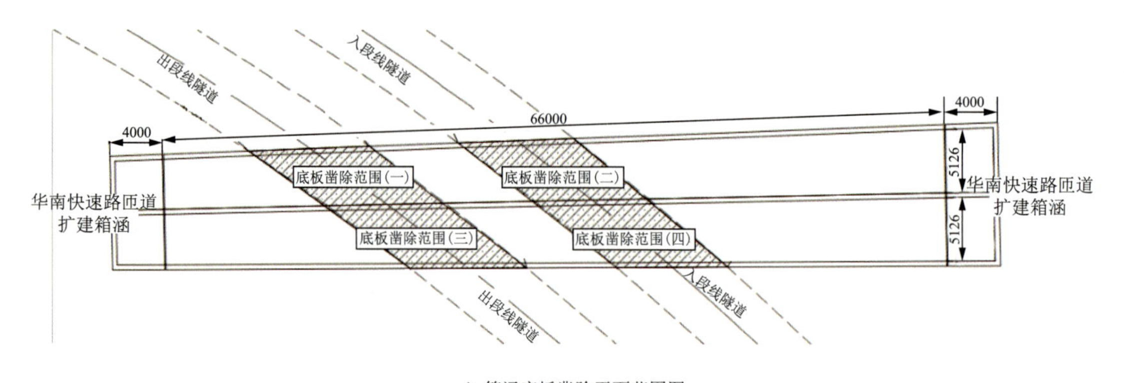


a）箱涵底板凿除平面范围图

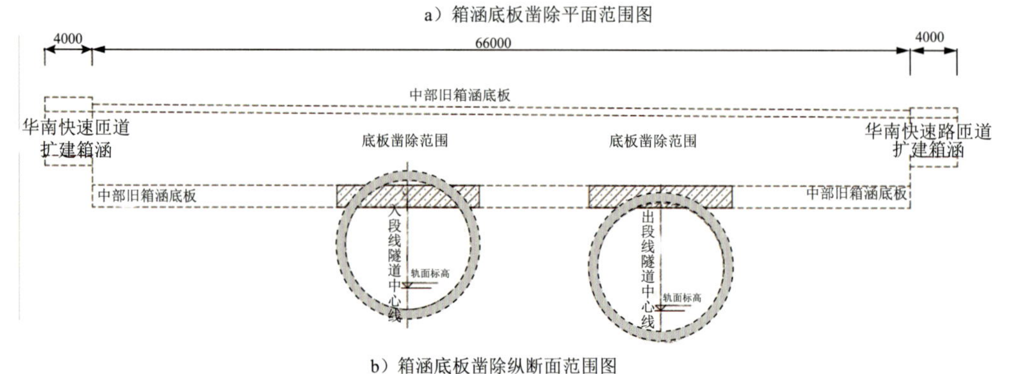


b）箱涵底板凿除纵断面范围图

图 2-135 箱涵底板凿除范围图(尺寸单位:mm)

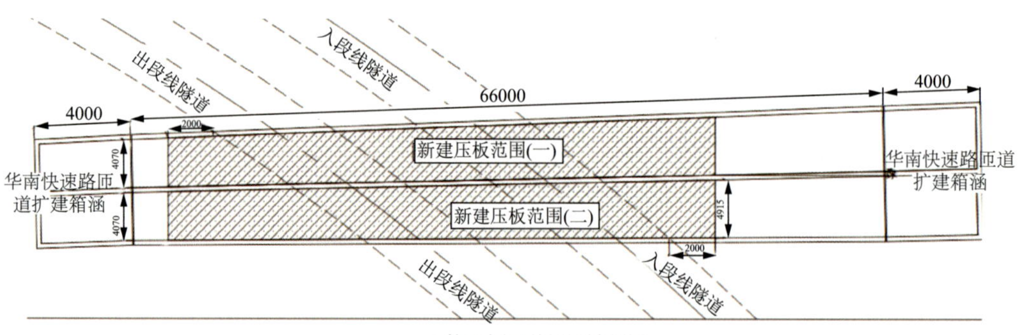


a）箱涵内部压板平面布置图

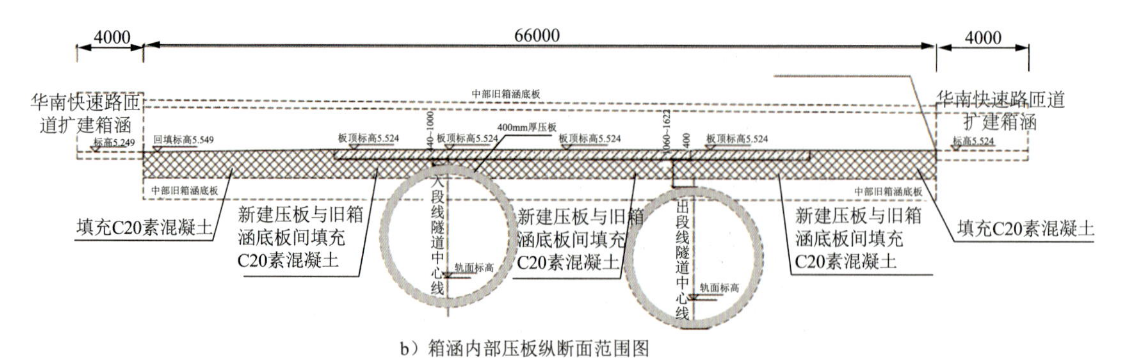


b）箱涵内部压板纵断面范围图

图 2-136 压板及回填素混凝土示意图(尺寸单位:mm)

箱涵处理完成后，经条件核查，盾构恢复掘进，考虑到盾构斜穿箱涵、穿越上硬下软地层及覆土较浅的影响，现场采取了严控盾构参数、加强注浆、加密监测等措施，控制盾构贯入度，防止刀盘切削混凝土时产生较大混凝土块造成堵管，保证稳步低速掘进。另外，安排专人进行泥浆管路清理排查，一旦发生堵管，尽快处理恢复掘进。加强搬站频率和人工复核管片姿态，发现异常时，及时调整掘进参数；姿态异常时，在纠偏过程中，严格控制纠偏量，严禁急纠姿态，并加强地面监测、同步注浆和二次注浆，同时做好地面应急准备。

图 2-137 为混凝土块造成泥浆管路堵管实例。

图 2-137　混凝土块造成泥浆管路堵管

**5）结构抗浮措施防控小曲线浅埋掘进及接收风险**

出入段线区间盾构接收井处于鸦岗大道南侧，临近管线主要为 $\phi$300 给水管、$\phi$500 雨水管及电信管、高压电缆等，管线介于吊出井端头和鸦岗大道之间，如图 2-138 所示。盾构施工可能对其造成一定的影响，盾构接收段处入 250m 曲线及 34‰上坡，盾构接收风险极高。

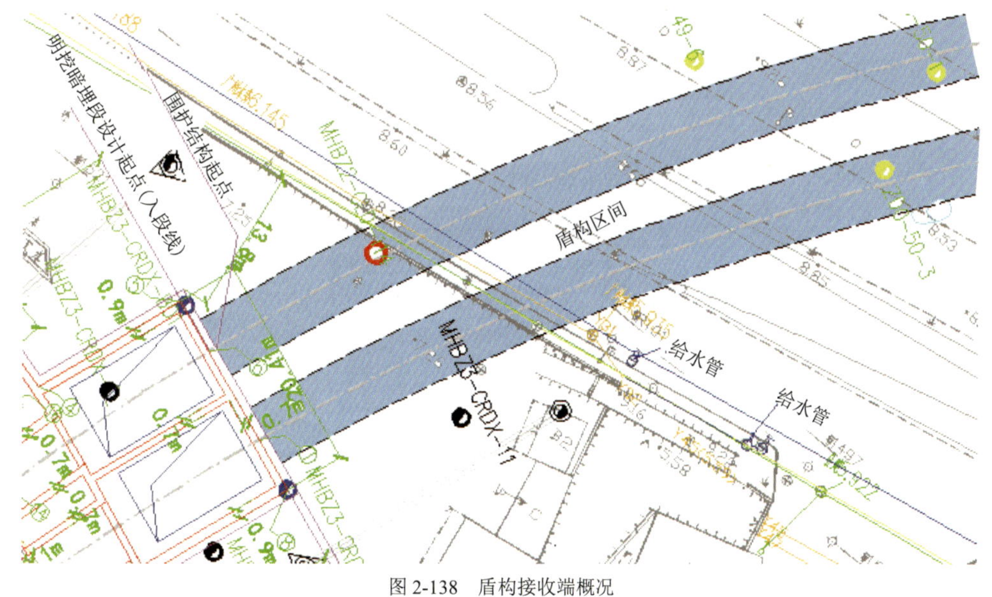


图 2-138　盾构接收端概况

出入段线区间在吊出井端头出洞位置隧道顶部埋深 1.9m，所处地层主要为人工填土、粉细砂、中粗砂、淤泥质土、粉质黏土、砾砂，如图 2-139 所示。盾构出洞掘进过程中容易造成冒浆、地表隆起或者沉降。

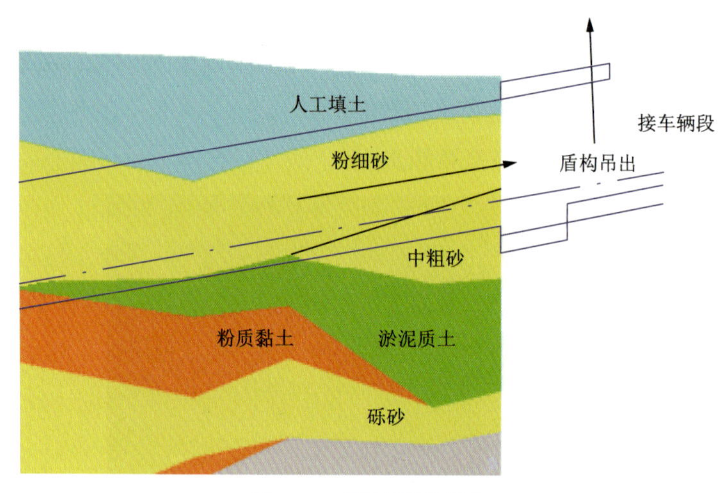


图 2-139　盾构接收端地质

为防止接收端头浅埋段掘进导致地面沉降或隆起，端头浅埋段隧道上方施工混凝土压板 + 抗拔桩抗浮（图 2-140），混凝土压板宽为隧道外结构线向两侧扩 6m，厚 400mm，抗拔桩直径为 800mm，合计 13 根，分布至隧道两侧，间距为 7~10m。其中，抗拔桩采用 C35/P12 水下混凝土，压板采用 C35/P10 混凝土。

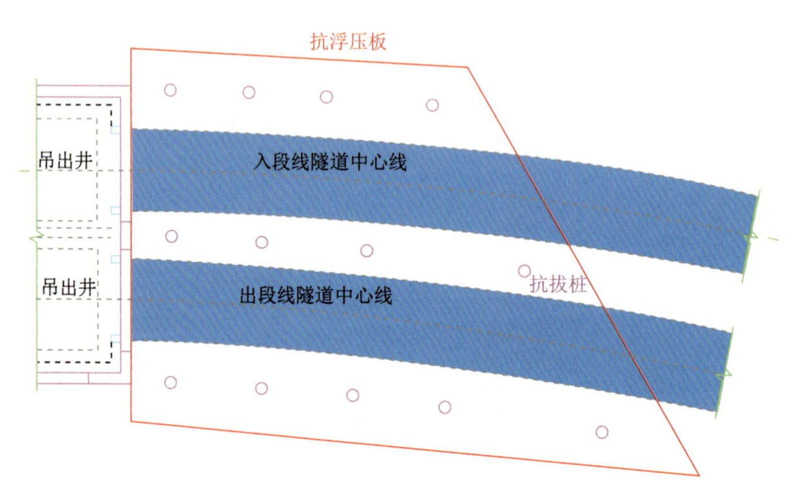


图 2-140　浅埋段混凝土压板和抗浮桩

小半径、浅覆土施工过程中推力不宜过大，否则会造成管片错台、破损及管片侧向位移情况等发生。在小半径圆曲线掘进的过程中，管片受到外侧分力，土体具有的蠕变特性以及出现水平方向土体压力不均，管片在长时间承受千斤顶水平分力等情况，导致管片向外侧整体移动。因此姿态要控制在曲线转弯内侧，同时需加强曲线外侧二次注浆。加强盾构姿态监控，5 环内复核盾构姿态，保证盾构能顺利出洞。

因盾构接收端头管线较多且距离端头较近，同时地质条件较差，旋喷桩加固质量难以保证，因此采用水下辅助接收工艺来保证盾构出洞安全。

因隧道处入 250m 曲线半径，水下接收无法观察到盾构是否能顺利出洞，因此需要严控盾构出洞姿态。盾构采用割线接收，需提前模拟盾构出洞线性，防止现盾构卡洞门。

盾构在加固体掘进时，采取低转速、低推力掘进，同时做好盾构后方二次注浆。盾构掘进至接收井围护结构后，控制掘进速度和推力，防止推倒围护结构，降低掘进速度至 5mm/min，缓慢掘进至刀盘出洞。盾构上托架前要进行姿态复核，必须以理论计算的姿态控制盾构姿态，确保姿态在合理范围内，保证刀盘、盾体可以完全进入到托架上。刀盘出地下连续墙后，停止转动刀盘，盾体沿直线往前用千斤顶顶进。盾构顶进过程中，加强同步注浆，可适当提高同步注浆量，同时做好止水环施工跟进。盾构前盾过洞门帘布后，及时用接收井预留的葫芦拉紧钢丝绳确保盾体与帘布之间捆绑密实（图 2-141），后续再将盾构顶进至预定位置。

图 2-141 利用葫芦进行地面紧固压板

在盾尾脱离主体结构侧墙及出洞环前，对洞门进行注浆封堵。注浆过程中确保注浆效果，保证侧墙及地下连续墙与管片之间双液浆填充密实。洞门封堵及止水环完成后，对注浆孔进行开孔检验，若无渗漏，则封堵质量合格；若有渗漏，则重复注浆直到封堵质量合格。洞门封堵质量检测合格后可对回填泥水进行抽排，先抽排 1m，观察水位是否有上涨，若水位稳定，则继续抽排泥水，抽排完成后人工对井口底板面进行清理。若水位上涨，则需要重新对洞门进行注浆封堵。井口泥浆清理完成后，可利用千斤顶缓慢将盾尾脱离侧墙及管片，直到盾构完全进入接收托架。脱离完成后，对洞门封堵情况进行检验，若出现渗漏情况，则可采取贴钢板及重复注浆措施。

图 2-142 为盾构水下接收情况。

图 2-142　盾构水下接收

## 2.11.3　小结

白云湖出入段线区间周边条件复杂，既下穿白云湖引水渠、西江引水管、华南快速路桥台和桥桩，还浅覆土穿越鸦岗大道，零净距穿越箱涵，施工难度和风险大。

在设计、施工全过程应密切关注既有建(构)筑物、管线、箱涵的情况，对既有收集的资料也要抱有质疑的态度，施工前后应加强现场巡视验证。出入段线斜向下穿箱涵，箱涵横跨既有公路，车流量巨大。初步设计阶段仅摸查到两端扩建箱涵，未发现中部原鸦岗大道旧箱涵，两端扩建箱涵与拟建隧道无冲突，故未采取处理措施。施工阶段采用地质钻机、物探、现场测量等方式对箱涵进行探测，但由于箱涵淤积严重，探索结果与初步设计一致，与隧道无冲突。施工阶段后期，现场巡查人员巡查时发现箱涵可能与摸查情况不符，故采用清除箱涵淤积方式进行实际探查，发现箱涵分为 3 部分箱体，两端的华南快速路建设期扩建箱涵与旧箱涵之间顶板齐平，但底板标高不一。中部原鸦岗大道旧箱涵侵入出段线隧道深度为 0.974 ~ 1.534m、入段线深度为 0.352 ~ 0.914m。经现场钻探发现，中部箱涵底板顶标高为 4.05m，厚度为 900mm，采用 $\phi$22 钢筋。故对该箱涵进行处理，以确保地铁施工和运营安全。

过风险源段要采取必要的加固措施，例如 WSS 注浆、旋喷桩、搅拌桩等，同时需严格控制掘进参数，保证土压稳定。土压波动极易造成地面隆起或者沉降，要依据不同风险采取适当的掘进参数。过地下建(构)筑物、地下桩等时，减缓掘进速度，控制刀盘贯入度，防止堵管造成土压波动进而造成地面隆起或沉降。若下穿建(构)筑物时地层较好，则需要加快掘进速度，减少扰动地层的时间，快速掘进，跟进注浆，同时做好后期二次注浆措施。

小曲线半径掘进时，进入缓和曲线前控制盾构姿态处于曲线内侧，便于盾构转向时的姿态控制。在盾构进入小半径曲线前提前打开盾构主动铰接装置，利用铰接装置使盾构尽量与设计轴曲线拟合，保证盾构有一定的转向趋势。但铰接过程中必须注意每次铰接伸出量控制在 5mm

左右，然后在掘进过程中每掘进 20~30cm 伸出 5mm，直至达到要求的铰接行程差。及时分析掘进数据，选取适当的盾构方位角范围，使盾构保持与设计曲线相当的前进趋势，避免同步千斤顶压差过大导致盾构姿态出现偏差。提前对管片进行预排版，做好管片选型工作；合理控制管片趋势，管片在水平方向向曲线外侧超前，垂直方向向下侧超前，结合管片实际线形和设计线计算出管片的超前量，指导下一步管片拼装，保证管片趋势完好。加密导向系统移站频率，保证盾构姿态测量的准确性，避免全站仪与激光靶距离过远无法搜索目标或测量过程中姿态频繁跳动。同时需加强同步注浆和二次注浆，及早稳固后方管片，防止盾构千斤顶压力差造成管片错台破损，保证隧道成型质量。出入段线小曲线隧道成型质量如图 2-143 所示。

图 2-143　出入段线小曲线隧道成型质量

# 第3章 土建工程工法应用与技术创新

广州是国内城市轨道交通发展最快的城市之一，也是城市轨道交通土建工程各种新工法、新设备、新工艺等创新应用最活跃的城市之一。受地铁线路周边环境和地质条件等因素影响，八号线北延段工程建设过程中存在各类工程建设风险，遇到了众多复杂的土建工程难题。面对这些困难、挑战和风险，建设者们不畏艰难，积极探索技术创新、管理创新，通过突破固化思维、改变设计思路、创新各种施工技术、信息化施工，破解了一个又一个工程难题。

八号线北延段工程穿越地面环境极其严格苛刻的中心城区，地质条件复杂多变的红层区和灰岩区。即使建设过程中地铁沿线进行的各阶段勘察钻孔已经达到一定的密度和数量，但依然无法精确判断每一个建设场地的地质情况，通过设计阶段的防控措施仍无法完全规避因地质情况不精确带来的岩土工程建设风险。另外，土建工程的安全可靠性与施工过程的工艺手段和技术应用有着密切的关系，工法应用和技术创新对土建工程风险的防控有着重要作用。

土建工法除了有其自身的特点外，还要与勘探技术、设备技术、监测技术、风险控制等有着密切的联系。在各方面条件限制较为严格苛刻、工程建设风险较大的八号线北延段土建工程中，通过总结经验教训，进一步创新理论和工法，形成了一套较为完善的关键技术和工法。针对八号线北延段工程沿线不良地质风险，在土建工程技术方面取得了诸多成果。在八号线北延段土建工程施工过程中，针对红层区中心城区及灰岩地层岩溶发育区地铁土建工程建设，总结出溶洞处理灌注砂浆技术、岩溶处理自动化配浆技术、岩溶区地下水位控制技术、岩溶区静爆液压裂岩施工技术、地层注浆加固结合造泥膜辅助泥水盾构压气开仓技术、富水砂层衡盾泥辅助带压开仓技术、岩溶区全断面硬岩盾构掘进防坍塌技术、岩溶区全硬岩及上软下硬地层盾构楔形合金滚刀应用技术、利用旋喷切割法清理盾构土仓技术、浅埋盾构（顶管）水下辅助接收施工技术、长距离供冷与大体积冻结法加固技术、冻结法多重套管成孔技术、顶管施工端头钢板桩加固技术共十三项创新技术和工法。本文将对上述技术进行详细介绍,可为日后类似地区地铁土建工程施工提供有效借鉴。

# 3.1 溶洞处理灌注砂浆技术

八号线北延段地铁施工过程中,往往会遇到地下岩溶发育的地质难题,易引起溶洞坍塌、地面严重沉降。且岩溶地区基岩裂隙发育、富含地下水,地下工程开挖时由于内外水土压力差过大,容易导致突水、涌砂等事故。目前,岩溶处理一般采用袖阀管注浆或打孔抛填等方法对溶洞进行充填。但对于洞高超过 3m 的大型溶洞,采用袖阀管注浆效率低,打孔抛填施工风险大,且溶洞处理质量得不到保证,将给后期施工运营留下极大的安全隐患。为解决大型溶洞处理的实际难题,进行了科技创新研发,取得了溶洞处理灌注砂浆技术的新应用。

## 3.1.1 适用范围和目的

该施工工艺适用于岩溶发育地区地下工程中溶洞洞身高度超过 3m 的无填充或半填充地下大型溶洞预处理的实施。

目的是在地下工程实施建设前通过对岩溶地区溶洞预处理以保证基坑开挖、盾构掘进等工法实施过程中的建设安全,并提高岩溶地区建筑物的地基基础承载力。

## 3.1.2 工艺流程和操作要点

溶洞处理灌注砂浆技术施工工艺流程如图 3-1 所示。

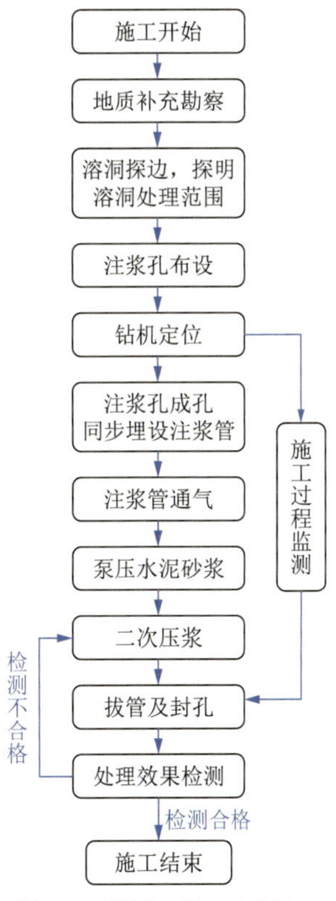


图 3-1 溶洞处理灌注砂浆技术施工工艺流程图

**1 )地质补充勘察**

工程前期地质勘察对地下溶洞的发育及形态未必有详细说明,且前期勘察一般在 20 ~ 30m 间距设一个勘察孔,不能准备反映溶洞发育情况。在施工阶段为了更详细了解溶洞的边界及发育情况,明确溶洞处理的范围,在溶洞处理前进行地质补充勘察。

补勘孔间距可根据工程前期地质勘察资料显示溶洞见洞率进行适当调整。如车站围护结构宜“一槽两钻”,即一幅地下连续墙设置 2 个补勘孔,基坑开挖范围宜 3m 一排布置。区间若见洞率高,则宜沿隧道中心线 5 ~ 15m 设一补勘孔,探边孔为区间洞身范围外放 3m( 图 3-2 )。补勘孔终孔深度应根据地层不同以所在工程技术文件确定。

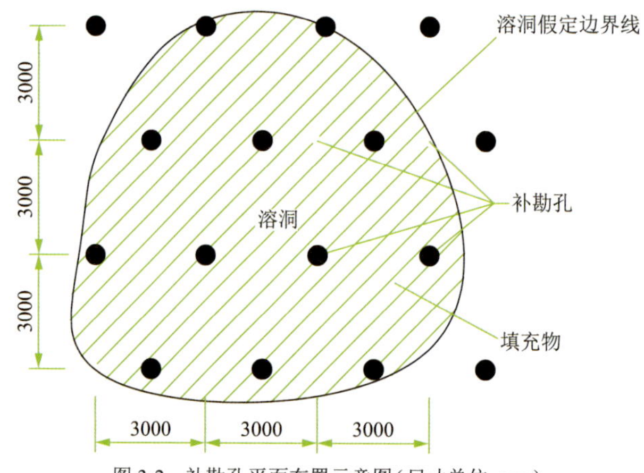

图 3-2 补勘孔平面布置示意图（尺寸单位：mm）

**2）溶洞探边，探明溶洞处理范围**

（1）探边孔平面布设

以揭露有溶洞的补勘孔为基准点，向外每隔 2m 梅花形布设探边孔（图 3-3），勘探溶洞边界，直到探边孔未揭露到溶洞或者施工图纸要求溶洞处理范围为止。确定溶洞处理范围，为接下来注浆孔布置提供更科学的依据。

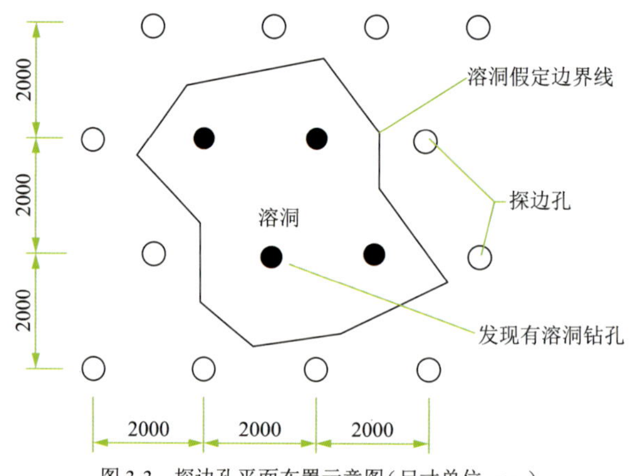

图 3-3 探边孔平面布置示意图（尺寸单位：mm）

（2）探边孔深度

为避免出现串珠状溶洞未处理的情况，探边孔应打穿溶洞，至溶洞底 2m 以上。

**3）注浆孔布设**

根据补充勘察结果绘制简单的溶洞包络图，掌握溶洞发育情况后，选择溶洞理论发育形状中心部位或溶洞高度最大值处布置注浆孔。注浆孔一组 3 个，呈等边三角形布置，每个注浆孔之间相距 1m，如图 3-4 所示。如溶洞平面面积较大，可布置多组注浆孔，每组注浆孔相隔宜为 5m 以上。由于注浆孔直径较大，为避免应力集中，导致压注过程溶洞坍塌，多组注浆孔之间不宜相隔太近。每次不宜超过 1 个注浆孔泵压砂浆，避免溶洞内压力过大，导致溶洞坍塌。

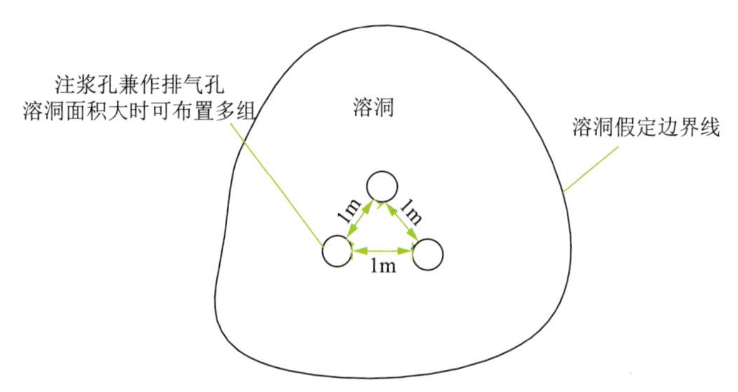


图 3-4 注浆孔平面布置示意图

设置 3 个注浆孔的作用：每个注浆孔既可用作注浆，也可用作为通气以及二次压注浆，当一个孔无法注浆时，则可通过其他注浆孔进行通气或重复注浆。

4 )钻机定位

由现场测量人员放出注浆孔孔位，孔位放样要求及偏差值要求应符合现行《岩土工程勘察规范》( GB 50021 )和《建筑工程地质勘探与取样技术规程》( JGJ/T 87 )的规定。

5 )注浆孔成孔

注浆孔采用锚固钻机成孔，孔径 200mm，并同步埋设 $\phi$200 钢管作为注浆管( 图 3-5 )。其原理是利用 $\phi$200 钢管作为钻杆，下钻之后钢管留在孔内，作为注浆管使用。

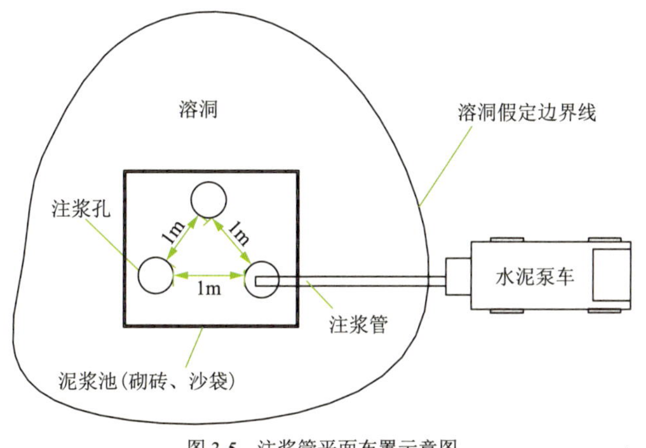


图 3-5 注浆管平面布置示意图

由于成孔过程中有一定的泥浆溢出，故现场需临时设置小型泥浆池，以便收集泥浆，保持施工现场整洁。

注浆钢管下端应到达溶洞顶板下 0.5m 处，上端应高出地面 0.5 ~ 1m，如图 3-6 所示，以方便接驳管道。

6 )注浆管通气

注浆管连接好泵车后，为避免泥浆堵管，通过泵车对注浆管进行加压注水通气，确认管道通畅后方可注水泥砂浆。

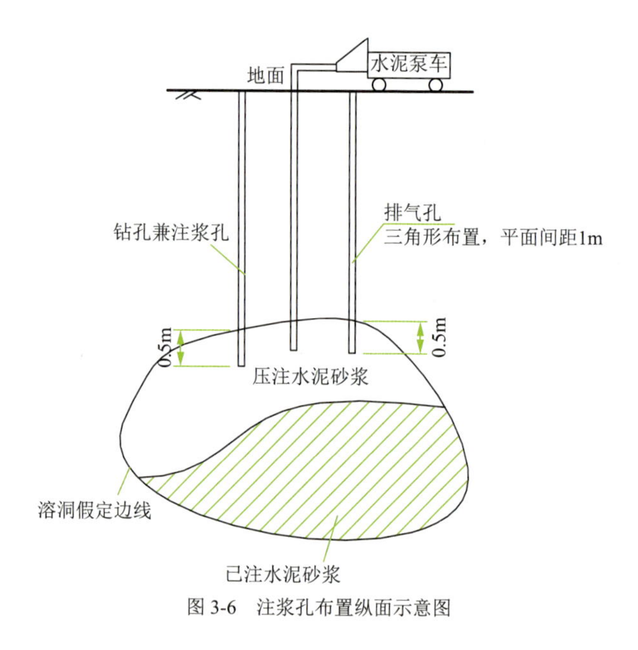


图 3-6 注浆孔布置纵面示意图

注水可采用现场施工用水，压力不宜过大，宜在 1 ~ 2MPa，当 3 个注浆孔同时持续冒出水或较清的泥浆超过 1min 时，可认为管道畅通。

**7）泵压水泥砂浆**

溶洞的形成是由于地下水长期溶蚀的结果。而采用水泥砂浆作为溶洞填充材料，水泥砂浆不易被地下水带走，保证溶洞的充填率，且水泥砂浆固结后具有一定的强度，可达到溶洞处理的目的。

选用 M5 水泥砂浆作为大型溶洞填充料，M5 水泥砂浆配合比：水泥 ∶ 砂 ∶ 水 =1 ∶ 6 ∶ 1.5。水泥砂浆泵注压力宜为 1 ~ 3MPa，可根据溶洞体积及溶洞顶板厚度不同适当调整，不宜大于 4MPa。为保持非注浆孔的通畅，压注砂浆过程中宜适时对非注浆孔进行通气，即停止注砂浆，改为注水，压力宜在 1 ~ 2MPa，当 2 个排气孔同时持续冒出水或较清的泥浆时，可认为管道畅通。

当泵注压力上升到 3MPa 以上且泵送量持续下降，同时根据现场注浆量和该溶洞包络图对比，注浆量达到溶洞理论体积 90% 以上时，可认为该溶洞已初步充填完毕。

为保证溶洞充填率，杜绝质量隐患，对第一次注浆中可能未充填饱满的溶洞从另外两个注浆孔再次泵注充填。补注浆先采用 M5 水泥砂浆作为泵注浆液，泵注压力适当降低，宜为 1 ~ 2MPa。当多次换孔压注后，地面通气孔出现持续冒浆，且冒浆含溶洞填充物较少、浆液较清混合着水泥浆，可结束砂浆泵注。后续采用单液浆 +$\phi$42 袖阀管的方式对溶洞进行补注浆，注浆压力宜为 0.4 ~ 0.8MPa。直到无法注入或注浆孔持续冒浆时，可结束补浆。

**8）拔管及封孔**

溶洞处理完毕后，利用锚固钻机将注浆管逐段拔出。拔管后应立即对孔洞进行封孔。封孔采用水灰比 1 ∶ 1 水泥单浆，宜从孔底回灌，灌满后浆液面稳定 10min 即可，封孔 24h 后再进行二次封堵，待注浆孔密实充填至地面即可。

9）施工过程监测

为确保整个溶洞处理过程的安全，宜全过程监测施工范围周边地面及周边重要建（构）筑物的变化情况，监测范围视溶洞发育情况而定。应及时测量各主要工序施工阶段引起的动态沉降数值，及时反馈现场指导施工。主要的监测内容参见表3-1。

监测项目汇总表　　表3-1

| 序号 | 监测项目 | 监测仪器 | 监测频率 | 监测目的 |
|---|---|---|---|---|
| 1 | 地表沉降 | WILD-N3精密水准仪，因钢尺 | 1～2次/h | 掌握溶洞处理施工对地表及周边环境的影响程度和范围，防止沉降超限 |
| 2 | 重要建（构）筑物沉降 | | | |
| 3 | 重要地下管线沉降 | | | |

注：可根据施工条件和沉降情况增加或减少观测次数，随时将监测信息报告给现场技术人员。

10）处理效果检测

根据现行《建筑地基基础设计规范》（GB 50007）和《建筑地基检测技术规范》（JGJ 340）要求，为保证溶洞处理的效果以及开挖施工的安全，当砂浆达到龄期后，需要对溶洞处理效果进行质量检验，检测要求如下：

（1）溶洞充填注浆效果检验，主要检查填充率及密实程度。

①采用“二次压浆”方法进行填充率检查；

②密实程度检查：采用标贯法测定，标贯值达到“坚硬”状土为优，“硬塑”状土为合格。

（2）对于基底处或基底下浅层溶洞，按下述检查方法与标准进行检测：

①采用随机原位标贯试验，标贯值应不小于10击；

②检查原则和数量：按1%孔数抽查，且不小于3点，每个溶洞均要检测一次。

## 3.1.3 工程实例

八号线北延段某盾构区间，线路出车站后往北沿市政道路前行。该区间左线长1688.527m、右线长1705.855m，隧道底板埋深17～33.5m，采用盾构法施工。

该盾构区间通过地层主要为〈3-3〉砾砂层、〈5C-2〉硬塑状灰岩残积土层、〈7-3〉强风化泥质粉砂岩、〈8-2〉中风化碳质页岩泥岩、〈9C-2〉微风化灰岩。局部为〈9C-2〉微风化全断面灰岩，隧道洞身及底板存在溶（土）洞。本场地基岩均为可溶性岩石，岩溶较为发育，见洞率为32.9%，溶洞串珠形态较多见，并伴有多个大型溶洞。为保证盾构施工安全以及地铁运营后的结构稳定性，盾构施工前必须对隧道洞身周边溶洞进行处理。

本工程实例为该区间右线01号溶洞处理工程。

1）地质补充勘察

由于该区段隧道属溶洞高发育区，按总体技术要求，沿隧道中心线每隔5m设置一补勘孔。隧道底位于〈9C-2〉微风化灰岩，补勘孔终孔深度为隧道底下2m；若发现溶洞，则打穿溶洞，有

0.5m 完整岩层终孔。

右线 01 号溶洞位于区间右线里程 YDK25+350 ~ YDK25+386 段，共计施工补勘孔 7 个，补勘孔编号为 XS-YB1-001 ~ 007，其中 5 个补勘孔揭示有溶洞，具体情况见表 3-2。

各补勘孔揭示溶洞情况　　表 3-2

| 序号 | 编　号 | 入岩深度（m） | 终孔深度（m） | 溶洞位置（m） | 洞高（m） | 洞内填充情况 |
| --- | --- | --- | --- | --- | --- | --- |
| 1 | XS-YB1-001 | 2.20 | 20.30 | -6.15 ～ -6.65/-7.15 ～ -7.55/-7.85 ～ -9.55 | 0.5/0.4/1.7 串珠 | 无填充 |
| 2 | XS-YB1-002 | 3.60 | 18.40 | -5.67 ～ -6.27 | 0.6 | 无填充 |
| 3 | XS-YB1-003 | 3.00 | 17.80 | -5.98 ～ -6.28 | 0.3 | 无填充 |
| 4 | XS-YB1-004 | 5.80 | 17.80 | — | — | — |
| 5 | XS-YB1-005 | 2.20 | 19.20 | -6.61 ～ -8.51 | 1.90 | 少量填充 |
| 6 | XS-YB1-006 | 2.20 | 22.50 | -4.83 ～ -7.53/ -9.33 ～ -11.83 | 2.7/2.5 串珠 | 无填充 |
| 7 | XS-YB1-007 | 6.30 | 17.80 | — | — | — |
| 平均值 | | 3.61 | 19.11 | — | 2.12 | — |

由表 3-2 可知，区间右线里程 YDK25+350 ~ YDK25+386 段施工补勘孔平均入岩深度约 3.61m，溶洞平均高度约为 2.12m，溶洞以无填充为主。

2）溶洞探边

以勘探到溶洞的补充勘察孔为基点，垂直线路方向每隔 2m 布置一排探边孔，探边孔终孔深度同补勘孔。

根据探边孔的钻探结果，绘制溶洞包络图。溶洞包络图包括溶洞平面及横、纵断面包络图。将溶洞平面范围分割成边长 6 ~ 8m 的小区域，边界部分以溶洞边界为准。得出右线 01 号溶洞包络图如图 3-7 所示。

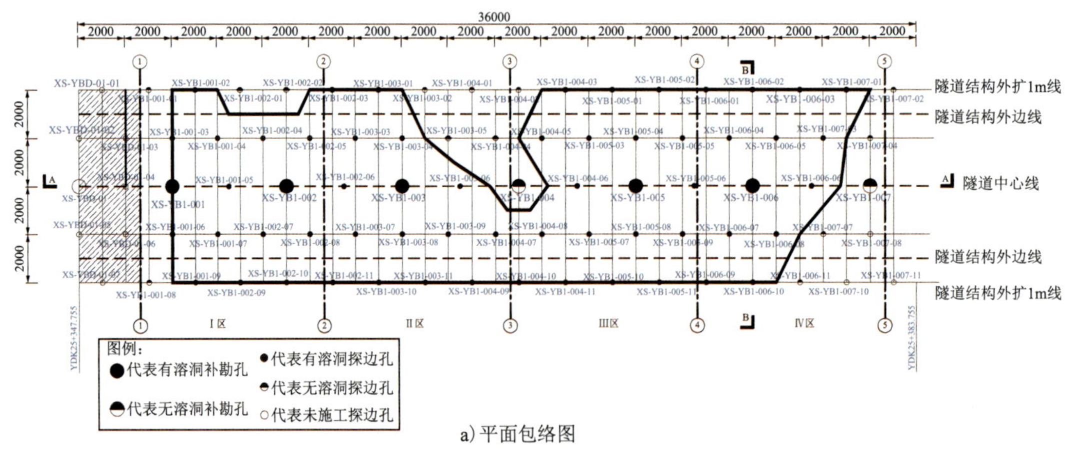


a）平面包络图

说明：图中阴影区域，因场地受限，无法施作补勘孔，本溶洞处理暂以补勘孔XS-YB1-001为边界，阴影区域，待场地允许后再进行补充勘察施工。

图 3-7

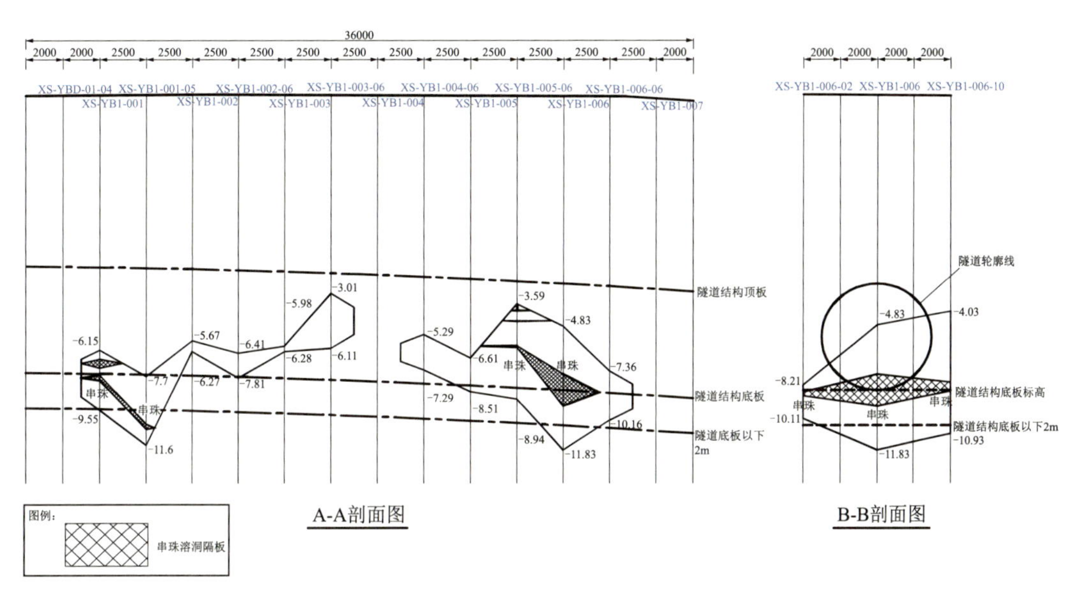


b）横、纵断面包络图

图 3-7 右线 01 号溶洞包络图（尺寸单位：mm）

### 3）处理预估量计算

溶洞预估注浆量（包含单液浆、双液浆、砂浆）按以下方法进行计算：

（1）溶（土）洞平均高度 = 揭露有洞的孔的洞高总和 ÷ 有洞孔总数。

（2）溶（土）洞体积 = 溶（土）洞平均高度 × 溶（土）洞平面面积（由 Auto CAD 量测）。

（3）溶洞的综合扩散系数取为 1.8（按地质综合考虑）：

预估注浆量 = 溶（土）洞体积 ×1.8（包含单液浆、双液浆、砂浆）

该溶洞的 4 个小区域的溶洞处理预估量计算见表 3-3、表 3-4。

**Ⅰ区溶洞处理预估量统计表** 表 3-3

| 钻孔编号 | 溶洞顶标高（m） | 溶洞底标高（m） | 溶洞高度（m） | 钻孔编号 | 溶洞顶标高（m） | 溶洞底标高（m） | 溶洞高度（m） |
|---|---|---|---|---|---|---|---|
| XS-YB1-001 | -6.15 | -9.55 | 2.60 | XS-YB1-001-09 | -5.33 | -9.40 | 3.77 |
| XS-YB1-002 | -5.67 | -6.27 | 0.60 | XS-YB1-002-04 | -5.29 | -9.20 | 3.61 |
| XS-YB1-001-02 | -5.95 | -10.00 | 3.75 | XS-YB1-002-05 | -4.94 | -9.19 | 3.95 |
| XS-YB1-001-03 | -4.22 | -8.20 | 3.68 | XS-YB1-002-07 | -6.91 | -12.51 | 5.00 |
| XS-YB1-001-04 | -7.50 | -8.90 | 1.40 | XS-YB1-002-08 | -4.33 | -8.590 | 3.86 |
| XS-YB1-001-05 | -7.70 | -11.60 | 3.60 | XS-YB1-002-09 | -6.72 | -10.90 | 3.78 |
| XS-YB1-001-06 | -6.54 | -10.50 | 3.66 | XS-YB1-002-10 | -7.50 | -12.30 | 4.80 |
| XS-YB1-001-07 | -5.56 | -9.61 | 3.75 | | | | |

Ⅰ～Ⅳ区溶洞理论体积计算　表 3-4

| 区域编号 | 小计 | | | | 计算过程 |
|---|---|---|---|---|---|
| Ⅰ区 | 洞高总和(m) | 52.91 | 孔数 | 15 | 平均高度(m)=52.91÷15=3.527 |
| | 面积($m^2$) | 49.50 | | | 溶洞理论体积($m^3$)=49.50×3.527=174.603 |
| Ⅱ区 | 洞高总和(m) | 57.45 | 孔数 | 15 | 平均高度(m)=57.45÷15=3.83 |
| | 面积($m^2$) | 50.62 | | | 溶洞理论体积($m^3$)=50.62×3.83=193.8746 |
| Ⅲ区 | 洞高总和(m) | 68.43 | 孔数 | 18 | 平均高度(m)=68.43÷18=3.80 |
| | 面积($m^2$) | 59.00 | | | 溶洞理论体积($m^3$)=59.00×3.80=224.2 |
| Ⅳ区 | 洞高总和(m) | 66.28 | 孔数 | 13 | 平均高度(m)=66.28÷13=5.098 |
| | 面积($m^2$) | 44.50 | | | 溶洞理论体积($m^3$)=44.50×5.098=226.861 |
| 溶洞总体积($m^3$) | | 174.603+193.8746+224.2+226.861=819.54 | | | |

由表 3-4 计算可知，01 号溶洞的理论总体积为 819.54$m^3$。

则：该溶洞的预估注浆量 = 溶洞理论总体积 ×1.8（包含单液浆、双液浆、砂浆）

=819.54$m^3$×1.8 =1475.17$m^3$

**4）注浆孔布设**

根据溶洞包络图，在溶洞最深处位置布置注浆孔，即在 XS-YB1-001-05、XS-YB1-006 附近布置两组注浆孔。

**5）溶洞灌注砂浆处理**

按技术方案要求对右线 01 号溶洞进行灌注砂浆处理。砂浆采用厂拌预制 M5 水泥砂浆。

注浆孔一组 3 个孔，采用锚固钻机成孔，孔径 200mm，并同步埋设 $\phi$200 钢管作为注浆管，如图 3-8 所示。

注浆管连接好泵车后，通过泵车对注浆管进行加压注水通气，确认管道通畅后方可注水泥砂浆，如图 3-9 所示。

图 3-8　注浆孔布置现场

图 3-9　泵压砂浆现场

由于两组注浆孔距离较近，为保证安全，每次仅对一个注浆孔进行灌注水泥砂浆，如图 3-10 所示。

灌注砂浆完成后，为保证溶洞充填率，对溶洞补注单液浆，如图 3-11 所示。

根据现场施工记录统计，01 号溶洞灌注砂浆为 787m³，二次袖阀管注浆 623m³，01 号溶洞总的实际注浆量为 787m³+623m³=1410m³，实际注浆量在该溶洞的预估注浆量 ±10% 范围内。

图 3-10 灌注水泥砂浆现场

图 3-11 补注单液浆现场

溶洞处理完毕后，对孔洞进行封孔。封孔采用水灰比 1∶1 水泥单浆，宜从孔底回灌，灌满后浆液面稳定 10min 即可，封孔 24h 后再进行二次封堵，待注浆孔密实充填至地面即可。

### 3.1.4 效果评价

溶洞处理完成后 28 天，砂浆达到龄期后进行溶洞处理效果检测。检测采用随机原位标贯试验，标贯值应不小于 10 击。溶洞检测结果见表 3-5。

**溶洞检测结果** 表 3-5

| 孔号 | 土层厚度 | 钻孔深度（m） | 钻孔溶洞描述 | 标准贯入试验结果 |
|---|---|---|---|---|
| YQJ-RD-01 | 14.71 | 17.56 | 0.00 ～ 14.71m 未见溶洞；<br>14.71 ～ 15.15m 为灰岩；<br>15.15 ～ 17.01m 为溶洞（砂浆充填）；<br>17.01 ～ 17.56m 为灰岩 | ① 15.30 ～ 15.60m 实测锤击数为 18 击；<br>② 15.83 ～ 16.13m 实测锤击数为 17 击；<br>③ 16.61 ～ 16.91m 实测锤击数为 19 击 |
| 本次共检测溶（土）洞注浆孔 1 个（检测部位：区间溶洞处理），检测结果如下：<br>所检测 1 个孔发现溶（土）洞存在，主要由水泥浆、水泥砂浆、黏性物质充填；所检测 1 个孔溶（土）洞注浆体标贯值数＞10 击，满足设计要求 | | | | |

检测结果实测锤击数平均为 18 击，溶洞处理质量符合设计及相关规定要求，如图 3-12、图 3-13 所示。

图 3-12 效果检测抽芯现场

图 3-13 车站基坑范围内溶洞处理后挖出效果

## 3.2 岩溶处理自动化配浆技术

岩溶发育地层中，在进行地下土建施工前，需对地层进行加固处理，提高地层稳定性。目前，传统的注浆施工一般比较简单，由施工人员分别按设计配合比将袋装水泥或水泥、水玻璃两种原材料放进浆液调配圆桶中进行浆液调配，再通过搅拌池进一步搅拌，由注浆泵经注浆管道输送至袖阀管进行注浆。相对于其他的施工方法，它的工程实施规模小、设备简单。但正因传统的注浆工艺设备简单，注浆过程中会出现受人为因素影响较大，浆液配合比操作中存在一定程度上的误差，浆液性能和注浆质量难以得到保证。同时，注浆施工过程中往往会出现扬尘、浆液流失等污染环境，且施工效率低，作业人员劳动强度大。为保证注浆质量，提高注浆效率，节能环保，形成了一套自动化配浆系统。

### 3.2.1 适用范围和目的

自动化控制绿色注浆系统，为单液浆、双液浆注浆系统，主要用于溶（土）洞处理、地基加固等注浆施工。通过对注浆施工工艺的创新优化，提升浆液性能，优化下料控制，将注浆施工形成系统，实现注浆施工自动化。整个系统集成度高、操作简易，可实现原材料自动定量输送，排除人员操作偏差，施工效率倍增，保证浆液配比，具有良好的密封性，改善施工现场文明施工状况，实现绿色施工，从而降低工程成本，提高企业效益。

### 3.2.2 工艺流程

本工艺流程如图 3-14 所示。

鉴于传统注浆工艺出现的各种不足因素，对传统工艺出现的问题进行分析，发现主要症结在于下料和搅拌。在此基础上，系统整体划分为三个组件，分别为原材料存储组件、搅拌组件（一级搅拌池、二级搅拌池）和注浆集成组件，如图 3-15 所示。针对下料出现的扬尘污染、水泥残留、浆液配合比控制等问题，系统采用称重螺旋输送机作为“桥梁”，将散装水泥罐与搅拌池连接，实现原材料下料自动、定量运输，以及保证水泥密闭输送，杜绝扬尘。同时，设置二级搅拌池，保证浆液搅拌满足要求。利用称重螺旋输送机将水泥材料存储组件与一级搅拌池桥接，并利用管道将搅拌池之间、搅拌池与注浆集成组件之间连接起来。

**1）原材料存储组件**

自动化控制绿色注浆系统，为水泥浆及双液浆（水泥和水玻璃混合浆液）注浆系统，其原材料主要是水泥和水玻璃。水玻璃按一般方法采取灌装；而水泥则采用散装水泥罐存储，主要目的是为了结合称重螺旋输送机，实现定量、自动下料。同时，使用散装水泥可节约包装资源，减少水泥损耗，存储的水泥质量有保证，减少仓储场地，大大改善劳动条件，减少环境污染。

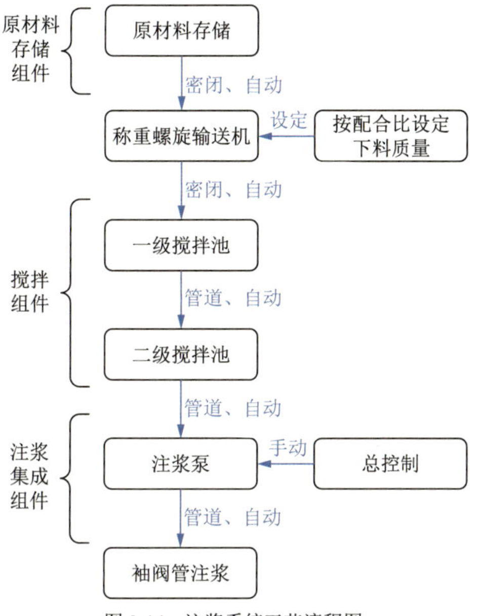


图 3-14　注浆系统工艺流程图

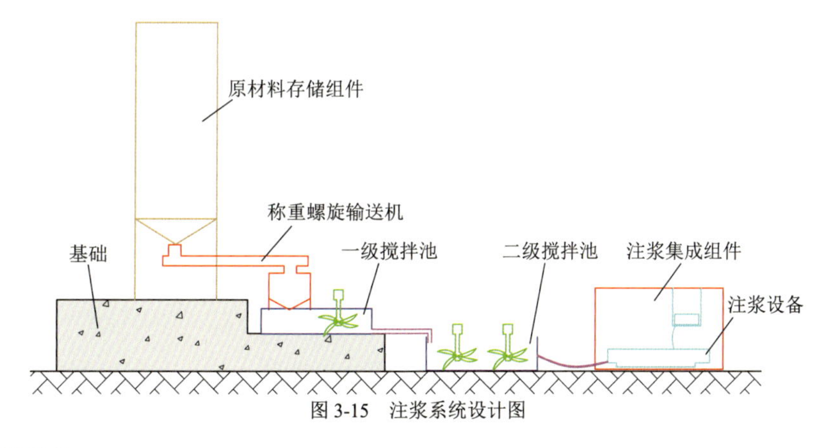


图 3-15　注浆系统设计图

2 )搅拌组件

通过搅拌试验,确定采用二级搅拌使浆液性质达到均匀状态。为使整个搅拌组件合理运作,利用浆液的重力作用,将二级搅拌设备按梯度布置,减少能源投入。同时,在搅拌池安置搅拌设备,实现自动化搅拌施工,从过程中排除人员操作偏差,降低劳动强度和减少劳动力的投入。整个搅拌组件均为自动化运作,确保浆液供给连续。

3 )注浆集成组件

系统的总控制主要设置在注浆集成组件中,集中设置注浆泵,实现统一控制注浆。将所有注浆机械及其配套设备存放于控制室,以便于保护和统一管理。

各个组件之间主要采用管线连接。其中,水泥原材料与一级搅拌池采用称重螺旋输送机桥接,运用螺旋输送机的特性实现水泥自动、定量下料,且因其密闭性好,消除了使用袋装水泥产生的扬尘污染。而一级搅拌池与二级搅拌池之间采用 $\phi$300 钢管连接,避免水泥浆未搅拌均匀导致管网阻塞。二级搅拌池与注浆集成组件之间采用柔软的塑料管,有利于管网连接和移动。

### 3.2.3 工程实例

2014 年 9 月 26 日,自动化控制绿色注浆系统正式投入到八号线北延段某车站岩溶处理分部工程施工中,如图 3-16 所示。

图 3-16　自动化控制绿色注浆系统及其应用

整个系统运作正常,且操作简易,人员的劳动强度大大降低,仅需投入 1 名管理人员、3 名工人,施工过程除了注浆设备的开关及异常情况处理需人工操作外,其他组件的工作均是自动化运作,投入人力资源约是传统工艺人员投入的一半。整个注浆过程无扬尘污染,且材料均定量输送,确保了浆液配合比符合设计要求,保证了注浆质量符合设计及规范要求。

通过观察、记录该系统运作动态,并统计了系统投入岩溶处理的日注浆量达到 294.94$m^3$/d,整体施工效率高,且溶(土)洞处理效果经检测满足设计及规范要求。

### 3.2.4 效果评价

该系统贯彻了绿色施工的理念,提高了现场文明施工质量。由于该系统的集成度高,设备整齐有序,现场不需堆放大量袋装水泥,扬尘得到有效控制。并由于该系统自动化程度高,浆液不会四处流淌,施工现场整洁。

在全国工程建设火热的形势下,注浆技术凭借实用性非常强、应用范围非常广的特点已广泛应用于工程建设中,相信在此基础上创新优化后的本技术会在地基处理、溶(土)洞处理等注浆施工中可以得到很好的推广和利用。

## 3.3 岩溶区地下水位控制技术

广州地质情况复杂多变,八号线北延段沿线主要不良地质有断裂、砂土液化、岩溶等,特殊性岩土有填土、软土、残积土及风化岩。线路又基本在老城区内穿越,深基坑施工环境条件差,基坑周边地下设施分布状况非常复杂,施工过程对周边环境风险控制有非常严格的要求。

深基坑施工过程可能引起的环境风险主要包括基坑周边地表沉降，地下水下降，周边土体向坑内侧向位移，临近建（构）筑物沉降、倾斜、开裂，周边管线沉降、变形等。

基坑开挖深度、基坑支护结构的变形及基坑降水导致的基坑周围地下水位降低是引发周边环境风险的主要原因，且距离基坑2倍开挖深度范围外的地下水位降低是引发地面沉降的主要因素。因此，基坑施工过程中，有效控制基坑周边地下水位变化是控制基坑周边地表沉降变形的关键，深基坑施工过程中的水位监测和地下水回灌技术尤为重要。

## 3.3.1 适用范围和目的

基坑降水可能引起较大面积沉降，深基坑施工时宜进行地下水位监测和布置地下水回灌井。可根据具体情况，采取抽水和回灌同步进行，或先抽水后回灌措施。降水运行前，应通过现场抽水试验和回灌试验等方法确定回灌井点的位置和数量。当降水影响范围内有重要建（构）筑物时，应按照其保护要求，在其附近采取布设回灌井点等地面沉降防治措施，并对地下水位进行监测，如基坑深度较大、周边环境复杂，需加密监测频率、提高监测效率、确保测量精度、保证数据传递时效性时，可采用地下水位自动监测系统进行监测。目的是保证深基坑施工过程中有效控制基坑周边水位变化，减少周边地表沉降，降低建设风险。

## 3.3.2 工艺流程

**1）系统构成**

（1）回灌系统

回灌系统示意图如图3-17所示。

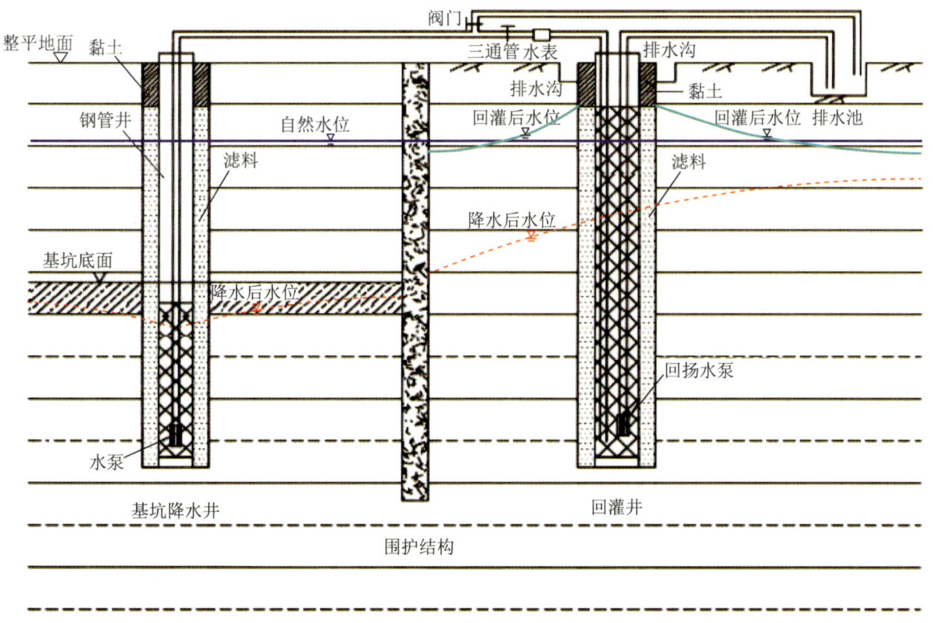


图3-17 回灌系统示意图

（2）地下水位自动监测系统构成

地下水位自动监测系统主要由用户端、云服务器、监测设备三部分构成，如图 3-18 所示。用户端可采用电脑、手机等，可多用户端同时进行。云服务器主要包括数据接收、储存中心。监测设备包括水位传感器、数据采集发送装置等，也可组合流量、水质、温度等数据的监测设备。地下水位远程自动监测系统主要有水位上报、图表汇总、水位报警、工程详情、测点管理、日志功能、资讯等功能。

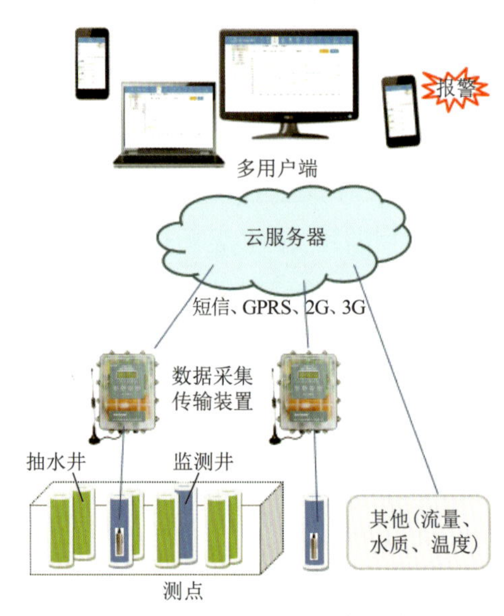


图 3-18　地下水位自动监测系统示意图

2）施工工艺

施工工艺包括：①放线定位；②回灌井钻孔；③清洗换浆；④井管安装；⑤填料；⑥洗井回灌。

3）回灌井成孔

（1）钻孔孔斜不超过 1%，要求整个钻孔孔壁圆整光滑，下入井管垂直度也要求不得超过 1%。

（2）泥浆：钻进中保持泥浆相对密度在 1.1 ～ 1.2 之间，并尽量采用地层自然造浆，返回孔内泥浆不含泥块，返出的泥浆含砂率小于 5% 才能提钻。填砾料前泥浆相对密度为 1.05 ～ 1.1。

4）回灌井成井

（1）井内管井、过滤器等安装：在井底安装 1 ～ 2m 长的沉淀管，在地下水回灌目的层安装双层缠丝填砾过滤器。

（2）填砂：当井管过滤器安装完成后，井管外侧填筑级配砾砂作为过滤层。回灌井填砂应严格控制填砂规格和级配。填筑砾砂直径为地层砂直径的 8 ～ 12 倍。砾砂的填筑采用动水回填法。

（3）止水：为防止含水层互相沟通，级配砾砂填筑完成后，填筑 4m 厚膨胀止水黏土层，上部采用 1m 厚素混凝土封闭。

（4）洗井：井外的止水层形成后，进行洗井，洗井采用活塞与空压机联合洗井方法，洗井后水的含砂率不大于 0.1%。

（5）封井口：试抽水结束后，回填因洗井和抽水引起的管井周边回填黏土下沉留下的空间，同时采用 4 ~ 10mm 厚钢板封井口，在钢板中预留井内水泵的出水管、回灌管、电缆线的插孔并做好密封。

**5）地下水回灌地面装置**

（1）当回灌井全部完成后，进行回灌地面仪器安装。地面仪器主要有压力表、流量表、加压泵和阀门。

（2）连接完成后，进行回灌试压调试，分别用不同的回灌压力，记录回灌流量，并观测附近水位观测孔，寻找符合要求的最佳回灌参数配置。回灌压力采用 0.1 ~ 0.3MPa，并应充分考虑回灌含水层的渗透系数和储水系数。

**6）回灌井的运行**

（1）地下水的回灌采用压力或者真空回灌。

（2）压力回灌过滤网的抗压强度应满足压力回灌要求。回灌系统应密封。

（3）回灌水采用自来水或抽出的地下水经三级沉淀后再行回灌，不得采用污染水体，也不能采用含有固体物质（砂、土及其他杂质等）的水体，否则会影响回灌效果。

（4）回灌压力采用循序渐进的方式增压，压力大小 0.1 ~ 0.3MPa 不等，压力稳定到回灌量基本不变为止。

（5）回灌系统与井点降水系统应同步进行。当其中一方停止工作时，另一方也应停止工作，不得单方面停止工作。要求回灌与降水在正常施工中必须同时启动、同时停止、同时恢复。

（6）在回灌保护范围内，应设置水位观测井。根据水位动态变化调节回灌水量。

（7）回灌井施工结束至开始回灌，应至少有 3 周的时间间隔，以保证井管周围止水封闭层充分密实，防止或避免回灌水沿井管四周向上反渗。

（8）回灌井启动条件：基坑周边地下水位累计沉降超过 1600mm（一天累计沉降超过 500mm）。

**7）注意事项**

若坑外水位降深过大或沉降过大接近或超过报警值时，需要对坑外备用井进行回灌。

（1）回灌系统运行前，准确测量各观测孔水位，排设好回灌管路，回灌井上安装三通阀、止水阀、回水阀、水表；回灌井周边设置排水沟，防止回灌水溢出及排放回灌井回扬水。

（2）回灌水源：为自来水管网中符合水质标准的水，或者降水井中抽出的经过三级沉淀后的地下水。

（3）回灌开始时间：基坑开始进行降水工作时或坑外水位降深过大时，便可启动回灌井。

(4)回灌结束时间:直至基坑降水工作结束,或者是地下水位上升至初始水位标高。

(5)回灌压力:地面回灌系统设计应有增压措施或真空措施。当采用加压回灌时,由于回灌井止水采用压密注浆,井口压力宜达到0.1 ~ 0.3MPa,并定时回扬。

(6)回灌深度:浅层含水层回灌井深度宜进入基坑降水目的层层底下2m以上,且位于渗透性较好的含水层中,过滤器的长度应大于降水井过滤器长度。

(7)回灌过程中,若出现因围护结构缺陷而导致的基坑管涌、渗水等情况,应立即停止回灌井运行,待堵漏完成后再进行回灌井运行。

### 3.3.3 工程实例

1)$\phi$200回灌井工程概况

(1)工程概况

八号线北延段某车站选址于白云区两条城市主干道交汇处。车站为换乘站,为地下两层车站(局部三层),车站全长575.1m。车站主体围护结构采用厚度为1000mm、800mm地下连续墙加竖向3道内支撑的形式,第一、二道支撑均采用钢筋混凝土支撑,第三道支撑采用钢支撑+混凝土支撑,地下连续墙接头采用工字钢接头。车站基坑由中隔墙划分为南、北两个独立基坑。目前在车站北段施工了回灌井,该区段基坑为地下二层,基坑开挖深度为18.0 ~ 20.8m,宽度为23.1 ~ 26.6m,长度为300.4m。

(2)地质水文情况

根据沿线所揭露地层的地质时代、成因类型、风化程度等工程特性,该站分布的岩土层共有8层,各层内根据地质情况有必要再细分亚层。车站主体围护结构场地范围内岩土层分为6层(16个亚层):〈1〉人工填土、〈3-1〉粉细砂、〈3-2〉中粗砂、〈3-3〉砾砂、〈4N-1〉流塑~软塑状粉质黏土、〈4N-2〉可塑状粉质黏土、〈4N-3〉硬塑状粉质黏土、〈4-2A〉流塑状淤泥、〈4-2B〉流塑~软塑状淤泥质土、〈5C-1A〉软塑状粉质黏土、〈5C-1B〉可塑状残积粉质黏土、〈5C-2〉硬塑状残积粉质黏土、〈6C〉全风化岩、〈7C〉强风化岩、〈8C〉中风化岩、〈9C〉微风化岩。

根据勘察报告,该区域稳定水位埋深为3.5 ~ 5.8m,局部砂层覆于灰岩上,孔隙水和岩溶水水力联系密切,具有统一的地下水位。勘察范围内地下水按赋存方式划分,主要为第四系松散层孔隙水、岩溶裂隙水两类。第四系松散层孔隙水主要赋存〈3-1〉冲洪积粉细砂、〈3-2〉中粗砂和〈3-3〉砾砂中。根据抽水试验情况,〈3-2〉、〈3-3〉层渗透系数为9.33m/d,透水性中等。第四系其他土层中人工填土层透水性一般。而淤泥质土、冲洪积及残积土层透水性最弱,形成相对的隔水层。岩溶裂隙水主要赋存于石炭系灰岩中,溶蚀裂隙和溶洞发育,水量中等~丰富,具有承压性。

（3）回灌井位置布置

在基坑降水和开挖过程中，为防止地下连续墙出现局部渗漏而引起坑外建筑物及路面沉降，结合本站地质水文条件布置回灌井，如图3-19所示。回灌井距离基坑边2m，按间距15～20m布置，井深至砂层底，井位可根据现场管线情况进行调整，北段基坑共设置29口井。北段基坑砂层平均埋深14.7m，回灌井平均深度15.2m。因地层上部填土及淤泥质土厚度不均匀，回灌过程中，回灌压力不宜过大，否则地下水会从地面冒出，宜采用低压或常压回灌。

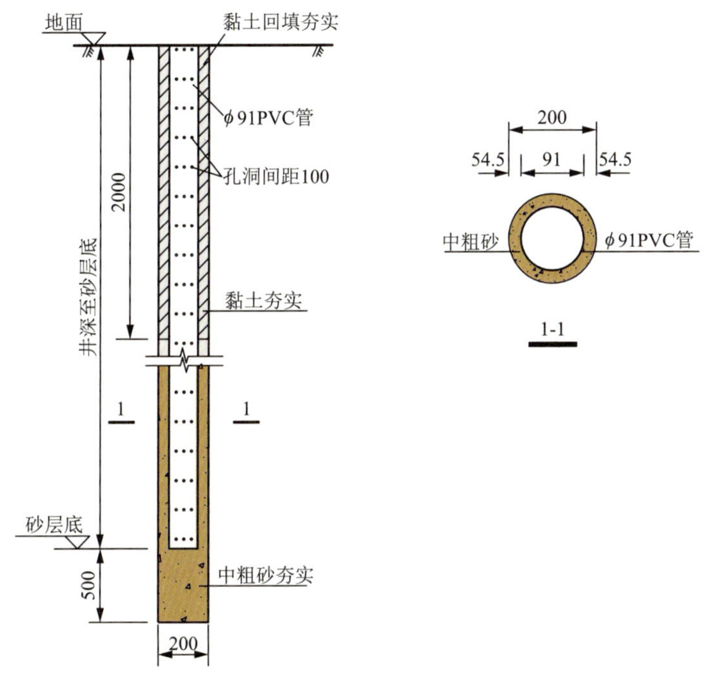


图3-19 回灌井结构示意图（尺寸单位：mm）

回灌井钻孔孔径200mm，钻孔深度应比管底深0.5m。钻孔内插ϕ91 PVC管，PVC管上按间距100mm预留孔洞。孔壁与PVC管底部之间采用干净粗砂填实，然后冲洗井点直至清水。将PVC管沉至要求的深度后，在孔壁与PVC管之间填入中粗砂至地表以下2m。地表以下2m采用黏土填充夯实。

（4）ϕ200压力回灌系统

现场共设置29口回灌井，均为加压回灌，压力值控制为0.3MPa，如图3-20、图3-21所示。

当坑外地下水位下降过低或每天水位变化量接近报警值时，则打开回灌井进行回灌。每口回灌井都对应一个相应的压力表及水表，用来统计回灌压力及回灌水量。当进行回灌时压力达到设计值或者周边水位监测点水位回到初始值，则停止回灌。

①该装置的加压范围为0.5～3bar，根据现场工作状况可以在此范围内设置多级离心泵的加压值。该系统装置的工作指标为压力值。

图 3-20 回灌系统装置

图 3-21 压力回灌井

②多级离心泵持续抽水通过管道回灌至回灌井，根据需要设置回灌系统加压值，由于回灌压力会在管道中流失，需对回灌井位置压力表进行观测，达到设计压力值时停止回灌。

③当储水罐内水位偏低时，电子控制装置开启，控制水泵往储水罐内加水，除以上情况外，回灌系统将按照第 1 条所述一直循环运行回灌。

④回灌水源：本次主要采用基坑内降水井抽排的地下水作为回灌水源。

⑤回灌起止时间：基坑开始进行降水工作时或坑外水位降深过大时，便可启动回灌井。直至基坑降水工作结束，或者是地下水位上升至初始水位标高。

⑥回灌监测：回灌运行期间，每天对回灌水量及地下水位进行观测，观测频率为每天 1 ~ 2 次。

⑦回灌过程中，若出现因围护结构缺陷而导致的基坑管涌、渗水等情况，应立即停止回灌井运行，待堵漏完成后再进行回灌井运行。

**2）$\phi$600 回灌井工程概况**

（1）工程概况

八号线北延段某车站全长 181.6m，车站主体围护结构采用厚度为 1000mm 地下连续墙加竖向 3 道内支撑的形式，第一、二道支撑均采用钢筋混凝土支撑，第三道支撑采用钢管支撑 + 混凝土支撑，地下连续墙接头采用工字钢接头。车站基坑由中隔墙划分为南、北两个独立基坑，南端基坑长度为 84.45m、宽度为 20.1 ~ 26.2m，北端基坑开挖长度为 96.15m、宽度为 36.4 ~ 38.15m，车站主体基坑深为 17 ~ 18.9m。

（2）地质水文情况

车站主体围护结构范围内所揭露的地层有新生界第四系地层、上古生界石炭系上中统壶天群地层，第四系包括全新统、上更新统，其下缺失中更新统和下更新统，全新统有人工填土，上更新统有冲 洪积砂层、土层、坡积土层以及残积土层，河源相沉积淤泥土层；壶天群为石炭系中分布最广的地层，岩溶发育。车站主体围护结构场地范围内岩土层分为 5 层（11 个亚层）：〈1〉杂填土、〈3-1〉粉细砂和淤泥质粉细砂、〈3-2〉中粗砂、〈3-3〉砾砂、〈4-2B〉河湖相沉积淤泥质土、〈4N-1〉软塑状粉质黏土、〈4N-2〉可塑状粉质黏土、〈5C-1B〉可塑状灰岩残积土、〈5C-2〉硬塑状灰岩残积土、〈6C〉全风化灰岩及〈9C〉微风化灰岩。勘察成果揭示场地范围内灰岩岩溶发育强烈，其一是灰岩岩面高低起伏，二是岩层中溶洞发育，钻孔见洞率达50%以上。

勘察范围内的地下水按赋存方式划分为第四系松散层孔隙水和岩溶裂隙水两种类型。第四系松散层孔隙水主要赋存于〈3-1〉冲洪积粉细砂、〈3-2〉中粗砂和〈3-3〉砾砂中。勘察区砂层中地下水具有统一的地下水面，属潜水，局部出现多层水位且上部有相对不透水层时，具有承压性。人工填土层中主要为上层滞水。

勘察揭露车站范围内有一溶蚀凹槽，推断受断裂影响形成。凹槽内主要土层为砂层及软弱残积土层，工程稳定性较差，凹槽范围溶蚀发育，基岩起伏大，有较多临空面，局部钻孔钻至62m仍未揭露到稳定基岩面。凹槽内地下水主要为第四系松散层孔隙水和基岩岩溶裂隙水。本区砂层分布广泛，厚度较大，地下水丰富，且局部砂层直接覆盖于基岩上，两者水力联系密切。松散层孔隙水主要为潜水，局部位于弱透水层之下，具有承压性；岩溶裂隙水也具有承压性，其两者稳定地下水位基本一致，岩溶裂隙水承压水水位埋深1.80 ~ 3.40m，标高4.11 ~ 5.33m。

（3）回灌井位置分布

结合本站地质水文情况，按20m间距布置24口压力回灌井（图3-22），回灌井布置在施工便道外侧，靠近建（构）筑物。

在基坑开挖过程中，对坑外水位及周边建（构）筑物沉降进行观测，视观测情况决定增设2口常压回灌井。

因地层上部填土及淤泥质土厚度小，且厚度不均匀，回灌过程中，回灌压力不宜过大，否则地下水会从地面冒出，宜采用低压或常压回灌。

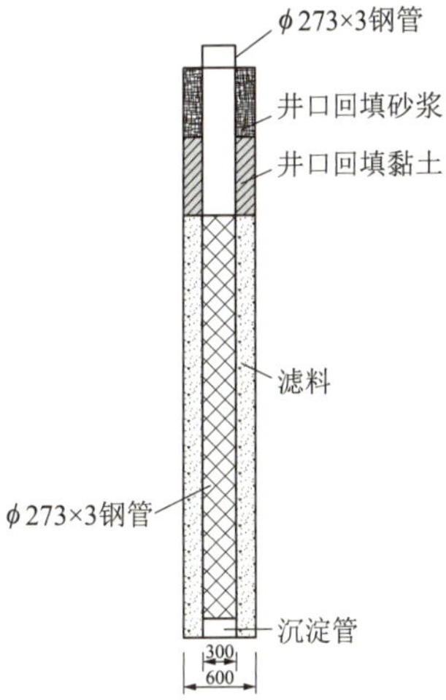

图3-22 回灌井大样图（尺寸单位：mm）

现场井深18 ~ 30m，井管采用直径273mm、壁厚3mm的钢管；设置15 ~ 21m滤管，滤管为同规格的桥式滤管，外包80目锦纶滤网，底部设1m沉淀管；滤料为中粗砂，上部采用原地层土回填密实，防止回灌过程中，水从井壁外冒出。

（4）$\phi$600压力回灌

现场共设置了26口回灌井，其中有24口是压力回灌井，2口是常压回灌井，如图3-23、图3-24所示。当采用加压回灌时，井口压力宜达到0.05 ~ 0.2MPa，并定时回扬。

若坑外水位降深过大或沉降过大接近或超过报警值时，需要对坑外备用井进行回灌。

①该装置的加压范围为0.5 ~ 2bar，根据现场工作状况可以在此范围内设置多级离心泵（图3-25），进行加压。该系统装置的工作指标有压力值、加压间隔时间和供水情况。现以压力值为1bar、间隔时间为15min为例简要说明。

图 3-23　回灌系统装置

图 3-24　压力回灌井

图 3-25　多级离心泵

②多级离心泵持续抽水通过管道回灌至回灌井，当多级离心泵进水管压力达到 1bar 时，电子控制装置会自动断电停止回灌抽水；停止间隔时间 15min 后，电子控制装置会恢复供电，多级离心泵恢复抽水回灌。

③当储水罐内没有水供应时，电子控制装置开启后会立即关闭；当多级离心泵进水口压力为 1bar 时，电子控制装置开启后会立即关闭；除以上情况外，回灌系统将按照第 1 条所述一直循环运行回灌。

在此特别注意，每天巡检时要打开每个压力回灌井的排气阀，排除输水管道内的空气，以免输水管道内形成空气气压，造成回灌系统不能正常运行。

④回灌水源：本次主要采用基坑内降水井抽排的地下水作为回灌水源。

⑤回灌井回扬：回灌水中含有大量的气泡和细颗粒杂质，同时地下水中铁、锰离子含量较高，氧化后形成絮状沉淀，容易堵塞滤管及滤料。因此，在回灌井中下入水泵，定期对回灌井进行回扬处理，回扬周期视回灌水量衰减情况确定。

⑥回灌起止时间：基坑开始进行降水工作时或坑外水位降深过大时，便可启动回灌井。直至基坑降水工作结束，或者是地下水位上升至初始水位标高。

⑦回灌监测：回灌一运行期间，每天对回灌水量及地下水位进行观测，观测频率为每天 1 ~ 2 次。

⑧回灌过程中，若出现因围护结构缺陷而导致的基坑管涌、渗水等情况，应立即停止回灌井运行，待堵漏完成后再恢复回灌井运行。

（5）$\phi$ 600 常压回灌

在基坑开挖过程中，对坑外水位及周边建筑物沉降进行观测，视观测情况决定增设 2 口常压回灌井（图 3-26）。常压回灌井是向回灌井中持续供水，如井体周围需要水补充，则采用井中水补给；若不需要，则井中多余水溢出流入排水沟中排出。

图 3-26 常压回灌井

（6）地下水位自动监测

鉴于本站周边建（构）筑物众多、环境复杂，车站北端范围存在基岩埋深大、砂层深厚的特殊情况，考虑对基坑内外的水位均进行加强监测。施工过程中利用基坑周边水位监测孔、回灌井及基坑内的降水井，初步在车站施工范围内布设了 5 个水位监测点（其中，3 个布设在基坑外，2 个布设在基坑内）。

①监测系统布置

a. 水位计埋设于水位监测井管内。本工程中，基坑外的水位计埋设深度取 10 ~ 15m，基坑内的水位计埋设于基底以下约 2m（埋深取 20m）。

b. 微功耗测控终端调试与校准完成后，采用就近原则妥善安装固定好，避免受到施工影响及损坏。

图 3-27 为地下水位自动监测系统现场情况。

图 3-27 地下水位自动监测系统

②系统使用情况

本工程中，地下水位自动监测装置每小时采集一次监测数据，每 2h 上报一次实时监测数据，用户通过客户终端（电脑端、手机端）能及时查看每个监测点的实时与历史数据。本工程自动监测系统数据显示如图 3-28 所示。

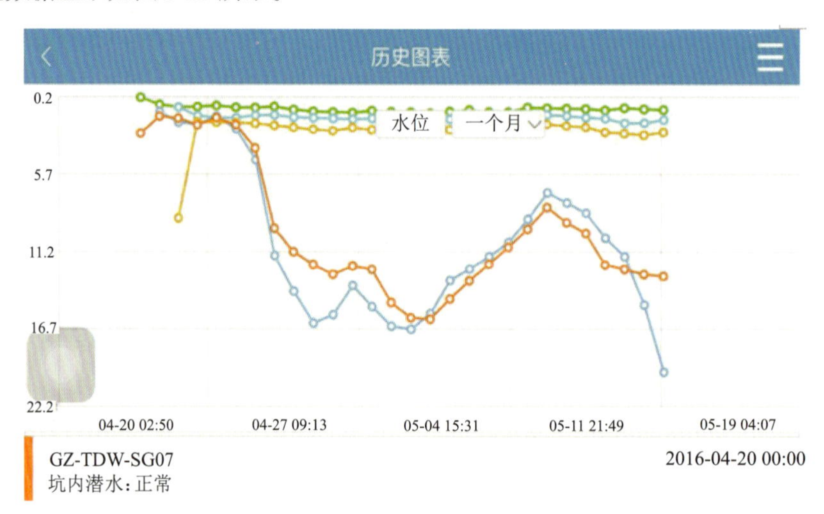


图 3-28　本工程自动监测系统数据显示

在地下水位自动监测的过程中，现场每天定时进行 2 次人工测量，根据现场人工测量地下水位数据与自动水位监测数据的对比，发现两组数据的差值不到 2cm。由此可见，地下水位自动监测系统能实时、便捷、准确地采集地下水位的变化情况。

### 3.3.4　效果评价

随着基坑开挖深度的不断加大，基坑降水深度也在不断加深，降水量逐渐增大，导致基坑内外水头差增大，基坑外围地下水通过基岩裂隙或围护结构的缺陷部位与基坑内的水保持水力联系，使外围地下水位降低。为防止基坑周围地表以及建（构）筑物沉降过大，保持基坑外围地下水位与自然水位始终一致，在基坑施工过程中，有效控制基坑周边地下水位变化是控制基坑周边地表沉降变形的关键。通过回灌井及时补充基坑外围水位和地下水位，可及时有效地防止外围水位下降使周围地表以及建（构）筑物沉降过大。通过现场观测发现，基坑降水量不断增大，外围回灌井回灌量也在不断增大，基本保证了基坑外围水位与自然水位的一致。施工过程中，通过地下水回灌，周围建（构）筑物变形大多趋于稳定，地表变形也基本保持稳定。

## 3.4　岩溶区静爆液压裂岩施工技术

受限于城市中地铁车站复杂的地质情况及周边环境等因素影响，为保证地铁车站基坑开挖范围内岩层的破除及开挖过程的安全，传统的爆破方法被逐步禁止。同时，由于部分基坑中岩层的强度高等原因，导致采用单纯的炮机破除速度缓慢、效率低，无法满足基坑施工过程快速封底的要求。上述原因要求地铁车站石方开挖需采用一种快速、高效、对周边环境影响小的破岩工艺,本节介绍的静爆液压裂岩施工技术即为能满足该项要求的一种新型破岩施工技术。

## 3.4.1 适用范围和目的

静爆液压裂岩施工技术适用于城市地铁车站基坑中岩石方量大、岩石强度为 40 ~ 120MPa 岩层的胀裂和破除,施工过程具有快速、高效、振动小、噪声小、对周边环境影响小等特点。

目的是在城市地铁车站基坑石方开挖过程中快速、高效地将基坑内的石方进行胀裂、破除及外运,便于尽快开挖至基底,进行主体结构底板施工,缩短基坑暴露的时间,并减少施工过程中对周边环境的影响,确保基坑石方开挖过程中周边环境的稳定及安全。

## 3.4.2 工艺流程和操作要点

1 )使用设备简介

静爆液压裂岩施工技术采用的设备为液压式岩石分裂机和履带式全液压露天潜孔钻机。

（1）液压式岩石分裂机

液压式岩石分裂机是一种便携式工具,可替代爆破和传统的破岩方式,在不能采取炸药爆破等施工工艺的土石方工程中进行岩石风裂破碎具有很大的技术优势,该设备具有液压棒直径大、泵站压力大、岩石分裂效果明显等特点。在不允许爆破或周围环境对振动、冲击、噪声有较大限制等的情况下,使用分裂机具有其独特的功效。液压式岩石分裂机,结构简单,分裂作用范围广,运行稳定,且结构紧凑方便。

液压式岩石分裂机主要由机架体、动力站、电控箱、液压棒组成。其中,机架体由具有支撑腿的支撑框、连接支撑框上下侧的立架、连接立架上下部的横梁及位于架体两侧的液压棒放置仓组成;动力站由增压器和散热器组成,通过高压油管与液压棒组进行连接;电控箱为控制动力站电箱开关;液压棒组包括 6 根液压棒,液压棒由棒体及棒体上 6 个液压顶组成,放置于液压式岩石分裂机两侧设置的液压棒放置仓中。

液压式岩石分裂机的相关结构示意图和实物图分别如图 3-29 ~ 图 3-32 所示。

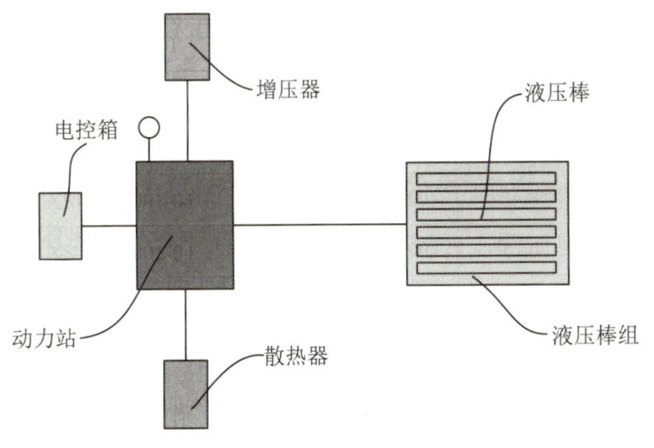

图 3-29 液压式岩石分裂机结构示意图和实物图

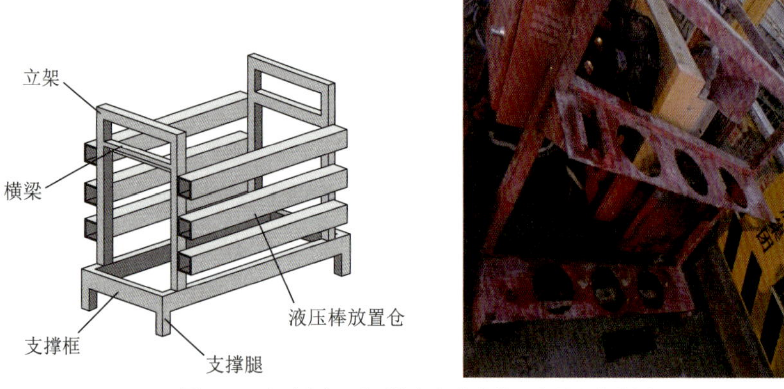


图 3-30　液压式岩石分裂机机架体结构示意图和实物图

机架上的液压棒放置仓分横式和竖式两种，图 3-29、图 3-30 均为横式。

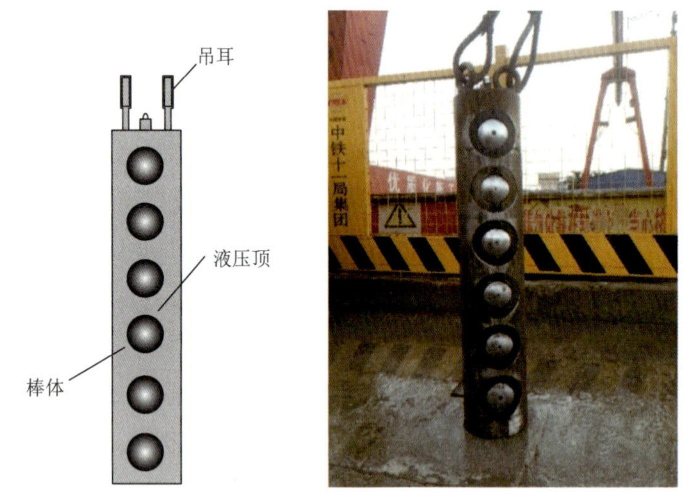


图 3-31　液压式岩石分裂机液压棒结构示意图和实物图

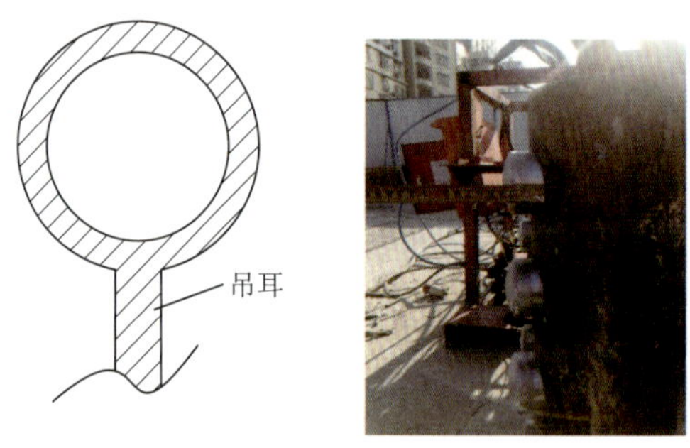


图 3-32　液压式岩石分裂机吊耳结构示意图和实物图

装配设备时，先将动力站安装在机架体内部的空腔中，该动力站由电控箱控制，由于动力站在运行的过程中会产生大量的热量，为便于热量的散发，在动力站上设置散热器。为使动力站输出的液压力更大，在动力站上还设置有增压器，在分裂岩石时，预先在岩石上施钻若干个孔，然后将液压棒放置在每一个孔中，当液压油进入液压棒以后，驱动液压棒上的液压顶，使其向外支出，巨大的压力作用在岩石上，在2min内可轻而易举地从岩石内部将岩石分裂，还能使岩石按预定方向破裂，从而使坚硬完整的岩石从内部分离，达到破碎和开挖的目的。由于一块岩石上设置多个液压棒同时作用，所以对体积巨大的岩石同样有效。本设备在所述动力站上还设置有压力表，可以随时监测输入的液压油是否处于正常的范围内。

由于施工工地表面不平整，机架体的支撑腿设置有支撑框，该支撑框通过支撑腿放置在地面上，能使的整个机架体保持稳定，同时支撑框的立架上设置的是横梁，可以在横梁上设置连接孔，便于动力站或者增压器的安装。当岩石分裂完成以后，为了便于液压棒组的放置，在机架体两侧设置有液压棒放置仓，液压棒使用完成以后需要及时将其放置到液压棒放置仓中。本设备为了便于液压棒能够通过起重机竖直地放入到岩石上开设的孔中，在液压棒顶部还设置有两个吊耳。

(2)潜孔钻机

岩层钻孔建议采用ZGYX420履带式全液压露天潜孔钻机(图3-33)，适应中软至中硬岩石硬度，可进行各种露天矿山、采石场等高梯段的边坡预裂及深爆破孔的穿爆工程，具有高可靠性。钻凿孔径80～180mm，配用DHD360、DHD350系列潜孔冲击器。本案例选配DHD340 A冲击器和$\phi$89钻杆，钻孔直径120mm。

图3-33　ZGYX420履带式全液压露天潜孔钻机

2)工艺流程

工艺流程如图3-34所示。

3)工艺操作

(1)地质补充勘察

地铁车站基坑开挖前，对照地质初步勘察与详细勘察资料，如显示基坑开挖范围内岩石方量大，则需进一步采取地质补充勘察，对基坑开挖范围内岩面高度进行探查，以便于准确估算基坑内岩石方量，为下一步制订石方开挖方案提供地质资料。地质补充勘察钻孔可结合初步勘察与详细勘察钻孔位置及地下连续墙施工岩面高度进行加密布设，一般可按照10～20m间距进行钻孔布设。

(2)施工准备

静爆液压裂岩施工技术主要采用的是潜孔钻机成孔，液压式岩石分裂机将岩石胀裂。因此施工前需针对液压棒的尺寸，配备尺寸符合潜孔钻机钻头，一般采用直径比液压棒大0.5cm的钻头，且大面积施工前需对潜孔钻机试钻孔，核实其能否成孔、成孔尺寸是否符合要求。

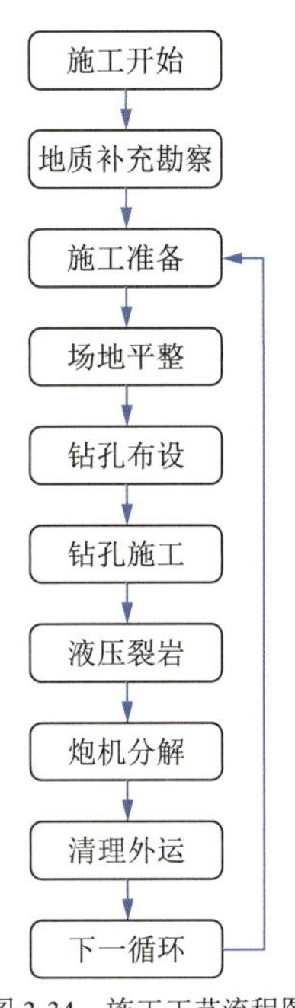


图3-34　施工工艺流程图

（3）场地平整

由于静爆液压裂岩施工技术需采用潜孔钻机进行钻孔，该钻机为履带式，但对施工作业面平整度有一定要求，否则将无法移动，故钻孔前需对施工作业面进行一定程度的清理。清理主要包括将岩土交界面的土层大致清理干净，同时采用炮机对岩面起伏较大处进行一定程度的破除及整平，便于潜孔钻机移动。如现场基坑内岩面起伏太大，也可采用吊车配合移动潜孔钻机进行钻孔，将凸出部分胀裂破除后再进行工作面清理平整。

（4）钻孔布设

根据勘察资料中提供的岩石强度，并结合施工现场工作面条件，合理选择钻孔布设间距，一般情况钻孔按照 1 ~ 1.5m 进行布设（排孔的布局及间距根据不同的岩石和位置情况现场会有适当调整），角度可为 0° ~ 90° ，如图 3-35 所示。

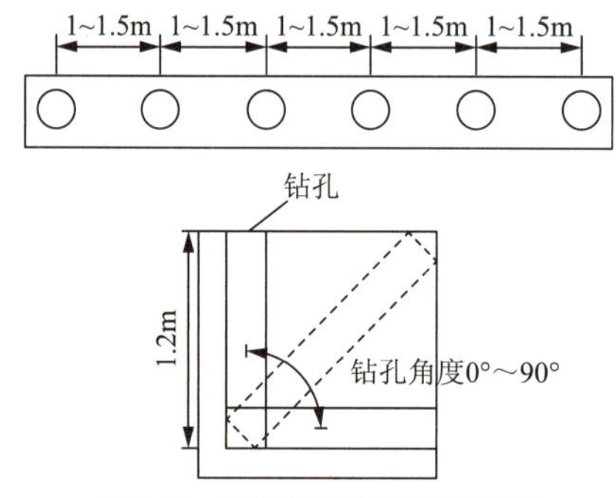


图 3-35　液压裂岩钻孔布置示意图

（5）钻孔施工

钻孔定位后，移动潜孔钻机按照预先设定的钻孔位置和角度开始实施钻孔，钻孔深度为 1.2m。

（6）液压裂岩

钻孔施工完毕后，将液压式岩石分裂机吊放至钻孔旁，将液压棒放入钻孔中，开启液压进行岩石胀裂，放置过程中需注意将液压棒上液压顶的方向朝向需胀裂的方向或相反方向，以便于岩石分裂过程中达到预期效果。

（7）炮机分解

岩石胀裂后，直接采用炮机对胀裂的岩石进行破碎分解，将岩石分解成可装运的小块，便于下一步挖运。炮机需根据岩石的强度进行选择，一般情况下采用 PC200 型以上炮机效果较佳。

（8）清理外运

岩石被炮机分解成小块后，可直接采用挖机进行转运至一旁，采用长臂挖机进行装车外运，待将原裂岩位置胀裂破除的岩石清理干净后，即可进行下一循环的岩石分裂破除。

4）注意事项

（1）对于潜孔钻机钻头的选择，需根据液压式岩石分裂机的液压棒直径进行选择，一般采用钻头成孔直径大于液压棒直径 0.5cm 左右的钻头即可；

（2）潜孔钻机施工钻孔时，每一钻孔的角度需尽量保持一致，便于下一步岩石胀裂过程中岩石胀裂的方向一致，从而保证岩石分裂的效果；

（3）钻孔施工完毕后，如不立即放入液压棒进行岩石分裂，则需对钻孔采取一定保护措施，以保证钻孔不被土或碎石等杂物堵塞，便于下一步液压棒放置；

（4）液压棒放置过程中，需注意调整液压棒上液压顶的方向朝向岩石胀裂的方向或反方向，如方向不对，则可能导致岩石无法胀裂或胀裂效果达不到预期；

（5）液压棒胀裂岩石的过程中，需注意观察液压表的读数及液压棒上液压顶的伸出长度，如达到液压表压力的极限值，仍无法胀裂岩石，则可考虑更换更大功率的液压式岩石分裂机或将钻孔间距进行适当加密；

（6）液压式岩石分裂机施工过程中，需注意对液压管路的保护，避免对其损坏而造成无法胀裂岩石。

### 3.4.3 工程实例

八号线北延段某车站总长225m，标准段宽20.1m，扩大端宽23.6m，车站外包总高13.41m。车站为地下两层岛式站台车站，车站覆土厚度约3.0m，车站埋深标准段为16.76m，车站扩大端埋深18.101～18.421m。

该车站位于灰岩区，岩溶发育，勘察揭示溶（土）洞见洞率为42.6%，同时车站周边环境复杂，站位于十字交叉路口，基坑临近交通道路最近仅1.5m，周边建（构）筑物毗邻基坑较近，多类市政管线横跨或位于基坑周边。受限于车站基坑开挖范围岩溶发育及周边环境的复杂性，为确保石方开挖过程中的安全性，同时考虑到石方开挖的高效，故引进静爆液压式裂岩施工技术。

**1）施工勘察**

根据初步勘察与详细勘察地质资料揭示岩面高度为地面以下10～12m，需破除的岩石高度为5～6m，约25000m³，岩石为〈9C-2〉微风化灰岩，强度为46.92～99.20MPa，平均为67.94MPa。结合施工现场前期进行的溶（土）洞处理探边钻孔地质资料揭示，岩面高度与初步勘察和详细勘察基本一致。

**2）施工准备**

由于本车站岩石强度达到100MPa左右，故选取最大液压为150MPa的液压式岩石分裂机作为静爆液压式裂岩的施工设备，同时液压棒的直径为175mm，故选取直径180mm的潜孔钻机钻头进行配套使用。

**3）场地平整**

基坑土方开挖至岩面后，采用挖机对岩面上的土层进行清理（图3-36），并对部分凸出高度较高的岩石进行炮机破除，创造出具有一定平整度的工作面，便于下一步潜孔钻机的移动。

4）钻孔布设

根据岩石强度及前期的试验过程经验，钻孔间距按 1m × 1m 进行布设。

5）钻孔

钻孔位置确定后，对于岩面较为平整处，采取 30° 角进行钻斜孔，待岩石胀裂创造出临空面后，再逐步调整钻孔角度，最后达到 90° 进行钻孔，如图 3-37 所示。

图 3-36　场地整平

图 3-37　钻孔施工

6）液压裂岩

待孔钻好后，将液压棒从机架中取出，插入钻孔内（图 3-38），调节液压棒上液压顶的伸缩方向与需破除岩石壁面相垂直或相反方向。打开机架体上的液压顶伸缩阀。待岩石壁出现裂隙时（如图 3-39 所示，此时压力为 70 ~ 110MPa），关闭进油阀，打开回油阀，待液压缸回收完毕后，取出液压棒，整个胀裂过程大约用时 8min。

图 3-38　放置液压棒

图 3-39　岩石胀裂

根据场地大小，6 个液压棒可以同时放入钻孔中，同时工作，以大幅度提高工作效率。

7）炮机分解，清理外运

岩石胀裂后，移开液压式岩石分裂机，采用 PC350 炮机对胀裂岩石进行破碎分解，岩石破除分解尺寸约为 0.5m × 0.5m，石头破除分解后转移至 PC470 长臂挖机处，采用长臂挖机装车挖运。本车站岩石破除过程中，一台设备每天可胀裂岩石量为 50 ~ 60$m^3$，较常规的炮机破除 10 ~ 20$m^3$ 效率有了较大的提高。

### 3.4.4 效果评价

安全:在静态液压环境下可控制性的工作,不会像爆破和其他冲击性拆除那样产生一些危险隐患,无须采取复杂的安全措施。

环保:工作时不会产生振动、冲击、噪声、粉尘等,周围环境不会受到影响,即使在人口稠密地区都可以无干扰的工作。

经济:数分钟左右可完成一次分裂过程,并且可连续不间断的工作,效率高,运行及保养成本很低,无须像爆破作业那样采取隔离或其他耗时和昂贵的安全措施,破岩及开挖效率方面有了很大的提高。

精确:与大多数传统的岩层破除方法和设备不同,该液压式岩石分裂机可以预先精确地确定分裂方向、分裂形状及需要的分裂尺寸,分裂精度高。

实用:人性化的外形设计和耐久性结构设计确保了其使用方法简单易学,仅需单人配合起吊机操作,维护保养便捷,使用寿命长,液压棒和整个机器搬运十分方便。

## 3.5 地层注浆加固结合造泥膜辅助泥水盾构压气开仓技术

盾构掘进施工中,遇到长距离上软下硬地层,刀盘在纵向液压缸的推力作用下,由于地层的不均匀及不稳定状态,刀具容易受到岩层的冲击而出现刀圈崩裂、偏磨等异常损坏状况,造成掘进困难,必须停止掘进检查刀具损坏情况。如果需要检查刀具的磨损情况及刀盘的完整性,就必须进入土仓内。但由于受地层的复杂性和周围环境的影响,不是在所有地层中都能采用常压方式开仓检查更换刀具。泥水盾构在此情况下只有通过对地层加固后常压开仓或造泥膜压气作业进行施工。对单一的地层加固后常压开仓耗时较长,不利于节约工期,而造泥膜压气作业,泥膜在刀盘转动过程中容易受到破坏,造成掌子面漏气、涌水涌砂等风险。为了提高开仓作业检查效率,提高压气作业的安全性,地层注浆加固结合造泥膜辅助泥水盾构压气开仓作业得到成功应用。

### 3.5.1 适用范围和目的

该施工工艺适用于不稳定地层中(如中粗砂层)辅助泥水盾构压气开仓作业。地面进行地层注浆加固,目的是止水和封堵漏气通道,同时提高"塌落拱"范围不稳定地层的物理性能,提高压气进仓作业的成功率和安全性;造泥膜则是通过压力使高黏度泥浆逐步渗入到地层中,填充地层的空隙,同时在掌子面形成一层厚度较大且透水性差的泥膜,从而减少压力的损失,延长仓内工作时间,提高压气开仓的成功率。

泥膜的制造工艺仅适合双仓式海瑞克泥水平衡盾构,其他盾构类型可参考。

## 3.5.2 工艺流程和操作要点

1)工艺原理

注浆是在不改变地层组成的情况下,将土层颗粒间存在的水强迫挤出,使颗粒间的空隙充满浆液并使其固结,达到改良土层性能的目的。其注浆特性是使该土层黏结力、内摩擦角增大,从而使地层黏结强度及密实度增加,起到加固作用;颗粒间隙中充满了不流动且固结的浆液后,使土层透水性降低,而形成相对隔水层。造泥膜是通过调制黏度较高的泥浆,分多次逐步替换泥水仓内的低黏度泥浆,分级加压,使得高黏度泥浆逐步渗入到地层中,填充了地层的空隙,改良了地层物理特性,同时在掌子面形成了一层厚度较大的且透水性差的泥膜,从而减少压力的损失,延长仓内工作时间,提高压气开仓的成功率。

2)工艺流程

化学注浆加固工艺流程如图 3-40 所示。

造泥膜工艺流程如图 3-41 所示。

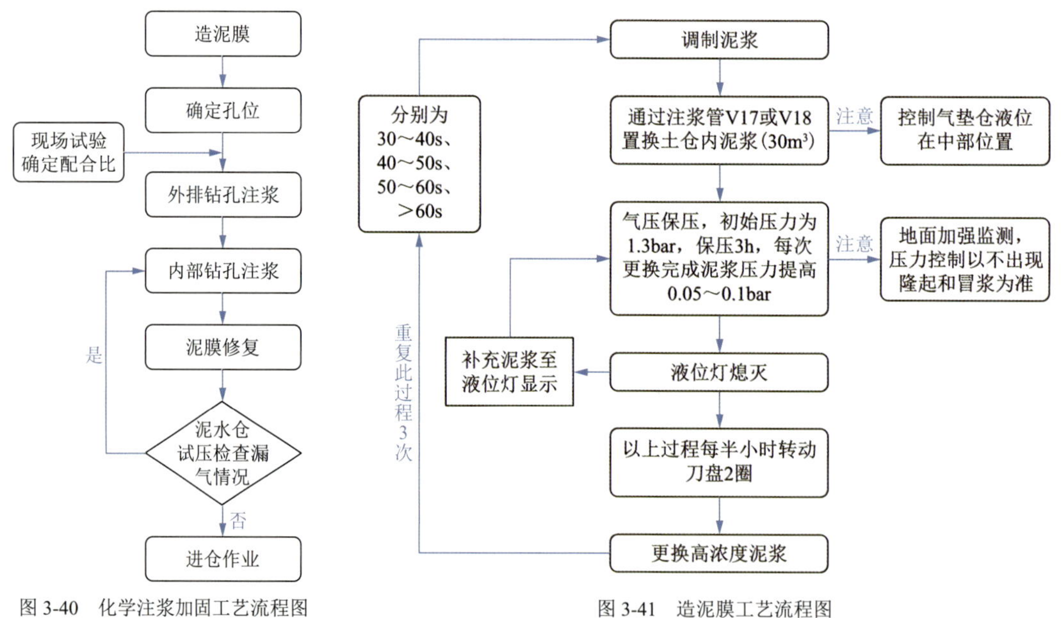


图 3-40 化学注浆加固工艺流程图

图 3-41 造泥膜工艺流程图

3)工艺操作

(1)泥膜制作

①泥膜质量要求

调节泥浆的相对密度和黏度,泥浆相对密度为 1.1 ~ 1.3,黏度为 40 ~ 80s,随着泥膜制作进度逐步增加黏度。泥膜制作时,保持仓内压力基本稳定,并保证仓内压力高于工作压力 0.2 ~ 0.5bar(或 1.1 ~ 1.3 倍工作压力),向泥水仓内注入高黏度泥浆置换仓内泥浆,置换完成后低速转动刀盘一定时间,保持压力足够时间,保证泥膜形成。制作泥膜过程中,宜以 10s 一级增加黏度，宜以 0.1bar 为梯度逐渐提升泥水仓压力，确保有效生成泥膜。

②泥膜制作步骤

a. 调制的泥浆由进浆管 V17 或 V18 注入土仓内，通过平衡管或其他管路将浆液排出，如图 3-42 ~ 图 3-44 所示，红色表示置换泥浆过程中的排浆管路，绿色表示置换泥浆过程中的进浆管路。底部注入浓泥浆，原来泥水仓中的稀泥浆从上部流出。采用此方式进行泥浆置换，目的是为防止大颗粒渣土堵塞管路。

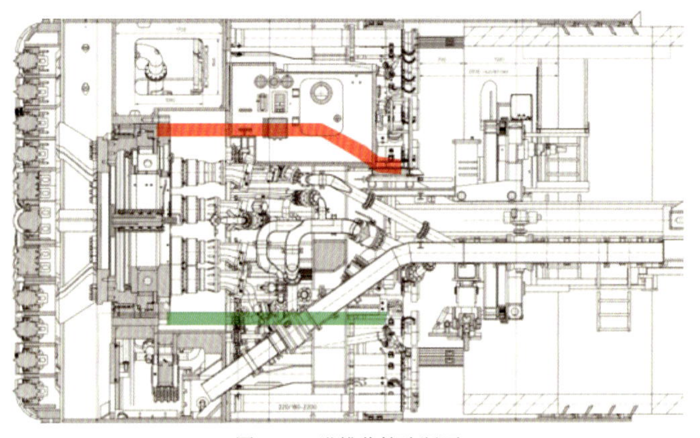

图 3-42 进排浆管路断面

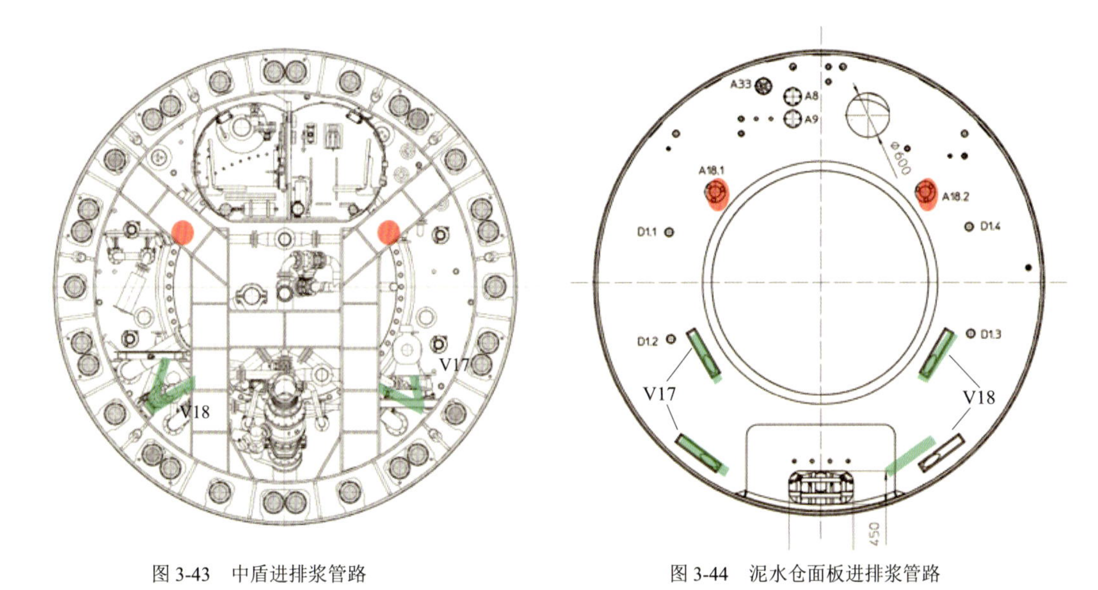


图 3-43 中盾进排浆管路

图 3-44 泥水仓面板进排浆管路

b. 第一次置换量约为 15m³，置换后直接将土仓内泥浆排至电瓶车重复利用，拌制泥浆时，定时测量泥浆黏度，按需添加新鲜膨润土。进浆过程中每半小时转动刀盘 2 圈，速度控制在 0.5r/min 以下。

c. 后续置换采用高黏度浆液与土仓内浆液综合以提高黏度，拌制黏度为 60 ~ 80s。

d. 每次浆液置换停止条件为排出泥浆满足该级别的黏度要求。

e. 第一次保压泥浆黏度为 30 ~ 40s，压力为 1.1 倍工作压力；第二次保压泥浆黏度为 40 ~ 50s，压力为 1.2 倍工作压力；第三次保压泥浆黏度为 50 ~ 60s，压力为 1.3 倍工作压力；第四次保压泥浆黏度大于 60s，压力大于 1.3 倍工作压力。保压过程中与地面保持信息畅通，以不隆起、不冒浆为控制原则，压力可适当增减。

f. 每次保压时间为 2h，保压过程中每半小时转动刀盘 2 圈，速度控制在 0.5r/min 以下。

g. 保压过程中记录空压机的运行情况，与后续气压置换土仓泥浆时的记录做对比，判断漏气情况。若空压机运转频率稳定不变或频率减少，则表示泥水仓压力稳定，泥膜效果达到要求。

（2）地面注浆加固

① WSS 化学注浆

a. 泥水仓试压检查漏气情况，主要是检查地面的漏气情况。泥膜制作完成后，将泥水仓压力提高到进仓工作压力的 1.2 ~ 1.5 倍，然后在地面切口环附近地面采用洗衣粉或洗洁精等材料制成泡沫水淋在地面来辅助观察地面漏气情况。漏气情况下不适宜进行地面开孔注浆加固。

b. 确定孔位。根据方案和现场施工条件采用喷漆的方式在地面确定钻孔位置，如图 3-45 所示。钻孔前需要排查钻孔位置的地下管线，若有管线，则需将管线的边界标识出来，孔位需避开管线范围。

c. 钻孔注浆。采用钻注一体机进行注浆，先注最外排孔，形成止浆帷幕，然后进行内部注浆。化学注浆主要是封堵靠近盾体的地层漏气通道且不会裹住盾体，因此孔深一般是切口环后方至盾体，刀盘至其上方 0.5m，刀盘前方至岩面。加固的竖向范围可参考图 3-46。孔距一般是 0.5 ~ 1.5m，排距一般是 1.0 ~ 1.2m。

d. 现场试验确定注浆参数。由于地层变化较快，分布极其不均匀，故需要根据现场试验确定最终的施工配合比和注浆压力，根据实际施工情况进行必要的调整。

e. 泥膜修复。通过注浆进行地层加固，必定对掌子面的泥膜造成一定的影响，为保证进仓作业的安全，需要对泥膜进行修复。修复的方法即采用仓内泥浆通过缓慢转动刀盘让破坏的泥膜得到新的泥浆补充，重新形成完整的泥膜，期间需要提高泥水仓压力 0.2 ~ 0.5bar，根据液位的变化按需往泥水仓补充新鲜浓泥浆。

②双液注浆

a. 确定孔位。根据方案和现场施工条件采用喷漆的方式在地面确定钻孔位置。钻孔前需要排查钻孔位置的地下管线，若有管线，则需将管线的边界标识出来，孔位需避开管线范围。

b. 钻孔及注浆。钻孔时先空钻至设计深度，然后注入水泥浆与水玻璃的混合双液浆，后退式注浆。注浆以控制注浆压力为主，一般注浆为 0.3 ~ 0.5MPa（根据具体隧道埋深调整），达到压力上限后，提管 0.3 ~ 0.5m，进行下段的注浆，直至注完为止。

c. 注浆加固要点。钻孔过程中，若成孔参数有明显变化，则需暂停钻孔，排查是否存在不明地下管线，排除后再继续施工，否则应放弃该位置的钻孔。注浆过程中安排专人观察开挖仓的压力和气垫仓的液位变化情况，注浆前完成开挖仓泥浆置换，仓压提高到掘进仓压 +0.2bar。气垫仓液位爆仓时应立即停止注浆，待仓压和液位恢复至原来的状态后再进行注浆。注浆过程中每 2h 转动刀盘 1 圈，转速控制在 0.5/min，防止刀盘被固死。必要时进行环流，避免浆液在泥浆管路固结。

4）注意事项

（1）注浆期间地面监测与盾构土仓压力的控制

注浆之前，要求测量班组在盾构上方及前后 10m 范围内布设好地表及建（构）筑物的测点，并取得初始值。注浆期间，每 2h 监测一次，并将结果及时通报给主要管理人员及注浆人员。盾构操作室内要求盾构操作手值班，观察土仓压力的变化，并每隔 1h 转动刀盘 1 圈。一般泥水仓拱顶压力达到正常工作压力 +0.5bar 后停止注浆（不超过主轴承所能承受的最高压力值），待压力降至设定值后再进行注浆，直至加固完成。（注浆之前，土仓内注满膨润土泥浆，以免注浆时浆液流入到土仓内，固住刀盘。）

（2）WSS 注浆效果检验

WSS 注浆的效果检验以保压为主，压力在规定的时间内损失值在设定的值范围之内即可判断为注浆效果达到预期。

（3）泥膜制作

制作泥膜过程中需每半小时转动刀盘 2 圈，根据现场情况适当收缩千斤顶 2 ~ 4cm，以利于泥膜的制作，形成较厚的泥膜，同时给后续刀具检查和更换预留一定的作业空间。

（4）地面漏气检查

若切口环附近的地面沉降监测孔有较大的漏气，则需用砂浆对孔进行封闭，后续再恢复。若地面出现漏气，则需停止保压试验，重新对地层进行注浆以封堵漏气通道。

### 3.5.3 工程实例

八号线北沿段某区间线路由南向北沿市政道路敷设。区间左线短链 17.417m，左线全长 1660.428m；右线短链 0.157m，右线全长 1677.688m。区间左线掘进至 275 环，发现掘进参数有异常，计划压气检查刀具。该位置地层从上自下为〈1〉填土、〈4-1〉淤泥质土、〈3-2〉中粗砂、〈9C-2〉微风化灰岩。隧道洞身所处地层主要为拱顶少量〈3-2〉中粗砂、〈9C-2〉微风化灰岩。该位置隧道顶部埋深约 17m，地面隧道正上方为市政道路中央绿化带。

本次开仓前采用隧道掌子面造泥膜，地面进行 WSS 注浆加固后压气开仓方式，目的是止水和封堵漏气通道，加固盾构拱部地层，提高造泥膜压气进仓作业的成功率和安全性。

地面注浆布孔平面图如图 3-45 所示，地面注浆剖面图如图 3-46 所示。

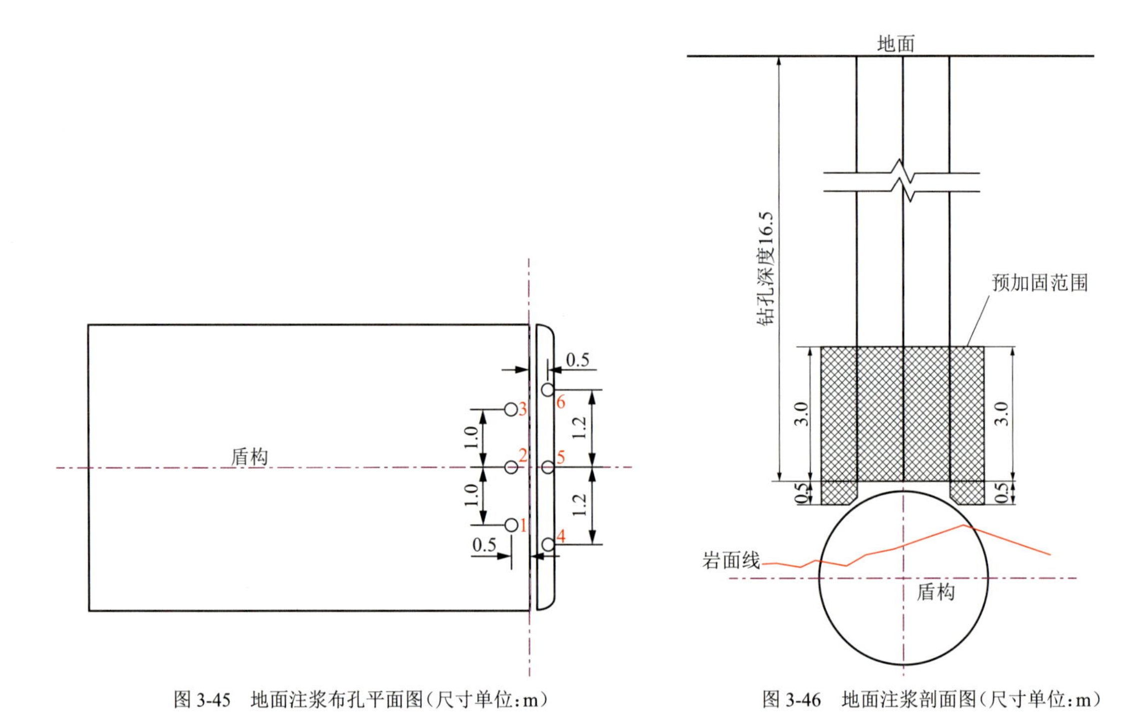


图 3-45　地面注浆布孔平面图(尺寸单位:m)

图 3-46　地面注浆剖面图(尺寸单位:m)

左线 275 环成功压气更换刀具 15 把,压气期间未发生漏气及掌子面不稳定等情况,安全快速地完成了刀具的检查及更换工作。

### 3.5.4 效果评价

泥水盾构在不稳定地层中(如中粗砂层、极端上软下硬地层)出现掘进参数异常情况时,通常采用注浆填仓工艺,然后常压开仓清理土仓内的水泥浆液后检查更换刀具,整个施工流程耗时较长。而采用地层注浆加固结合造泥膜辅助泥水盾构压气开仓检查换刀作业,可以较大地提高整个开仓检查换刀作业的效率,节约工期。如更换 15 把刀具,两种开仓检查换刀方式工效对比见表 3-6。

**开仓方式对比统计表**　　表 3-6

| 序号 | 开 仓 方 式 | 准备阶段时间 | 开仓换刀时间 | 总时间 |
|---|---|---|---|---|
| 1 | 常压 | 填仓 1d,等凝期 5d | 清仓 4d,换刀 2d | 1+5+4+2=12d |
| 2 | 压气 | 造泥膜与地面注浆加固可同时施工 2d | 5h 一班,每班换刀 2 把,1d 共更换 8 把刀具,2d 可完成 15 把刀具的更换 | 2+2=4d |
| 结论 | 通过对比分析,采用地层注浆加固结合造泥膜辅助泥水盾构压气开仓换刀方式,比填仓常压换刀方式工效提高了 2 倍,有效地节约工期 | | | |

三种注浆方式的创新特点:

(1)溶洞处理灌注砂浆技术:①采用水泥砂浆作为溶洞处理填充料,注浆管通过连接泵车加压直接泵送到溶洞内,能有效保证溶洞处理质量,特别是能够保证基岩裂隙发育下大型溶洞的充填质量;②采用锚固钻机成孔并同步埋设注浆管,操作简单便捷,相比传统开孔后埋设袖阀管注浆工艺可明显加快施工进度。

（2）岩溶处理自动化配浆系统：①实现下料自动化、定量化，同时其密闭性能解决了水泥颗粒扬尘污染的问题；②采用二级搅拌使浆液性质达到均匀状态；③在搅拌池安置搅拌设备，实现自动化搅拌施工；④集中设置注浆设备，实现统一控制注浆。

（3）地层注浆加固结合造泥膜辅助泥水盾构压气开仓作业：①可以节省常压清仓的人力物力；②可多次对泥膜进行修复，过程简单快捷；③与填仓常压清仓换刀方式对比，可有效缩短工期。

# 3.6 富水砂层衡盾泥辅助带压开仓技术

岩溶地区基岩分布高低不平、软硬不均。基岩的完整性，岩面的平整度，溶洞的填充状态、富水性及连通性，也会给盾构掘进带来不同程度的困难。岩溶地区盾构施工过程中，常常遇到开仓检修刀具的情况，开仓换刀是必须采取的一道工序。

目前，对于盾构开仓作业国内外主要采用两种方式，一种是在常压条件下进仓换刀，适用于土体稳定、地下水较少或加固后土体稳定的地层，但耗费成本高，地层局限性很大；另一种是带压条件下进仓换刀，常采取一定的辅助措施后进行带压开仓，如常规的地层加固，以及早期的泥水泥膜及后续发展的高浓度膨润土泥浆、砂浆和水泥混合液等，该方法适用范围广，但在富水地层、裂隙发育岩层、卵石地层、上软下硬地层等异常困难地质条件下，效果都不太理想，进仓作业风险高。衡盾泥作为一种新型的土仓密封材料具有诸多优点，衡盾泥辅助带压开仓技术在八号线北延段工程中得到成功验证。

## 3.6.1 适用范围和目的

衡盾泥是一种以无机黏土为主要材料，通过改性后与增黏剂反应形成一种高黏度的触变泥浆，具有很好的和易性和黏附性，在水中不易被稀释带走，成膜稳定，附着力好。

衡盾泥辅助带压开仓技术主要是通过以衡盾泥配置成的浆液置换盾构压力仓内泥浆，采取分级加压形式将衡盾泥浆液缓慢渗透到周边土层，填充到周围土体并隔断地下水及气体通道，达到密封止水效果；同时在控制压力稳定的情况下，边后退边注入衡盾泥，加厚刀盘前方的衡盾泥厚度及均匀度，形成一定厚度的泥膜或“泥墙”，以此维持开挖面压力平衡，满足带压进仓作业条件。

本工法适用于土压盾构区间和泥水盾构区间的大多数位置带压开仓作业，尤其在岩溶区复合地层条件下的带压开仓作业，对比常规方法具有显著的优势。此工法具有以下特点：

（1）所采用的衡盾泥材料较以往的膨润土自立性、抗流失性好，更易形成泥膜（墙）密封土仓，维护掌子面稳定。

（2）利用衡盾泥保压开仓可应对地质条件变化与刀具超预期磨损等突发情况，可随时在区间任何位置进行带压开仓。

（3）形成泥膜具有一定的承载力，开仓时掌子面可一直保持稳定，无须后续其他密封、保压工作。

（4）仓内及掌子面保压稳定，持续保压时间长。目前土压盾构区间最长可持续72～96h（连续开仓15次，每次5h），泥水盾构区间最长可持续时间达320h（连续开仓64次，每次约5h）。

（5）带压开仓时土仓压力可控制在1.5～2.5bar，人员进仓风险小。

## 3.6.2 工艺流程和操作要点

**1）土压盾构衡盾泥辅助带压开仓技术**

全断面砂层条件下土压盾构利用衡盾泥辅助带压开仓施工工艺流程如图3-47所示。

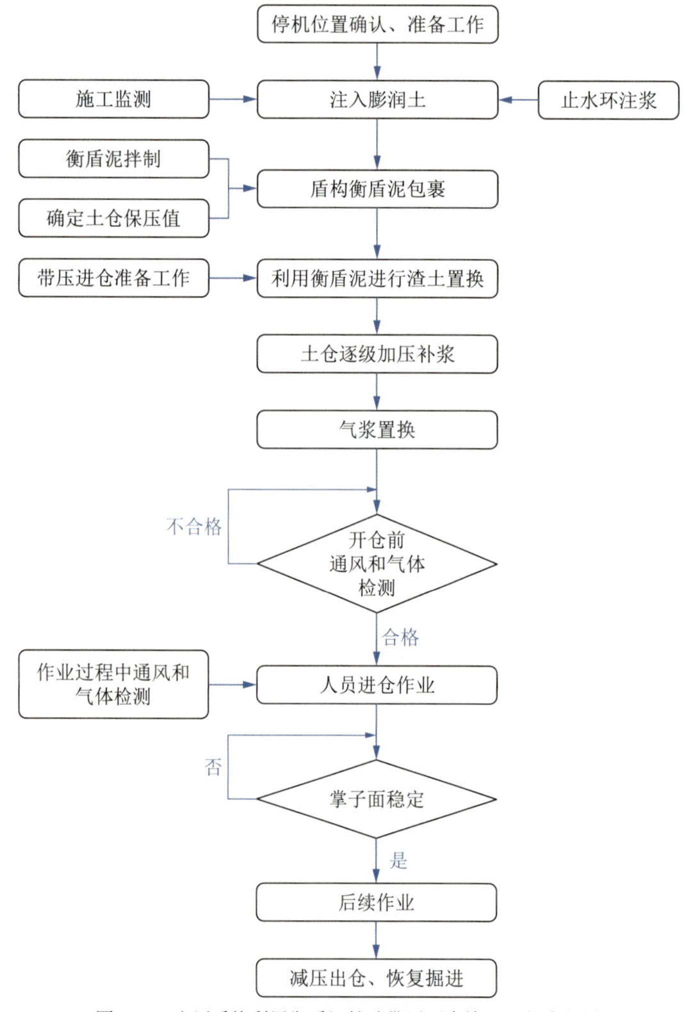


图3-47　土压盾构利用衡盾泥辅助带压开仓施工工艺流程图

（1）停机位置确认、准备工作

停机位置确认后，需要根据现场补充勘察情况详细分析该区域地质，确保盾构恢复掘进时的正常状态。此外，盾构铰接液压缸须伸出 8 ~ 10cm。

（2）施工监测

在带压开仓过程中，需要加密布置监测点和加强监测频率，布置完成后及时采集初始值，在开仓全过程对掌子面上方地表沉降进行严密监测，随时掌控地面状况及洞内土仓压力的合理性，为衡盾泥置换渣土、衡盾泥分级加压、浆气置换和开仓换刀等操作提供监控信息。

（3）注入膨润土

在岩溶区富水砂层中，对土仓内渣土、刀盘外富水砂层及切口环富水砂层进行提前改良，注入膨润土可防止土仓内砂因高压条件下失水而板结，导致盾构刀盘卡死，为下一步衡盾泥注入奠定基础。

膨润土泥浆宜土仓壁多点位径向注入。注入时宜缓慢转动刀盘，以防止土仓砂层固结引起刀盘卡死，同时关注土仓压力（不低于理论静止土压力值），保证掌子面稳定。

（4）止水环注浆

为阻止盾构后方来水，减少盾构带压开仓过程中土仓回水量，通常在盾尾后 4 ~ 8 环注双液浆封堵管片与土层间隙，同时起到气压作用下的保气效果。注入完成后在相应管片上开孔检查是否漏水漏浆，保证止水环止水密封效果，如图 3-48 所示。

图 3-48 止水环施作及效果检查

（5）衡盾泥拌制

衡盾泥分为 A 液和 B 液两种，A 液在地面搅拌后运入隧道，再与 B 液混合。要达到最佳效果，需提前进行试验室试配，达到预期效果后，现场严格按照制定的浆液配比配置搅拌。搅拌时间与搅拌效果直接影响衡盾泥的使用效果，不得随意改动配比和搅拌时间。具体分为以下三步。

①衡盾泥 A 液配置

衡盾泥 A 液配比为：A 粉 ∶ 水 =1 ∶ 2（质量比），利用高速剪切泵在盾构膨润土灌进行充分搅拌，直至 A 液无悬浮颗粒状。

②衡盾泥 A 液运输

从膨润土罐泵送至盾构同步注浆罐。

③衡盾泥混合

衡盾泥 A 液与 B 液的配比为 15∶1，在盾构砂浆罐内采用滴漏法进行搅拌混合，控制好 B 液量（1.2g/cm$^3$），换算成体积比为 2000L∶140L，A、B 液以喷淋形式混合保证混合均匀，混合后呈现果冻状为佳，如图 3-49 所示。

图 3-49 A 液与 B 液的混合液

（6）盾构衡盾泥包裹

通过前盾体预留径向孔径向周圈注入拌和好的衡盾泥。衡盾泥注入压力为 0.5 ~ 2bar。打开相邻预留孔泄压观察是否有衡盾泥流出，使盾体周圈地层和盾体形成完整的包裹体，将土仓形成一个密闭空间。

（7）利用衡盾泥进行渣土置换

为确保衡盾泥对土仓的密封效果，必须将土仓内原来的渣土利用衡盾泥置换干净。采用配置好的衡盾泥进行初次渣土置换，利用同步注浆系统由人舱口平衡球阀注入衡盾泥，土仓压力控制为高于正常掘进压力 0.1 ~ 0.4bar，压力波动范围控制在 0.2bar，注入过程应缓慢转动刀盘。

渣土置换需做好泵送量与出渣量统计，渣土置换前土斗清理干净，详细精确计算出渣土排出量，并做好出土量记录，同时与注入量进行对比，注入量应大于排土量。在保证置换完全性的同时，要控制掌子面及刀盘上方土层稳定，防止注入压力过大或者过小影响地层稳定，直接影响后续保气效果。

（8）土仓逐级加压补浆

根据衡盾泥的特性，为使衡盾泥尽量扩散到地层中，需采取分级加压缓慢渗透方式（采取分级形式可实现应力缓慢释放，减小加压过程中对地层的扰动）。分级加压的目的是达到密封止水效果，同时起到将刀盘周边地下水挤出至远离刀盘区域。衡盾泥是否有效地隔断地下水及气体通道是富水砂层中实现保压的关键。

加压速度及带压作业时间必须严格按照相关技术规范执行，一般分 3 ~ 4 级加压，每级加压 0.2bar，过程中可以低速转动，以保证注入和渗透的均匀性。每级加压完成，土压必须动态稳定保持 3 ~ 4h，才能认为该加压成功，否则应查找问题，重新加压。

在最后一级加压后，需动态稳定 8h 以上，再将铰接液压缸全部缓慢收回 1cm 左右，在衡盾泥压力作用下使盾构刀盘后退 1cm，而后向土仓注衡盾泥稳压。以此类推，重复收缩铰接液压缸并注入衡盾泥，直到铰接液压缸收回 5 ~ 8cm。此举的目的是将衡盾泥填充至刀盘与掌子面之间空隙，需在刀盘与掌子面之间制造一道隔水隔气泥墙（图 3-50），以达到良好的密封效果和带压作业时掌子面稳定。

图 3-50　掌子面泥墙形成效果

（9）气浆置换

为达到人员进仓作业条件，在气压作用下置换出原土仓内衡盾泥（图 3-51），将土仓内衡盾泥排出至作业需要的空间面，提供作业空间，同时确保土仓内气体空间压力的稳定，达到保气作业要求。

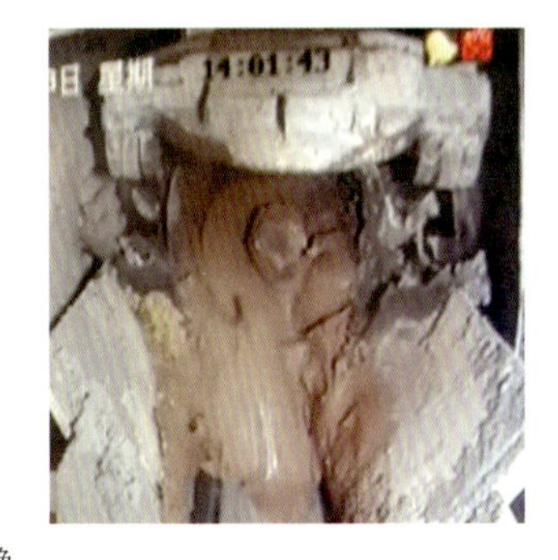


图 3-51　气浆置换

自然降压两级后开启自动保压系统加气排土阶段，以 0.2bar 为一个压力阶梯压力，每个下降阶梯须稳压 2h。排浆时控制不转动刀盘，缓慢转动螺旋输送机，并防止螺旋输送机出土时产生负压破坏衡盾泥泥膜的整体稳定性。当降压至设定进仓压力时开启自动保压系统向仓内供气，并应注意进气量与排泥量相匹配。

（10）开仓作业

浆气置换以后，在开启自动保压系统情况下，至开仓工作压力能够稳压 6h，并满足空压机加载时间小于其待机时间的 10%，则认为衡盾泥泥膜护壁完成，否则应重新制作衡盾泥泥膜。

现场必须对衡盾泥置换、分级加压、地表监测数据、浆气置换过程中具体泄压时间、衡盾泥补注量的详细记录情况进行综合分析，并确定是否具备开仓条件。

开启上部球阀检查仓内渣土高度，在自动保压稳定 2h 后进行仓内气体检测，满足要求后，组织人员进仓作业。

仓内作业期间尽量少转刀盘，减少地层扰动，维持掌子面稳定，出现掌子面干裂缝及局部漏气部位，可采取用衡盾泥涂抹密封处理。

**2）泥水盾构衡盾泥辅助带压开仓技术**

岩溶发育复合地层泥水盾构利用衡盾泥辅助带压开仓施工工艺流程如图 3-52 所示。

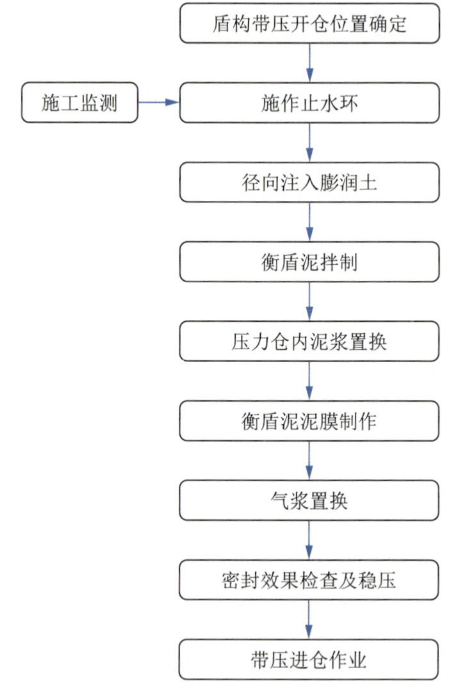


图 3-52　泥水盾构利用衡盾泥辅助带压开仓施工工艺流程图

（1）盾构带压开仓位置确定

盾构带压开仓位置应根据区间隧道工程地质情况和盾构相关掘进参数变化情况综合确定，并应尽量选择在地质条件相对单一且地面上无重要建（构）筑物的位置。

（2）施工监测

带压开仓作业前后，应实时掌握衡盾泥注入、地面沉降隆起以及仓内压力等的变化情况，为后续止水环施作、泥浆置换、气浆置换和开仓换刀等提供实时监控信息。

监测点布置：刀盘前方 15m、刀盘后方 20m 及隧道中心线两侧各 10m 范围设置 8 个监测断面，每个断面布置 5 个监测点。其中，刀盘正上方设置 1 个监测断面，刀盘前范围每间隔 5m 设置 1 个监测断面。监测频率根据实际监测数据变化确定，不少于 4 次 /d，必要时可加密至 8 次 /d、12 次 /d 等。期间，也应对周边影响的建（构）筑物加密监测。

（3）施作止水环

为防止地下水沿管片外间隙渗入到隧道开挖面和盾构压力仓，确保地层止水稳定及保压效果，对脱出盾尾第4～8环（连续5环）管片范围依序注入双液浆形成盾尾双液浆止水环。双液浆通过管片吊装孔注入，每环至少有4个注入点位。浆液初凝时间控制在2～3min，注浆压力控制在0.3～0.35MPa。双液浆注入完成后，在相应管片上开孔检查是否漏水、漏浆，直至无水浆泄漏为止，保证止水环止水密封效果。

若盾构上方附近地面进行过地质勘察，则应确保钻孔密封完整。停机后，在地面精确放样刀盘位置，通过土仓施压检查地面是否存在漏气情况，发现漏气，可用双液注浆封堵。

（4）径向注入膨润土

泥水盾构在掘进过程中，泥浆在压力的作用下会扩散至盾体四周保护盾体不被固结。在盾构停机开仓期间，为防止盾体被周围土体固结，通过盾体径向孔向盾体四周注入不少于2m$^3$的膨润土浆液填充盾体与土层间的间隙。

（5）衡盾泥拌制

衡盾泥分A液和B液两种，A液由A组分与水拌制，后与B液按一定配比混合后泵送至土仓，其中A组分与水的配比（质量比，下同）一般为1∶1.5～1∶3.0，A组分与B组分质量配比一般为12.5∶1～20∶1。具体使用时，应根据所处地层的地质条件和掘进要求，选用适当黏度的衡盾泥浆体。

A液制作：衡盾泥A液泥浆可以在地面制作，也可以在隧道内制作，搅拌均匀无颗粒状，无干粉状，无块状，如图3-53所示。

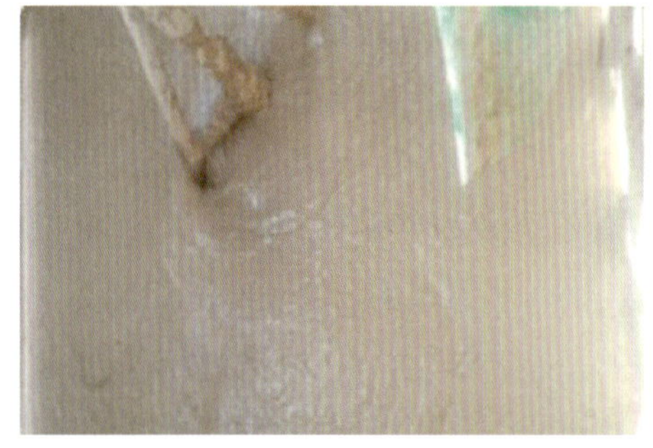

图3-53 衡盾泥A液拌制

A液与B液混合：通过台车上的同步注浆罐，将A液与B液倒入卧式搅拌槽内进行混合，A液放量不能超过卧式搅拌叶片的2/3高度，每次1～2m$^3$，2min后目测效果，如图3-54所示。

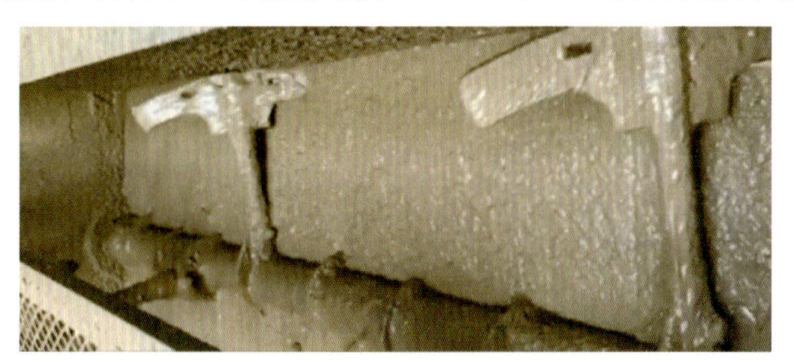

图3-54 A液与B液的混合液

（6）压力仓内泥浆置换

图 3-55　衡盾泥置换仓内泥浆

衡盾泥泥膜制作保压前，利用拌制好的衡盾泥浆体置换压力仓内泥浆（图 3-55），并保证衡盾泥占满整个土仓。衡盾泥浆体从土仓隔板下部孔注入，泥浆从土仓隔板上部孔排出。置换前应将泥浆循环一段时间，待土仓内大粒径石块排出后再关闭环流系统的送排泥阀。

置换过程中，注入压力设定为 2.0bar，密切观察土仓上部压力变化，动态控制仓内压力。土仓上部压力控制在 1.5 ~ 1.8bar 范围内，避免因压力过度波动扰动地层。当压力超过 2.2bar 时，应暂停注入 30min，待压力下降至 1.5bar 时恢复压浆。土仓内压力基本稳定后，打开土仓隔板上部孔位排出泥浆，过程中保证排泥量与注入量基本平衡。

当排出的泥浆出现衡盾泥浆体成分时，慢速（0.1r/min）旋转刀盘 15° ~ 20° ，再继续压浆。可以根据注入点位与出土口的相对位置关系自由选择刀盘正转或者反转，并应保持该方向旋转，直至土仓内泥浆置换完成。当刀盘旋转一周且上部孔位排出的泥浆连续为衡盾泥时，停止注入，说明衡盾泥与仓内泥浆已完成置换。

（7）衡盾泥泥膜制作

压力仓内泥浆置换完成后，采取分级加压形式将衡盾泥浆液缓慢渗透到周边土层，填充到周围土体并隔断地下水及气体通道，将刀盘周边地下水挤离刀盘区域，达到密封止水效果。同时，在控制压力稳定的情况下，边后退边注入衡盾泥，在刀盘与掌子面之间形成一定厚度的泥膜。

分级加压一般分 4 个梯级加压，每梯级加压 0.2bar，每个梯级保持 2h 的动态注入，确保每梯级加压压降小于 0.05bar，否则应重新加压至对应梯级压力，直至压降小于 0.05bar。每个梯级动态注入过程中刀盘要低速转动 3 次（0.1r/min，转半圈），以保证注入和渗透的均匀性。当注入压力达到最后梯级时，进行 12h 的动态保压注入试验，至少维持 2h 不出现明显压降（≤ 0.05bar），方可进行排泥压气过程。

当注入压力达到 2.0bar 维持压力稳定后，边后退边注入衡盾泥。盾构后退分步进行，每步缓慢地将铰接液压缸回收 1cm，再注入衡盾泥，铰接液压缸保持回收状态，直到压力稳定在后退前压力值，以此类推直至铰接液压缸回收 3 ~ 5cm。过程中，应控制刀盘的低速旋转（0.1r/min），加厚衡盾泥泥膜厚度及保证均匀度。

（8）气浆置换

气浆置换时，启动自动保压系统，在衡盾泥稳压压力值的基础上，分阶梯、降级减压，每个梯级 0.2bar，直至达到开仓压力（误差 ±0.1bar）时为止。每个阶梯压力在动态保压情况下稳压 2h，最后一级降压后稳压 6h。

土仓内衡盾泥可通过土仓壁 3、9 点位及以下位置阀门排出，对应点位的孔不断有气排出时说明衡盾泥已排至该点位以下。若衡盾泥无法排至3、9点位以下，则可通过抽浆泵来抽排；当衡盾泥排至人闸以下时，可以安排工人通过人工挖至3、9点以下，方便人员进仓作业。

（9）带压开仓作业

在上述各项工艺完成后并到达规范及施工作业要求后，方可进行下一步进仓作业，对刀盘进行清理，检查刀盘刀具，并依据后续盾构正常掘进需要，对磨损达到更换要求的刀具进行拆除更换，在仓内保压稳定的前提下，分仓连续作业至全部仓内故障处理完毕。

## 3.6.3 工程实例

**1）土压盾构衡盾泥辅助带压开仓作业**

八号线北延段某区间左线长1551.963m、右线长1543.8m，最小曲线半径450m，区间为岩溶多发高富水全断面砂层地质条件，线路基本平行市政道路，在道路下方通过。本区间采用两台海瑞克双螺旋土压平衡盾构开挖，盾构刀盘直径6280mm，管片外径6000mm。

该区间在全段面砂层条件下施工时，由于长距离掘进无法避免需要更换刀具，然而其地面建筑物众多，不具备地面加固常压开仓的条件。前期采用膨润土进行带压开仓，多次出现膨润土被地下水带走、流失的情况，无法形成封闭土仓，导致整个带压开仓作业失败。后期采用衡盾泥辅助带压开仓技术，有效解决了在全断面砂土、高富水条件下，常压开仓及利用膨润土带压开仓无法施工的问题，大大降低施工风险，使得施工过程可控性更高。

该区间共计进行了2次衡盾泥带压开仓作业，均顺利完成，达到了预期效果，取得了较好的效益。

**2）泥水盾构衡盾泥辅助带压开仓作业**

八号线北延段某区间线路由南向北，沿市政道路敷设。区间左线全长1127.042m、右线全长1130.155m，隧道穿越地层主要处于砾砂层、粉质黏土层（可塑）、中粗砂层、粉细砂层、可塑状残积粉质黏土层以及碳质灰岩、泥岩层，局部隧道洞身范围溶（土）洞发育，隧道底部多出现砂层，采用2台泥水盾构掘进，盾构刀盘直径6280mm，管片外径6000mm。

该区间盾构隧道穿越岩溶发育的复合地层，地层复杂多变，长距离上软下硬岩层掘进，不可避免地会出现刀盘刀具磨损、损坏而需要维修、更换的情况。由于隧道上方土体自稳性较差，局部范围岩溶发育，采用常压开仓地层加固难度大、地层局限性高；采用高浓度膨润土泥浆等辅助带压开仓，效果不理想，进仓作业风险高。采用岩溶发育复合地层泥水盾构衡盾泥辅助带压开仓技术，克服了岩溶发育复合地层泥水盾构常压开仓受限及膨润土辅助带压开仓无法长时间带压开仓作业难题，仓内及掌子面保压稳定，持续保压时间长，为该类地层长时间带压进仓作业创造了安全可靠的作业环境，大大降低了施工安全风险，节约了工程成本和工期。

该区间带压开仓换刀总共开仓64次，顺利完成更换刀具22把，创下了广州地铁单次完整带压开仓最长纪录，安全风险管控获得了建设及监理单位的一致认可。

### 3.6.4 效果评价

利用衡盾泥辅助带压开仓技术适合土压盾构和泥水盾构带压开仓作业，经济效益、社会效益及环保节能效益十分显著，推广应用前景广阔。

（1）经济效益

岩溶发育复合地层泥水盾构衡盾泥辅助带压开仓技术，通过衡盾泥置换及注入，在刀盘与隧道掌子面间形成具有一定强度和稳定性的衡盾泥泥膜，为带压进仓作业提供了安全可靠的条件，降低了掌子面坍塌风险，克服了岩溶地区复合地层泥水盾构常压开仓及利用膨润土带压开仓无法长时间带压开仓作业难题，较好地解决了盾构施工进度、安全风险与开仓换刀三目标有效统一的难题，节省了工程成本，节约了工期。

（2）社会效益

利用衡盾泥作为新型密封材料，采取一系列技术措施加快施工进度，保证线路及时开通运营；同时，施工过程可避免发生任何人员伤亡和设备损坏事故，确保安全施工，切实保障工人的生命财产安全。此外，有效的仓内密封使得整个过程中的可控性更高，地面沉降得到有效控制，施工过程中没有对隧道沿线房屋、河流造成破坏，社会影响大大减小。

（3）环保节能效益

采用全断面砂层条件下衡盾泥辅助带压开仓技术，有效控制了带压进仓的风险，避免对隧道上方水体、绿化等产生影响。采用该创新技术施工缩短了工期，节约用电用水，减少了机械设备的投入，降低油耗，减少废气排放，有效节约了能源。该项技术的环保节能效益显著。

## 3.7 岩溶区全断面硬岩盾构掘进防坍塌技术

岩溶区隧道建设中遇到的地质灾害多为不同程度发育的岩溶问题所引发。鉴于地质条件的复杂性，在勘察设计阶段，尤其是在隧道深埋的情况下，往往难以准确查清不良地质体的性质。在岩溶发育地质中，岩溶裂隙水是施工中的重要风险来源。目前城市轨道交通隧道建设越来越多，所穿越的地质条件也越来越复杂，隧道建设过程中不可避免会遇到岩溶地质，因岩溶水引发的突水、突泥和塌方等工程事故时有发生，给施工安全和掘进速度造成严重影响。

近年，国内外学者在山岭隧道施工中运用地质雷达、瞬变电磁法、陆地声呐法、红外探水等技术进行超前地质预报工作，积累了丰富的经验，但出现预报失败的概率仍然相当高，尤其是岩溶裂隙含水量的预报更是如此。隧道的岩溶突水预报手段及应对措施在国内外岩溶地区工程建设中仍未完善，岩溶水引发的塌方等工程事故仍时有发生，目前其整体的技术水平尚不能满足指导隧道安全施工的基本要求。

八号线北延段线路约 80% 位于岩溶发育区，工程地质条件异常复杂，受限于工程周边复杂的城市环境影响，按照线路设计，隧道局部区段需穿越全断面灰岩地层，在类似地层中采用盾构开挖隧道的可借鉴施工经验较少，且考虑到岩溶区地层的复杂性，为减少盾构在全段面灰岩地层中掘进对周边环境的影响，降低施工风险，通过分析与研究，在设计范围内，采用岩层裂隙（溶洞）注浆的方式，将隧道开挖范围的地层水系与周边水系隔断，减少水土损失来保证工程安全实施。本文介绍的为岩溶区全断面硬岩盾构掘进防坍塌处理一种施工技术，包括三道竖向帷幕，分别设置在隧道两侧及两个隧道之间，并沿隧道纵向布置。竖向帷幕可通过地面钻孔并注浆形成，注浆材料采用水泥浆＋水玻璃浆液，配合比为1：0.5～1：1.0，其中水泥浆采用42.5级普通硅酸盐水泥。竖向止水帷幕形成时的注浆钻孔间距可根据岩溶裂隙发育程度选用不同的间距，竖向止水帷幕的竖向深度可根据岩溶裂隙的发育程度选用不同的深度。注浆裂隙封堵结构适用于隧道结构所在地层为灰岩区地层，尤其适用于隧道结构处于上软下硬或全断面岩层的情况。

## 3.7.1 适用范围和目的

本施工技术适用于城市地铁隧道，裂隙发育的全断面灰岩地层，周边建（构）筑物密集、地下管线复杂、地面交通繁忙，一旦发生事故对周边造成不良社会影响极大的地段。

目的是将隧道开挖范围地层水系与周边水系通道隔断，减少隧道开挖过程中的水土损失，控制地面沉降或塌陷，并减少施工过程中对周边环境的影响，保证工程安全顺利实施。

## 3.7.2 工艺流程和操作要点

1）工艺流程

施工工艺流程如图3-56所示。

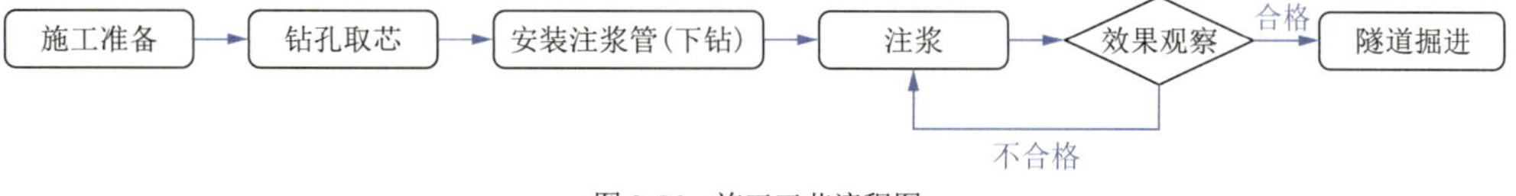


图3-56 施工工艺流程图

2）工艺操作

（1）施工准备

①技术方案准备

根据灰岩地层中岩溶裂隙及溶（土）洞发育的不规则性，为有效封堵岩溶裂隙，经过研究分析，采取的注浆加固技术措施如下：对全断面岩层区段裂隙采取注浆封堵处理，平面范围内，以隧道结构外边线1m范围内进行2m间距的钻孔布置，隧道中心线5m间距及两隧道中心线间2m钻孔布置；地层加固竖向范围，若补充勘察钻孔发现有岩溶发育及漏水现象，则采取注浆加固，加固由隧道底2m至岩面顶或隧道结构顶2m范围，对加固范围内的裂隙进行注浆封堵。

加固处理平、剖面图如图3-57所示。

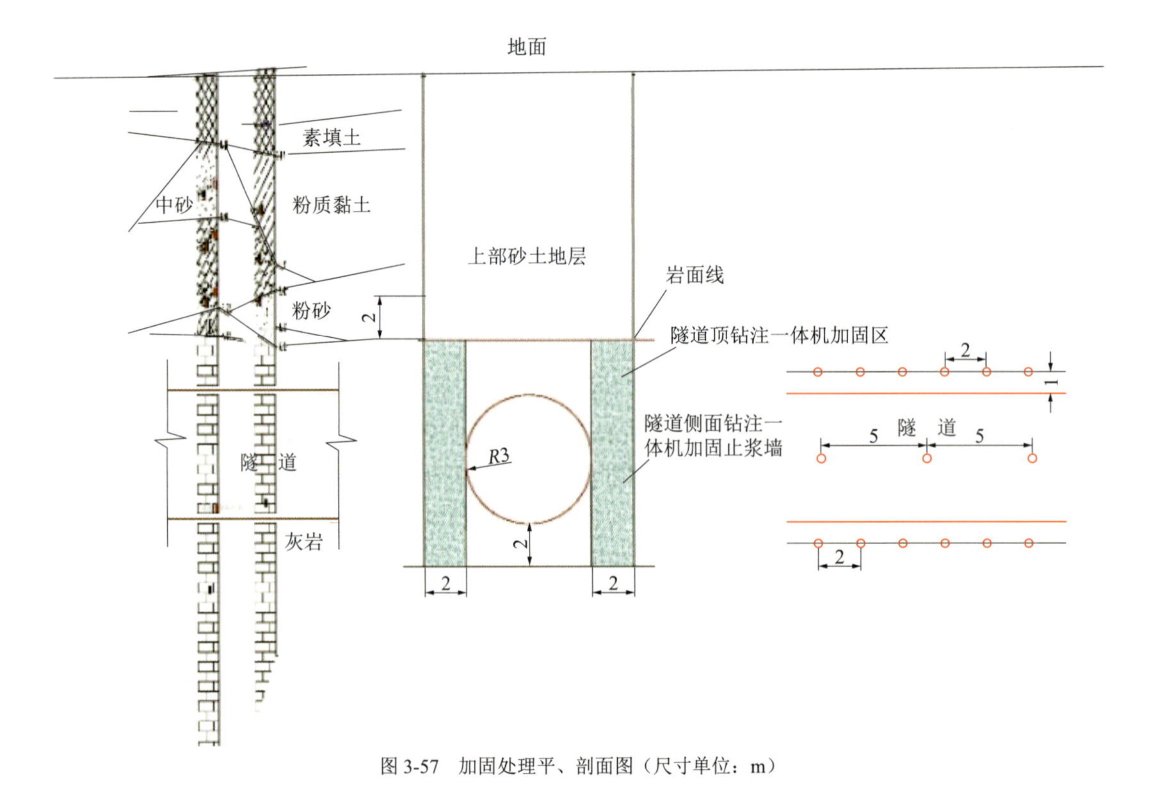


图 3-57 加固处理平、剖面图（尺寸单位：m）

②施工人员及机械准备

裂隙注浆处理施工人员配置见表 3-6。

**裂隙注浆处理施工人员配置表** 表 3-6

| 序号 | 工种 | 人数 | 备注 |
|---|---|---|---|
| 1 | 值班工长 | 2 | 负责全面工作 |
| 2 | 技术员 | 4 | 负责现场管理 |
| 3 | 钻机人员 | 14 | 负责钻孔工作 |
| 4 | 注浆手 | 6 | 负责注浆 |
| 5 | 注浆辅工 | 12 | 负责拌和浆液、下注浆管 |
| 6 | 杂工 | 4 | 负责场地清理及污水排放 |

裂隙注浆处理施工机械设备配置见表 3-7。

**裂隙注浆处理机械设备配置表** 表 3-7

| 序号 | 投入资源 | 数量 | 单位 |
|---|---|---|---|
| 1 | 地质钻机 | 7 | 台 |
| 2 | 钻注一体机 | 8 | 台 |
| 3 | 水泥浆拌和机 | 5 | 台 |
| 4 | 发电机 | 1 | 台 |
| 5 | 地面综合处理车 | 1 | 台 |

③现场调查

因地铁隧道一般位于城市道路下方，地下管线复杂，根据设计布孔位置，现场摸查地下管线，查明涉及区域的管线类型及埋深并做好标记，同时施工前向作业班组做好交底。实际作业位置位于道路范围部分需提前做好交通疏导工作。

(2)钻孔取芯

①钻孔取芯勘察，判定裂隙的发育情况、位置、深度，钻孔过程中可能会揭示到前期溶(土)洞处理过程中未发现的溶(土)洞，如发现需判定溶洞的大小、位置及充填物状况。

②记录钻孔过程中的各项参数，以及是否有掉钻、漏水、岩芯破碎等异常情况发生，详细记录异常部位并绘制柱状图。

③根据钻探资料进行分析，以确定注浆处理方法，制定合理的注浆施工技术参数。

④钻孔深度根据设计要求施工，实际钻孔位置根据现场管线及障碍物情况可做适当调整。

(3)安装注浆管(下钻)

①钻孔完成后将钻注一体机移动至钻孔位置，安装注浆管(下钻)，深度至钻孔底部，如图3-58所示。

②利用钻注一体机注双液浆将注浆管与孔壁的间隙填充满，防止后续注浆过程中，从孔壁冒浆。

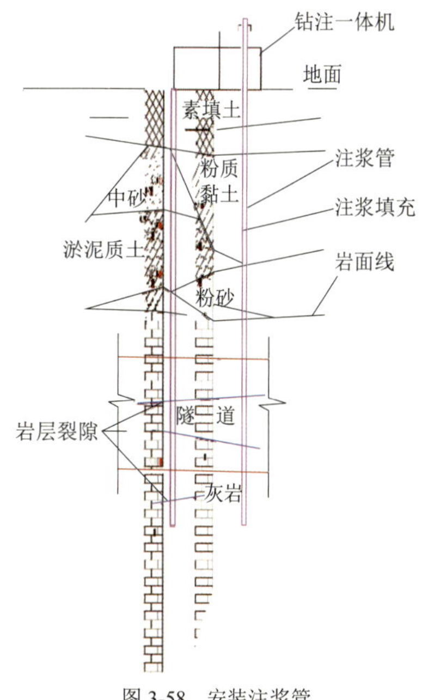

图3-58 安装注浆管

(4)注浆

①向注浆管中泵入清水，冲洗注浆管及注浆通道，记录注浆压力。

②拌制水泥浆液，配比为水泥：水=1：1。

③根据钻孔地质资料分析结果，在设计注浆范围内，针对钻孔过程发现存在漏水、岩层破碎、溶洞的区域进行压力注浆[双液浆水泥浆：水玻璃=1：1，凝结时间40～50s(该凝结时间根据地层及钻孔间距进行试验确定)]，使地层裂隙填充双液浆，尽可能使浆液向地层扩散而不流失。注浆起始压力为0.6～0.7MPa，终孔压力为1.2～1.5MPa。

④泵入清水，洗干净注浆管。

⑤安装孔口保护装置。

⑥如注浆效果未达到预期，可再次注浆，注浆完成后做好孔口封堵工作。

(5)效果观察

①在已进行注浆处理的钻孔(有漏水漏浆孔)之间进行钻孔检测，观察钻孔过程中检测

孔是否有漏水现象。如检测孔未漏水，则说明此段裂隙已封堵；如漏水，则需要重新进行注浆加固。

②后续掘进检查，主要通过观察渣土干湿度、出渣量，以及掘进过程中是否发生喷涌等现象进行检查。若出渣较干需向土仓加水改良渣土，则说明开挖掌子面密封性能好，地层失水少，岩层裂隙通道封堵效果好。

3）工艺特点

（1）施工简单：止水帷幕是通过地面按一定间距钻孔注浆形成的，钻孔注浆方式目前已应用成熟，施工较为简单。

（2）施工风险低、工程造价低：采用门式注浆裂隙封堵结构能有效隔断隧道开挖面内裂隙水与周边地下水的联系通道，防止地面发生塌陷，最大限度地降低盾构掘进施工过程中的风险，节省抢险救灾费用，保障人身财产安全，降低隧道的工程造价。

4）注意事项

（1）为避免串浆、跑浆，影响裂隙封堵效果，在进行双液浆施工时，先对岩土交界处进行封堵，再由深至浅依次注浆，在进行双液浆注浆过程中压力稍有偏大，通常起始压力为0.6 ~ 0.7MPa，终孔压力为1.2 ~ 1.5MPa，根据现场监测情况控制提杆或终孔。

（2）注浆过程中严格控制水泥浆的相对密度，技术人员按时抽检，确保水泥浆质量。双液浆凝固时间按30 ~ 40s（该凝结时间根据地层及钻孔间距进行试验确定）调配。

（3）钻孔过程中严格要求对每回次岩样进行依次摆放，并对岩样进行分析，详细记录现场钻孔情况。在注浆过程中根据钻孔破碎、漏水、溶洞段着重定点压浆处理。

（4）针对破碎带及漏水处，进行统计并形成台账，注浆过程中严格控制注浆压力及注浆量，注浆量采取标定过的流量仪进行统计记录。

（5）城市道路段，地下管线众多，开孔前必须摸查清楚地下管线位置。因管线影响注浆钻孔部位的，可适当调整孔位及孔距，并在注浆过程中重点控制。

（6）对于严重漏水、漏浆钻孔，成孔完成后立即进行注浆封堵，避免钻孔渗漏导致地面塌陷等风险。

（7）对于隧道范围内的注浆钻孔，除在岩层注浆外，整个钻孔必须注浆饱满，避免后续盾构掘进因钻孔渗漏导致意外。

## 3.7.3 工程实例

1）工程概况

八号线北延段某盾构区间沿市政道路敷设，如图3-59所示，道路为双向4车道，地下管线复杂，线路盾构掘进过程中下穿10m宽水渠，隧道埋深9 ~ 15.5m。本区间隧道处于岩溶坍塌高发区，且溶（土）洞处于极限平衡状态，工程的细小扰动极易破坏这种极限平衡状态，引发坍塌沉降风险。区间掘进过程中穿越全断面硬岩段，基岩为微风化灰岩，存在较多碎屑结构、裂隙发育（图 3-60），基岩上部为富水砂层，且大部分区段砂层直接覆盖在微风化基岩面上，地表水与赋存在砂层、基岩、岩溶水的水力联系密切，在此类地层中，盾构正常掘进易引起地面岩面上方砂层流失，导致异常沉降、坍塌、管线断裂等风险。

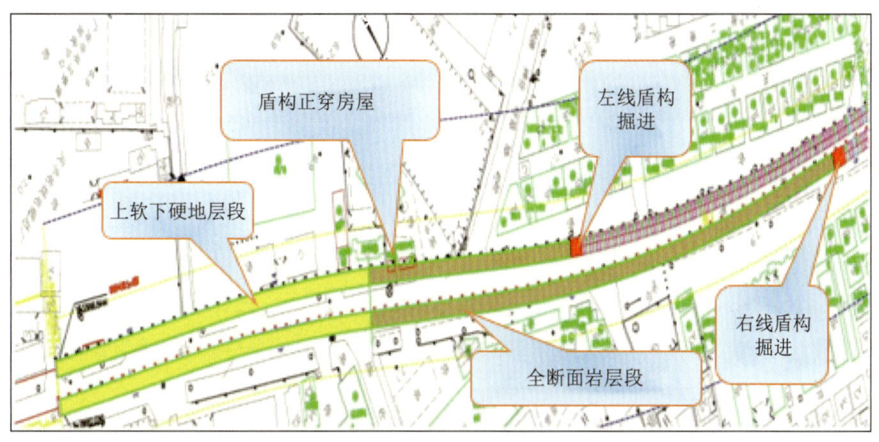


图 3-59 区间平面位置图

图 3-60 区间裂隙发育的全断面灰岩典型岩芯

为控制及降低盾构在全断面灰岩地层掘进过程中的地面塌陷风险，对区间隧道掘进范围内的全断面硬岩段岩溶裂隙地层进行注浆堵水处理。

2）施工过程

（1）施工准备

①通过现场调查，明确现场管线及障碍物情况并导入到图中，根据设计布孔情况结合现场建（构）筑物情况，将局部因建（构）筑物影响的孔位进行优化设置并进行交底。

②根据设计图纸，测量放出钻孔位置后由现场技术人员确认钻孔孔位是否与设计图纸相符。

③根据现场实施条件，准备好足额的地质钻机、注浆设备及相应的施工作业人员。

现场管线调查与标示如图 3-61 所示。

图 3-61　现场管线调查与标示

（2）钻孔取芯

在已放出确认完成的钻孔位置处采用钻注一体机或地质钻机进行钻孔。因钻注一体机在岩层中施工速度慢，故为提高施工速度，通常采取地质钻机进行钻孔，且钻孔过程中可完整提取岩芯。取芯工作中，钻取芯样依次摆设（图 3-62），同时拍照留存便于后期综合分析，指导后续注浆工作。

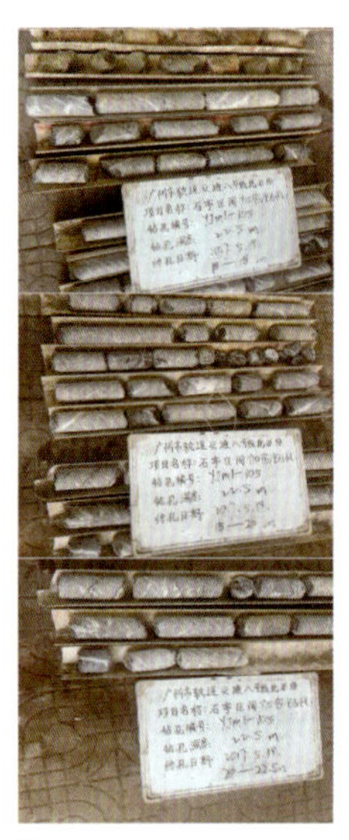

图 3-62　现场钻孔取芯

（3）下管注浆

本区间在全断面灰岩裂隙注浆处理实施过程中，采用钻注一体机注浆工艺进行裂隙注浆处理，采用双液浆填充岩层裂隙，浆液比例为水泥：水 =1：1，水泥浆：水玻璃 =1：1，浆液凝结时间调整为 30 ~ 40s。根据钻孔地质资料揭示情况，每个孔需对作业人员进行交底，注明地层漏水破碎位置并进行重点把控。图 3-63 为现场注浆情况。

图 3-63　现场注浆

## 3.7.4　效果评价

（1）处理效果好：自在全断面岩层中采取裂隙注浆处理，后续盾构掘进参数正常，掘进速度、扭矩、推力、土压正常稳定，出渣量均匀稳定。通过地面注浆处理，盾构通过掌子面为全断面微风化硬岩裂隙发育、地下水较大区段时，地层地下水流失情况基本得到控制，开挖掌子面来水较少，止水效果相对处理之前明显。

（2）注浆精确：由于钻注一体机的钻杆与注浆管为一体，因此注浆过程中可以确保注浆位置的准确性，避免了传统的袖阀管注浆工艺中袖阀管安装不到位、安装过程中被损坏，注浆过程中无法准确将浆液注至岩层裂隙位置等问题。

（3）安全：钻注一体机注浆施工过程中，注浆压力小，对周边管线及建（构）筑物的影响较小，钻孔及注浆过程中无重大安全隐患。同时，钻注一体机设备体积小，所占位置小，施工过程中做好现场施工正常围蔽即可，避免了其他钻孔注浆过程中需进行大量围蔽、占地面积大、对周边交通的影响大等弊端。

（4）环保：整个施工过程中及时处理现场泥浆及杂物等，无较大噪声、粉尘等污染，对周围环境基本无影响。

（5）简便：钻注一体机操作简便，施工过程中，如对施工进度要求不高，则无须采取地质钻机钻孔，同时钻孔壁与注浆管之间不需要人工填塞套壳料，且整个设备体积小、重量轻，移动、运输简单方便、快速。

## 3.8 岩溶区全硬岩及上软下硬地层盾构楔形合金滚刀应用技术

八号线北延段约有72%位于岩溶发育区。多个区间线路穿越地层包括全断面富水砂层、全断面灰岩及灰岩上直接附着砂层的上软下硬地层。盾构在灰岩区上软下硬地层中施工的经验不足，为控制对周边环境的破坏，减少盾构开挖刀具的损坏，减少带压开仓次数，降低施工风险，通过对地层进行分析与研究，同时对不同刀具的使用情况进行试验总结，决定选用楔形合金刀具进行隧道掘进。

### 3.8.1 适用范围和目的

盾构刀具选型需根据实际隧道地层进行针对性配置，楔形合金滚刀适用于对刀具使用耐久性较高的全断面岩层、软硬不均地层以及砂卵石地层。

目的是通过采用最合适盾构刀具，提高隧道开挖刀具的抗冲击能力，减少盾构掘进过程中刀具的损坏（炫磨、崩边、刀圈开裂），减少开仓换刀次数，控制地面沉降或塌陷，并降低开仓过程中对周边环境的影响及风险，保证盾构平安顺利快速掘进，提高掘进效率。

## 3.8.2 工艺流程和操作要点

1 )刀具选型步骤

刀具选型步骤如图 3-64 所示。

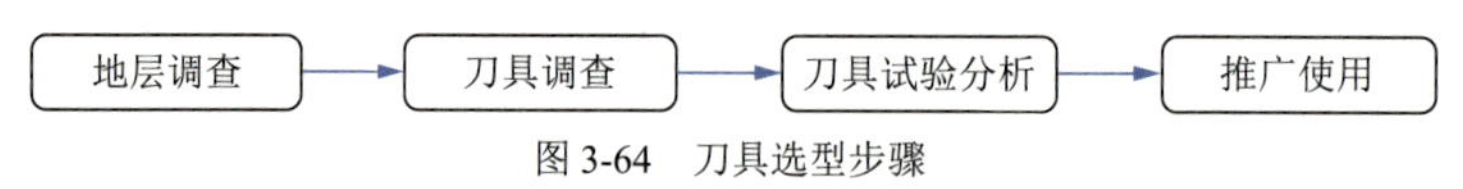


图 3-64 刀具选型步骤

( 1 )地层调查

通过地质勘察,详细了解隧道穿越地层情况。

( 2 )刀具调查

①盾构刀盘配置

采用海瑞克双螺旋土压盾构施工,刀盘配置主要参数见表 3-8,刀盘面板如图 3-65 所示。

**刀盘配置主要参数** 表 3-8

| 项 目 | 参 数 | 备 注 |
|---|---|---|
| 刀盘外径 | 6260mm | |
| 开挖直径 | 6280mm | |
| 普通刮刀 | 64 把 | |
| 单刃滚刀 | 32 把 | 17 英寸 |
| 双刃滚刀 | 8 把 | 17 英寸 |
| 滚刀刀间距 | 89mm | |
| 周边刮刀 | 16 把 | |
| 刀盘开口率 | 28% ~ 36% | |
| 渣土改良口 | 8 个 | |

注:① 1 英寸 =0.0254m。

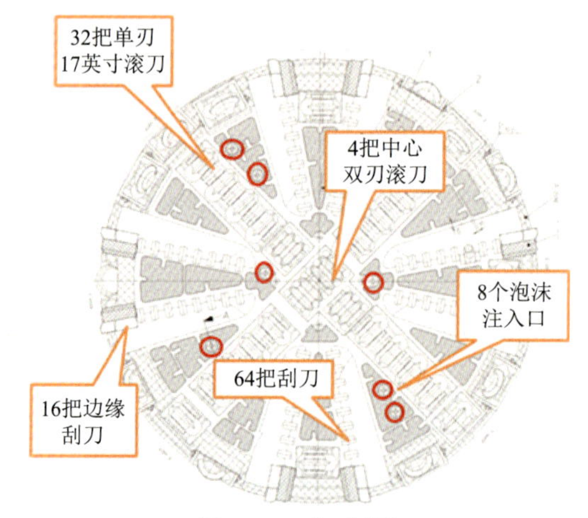


图 3-65 刀盘面板图

②刀具介绍

刀盘上的刀具分两大类:一类是只随刀盘转动的刀具,如切刀、边刮刀、贝壳刀等,此类刀具常称为刮刀，如图 3-66、图 3-67 所示。

图 3-66　切刀

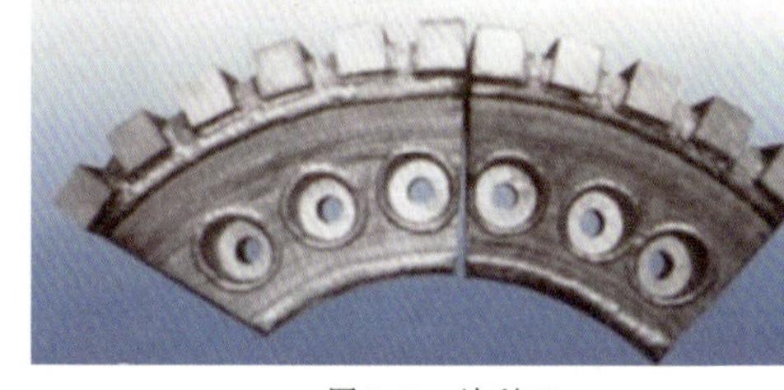
图 3-67　边刮刀

另一类是除随刀盘转动外，刀具自身还绕刀轴自转，如光面滚刀、球齿滚刀、锥形滚刀等，常称为滚刀，如图 3-68 ~ 图 3-71 所示。

图 3-68　双刃光面滚刀

图 3-69　单刃光面滚刀

图 3-70　单刃球齿滚刀

图 3-71　单刃楔形合金滚刀

（3）刀具试验分析

①刀具试验

根据上软下硬地层特性，结合盾构刀盘本身特点，通过在全断面岩层中选用不同厂家和不同样式刀具进行试验分析，为长距离上软下硬段选取最佳适应刀具提供参考意见，见表 3-9。

**刀具试验对比表**　　表 3-9

<table>
<tr><th>序　号</th><th>地　质</th><th>刀 具 配 置</th><th>平均掘进长度（m）</th><th>刀具损坏形式</th><th>备　注</th></tr>
<tr><td>1</td><td>软土砂层</td><td>重型滚刀</td><td>500</td><td>偏磨、均磨</td><td>原装</td></tr>
<tr><td rowspan="4">2</td><td rowspan="4">全断面硬岩平均强度 80MPa（岩溶区）</td><td>普通刀</td><td>30 ~ 40</td><td>崩边、开裂</td><td></td></tr>
<tr><td>球齿刀</td><td>30 ~ 45</td><td>掉齿、均磨</td><td></td></tr>
<tr><td>庞万利普通刀</td><td>60 ~ 75</td><td>崩边、均磨</td><td></td></tr>
<tr><td>合金楔形球齿</td><td>80 ~ 100</td><td>个别掉齿</td><td></td></tr>
</table>

刀具损坏形式如图 3-72 ~图 3-74 所示。

图 3-72 偏磨损坏与崩边损坏

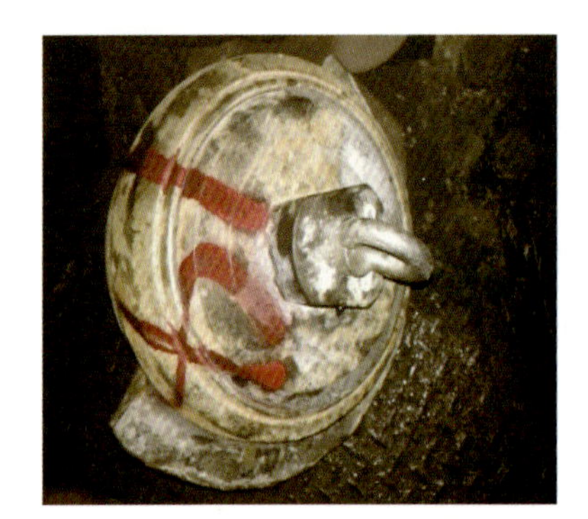

图 3-73 刀圈开裂与刀圈断裂损坏

图 3-74 刀圈卷边与崩裂损坏

②刀具分析及选择

通过刀具试验数据分析,最后选择楔形合金滚刀(镶齿)作为上软下硬段掘进刀具。该刀具的主要设计要点如下。

a. 设计理念

▶改变传统刀圈破岩方式。硬岩下,滚刀通过刀圈对岩石施加压力,当压强超过岩石抗压强度时便会产生裂纹和破碎。传统刀圈破岩过程中,刀圈与岩石为线接触,接触面积大,有效破岩压强小,破岩效率较低。镶齿刀圈破岩过程中,刀圈与岩石为点接触,接触面积小,有效破岩压强大，破岩效率高。现镶齿刀圈设计 30 个刃部硬质合金，实际使用效果良好，如图 3-75 所示。

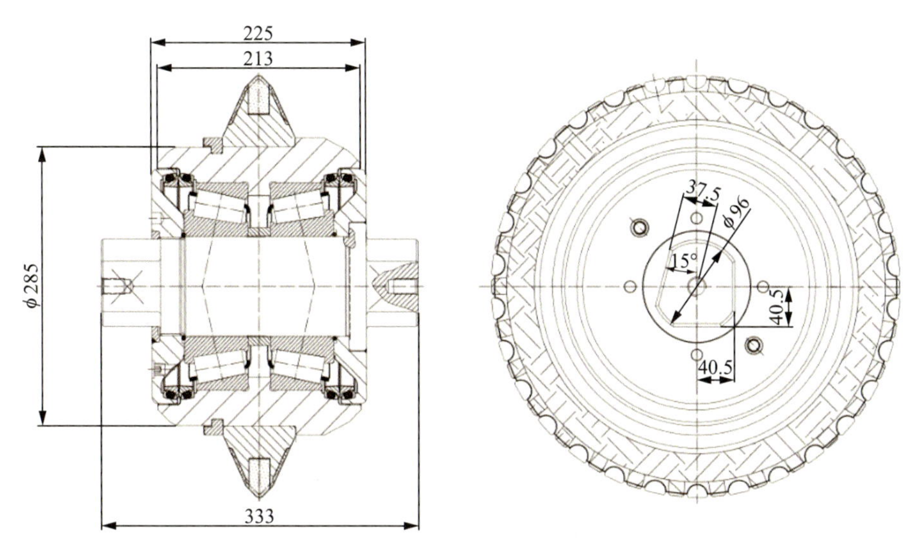


图 3-75　楔形合金刀设计图（尺寸单位：mm）

▶改变刀圈刃型，更易贯入岩石，掘进效率高。传统刀圈为模具钢，从耐磨性和强度方面考虑，难以把刀圈刃型做到很尖；而镶齿滚刀由于刃部硬质合金的存在，耐磨性大大提高，可以把刃型设计得非常尖锐，这样在硬岩下使滚刀有效破岩的压强大大增加，非常容易贯入岩石，提高破岩效率；在软岩下，合金刀圈相比普通刀圈可减小掘进的推力，掘进效率高。硬质合金及刀体刃部设计成 90° 尖角，掘进效率较普通刀圈大大提高。

▶刀圈基体及热处理参数选择适合冲击性强的地层。传统刀圈一般由模具钢加工，为提高其耐磨性一般热处理至 HRC56~60，在此硬度下，其冲击韧性较差，在软硬不均等冲击性强的地层下易出现断刀圈、崩刃等情况。合金刀圈由于合金齿耐磨性非常好，因此刀圈基体不必热处理至如此高的硬度，目前一般热处理至 HRC40~44，这个硬度下，材料的冲击韧性大大提高，非常适用于冲击性强的地层。

▶合金刀圈更适合长距离掘进。合金刀圈刃部镶嵌硬质合金，合金之间母体上、靠近刃部的刀圈基体上焊接有硬质合金颗粒耐磨层，大大提高了刀圈母体的耐磨性，非常适于长距离掘进。

b. 适应性、地层类型、强度

从镶齿滚刀的设计特点看，其适用范围较广。从强度较低的泥岩，到泥质粉砂岩、砂岩、石灰岩、不同风化程度的花岗岩等均可使用，理论上其可适用于强度 90MPa 以下的全断面岩层、软硬不均等需要高耐磨、高冲击地层，尤其是在磨蚀性较强、断面较完整的地层，其使用效果更加明显。

(4)推广使用

通过刀具选型及试验对比分析，楔形合金滚刀的整体性能较好，对灰岩区及上软下硬地层适应性较强，抗冲击、抗偏磨性能较好。最终配置全盘楔形合金滚刀，在左线隧道210余米上软下硬地段掘进，刀具使用后基本完好，未曾更换。

**2)注意事项**

(1)对盾构刀具进行综合管理的注意事项

①对每把刀具进行编号，详细记录新刀安装至刀盘轨迹的刀座号，并形成数据统计表。

②选用多个厂家刀具进行刀具试验，建立刀具使用详细记录，便于后续分析。每次更换刀具后进行更换刀具分析总结，选用性价比较好的刀具厂家。

③提前掌握各段的地层特性，针对不同地层选择相对应的刀具进行配置。

(2)隧道掘进参数控制要点

结合刀具试验结果，综合分析施工过程中盾构掘进参数，在后续全断面灰岩及上软下硬段，严格控制盾构掘进参数，预防刀具意外损坏，提高刀具使用效率，保持掘进速度8 ~ 15mm/min，扭矩2500 ~ 2800kN·m，推力13000 ~ 15000kN，土压1.1 ~ 1.5bar，并根据隧道埋深及渣样情况调整。

(3)渣土管理控制要点

在全断面灰岩和上软下硬段掘进过程中，需严格做好渣土管理，主要控制要点如下。

①出渣量控制：控制每车的出渣量与行程是否匹配，每环总出渣量是否均匀，出现异常多、少的情况时需高度重视进行后续地层补强。

②渣土改良效果：在上软下硬地层中需保压掘进，在满仓渣土条件下，由于掘进速度慢，刀箱及土仓渣土容易固结，导致刀具无法旋转产生偏磨，土仓固结渣土排放不畅，会导致推力大掘进速度慢等情况，此两种现象均会影响刀具及盾构的正常掘进。掘进过程中需将渣土改良成和易性较好的流塑状，既要确保排土顺畅，又要防止喷涌超方，同时要避免保压掘进时渣土固结。

### 3.8.3 工程实例

八号线北延段某区间沿市政道路敷设，道路路面较为狭窄，人流车流繁忙，道路两侧建筑物密集，地下管线复杂，隧道埋深9~15.5m。本区间穿越灰岩地层，区间隧道大部分区段砂层直接覆盖在微风化基岩面上。通过地质勘察，详细了解隧道穿越地层，该区间隧道总长约1550m，区间隧道主要穿越〈3-1〉粉细砂、〈3-2〉中粗砂、〈3-3〉砾砂、〈9C-2〉微风化碳质灰岩地层，局部为〈4N-1〉粉质黏土、〈4N-2〉可塑状粉质黏土、〈4-2A〉淤泥及〈4-2B〉淤泥质土、〈7-2〉碳质页岩(强风化泥岩)、〈7-3〉强风化泥质粉砂岩，少量分布于〈8C-2〉中风化灰岩以及以上地层的组合地层。区间地质剖面图如图3-76所示。

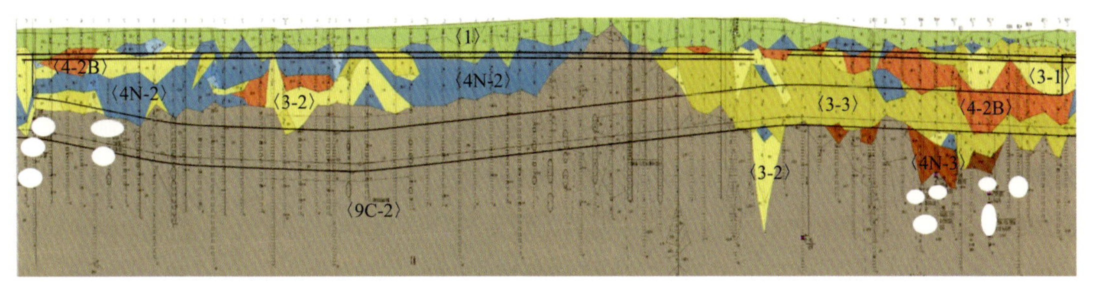


图 3-76 区间地质剖面图

隧道开挖范围各地层比例见表 3-10。

隧道开挖范围各地层比例 表 3-10

| 地质类别 | 全断面富水砂层 | 全断面岩层<br>（溶洞） | 上软下硬<br>（灰岩 + 砂层） |
|---|---|---|---|
| 各地层所占比例（%） | 34 | 45 | 21 |

为控制及降低盾构在灰岩上软下硬地层掘进过程中刀具的损坏量，减少该地层中带压开仓次数，通过选择合适的盾构开挖刀具，能大大降低盾构掘进风险，从而提高盾构掘进效率。

1）实施情况

（1）上软下硬段地质情况

该区间上软下硬段里程为 ZDK27+250.6 ～ ZDK27+454.4，对应隧道环数为 890 ～ 1028 环，管片 1.5m/ 环，隧道穿越地层下部为微风化灰岩（56 ～ 95MPa），上部为砂层，岩面高度大部分在 3、9 点位以上，地质剖面图如图 3-77 所示，红色填充为上软下硬段加固区。

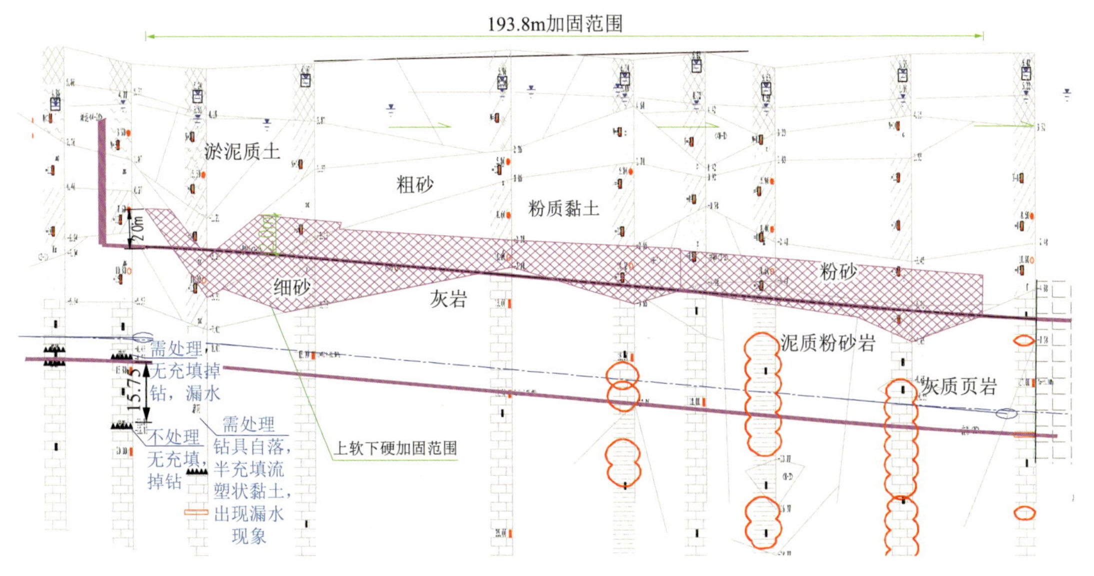


图 3-77 上软下硬段地质剖面图

（2）上软下硬段刀具配置

通过在全断面岩层中对不同厂家不同类型刀具的试验结果进行分析，本区间隧道盾构进入上软下硬前 877 环处，将全盘滚刀（32 把 +4 把）常压条件下更换为楔形合金滚刀，所有刮刀检查无较大损坏。

（3）盾构掘进情况

更换全盘楔形合金滚刀后，于 2017 年 6 月 18 日恢复掘进，掘进速度平均为 10 ~ 15mm/min，刀盘转速 1.5r/min，推力 12000 ~ 15000kN，扭矩 2500 ~ 2800kN·m，土压 1.2 ~ 1.5bar，出渣量正常，渣土颗粒大小在 5cm 以内，本段掘进过程中因渣土滞排和土仓板结带压开仓 3 次，分别为第 898 环、第 945 环、第 978 环处。

其中，第 898 环处开仓因螺旋输送机滞排（图 3-78），无法出渣，导致盾构推力大、掘进速度慢。停机带压清仓，发现一二级螺旋输送机口堆积 30 ~ 50cm 石块堵塞排土通道，通过清理后恢复正常掘进。主要原因为盾构从全断面岩层进入上软下硬的过渡段，个别石块未完全破碎而进入土仓，导致螺旋输送机堵塞，开仓检查发现刀具无异常、无掉齿及严重磨损现象。

图 3-78　螺旋输送机滞排

第 945 环、第 978 环掘进过程中出现渣土较干、推力增加（18000 ~ 20000kN）、掘进速度放慢（5 ~ 8mm/min）、扭矩增加（2800 ~ 3000kN·m）等问题。停机带压开仓检查，岩面位于 10 点位，上部为砂层。通过清理土仓内板结渣土，检查刀具发现个别楔形合金滚刀出现个别齿掉落情况（图 3-79），整体判断不影响正常掘进，未更换刀具，土仓清理完成后恢复掘进，于 2017 年 8 月 25 日左线顺利出洞，刀具基本完好（图 3-80）。

图 3-79　楔形合金刀个别掉齿

图 3-80　左线出洞刀盘

2）应用效果

采用楔形合金滚刀后，共用时 68d，停机开仓 18d，有效平均进尺 3 环 /d，整段未更换刀具。

安全：采用普通刀掘进 10 ～ 15 环需开仓换刀一次，采用楔形合金滚刀后，平均 50 环开仓一次，开仓换刀次数大大减少，开仓风险降低，有效保护了周边环境安全和设备安全。

经济：本段隧道带压开仓次数约减少 7 次，节约开仓费用及刀具费用数十万元。

工期：开仓次数减少，盾构连续正常掘进，减少了盾构停机开仓时间，开仓平均按照 7d/ 次计算，缩短工期约 50d，有效保证了盾构施工工期。

### 3.8.4 效果评价

灰岩区上软下硬及全断面硬岩地层条件下，使用楔形合金滚刀相对于普通滚刀，刀具的有效掘进平均距离增长 3 ～ 4 倍，延长了刀具的使用寿命，从而减少了盾构掘进过程中的开仓换刀次数，节约了开仓的费用与刀具更换费用；盾构掘进速度提高，缩短了盾构施工的整体工期，大大降低了灰岩区盾构掘进的安全管理风险，实际效果非常明显。

## 3.9 利用旋喷切割法清理盾构土仓技术

盾构在富水砂层中施工时，当出现停机时间长、渣土改良效果差、超压掘进等情况时，极可能因原地层中应力回收、重力沉降等原因，造成盾体外侧、掌子面或土仓内砂层板结，形成“铁板砂”，最终导致盾构被困，主要表现为刀盘无法启动，恢复掘进时所需的推力大，推进无速度等。

目前在处理盾构土仓内形成的“铁板砂”，实现盾构脱困方面的办法不多。常规解决办法主要为地层注浆加固配合人工清仓和反复填仓挖仓两种，上述两种方法不仅处理时间长（根据经验，处理一起大约需用时一个半月以上），且处理过程中风险高、耗费的人力物力成本高。

### 3.9.1 适用范围和目的

本施工技术适用于富水砂层中盾构因停机、超压等原因引起的“铁板砂”处理，也可推广到其他地层。本技术可在人员不进仓的条件下，快速处理盾构土仓中固结的“铁板砂”。

### 3.9.2 工艺流程和操作要点

该装置主要由旋喷钻杆和土仓壁连接及固定装置组成，如图 3-81 所示。其中，所采用的旋喷钻杆由常用的旋喷钻杆进行加工改造制作而成，土仓壁连接及固定装置为常用的法兰盘、钢管、丝杆等材料焊接而成。

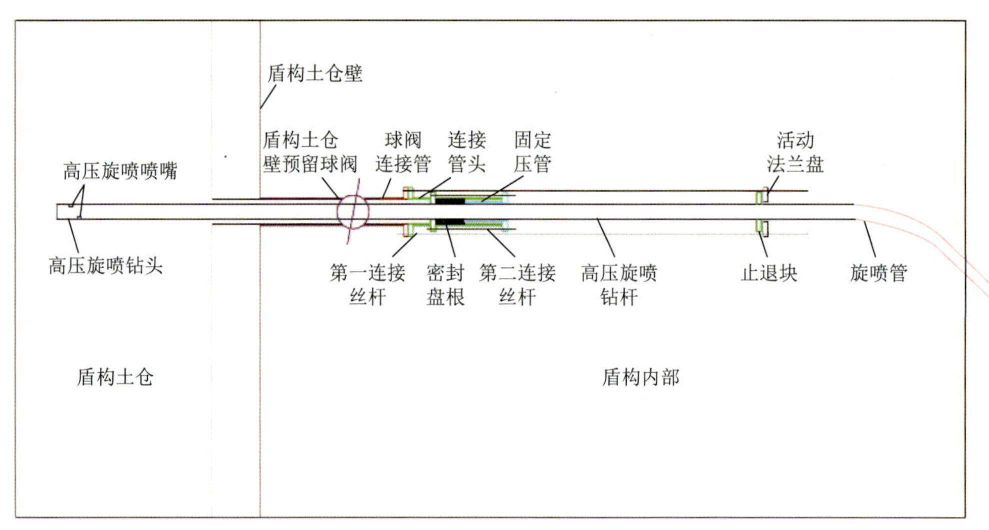


图 3-81　高压旋喷式盾构土仓内“铁板砂”快速处理装置

利用高压旋喷钻杆将旋喷浆液喷入盾构土仓内，使钻杆周边板结体尽可能切割松散。旋喷压力控制在 25 ~ 30MPa，旋转速度为 15 ~ 20r/min，推进速度为 10 ~ 15cm/min，浆液采用泡沫水（或水）。

通过对盾构土仓壁上的所有预留球阀采取该处理方法后，即可通过反复转动刀盘（必要时可开启盾构脱困模式脱困），将盾构土仓内的渣土外运输送，最终达到盾构刀盘脱困的目的。

利用旋喷切割法清理盾构土仓的施工工艺流程如图 3-82 所示。

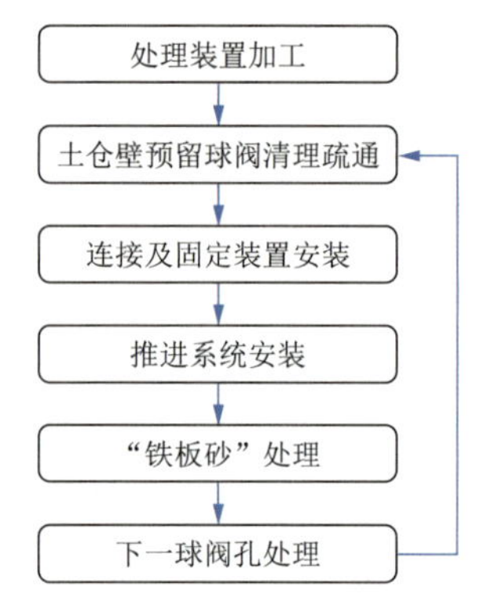


图 3-82　利用旋喷切割法清理盾构土仓的施工工艺流程图

**1）处理装置加工**

根据盾构内部空间尺寸以及土仓壁开孔分布情况，对常规的旋喷钻杆进行改造，根据土仓壁上预留孔最小孔径为 50mm，选择加工制作 $\phi$30 旋喷钻杆，并将旋喷钻杆加工成 300mm 一节的短钻杆，且在钻杆上进行车内、外丝扣，便于接长和拆卸，旋喷喷嘴选择内置式，2 个喷嘴错开布置于钻杆头部两侧，口径分别为 1.5mm 和 1.8mm 两种。加工制作的旋喷钻杆如图 3-83 所示。

图 3-83 加工制作的旋喷钻杆

土仓壁连接及固定装置由法兰盘、钢管、丝杆等材料焊接而成。采用与盾构土仓壁上预留球阀孔直径相同的镀锌钢管作为接长管，管壁上焊接 $\phi$150、$\phi$100 法兰盘，法兰盘上等距设置 2 ~ 4 个丝杆孔。为保证高压旋喷钻杆与连接管之间的空隙在施工的过程中不漏水、漏浆，需在连接丝杆上设置一个固定压管装置；同时，为保证旋喷钻杆的顶推和后退，在丝杆上需设置活动的止推块。加工制作的土仓壁连接及固定装置如图 3-84 所示。

图 3-84 加工制作的土仓壁连接及固定装置

2）土仓壁预留球阀清理疏通

对于盾构土仓壁上预留的球阀（图 3-85），施工前需对其通畅情况进行检查和记录。对于球阀存在堵塞的，需采用钢钎对堵塞的杂物进行清理，便于处理装置的旋喷钻杆可以顺利地伸入至土仓内。

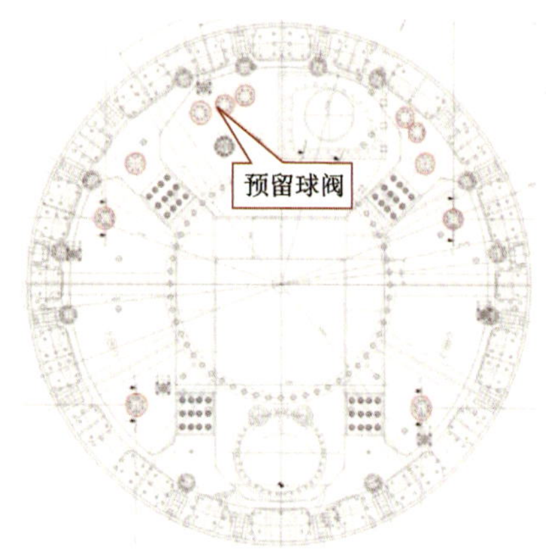


图 3-85 盾构土仓壁上预留球阀平面布置实物图及大样图

3)连接及固定装置安装

将事先准备好的配套密封套管与盾构土仓壁预留球阀连接牢固,再安装密封外套管,如图 3-86 所示。在密封套管内插入高压旋喷钻杆,为了保证旋喷处理过程中旋喷钻杆与连接管之间的空隙不出现漏水、漏浆的情况,在到达球阀位置时需在钻杆外侧缠绕 3 ~ 5 圈盘根,并用固定压管将密封盘根压入密封管与钻杆之间,通过第二连接丝杆将固定压管与密封管固定牢固。

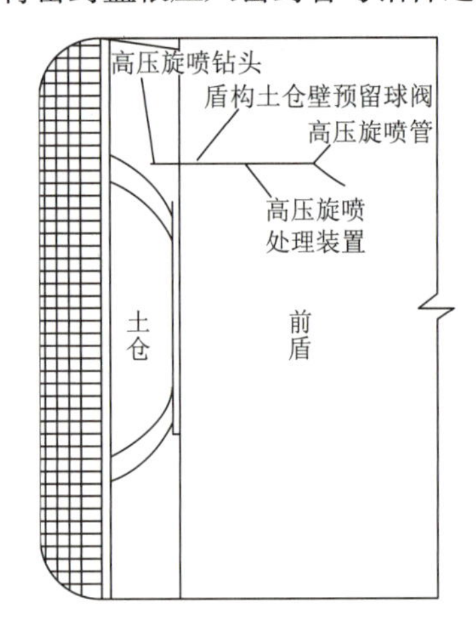

图 3-86 装置安装

安装过程中要注意密封盘根的圈数需根据空隙的大小定,确保将空隙填充密实,且顶入过程需缓慢、均衡,确保其不被破坏。

4)推进系统安装

接长高压旋喷钻杆至设定长度,先人工压入钻杆至土仓壁外侧,再通过第一连接丝杆套入推进活动法兰盘固定;将调试好的高压泵系统管路接入高压旋喷钻杆,管路连接完成。

5)“铁板砂”处理及盾构刀盘脱困

以上工作完成后,开启高压旋喷注浆泵,将配置好的泡沫水通过管路注入土仓内。注入压力分两步进行:第一步注入压力设定在 10 ~ 15MPa 试喷,缓慢旋转钻杆,查看固定及密封装置是否正常;第二步,压力调至工作压力 28MPa,并人工旋转旋喷钻杆,旋转(180° 范围来回旋转)速度为 20r/min,同时调整推进装置螺母将旋喷杆缓慢压入土仓前部,切割钻杆周围固结砂土,推进速度控制在 10 ~ 12cm/min,来回复喷,每个预留孔喷射时间为 20 ~ 30min,使钻杆周边尽可能切割范围增大,并充分打散固结砂土。

按照上述操作,完成一个球阀孔位旋喷后,调整到其他孔位旋喷,直到所有孔位均处理完成。处理完成后,可打开已处理孔位,用钢钎探查孔位周边土体是否松散。而后通过反复转动刀盘,实现刀盘脱困及盾构脱困(必要时可开启盾构脱困模式)。

### 3.9.3 工程实例

八号线北延段某盾构区间沿市政道路敷设,道路为双向 4 车道,路面较为狭窄,人流车流繁忙,道路两侧建筑物密集,地下管线复杂;隧道依次穿越全断面富水砂层、全断面岩层及上软下硬地层。其中,左线穿越全断面富水砂层掘进长度接近500m,在进入上软下硬地层前,在外部压力作用下砂土失水固结,形成了"铁板砂"。采用旋喷切割法顺利解决了盾构土仓固结"铁板砂"的难题。

实施过程中,盾构土仓壁上的孔主要为 $\phi$50 和 $\phi$75 两类(图 3-87),为适应此两类孔,原旋喷钻杆无法使用,须改造加工合适的钻杆(图 3-88)。钻杆直径不大于 30mm,选用不同长度(300mm、500mm、1000mm)的钻杆加杆连接,旋喷喷嘴选择内置,口径为 1.5mm 和 1.8mm。

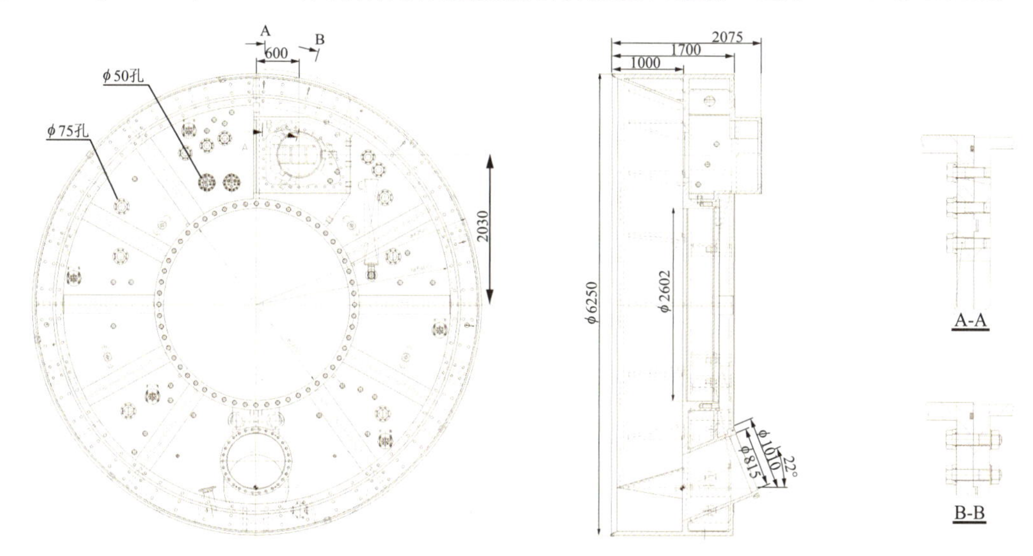


图 3-87 土仓壁孔位分布图(尺寸单位:mm)

本次处理过程中,根据现场实际空间大小,以及土仓壁上已改造使用的孔位,共对土仓壁 11 个孔位处预留球阀进行清理疏通。

在所有的准备工作完成后,开启高压旋喷注浆泵,本案例采用泡沫水,每个预留孔喷射时间为 20 ~ 30min,依次完成 11 个孔位旋喷(图 3-89、图 3-90)。用钢钎探查后,孔位周边土体有明显松散迹象。

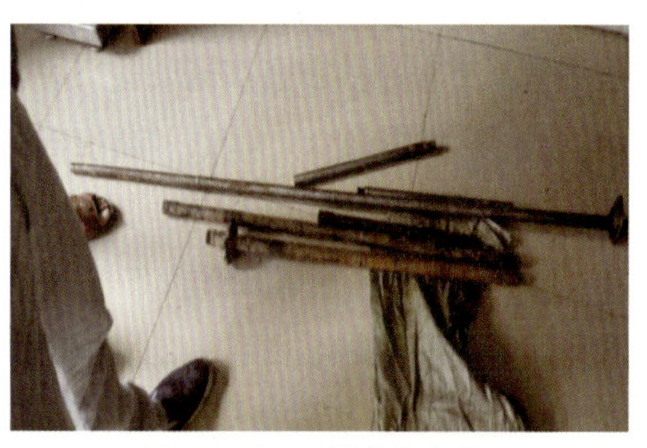

图 3-88 加工制作的旋喷钻杆

图 3-89 高压旋喷泡沫

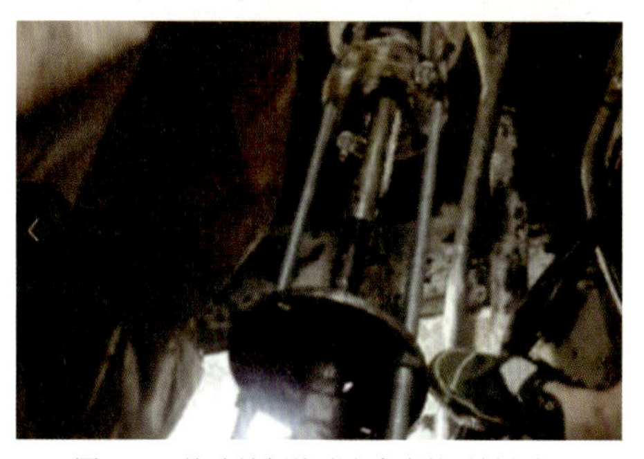

图 3-90 旋喷钻杆旋喷土仓内的"铁板砂"

旋喷处理过程中，不定时地尝试反复启动刀盘，由于刀盘被困，启动刀盘的压力达到304bar（扭矩5300N•m）。在处理完第11个孔后，反复转动刀盘约3h后，刀盘成功脱困。

### 3.9.4 效果评价

安全：整个操作空间都是在盾构土仓外部进行，避免了地面开挖或人员进入盾构土仓内部作业，安全风险小。

实用：采用高压旋喷原理切割固结体，处理原理成熟；固定密封装置采用现场加工，旋喷钻杆专门委外加工，操作简单，配件加工方便，实用性强。

经济：设备整体结构简单、施工方便，并可重复使用，成本较低，除临时增加高压旋喷注浆泵，其他原材料基本无消耗。采用的设备取材方便，操作简单；且施工过程中全部为洞内作业，避免了传统处理方法中的地面开挖、加固等措施，处理时间由传统的1.5个月缩短至5 ~ 7d，且无须地面围蔽、加固、开挖、人员进仓处理等，极大地节省了工期和人力成本投入。

环保：施工过程中噪声小，对地面周边环境基本无影响，并且不会造成地面沉降、塌陷，保证了周边房屋、管线的安全。

## 3.10 浅埋盾构（顶管）水下辅助接收施工技术

在城市地铁施工中，一般小断面隧道多采用顶管，而大断面隧道多采用盾构，盾构和顶管施工基本原理相同，相比较而言，大断面隧道施工风险更高，盾构结构更为复杂。在隧道施工中，把盾构（顶管）从土体中渐渐顶到接收井的这一过程称之为出洞。无论是盾构还是顶管，出洞均是施工的重大风险环节，尤其是泥水盾构施工，采用现有的盾构设备、施工工艺以及地基处理技术，在某些工况状态下难以有效规避出洞风险，一旦发生泥水喷涌、洞门失稳等重大工程险情，缺乏有效迅速的手段进行处置，极有可能在短时间内引发灾难性的事故。为降低盾构出洞接收风险，在盾构常规接收的基础上，可采取水下辅助接收的措施来保证盾构出洞接收安全。本文将以盾构水下辅助接收施工技术为重点，来讲解盾构（顶管）水下辅助接收施工技术。

### 3.10.1 适用范围和目的

盾构（顶管）水下辅助接收施工技术适用于地下水位较高导致渗透风险高，工程地质稳定性差，加固有局限性或者加固措施难保证安全，地面环境保护要求较高的盾构接收施工。

主要目的：其一，主动用泥浆将接收井回填，利用接收井内外水土压力平衡可控制渗透的原理，在水土压力平衡的情况下将盾构安全推入接收井，降低漏水漏砂和洞口外土层坍塌的风险，从而确保井口端头管线及周边建筑物的安全性，保证盾构安全出洞到达接收井设定位置；其二，盾构水下接收,需将接收井基坑内外的降水井停止降水,减少地下水的流动性,从而为土层的稳定性提供一道保障。

## 3.10.2 工艺流程和操作要点

1)工艺流程

盾构水下辅助接收施工工艺流程图如图3-91所示。

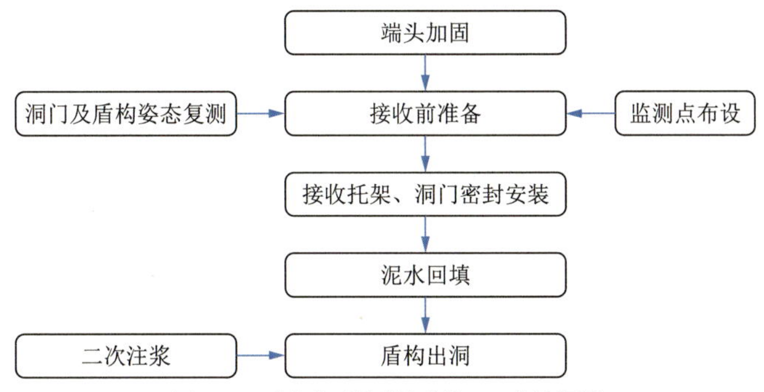


图3-91 盾构水下辅助接收施工工艺流程图

顶管水下辅助接收施工工艺流程如图3-92所示。

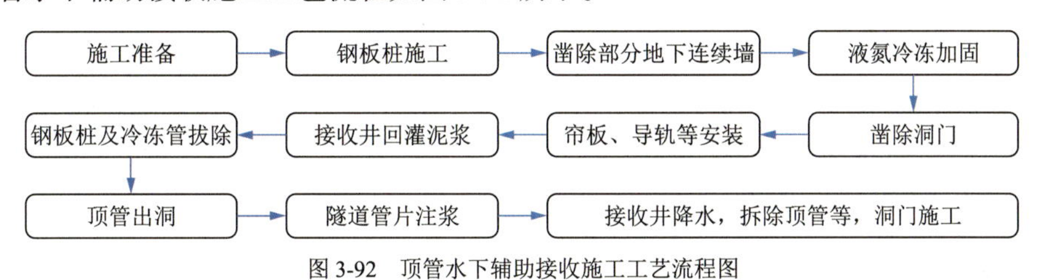


图3-92 顶管水下辅助接收施工工艺流程图

本文以介绍盾构水下辅助接收施工工艺为主,顶管水下辅助接收施工与其相近,本文不再复述。

(1)接收前准备,包括端头加固、地面监测点布设、洞门及盾构姿态复核。加固质量检测孔位如图3-93所示,洞门取芯芯样如图3-94所示。

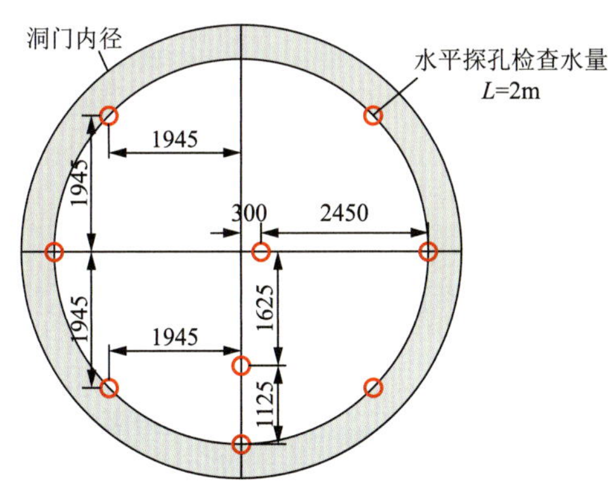


图3-93 加固质量检测孔位(尺寸单位:mm)

图3-94 洞门取芯芯样

（2）接收托架、洞门密封安装。洞门密封锁紧装置如图 3-95 所示，托架、洞门密封验收如图 3-96 所示。

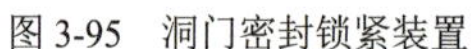
图 3-95　洞门密封锁紧装置

图 3-96　托架、洞门密封验收

（3）向接收井内进行回灌泥浆，保证水位高于地下水位 0.5 ～ 1m。

（4）盾构掘进至加固体前，注意控制盾构姿态，提前对设备进行检查维护，保证盾构顺利平稳接收。

（5）盾构在加固体中掘进时，采取低转速低推力掘进，同时做好盾构后方二次注浆。

（6）盾构掘进至接收井围护结构后，控制掘进速度和推力，防止将围护结构推倒，降低掘进速度至 5mm/min，缓慢掘进至刀盘出洞。

（7）盾构上托架前要进行姿态复核，必须以理论计算的姿态控制盾构姿态，确保姿态在合理范围内，保证刀盘、盾体可以完全进入到托架上。刀盘出地下连续墙后，停止转动刀盘，盾体沿直线往前用千斤顶顶进。盾构顶进过程中，加强同步注浆，可适当提高同步注浆量，同时做好止水环施工跟进。当盾构前盾过洞门帘布后，及时用接收井预留的葫芦拉紧钢丝绳确保盾体与帘布之间捆绑密实，后续将盾构顶进至预定位置。

（8）在盾尾脱离主体结构侧墙及出洞环前，对洞门进行注浆封堵。注浆过程中确保注浆效果，保证侧墙及地下连续墙与管片之间被双液浆填充密实。洞门封堵及止水环施工完成后，对注浆孔进行开孔检验，若无渗漏，则封堵质量合格；若有渗漏，则重复注浆直到封堵质量合格。洞门封堵质量检测合格后可对回填泥水进行抽排，先抽排 1m，观察水位是否有上涨，若水位稳定，则继续抽排泥水，抽排完成后人工对井口底板面进行清理；若水位上涨，则需要重新对洞门进行注浆封堵。

（9）井口泥浆清理完成后，可利用千斤顶缓慢地将盾尾脱离侧墙及管片，直到盾构完全进入接收托架。脱离完成后，对洞门封堵情况进行检验，若出现渗漏情况，则采取贴钢板及重复注浆措施进行封堵。

（10）盾构到达托架指定位置后进行拆机作业，同时利用履带式起重机将盾构部件吊出，利用平板拖车将盾构部件转运至指定地点。

刀盘缓慢出洞如图 3-97 所示，盾构刀盘顺利吊拆撤场如图 3-98 所示。

图 3-97 刀盘缓慢出洞

图 3-98 盾构刀盘顺利吊拆撤场

**2）技术要求**

（1）接收前准备

①贯通前测量及盾构姿态复核：盾构隧道贯通前 150 ~ 200m 必须进行贯通前联系测量，同时复核盾构姿态，防止隧道线路出现偏差。

②洞门位置复核：盾构接收端主体结构完成后，需进行洞门位置复核，防止盾构出洞姿态出现偏差导致洞门密封损坏、盾构卡在洞门处。

洞门位置复核完成后，依据隧道线形推算盾构出洞姿态并计算出盾构出洞前 20 环的姿态控制范围。

（2）接收装置、洞门密封安装

①为避免盾构驶上接收托架困难，接收托架标高应适低于盾构掘进姿态，可采取降低 15mm 安装，同时在洞门与托架之间安装斜向导轨，确保盾构顺利上托架。

②水下接收无法观察到盾构出洞过程中托架的情况，因此根据盾构掘进姿态确定接收托架的最终标高及平面位置之后，将托架与接收井底板预埋钢板焊接牢固，并利用工字钢等材料将接收托架支撑在接收井的侧墙上，确保盾构上托架过程中托架不发生移位。

（3）泥水回填

①对井内回灌泥水，泥水采用优质泥浆，回灌泥水标高应高于地下水位和承压水水头标高 0.5 ~ 1m。

②进行泥水回填时，在接收井两侧预埋两根 PVC 管，底部钻梅花形布置小孔，外包密网，用尼龙扎带固定，用于后期观测基坑内水位情况。

③吊出井结构内可埋设应变计，测量盾构接收掘进过程中挡土墙的变化情况。

（4）盾构出洞

①盾构进加固体前

a. 盾构进加固体前必须进行姿态复测，保证姿态良好；

b. 保证盾构设备运转良好，确保盾构快速平稳出洞。

②盾构在加固体中掘进

a. 盾构掘进保证平稳快速,同时确保姿态良好,不可进行姿态急纠。

b. 盾构掘进过程中加强同步注浆和二次注浆。

c. 止水环施作,在盾尾进入加固体以后,从盾尾后方 3 环起后续管片需要进行止水环施作。止水环采用水泥—水玻璃双液浆施作,初凝时间控制在 30s,注浆压力宜控制在 3 ~ 5bar,施工顺序为从下至上,点位为 1、4、8、11。施作完成之后要开孔检测,若出现漏水,则需要重新进行注浆,确保止水环的密封效果。

图 3-99 管片连接

③盾构出洞

a. 盾构刀盘抵达连续墙前,对后 10 环管片进行固定连接(图 3-99),防止刀盘出地下连续墙后突然卸力导致管片变形。

b. 当盾构掘进至连续墙时,盾构已完全进入加固体,止水环必须做到盾尾后 1 环处,同时保证止水环施工效果。

c. 盾构破连续墙时推进速度应小于 10mm/min,避免推进速度过快导致地下连续墙大块墙体塌落,进而引发出洞风险。

d. 盾构刀盘进入地下连续墙 10cm 后停机,降低土仓压力,观察土仓压力是否增加。若增加,则需要重新在盾尾后方进行二次注浆,必要时采取盾体注聚氨酯或衡盾泥;若仓压稳定,则可以继续掘进。

e. 盾构在地下连续墙掘进至还剩 40cm 时,降低掘进速度至 5mm/min,缓慢掘进至刀盘出洞。刀盘出洞时推力扭矩会降低,洞门地下连续墙会开裂,此时继续保持 5mm/min 速度掘进,确保地下连续墙体不产生大块塌落,到达指定位置后刀盘停止掘进,防止刀盘将密封损坏,将刀盘转至吊点方向后停止转动。

f. 土压盾构刀盘出洞前,必须提前关闭螺旋输送机闸门,防止地下连续墙混凝土块卡住螺旋输送机闸门,造成回填泥水涌至盾构内。

g. 盾构出洞前必须保证刀具完好,防止刀具损害造成开挖面不够,继而盾构卡在洞门处。

h. 刀盘距地下连续墙最后 300mm 时,控制速度 5mm/min,防止洞门突然倒塌造成盾构上托架困难,泥水盾构需防止大块混凝土及玻璃纤维筋堵管。

i. 提前备好应急泥水,若洞门出现漏水涌砂,则回填泥浆至井口顶。

j. 地表、管线、建(构)筑物监测:根据设计图纸,在盾构出洞施工影响范围内按照相应的布孔和频率进行监测,出现报警立即停机,按应急预案进行处理。

## 3.10.3 工程实例

1）盾构水下辅助接收

八号线北延段某区间，区间全长约650m，外径6m，采用泥水盾构掘进。

盾构接收端头地质情况较差，多为回填土及粉细砂，地下水位为地下2m，且端头附近为市政道路，存在大量管线，端头加固质量难以保证。

为保证盾构出洞安全，现场采用水下辅助接收工法并安全顺利贯通，如图3-100所示。该工法成本较低，能有效降低盾构出洞接收安全风险，可供类似工程参考使用。

2）顶管水下辅助接收

北延段工程某车站为地下两层岛式车站，全长181.6m，标准段宽度为20.1m，外挂段宽度为36.4～38.15m。其三号出入口采用明挖法和顶管施工。三号出入口顶管段工程全程总计30m，外径6000mm×4300mm。

端头加固范围周边管线众多，与接收井和始发井连续墙较近，为了保护管线，无法采用旋喷桩加固的施工方法，故本项目端头加固采用“钢板桩＋冷冻法”的施工工艺。

由于采用钢板施工，接收井洞门凿除后，在顶管出洞前需要将其拔除。为了保证顶管安全出洞，采用水下辅助接收技术，如图3-101所示。

图3-100 盾构水下辅助接收

图3-101 顶管水下辅助接收（出洞后）

该工程按照顶管水下辅助接收施工工艺流程，顺利完成顶管出洞接收。

## 3.10.4 效果评价

1）盾构水下辅助接收

盾构水下辅助接收工法，在端头加固质量无法保证的情况下，确保了接收端附近周边环境的安全及盾构的顺利出洞，相对钢套筒接收辅助工法，该方式具有一定的优势，具体分析如下：

成本：盾构水下接收成本较低，施工方便，盾构出洞前回填泥浆、出洞后抽排即可，但是部分接收井结构需提前施作挡水墙。若采用钢套筒辅助接收施工法，钢套筒、起重机租赁及安拆成本则要花费约30万元。因此，盾构水下辅助接收相比钢套筒辅助接收更经济。

工期：相对常规盾构接收法，水下辅助接收仅多一道抽排泥浆工序（部分结构须施工临时挡土墙），大约3d即可完成。而钢套筒辅助接收工法则需进行钢套筒及反力架拆除，需要额外15d左右的时间。

其他：钢套筒工法对施工工艺要求较高，拼装过程中质量不佳会导致钢套筒填水后漏水进而无法维持水土压力，造成盾构出洞漏水涌砂风险。同时，安拆过程属于高处作业与起重吊装，存在安全施工风险。

**2）顶管水下辅助接收**

顶管水下辅助接收工法，在端头加固质量无法保证或者无法采用常规的搅拌桩、旋喷桩等加固（上述工程采用“钢板桩＋冷冻法”加固，但在顶管出洞前需要拔除钢板）的情况下，确保了接收端附近周边环境的安全及顶管的顺利出洞。该方式具有一定的优势，具体分析如下：

成本：顶管水下接收成本较低，施工方便，顶管进入接收井前回填泥浆、进入接收井后抽排即可，但是部分接收井结构需提前施作挡水墙。

工期：工期短，顶管进入接收井后，完成洞内注浆填充、抽排泥浆完成后就可以进行顶管设备的拆除，一般只需要2d时间。

## 3.11 长距离供冷与大体积冻结法加固技术

为解决城市繁华地段交通拥堵问题，需在城市中心区进行地铁建设，并设置大量的车站。但受限于地表环境和地层条件，传统的地表加固方法难以有效地在复杂城区中开展，同时广州地区部分地层采用传统的管棚法、小导管超前加固方法等工艺难以完美实现承载和隔水作用，无法达到加固要求。因此冻结法作为一种作业面要求小、加固均匀、隔水性能好的地层加固方法，被引入到站台隧道的加固工程中，有效解决了地表加固难，传统加固方法均匀性不佳、加固效果不足的一系列问题。

有时受工期紧张影响，需在盾构正常掘进（已通过联络通道处）施工过程中同步进行联络通道施工，该种情况下需将冷冻站设置于地面上或隧道口处，进行远距离供冷冻结，该种情况较之常规的冻结法施工有不同之处。

### 3.11.1 适用范围及目的

本施工技术适用于地表无法加固且地层自身强度不足，或透水地层的加固工程中，通过利用小型工作面进行地层水平冻结钻孔及地层冻结加固，实现对富水软弱地层的冻结加固。另外，可通过技术改良将冷冻站设置于地面上或隧道口处，进行远距离供冷，实现盾构正常掘进施工过程中同步进行联络通道施工。

## 3.11.2 工艺流程和操作要点

冻结法是利用人工制冷的方法，将待开挖地下空间周围土体中的水冻结为冰并与土体胶结在一起，形成一个按照设计轮廓的冻土墙或密闭的冻土体，用以抵抗土压力，隔绝地下水，并在冻土墙的保护下，进行地下工程施工的一种岩土特殊施工方法。

地层冻结的关键是在土体内施工冻结管，并在冻结管内部循环低温冷媒，利用冷媒与地层之间的温度场，进行热交换，将地层的热量转移至冷媒中，并返回至冷冻机组内，随后在冷冻机组内部进行二次热交换，通过制冷剂的液化、气化过程，将热量转移至冷冻机组的清水循环系统内，并最终通过清水循环系统的冷却塔将热量散失到大气中。伴随一系列的热交换过程，土体的温度不断降低，最终土体冻结成冰，形成具有一定承载能力和抗渗透能力的冻土层，实现对开挖区域的加固。

冻结主要设备为螺杆冷冻机组 YSLG16FZ 型冷冻机组 7 台，200S63A 型盐水泵 3 台，ISW150-250 型清水泵 4 台，RFR-100 型冷却塔 6 台。6m$^3$ 盐水箱 2 台。整个冻结系统如图 3-102 所示。

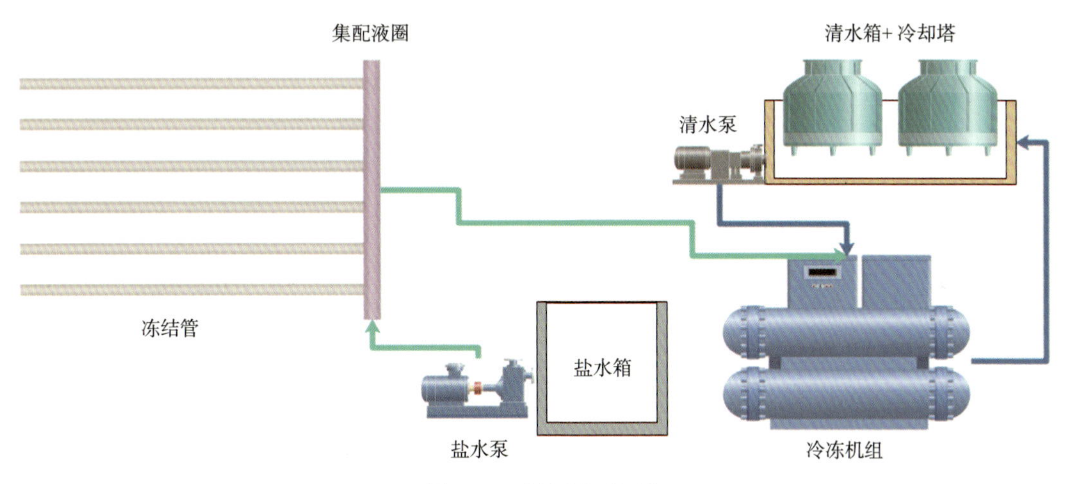


图 3-102 冻结系统示意图

常规冻结法技术总体工艺流程如下：

①施工准备，根据设计图纸，进行冻结管加工、场地布置、“三通一平”等工作；

②在场地进行冻结孔钻孔施工，并进行打压、测斜和安装等附属工程；

③进行冷冻站房的安装工作，包括水、电连接和各类设备调试；

④将全部冻结系统连接完毕，进行试运转，并进行现场保温；

⑤开机进行冻结施工，并进行变形监测和温度监测；

⑥结构开挖前验收；

⑦结构开挖及围护冻结；

⑧开挖完成,停冻、封孔及撤场。

施工工艺流程如图 3-103 所示。

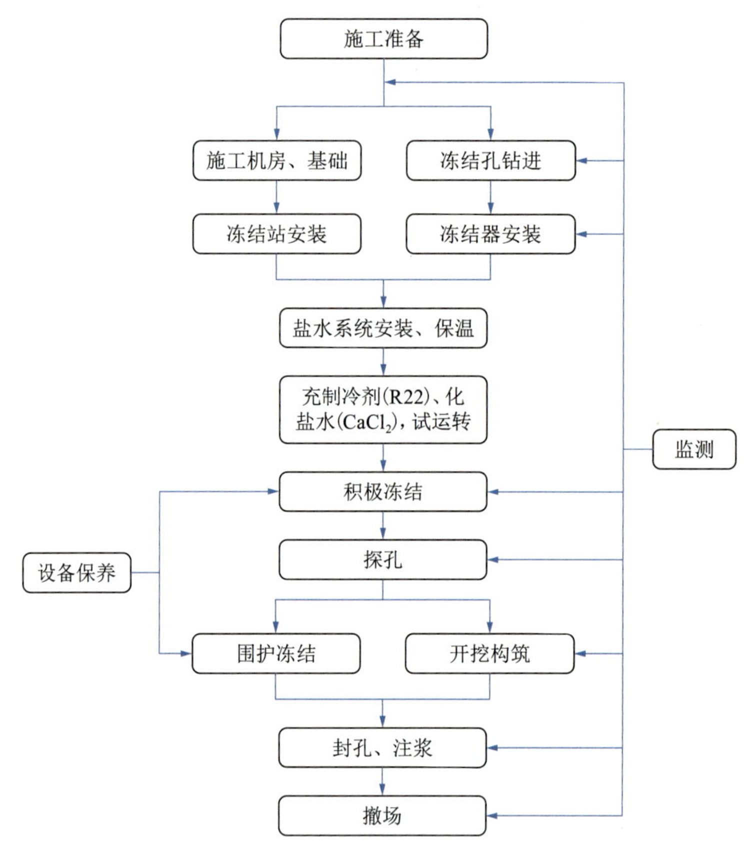


图 3-103　冻结法施工工艺流程图

**1)软硬交界地层搭接冻结技术**

在车站隧道等结构中,由于部分冻结区域下部地层具有较好的承载能力和封水性,因此不需要全断面冻结。但由于交界面区域强度不足或封水性不好,容易产生涌水、冒砂等问题,因此在施工中,对于类似区域提出了过渡区域冻结的方案,即在原定不加固地层区域继续冻结加固 1 ~ 2m 范围,但冻结加固参数,进行 50% ~ 70% 的弱化(含冻结平均温度、厚度),从而提高冻结设计和施工的安全性。

**2)综合冻胀控制技术**

由于车站隧道冻结技术一般用于城市中心区,地表管线、道路密布,冻胀控制标准较为严格,且一旦冻胀超标容易出现管线断裂、地表开裂等问题,继而威胁交通安全和周围居民的日常生活。因此对于大型车站隧道的冻胀控制制订了“温控 + 泄压 + 间歇冻结”的综合性冻胀控制方案,即在加固区上方设置泄压孔,通过人工强制泄压方式,对土体变形进行控制,同时在泄压孔下方，设计冻结壁外侧布置温控孔，对冻土的扩展范围进行限制，通过人工制热方式，降低顶部冻结体量，并避免泄压孔冻结造成泄压失效。必要时，通过间歇冻结的方式进一步控制顶部变形，防止上部管线、道路出现损伤。

**3）基于纵向测温数据的冻结效果分析**

车站隧道冻结一般体量较大，冻结孔布置复杂，传统的测温预测方法很难有效地对整个加固区域进行精准评估，因此采用纵向测温技术，对全部冻结孔进行纵向测温分析。纵向测温测点间隔一般设置为 1 ~ 2m，测温时间为冻结管停冻后 6h，通过盐水回温速率、回温指标等参数进行冻结壁扩展半径、冻结壁是否交圈等问题的判断。

**4）联络通道远距离供冷冻结法加固**

若受工期紧张影响，需在盾构正常掘进施工过程中同步进行施工的冷冻法联络通道，可按图 3-104 流程实施。

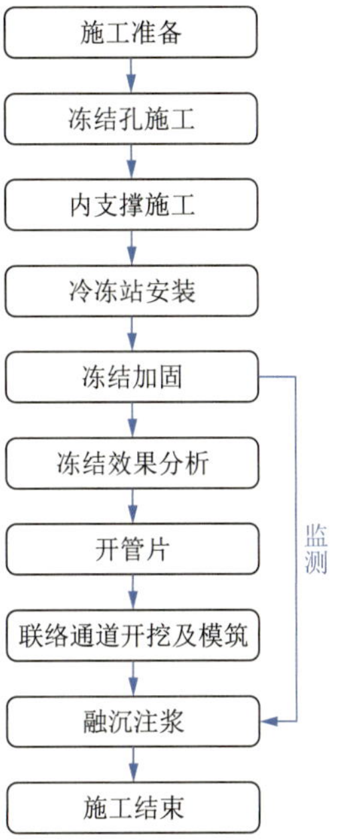

施工准备 → 冻结孔施工 → 内支撑施工 → 冷冻站安装 → 冻结加固 → 冻结效果分析 → 开管片 → 联络通道开挖及模筑 → 融沉注浆 → 施工结束

监测

图 3-104 联络通道远距离供冷冻结法加固技术流程图

## 3.11.3 工程实例

**1）车站站台隧道冻结法案例**

（1）工程概况

八号线北延段某车站暗挖站台隧道采用矿山暗挖法施工。经详细勘察，该矿山暗挖段施工区域顶部部分地层为砂层、黏土层，小导管注浆加固后难以满足开挖要求，因此决定对开挖区域上部软弱土层采用冻结法加固，冻结壁与中下部岩层形成有效的封闭支护体系。

左线隧道拟加固区域长度约为 38.283m，右线隧道拟加固区域长度约为 38.414m。冻结加固设计如图 3-105、图 3-106 所示。

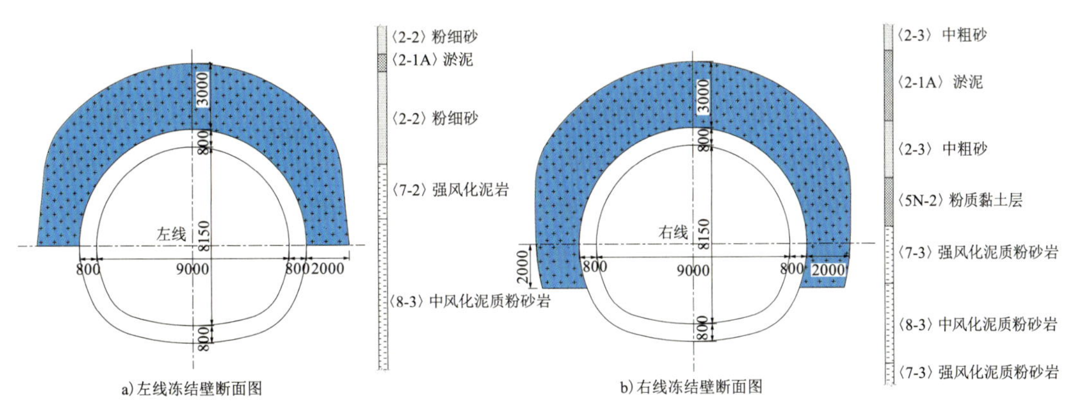

图 3-105 车站暗挖站台冻结设计方案（尺寸单位：mm）

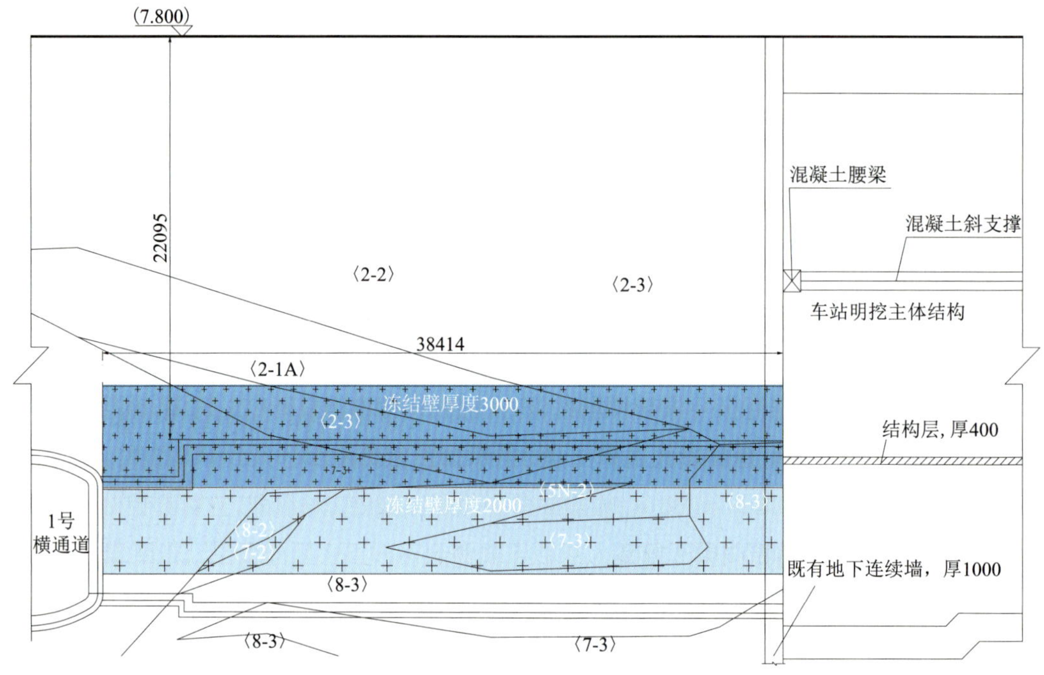


图 3-106　加固区域剖面图（尺寸单位：mm）

（2）地质条件

根据详细勘察，左线拟加固段隧道主要地层为〈2-1A〉淤泥、〈7-2〉强风化泥岩、〈7-3〉强风化泥质粉砂岩以及〈8-3〉中风化泥质粉砂岩，其中〈2-1A〉淤泥为软弱土层，需要冻结加固，侵入开挖面约 1.68m。

右线拟加固段隧道主要地层为〈2-3〉中粗砂、〈5N-2〉粉质黏土、〈7-2〉强风化泥岩、〈7-3〉强风化泥质粉砂岩以及〈8-3〉中风化泥质粉砂岩层，其中〈2-3〉中粗砂、〈5N-2〉粉质黏土为软弱土层，需要冻结加固，软土侵入开挖面约 4.6m。

（3）主要施工参数

拟建隧道加固位置设计冻结壁平均温度 -10℃，顶部冻结壁厚度 3.0m，侧部冻结壁厚度为 2.0m，主要参数见表 3-11。

**冻结施工参数一览表**　　表 3-11

| 序号 | 参数名称 | 单位 | 左线 | 右线 | 备注 |
|---|---|---|---|---|---|
| 1 | 冻结壁设计厚度 | m | 3.0 | 3.0 | 侧部 2.0 |
| 2 | 冻结壁平均温度 | ℃ | -10 | -10 | |
| 3 | 冻结壁交圈时间 | d | 20 ~ 25 | 20 ~ 25 | |
| 4 | 积极冻结时间 | d | 50 | 50 | |
| 5 | 冻结孔个数 | 个 | 29 | 35 | |
| 6 | 冻结孔允许偏斜 | mm | 300 | 300 | |

续上表

| 序号 | 参数名称 | 单位 | 左线 | 右线 | 备注 |
|---|---|---|---|---|---|
| 7 | 最低盐水温度 | ℃ | -28 ～ -30 | -28 ～ -30 | |
| 8 | 单孔盐水流量 | $m^3/h$ | ≥ 5 | ≥ 5 | |
| 9 | 冻结管规格 | mm | $\phi$108×10 | $\phi$108×10 | 低碳钢无缝钢管 |
| 10 | 冻结管总长度 | m | 1083.191 | 1318.999 | |
| 11 | 测温孔 | 个/m | 6/229.689 | 6/230.484 | $\phi$108×10 低碳无缝钢 |
| 15 | 注浆孔 | 个/m | 52/52 | 65/65 | $\phi$45×3 低碳无缝钢 |
| 16 | 泄压孔 | 个/m | 4/84 | 4/84 | $\phi$108×10 低碳无缝钢 |
| 17 | 温控孔 | 个/m | 4/100 | 4/100 | $\phi$108×10 低碳无缝钢 |

（4）钻孔施工

本工程共计施工冻结孔64个，钻孔最大偏斜不大于300mm，所有冻结孔深度、压力均满足要求。

（5）冻结施工

本工程积极冻结时间为52d（左线）、53d（右线），积极冻结末期盐水去回路温度小于1℃，盐水总流量100$m^3/h$左右，单组流量为5 ~ 8$m^3/h$。积极冻结过程中，对于土体开展温度、流量监测工作。同时对地表变形进行监测，并伴随地表监测，进行间歇冻结、泄压孔泄压和温控孔温度场控制。

温度监测内容：

①对每组盐水回水温度进行监测，判断冻结器运行是否正常；

②对每组盐水干管进、回水温度进行监测，计算冷冻站实时制冷量；

③对每台冷凝器清水进水干管温度进行监测，判断冷却塔运行是否正常；

④对每台冷冻机冷却水出、入水口温度进行监测，判断冷却水系统是否正常；

⑤对每台冷冻机盐水出水口温度进行监测，判断冷冻机组制冷能力；

⑥左右行线分别设置6个测温孔，单个测温孔每隔1m设置一个温度测点，实时监测冻结壁发展情况，根据监测结果指导现场开机情况。

流量监测内容：

①对每组盐水干管流量进行监测，保证单孔流量满足设计要求；

②对清水干管流量进行监测，保证供给单台冷冻机组的冷却水满足设计要求；

③对个别冻结器组流量进行监测，验证单孔流量是否满足设计要求。

（6）停冻及冻结管封堵

隧道开挖构筑完成，停止冻结后需尽快对冻结孔进行封堵，以防止冻结壁融化导致地层中的水砂涌出引发次生事故。

首先割除地下连续墙上的孔口管和冻结管，割除深度应进入管片不小于60mm。采用压缩空气吹干遗留在地层中冻结管内的盐水。采用M10以上水泥砂浆或C15以上混凝土充填冻结管，充填管长度应不小于管口以内1.5m。

冻结孔封堵按以下步骤进行：冻结管内壁涂刷界面处理剂→充填聚合物水泥防水砂浆→充填150mm厚硫铝酸盐微膨胀水泥→内侧贴300mm×300mm×12mm钢板，并通过4根植入管片内的M12锚栓固定在地下连续墙上。

（7）充填及融沉注浆

充填及融沉注浆时应根据设计要求，采用适当的注浆工艺、注浆材料及注浆工序。注浆过程中应遵照多点、少量、多次、均匀的循序渐进原则，并根据地面变形和解冻温度场的监测，适时调整注浆量和注浆时间间隔，确保沉降稳定。注浆过程中填写的各项注浆记录表与质量抽检报告作为注浆加固质量验收依据。

注浆分充填补偿注浆和融沉注浆，充填注浆管主要预埋在初期支护与冻土之间，在拱顶部的支护层与原状土之间，预埋注浆管以充填顶部的空隙。融沉注浆利用隧道预留的注浆孔，根据监测数据和冻土融化情况随时进行注浆。

**2）联络通道远距离冻结法案例**

（1）联络通道概况

八号线北延段某区间隧道左右线隧道中心线间距13m，隧道埋深为10.65m。其上部地层自上而下分别为〈1-1〉素填土、〈4N-1〉粉质黏土、〈3-2〉中粗砂、〈9C-2〉微风化灰岩，其2号联络通道开挖范围内地质主要为〈3-2〉中粗砂，底部少量为〈9C-2〉微风化灰岩。该联络通道位于交通主干道下方，且上方存在多种市政管线，受限于复杂的地面条件，采取隧道内冷冻法施工。同时，由于左右线均处于正常掘进中，为避免影响盾构施工，冻结加固过程中需将冷冻站放置于车站中板上，距离联络通道位置约550m。

冻结法施工主要采用设备为1台TBS510.1FJ型螺杆式中低温机组、1台MD-80A型水平钻机、1台BW250型泥浆泵、2台SB-125-160型离心泵、2台KST-80RT冷却塔。

图3-107为远距离冷冻管布置现场。

图3-107　远距离冷冻管布置现场

（2）冻结施工

联络通道冻结孔施工工期为14d，总计施工冻结孔数53个（左线42个，右线11个），测温孔9个（左线6个，右线3个）。泄压孔上、下行线各2个，深度2～3m不等。冷冻机组正式运转18d后，盐水温度达到-28℃以下；冻结第45d，冻结帷幕最薄有效厚度为2058mm，冻土平均温度-10.2℃；测得去回路温差为1.1℃，满足开挖条件。共计冻结加固用时61d，开挖及结构施工用时21d，合计用时82d。

## 3.11.4 效果评价

软弱地层加固工程利用基坑工作面进行水平长距离钻孔，通过人工制冷技术对车站站台隧道的顶部和侧墙区域进行冻结加固。全冻结过程中，冻结加固效果良好，积极冻结时长与设计要求基本一致，开挖过程中冻结壁的稳定性和强度均达到设计要求，且地表冻胀变形全过程控制在预警值内。因此采用冻结法进行车站站台隧道加固效果良好。

左右线均在正常掘进过程中进行联络通道施工，并采取交叉施工模式。该施工模式具有一定的优势，同时也存在一定的弊端。具体从冻结效果、经济投入、工期三个方面进行分析对比。

1）冻结效果

为保证盾构正常掘进，采用远距离冻结施工，将冷冻站放置于始发车站中板上，通过加大冷冻机组的功率，冻结中相关的制冷参数与将冷冻站放置于隧道内基本一致，均能达到冷冻设计效果。与洞内设冻结站相比，远距离冷冻由于设在车站范围，场地空间场地大，有利于设备散热，提高设备的使用性能，能够更好地发挥冻结设备的制冷效果，施工过程中未出现因设备故障中断冻结的现象。

该联络通道施工过程中，通过对周边地表、管线、建（构）筑物进行跟踪监测，监测数据表现为钻孔施工阶段略有沉降，地表、管线、建（构）筑物最大沉降值及隧道变形均在控制值范围内。

2）经济投入

远距离供冷冻结法施工过程中主要加大了盐水管路与盐水、冷冻设备及设备耗能方面的投入。

（1）盐水管路与盐水投入

根据联络通道位置增加了冻结站至联络通道盐水管路的长度，本次增加了1100m长的$\phi 219\times 8$无缝钢管，该部分钢管、法兰配件及保温材料花费约15万元，安拆人工费约1万元，合计额外花费16万元；整个制冷过程中由于盐水管路输送距离长，所需盐水量增加约15m³，同时运输过程中冷量损失稍大，约造成制冷成本增加2.2万元。远距离供冷冻结法施工较冻结站设置于隧道内，施工耗材成本增加约18.2万元（未考虑材料循环利用）。

（2）冻结设备投入

根据长距离冷冻特点，为确保不间断冻结效果，施工过程增加1台冻结设备，按照租赁冻结设备3万元/月，租赁时间3个月，合计增加投入约9万元。

（3）设备耗能投入

案例中联络通道施工水电费约9.5万元，常规冷冻水电费用约6万元，增加耗能投入约3.5万元。

综合上述投入费用统计，采用长距离冻结增加经济投入约30.7万元，按照通道到井口距离折合隧道长度增加投入约为620元/m。

3）工期

长距离供冷冻结法整个施工过程中，需多制冷时间为5d，外加开挖及结构施工期间交叉施工影响时间3d（单洞），洞内钻孔利用春节盾构停机时间施工，开挖期间结合本隧道掘进速度慢（3环/d）的空余时间施工，对盾构施工基本无影响，较之盾构隧道洞通后进行联络通道施工，节约工期约75d，较常规冻结施工节省的工期较明显。

## 3.12 冻结法多重套管成孔技术

冻结法作为高风险地层的最可靠加固方法之一，在地铁建设中的地位愈发重要。近年来，随着冻结法在大型长距离地铁隧道、车站等工程中的应用，如何有效精准地施工水平冻结孔成为目前亟待解决的关键技术问题。此外，在某些工程中，由于地层存在大量溶洞等特殊地质条件，施工中易产生钻孔偏斜，同样需要更加精准的钻孔施工方案。

这类地层常规的方案是传统施工＋补孔的形式，即在冻结孔钻孔完成后分析冻结孔的实际成孔情况，并据此在薄弱冻结区域采用补打冻结孔的方式进行加固。但是随着钻孔长度的延长，冻结孔偏斜将会增大，部分大型工程中，补孔数量甚至超过20%，造成了极大的成本和工期浪费，并且大幅度的冻结孔偏斜会产生冻胀率过大、过度冻结等一系列次生灾害，因此类似工程中传统工法缺陷明显。

针对上述情况，研究一种简单可行、精度较高的钻孔控制方法，对于解决钻孔精度不足的难题，具有十分重要的意义。本节介绍的多重套管工艺成孔技术即是一种安全、快速、经济解决钻孔偏斜的施工技术。

### 3.12.1 适用范围和目的

本施工技术适用于具有一定承载能力和土体自身黏聚力的岩层或风化岩层，并在广州地区的灰岩层中进行了相应的实践。目的是高效、低成本地解决水平钻孔精度不足的难题。利用冻结管和套管的彼此刚性约束，实现对于钻孔工过程的全过程控制。

## 3.12.2 工艺流程和操作要点

1 )工艺原理

多重套管工艺的核心是利用 2 ~ 3 重套管的叠加钻进方法,实现长距离水平钻孔的精准可控,其原理是大直径、厚壁的冻结管具有较高的稳定性,钻进过程中轨迹线较为稳定,且伴随钻孔长度的延长,钻孔偏斜会呈指数增大,因此利用长度有限、偏斜较小、刚度较大的外层套管对内层套管的初始位移进行限制,可实现对下一级套管开孔位置的限制,并通过层层叠加,实现总体偏斜的控制。最终将长距离钻孔通过工艺变更,变为多节短距离钻孔。具体原理示意图如图 3-108 所示,图中采用套管后冻结管的终孔位置有了明显减小,且最大概率终孔位置集中于中部区域。并在必要时可增加套管至三级,实现更长尺度的钻孔需要。

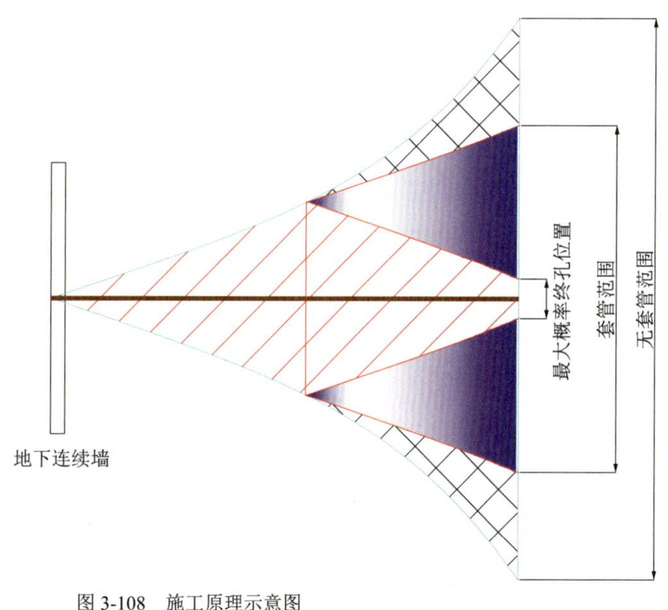


图 3-108 施工原理示意图

2 )工艺设备

钻孔施工主要设备为 1 台 HTG-200 型管棚定向钻机,配套 1 套 BW250 型泥浆泵、1 台 ZBY50/70 型注浆泵、1 台 AOX-300Y-25 型开孔钻机,并配套相应相关的钻杆、钻头、孔口管、密封装置和冻结管。

3 )工艺流程

总体工艺流程如图 3-109 所示。

①根据地层勘察资料,确定钻孔区域的地质情况,并根据现场工况确定套管、冻结管长度、尺寸等参数,在现场工况允许条件下最大限度地降低钻孔连接数目。

②根据选定套管尺寸,在地下连续墙相应位置进行开孔。

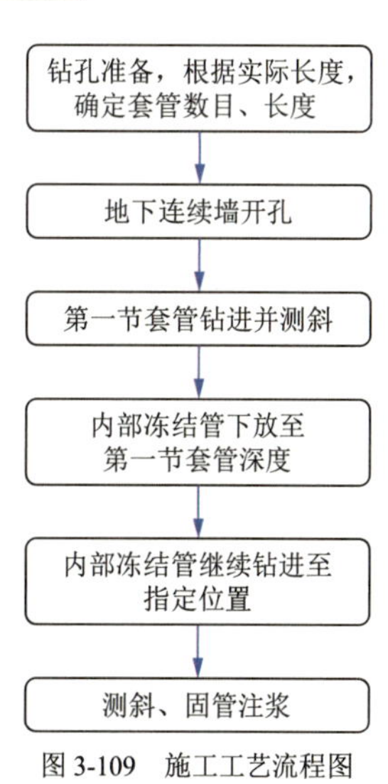


图 3-109 施工工艺流程图

③进行第一节套管钻孔，并在达到设定深度后进行钻孔偏斜测试。

④套管内下放内部冻结管至套管深度位置。

⑤内部冻结管继续钻进至指定深度。

⑥对冻结管测斜，测斜完成后进行固管注浆。

4）工艺操作

（1）套管分级及长度、规格选择

施工前应首先对钻孔区域水平地层的变化情况进行详细探查，必要时可进行短距离探孔试钻，钻进过程中，对地层钻进的难易程度、套管可能偏斜状况进行分析，并进行套管长度界定。同时根据设计要求对套管长度、规格进行界定，界定规则如下：

①长度不宜小于25.0m，也不宜大于45.0m；

②钻孔如穿越软硬不均地层，套管宜穿越首层交界面区域；

③套管内径应大于内部冻结管外径不小于20mm；

④套管材质应选用导热良好材料，或冻结管同等材质制作。

（2）冻结管加工方案

由于施工工艺原因，外层套管和内部冻结管应采用不同工艺加工。其中，外层套管因需要下放冻结管，故采用外接箍对焊连接。外接箍长度10cm、两侧设置有相应的坡口，如图3-110所示。内部冻结管采用丝扣加焊接的传统工艺进行连接，加工方法与传统冻结管一致。

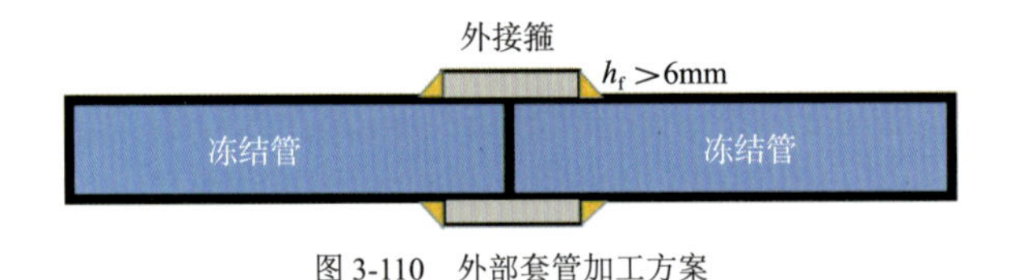


图3-110 外部套管加工方案

（3）冻结孔开孔

针对相关冻结设计，建议优先采用$\phi$146无缝钢管作为外层套管，$\phi$108无缝钢管作为内部冻结管，孔口管选用$\phi$168无缝钢管制作，开孔采用二次开孔工艺，首次开孔保留土层与地下连续墙接触面附近混凝土20cm，待孔口管外侧安装完球阀后彻底开透。

（4）冻结孔第一次钻进及套管下放

第一次钻进采用地质钻杆配合三翼合金钻头进行，钻进过程与常规钻进相同，钻孔完成后，抽取钻杆，并下放$\phi$146外层套管至指定深度。

（5）第二次钻进及内部冻结管下放

第二次钻进前应在第一次下放冻结管外部安装压紧装置，对内部冻结管和外层套管之间的区域进行密封。密封完成后进行后续工程施工，钻进并下放$\phi$108冻结管。

（6）封管注浆

冻结管钻进完成后，在套管和冻结管间存在一定缝隙，其中土颗粒填充并不充足，水分含量较大，因此在冻结管钻进到位后应利用旁通在孔口管位置注浆，封闭两层管之间和套管与孔口管之间区域的空隙。注浆宜采用双液浆。注浆完成后待浆液凝固，可拆除钻孔相关压紧装置和球阀。

**5）关键工艺技术**

（1）套管法钻进孔口密封技术

套管法施工不同于传统的冻结管施工方法，其孔口管内部存在两层钢管，因此施工中要严格进行孔口密封，防止施工中出现涌水涌砂等风险。具体施工流程如下：钻孔工作面开孔，并安装孔口管、球阀及压紧装置→套管钻进，钻进过程中利用压紧装置对套管进行密封→套管钻进到位在原有压紧装置位置安装二次压紧装置（贴合冻结管尺寸）→套管内冻结管钻进→冻结管钻进完成，安装单向阀丝堵→利用孔口管旁通进行注浆固管→拆除两层压紧装置，并对孔口管和套管、套管与冻结管进行焊接连接。

（2）套管加工技术

由于套管钻进过程中需同时承担扭转和顶力的共同作用，且套管自身管径较大，因此对套管加工采用内接箍 + 丝扣对焊连接方式，利用丝扣的导向作用使得套管连接平直，并利用焊接连接，实现钢管的抗扭矩。利用内接箍的承载作用，加强连接区域承载纵向顶力的作用。

（3）长距离冻结管测斜工艺

对于长距离水平冻结管，采用传统的灯光测斜难以满足施工要求，因此需采用水平光纤陀螺仪配合经纬仪灯光测斜进行冻结管偏斜的测定。其中，陀螺仪负责测量全长度的冻结管偏斜，经纬仪灯光测斜负责 20 ~ 30m 深度范围的测斜数据复核，当两者方向一致，误差不大于 5cm 时，认为数据可靠。全部冻结管偏斜统计完成后，建立三维偏斜数据库，间隔 5m 对冻结孔偏斜进行分析，判断成孔数据的综合可行性。

## 3.12.3 工程实例

**1）红层区多重套管成孔案例**

八号线北延段某车站暗挖站台隧道左右线顶部地层为〈2-2〉软细砂层、〈2-1A〉淤泥层、〈2-3〉中粗砂层和〈5N-2〉粉质黏土层，土体承载能力弱，难以满足暗挖法隧道的施工需求，因此计划采用冻结法在上部进行半覆盖式冻结加固，冻结设计方案如图 3-111 所示。其中，冻结加固区纵向长度为 56.0 ~ 57.0m，冻结壁厚度为 2.0 ~ 3.0m。由于该区域地层成孔困难，且根据以往钻孔经验，该区域钻孔易产生偏斜，因此采用套管法进行冻结管钻进，最终成功完成了相关钻进工作。

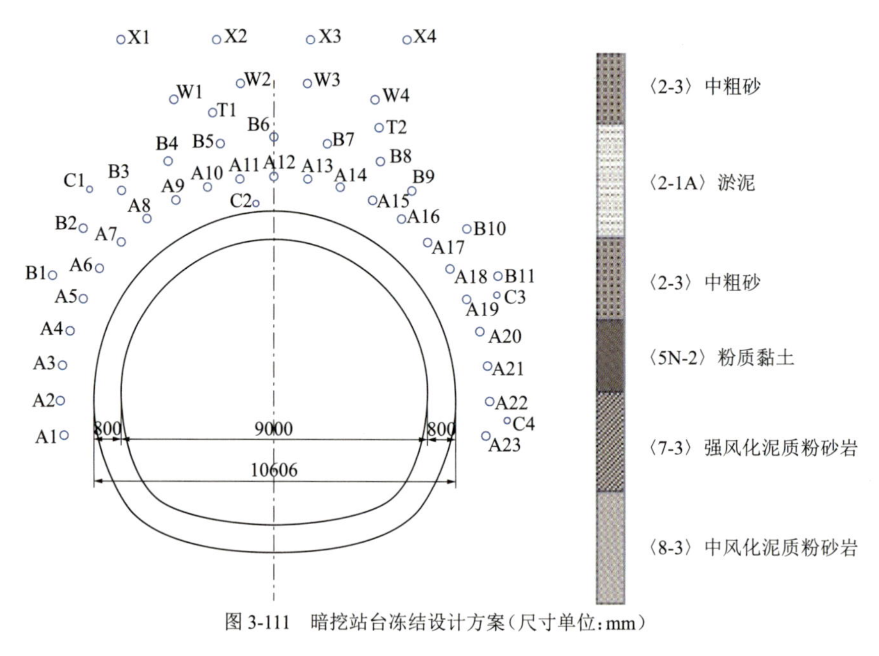


图 3-111 暗挖站台冻结设计方案（尺寸单位：mm）

（1）地质条件

冻结法加固段主要土层为〈2-3〉中粗砂、〈5N-2〉粉质黏土、〈7-2〉强风化泥岩、〈7-3〉强风化泥质粉砂岩以及〈8-3〉中风化泥质粉砂岩。

〈2-1A〉层：呈灰黑色，饱和，流塑状，土质较均匀，细腻，切面光滑，干强度及韧性中等，含少量有机质，具臭味，局部夹淤泥质土薄层或互层。室内测试其有机质含量平均值为3.8%。

〈2-2〉层：呈深灰、灰黑色，饱和，松散为主，粉黏粒含量较高，分选性差，级配较好，局部含淤泥薄层。

〈2-3〉层：呈深灰、灰黑色，饱和，松散为主，粉黏粒含量较高，分选性差，级配较好，局部含淤泥薄层。该层由于淤泥质含量及砾粒含量变化，性状从松散到中密。

〈5N-2〉层：棕红色，硬塑，泥岩风化残积土，刀切面稍光滑，干强度中等。

〈7-2〉层：呈紫红色夹灰白色、褐红色等，岩石组织结构部分破坏，岩芯呈半岩半土状或碎块状，手可折断。岩石基本质量等级Ⅴ级。

〈7-3〉层：呈紫红色夹灰白色、褐红色等，岩石组织结构部分破坏，岩芯呈半岩半土状或碎块状，手可折断，局部夹全风化或中风化薄层。岩石基本质量等级Ⅴ级。

其中，〈2-2〉层渗透系数最大为6m/d，基岩层渗透系数最大的〈7-3〉层为0.5m/d。

（2）施工准备

本工程钻孔长度为56m，因此选用$\phi$168孔口管、$\phi 146 \times 8$外层套管、$\phi 108 \times 6$冻结管。根据钻孔场地长度将冻结管、套管长度加工至3～4m/根，同时对冻结管两端丝扣、外接箍进行加工。施工现场搭设泥浆池，安装泥浆泵，保证通水、通电，完成排水系统安装。所有设备安装接电完毕，并进行调试。

(3)开孔位置定位

采用全站仪对所有冻结孔的开孔位置和后视点进行定位,要求开孔位置偏斜不大于10cm。

(4)冻结管开孔

采用二次开孔方法开孔并安装孔口密封装置,防止冻结孔穿透工作井衬墙时孔口涌水喷砂。施工流程为:用较大口径的金刚石取芯钻在结构内衬上钻进→ 埋设孔口管→ 固定孔口管→ 在孔口管上连接闸阀和类似轴封的密封装置→ 用较小口径的金刚石取芯钻透工作井衬墙→ 移走开孔钻机,关闭阀门。

(5)套管及冻结管钻进

施工中采用跟管钻进法下放冻结管,钻进时安装类似轴封的孔口止水装置。施工工序为:在孔口管上连接闸阀和类似轴封的密封装置→ 用较小口径的金刚石取芯钻透工作井衬墙→ 移走开孔钻机,关闭阀门→ 在孔口密封装置中插入头部敞开的套管,压紧孔口密封装置→ 打开阀门,钻进套管→ 套管到位后,更换钻机设备,进行冻结管钻进→ 冻结管钻进到位后,进行冻结管测斜、丝堵安装→ 冻结管测斜、注浆固管。

施工中应确保钻孔定位准确,钻孔时预设向外,以免冻结孔太靠近开挖面而影响冻土帷幕的有效厚度。

如发现冻结孔施工过程中有地层沉降,则应及时补偿注浆。

(6)成孔效果分析

冻结孔钻进完成后采用水平陀螺仪进行偏斜测试,数据显示,冻结孔偏斜最大值为460mm,平均偏斜值为180mm,因此最大偏斜率为0.86%,平均偏斜率为0.32%,终孔最大距离1.272m,满足设计最大终孔间距1.30m的要求。

**2)灰岩区多重套管成孔案例**

八号线北延段某区间2号联络通道及泵房冻结工程呈南北走向。2号联络通道工程地质复杂、加固区域大范围存在溶洞等地质构造,传统加固方法难以完成地层加固,因此采用地层冻结法进行联络通道的全断面加固。累计共设计75根冻结孔,总长度574m,其中最长冻结孔长度为8.64m。根据施工前钻孔测试表明,该区域由于地层强度大,溶洞密布,钻孔进度缓慢,易产生偏斜,且溶洞区域塌孔概率偏大,常规手段难以完成钻孔施工,因此最终选择了套管法施工+潜孔锤成孔的冻结钻孔方案,如图3-112所示。

(1)地质条件

根据勘察资料揭示2号联络通道兼废水泵房所处地层,从上而下主要为〈7C-1〉强风化碳质灰岩、〈9C-1〉微风化碳质灰岩,联络通道底板以上地层存在一定波动。但在实际钻孔与后续开挖中发现,联络通道绝大部分地层为〈9C-1〉微风化碳质灰岩。

〈7C-1〉强风化碳质灰岩:呈深灰、灰黑色,原岩组织结构大部分破坏,岩芯呈半岩半土状、碎屑状,岩质极软,岩块用手可掰断。

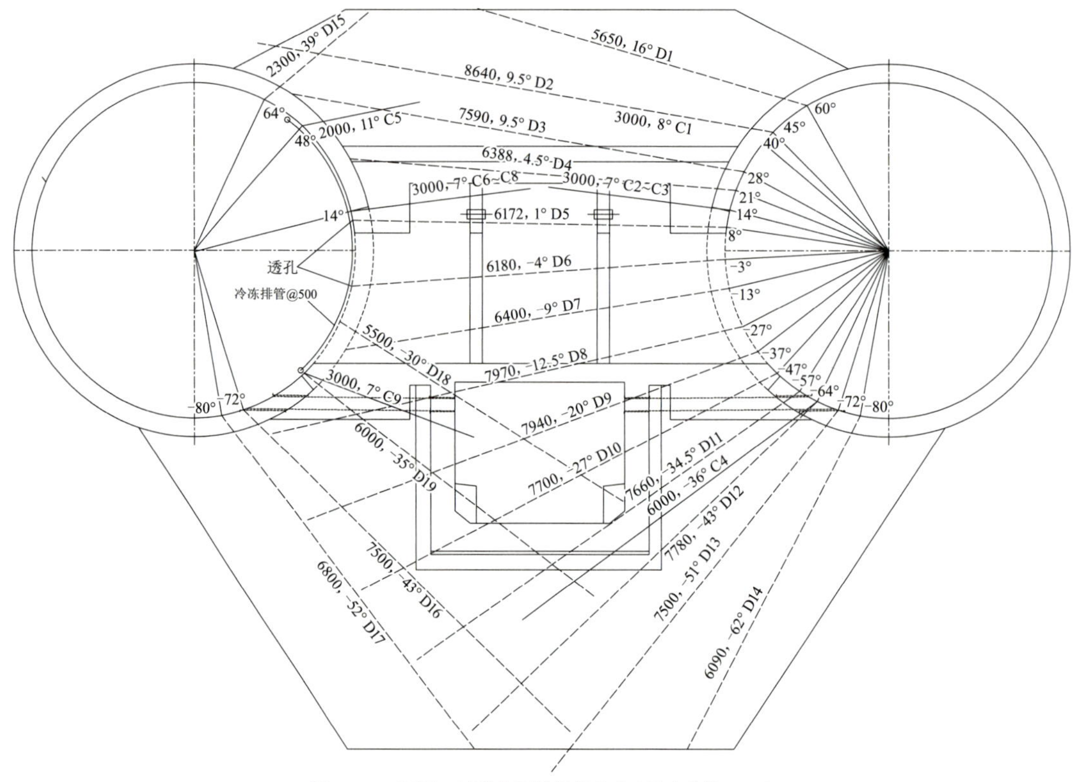


图 3-112　区间 2 号联络通道设计方案（尺寸单位：mm）

〈9C-1〉微风化碳质灰岩：呈深灰、灰黑色，岩石风化裂隙稍发育，岩芯多呈短柱状，局部呈块状，锤击声脆，RQD 值为 74% ~ 92%。

（2）施工准备

根据设计方案，选用 $\phi$168 孔口管、$\phi$127×6 外套管、$\phi$89×8 冻结管。根据钻孔场地长度将冻结管、套管长度加工至 1.5 ~ 2.0m/ 根，同时对冻结管两端丝扣进行加工。施工现场搭设泥浆池，安装泥浆泵，保证通水、通电，完成排水系统安装。所有设备安装接电完毕，并进行调试。

（3）开孔位置定位

采用全站仪对所有冻结孔的开孔位置和后视点进行定位，要求开孔位置偏斜不大于 10cm。

（4）冻结管开孔

采用二次开孔方法开孔并安装孔口密封装置，防止冻结孔穿透工作井衬墙时孔口涌水喷砂。施工流程为：用较大口径的金刚石取芯钻在结构内衬上钻进→ 埋设孔口管→ 固定孔口管→ 在孔口管上连接闸阀和类似轴封的密封装置→ 用较小口径的金刚石取芯钻透工作井衬墙→ 移走开孔钻机，关闭阀门。

（5）溶洞区域充填注浆

当二次开孔开透管片或者施工过程中地层变软进入空洞并伴随涌水量突增，则采取双液浆充填溶洞(图 3-113)。双液浆水泥等级强度为 P.O 42.5 级,水玻璃为 35 ~ 42° Bé,可根据地层适当调整,将配好的水泥浆液和水玻璃浆液按 1 : 1 混合注入。

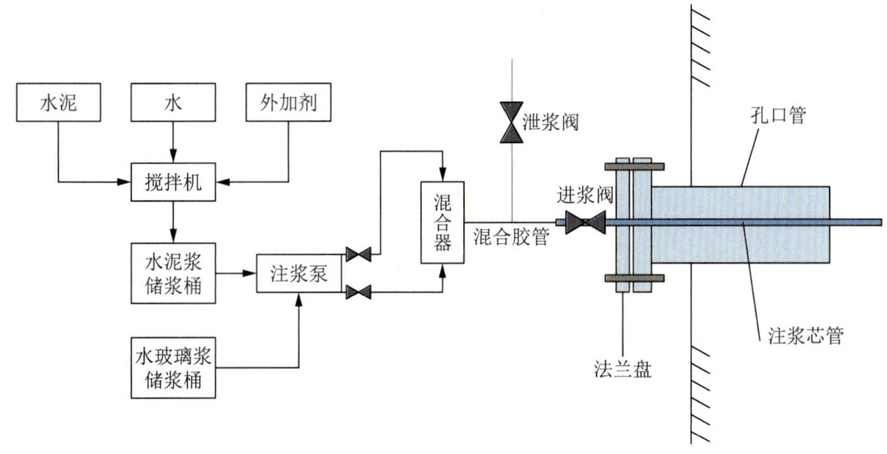


图 3-113 双液浆注浆系统原理图

注浆应遵循以下原则:

①严格控制注浆压力,双液浆充填过程中时刻关注压力表变化,保证注浆压力小于 0.8MPa,避免对管片产生不利影响,同时加强隧道收敛监测。

②注浆管端部的接头丝扣应检查完好无损,阀门密封可靠,在出现孔口喷泥水时能及时关闭。并准备一些木楔,在丝扣失灵或阀门关闭不严时能堵塞孔口。

③双液浆充填完毕后,通过注浆管向地层内压入清水避免管内残留浆液。

④单个冻结孔注浆量保证在 5m³ 以上,最终注浆终止以注浆限定压力为准,尽量保证溶洞区域充填效果。

(6)套管及冻结管钻进

由于本工程地层强度偏高,因此采用潜孔锤跟管钻进方法进行套管钻进。具体流程如下:按设计方案固定钻机导轨并调整方向→压紧孔口密封装置,打开孔口阀门,开始潜孔锤施工→套管到位后旋拧潜孔锤退出冲击器和锤头→在套管内下方冻结管,冻结管采用丝扣对焊连接→冻结管测斜、注浆固管。

施工过程中如发现前期注浆效果不良,则应停止钻孔,进行二次注浆,注浆完成后再进行后续钻孔。

(7)成孔效果分析

冻结孔钻进完成后采用经纬仪灯光测斜,数据显示,冻结孔偏斜最大值为 90mm,平均偏斜值为 42mm,因此最大偏斜率为 0.72%,平均偏斜率为 0.35%,终孔最大距离 1.31m,满足设计最大终孔间距 1.40m 的要求。

### 3.12.4 效果评价

安全:整个工程钻孔施工过程中,未发生大规模涌水涌砂问题,相较前期试探钻孔阶段,钻孔的安全性有了极大提高,且期间地表测点未发生大范围的位移变化,对地表影响处于可忽略状态。

有效:根据最终成孔数据测试,所有冻结孔均满足了原有设计要求。红层区多层套管成孔案例中所有冻结孔最大偏斜值为460mm,平均偏斜值为180mm;灰岩区多层套管成孔案例中所有冻结孔最大偏斜值为90mm,平均偏斜值为42mm。而根据钻孔揭示地层预测,如采用传统钻孔工艺,在该区域最大偏斜值将接近1.0m,且在后续冻结过程中,如无外套管保护,则软硬地层中易出现冻结管断裂问题,而本工程中全冻结周期冻结管无一断裂。采用套管法施工有效避免了传统钻孔方式中管土接触面受力变形引起的冻结管损伤。

实用:利用多重套管工艺配合潜孔锤钻进在微风化岩层内作业,操作简单,配件加工方便,成孔速度快,工程安全,具有较强的实用性。

## 3.13 顶管施工端头钢板桩加固技术

顶管施工是继盾构施工技术之后发展起来的一种铺设地下管道的施工方法,可在不影响地面设施的条件下穿越公路、建筑物等进行施工,具有高效、环保等特点,得到越来越广泛的应用。在地铁建设中,顶管技术多用于车站站台连接横通道或车站出入口过街通道等施工,传统顶管端头段采用"素混凝土连续墙+双管旋喷桩"加固形式,随着地铁建设的发展,在建设环境愈加复杂,工期和造价控制严格的条件下,需要对顶管端头加固技术进行改良,在达到挡土、止水效果的同时节约工期和节省造价。

### 3.13.1 适用范围和目的

"钢板桩+双液注浆""钢板桩+液氮冷冻法"施工技术适用于顶管施工端头加固的实施。

目的是在加固范围受到限制或者工期较为紧张的前提下,通过采用"钢板桩+双液注浆""钢板桩+液氮冷冻法"施工技术,达到挡土和止水效果,满足凿除洞门的要求。相比素混凝土连续墙+双管旋喷桩加固形式,该工艺对顶管端头段地层进行加固,在满足加固效果的前提下,既节约施工工期,又环保,钢板桩可以回收利用,也降低了工程造价。

### 3.13.2 工艺流程和操作要点

**1)"钢板桩+双液注浆"施工技术**

(1)工艺流程

根据地质勘察资料,确定顶管隧道底部地质情况,进而确定加固深度,在顶管始发井围护结构外侧利用钻孔机连续抽芯的方式，形成一道纵向宽度约 200mm、横向宽度为隧道两侧外 2m、深度进入隧道底 1m 的槽段，槽段施工完成后，吊放及拼装钢板桩，钢板桩安装完成后，向槽段浇筑初凝时间为 100 ~ 120s 的双液注浆（双液浆凝结后性状与硬塑黏土相近），钢板桩与围护结构连续墙之间的空隙通过地面注双液浆填充密实。本工艺通过在围护结构外侧施工钢板桩达到挡土作用，再采用双液浆填充钢板桩四周及钢板桩与围护结构之间的缝隙达到止水效果，防止在凿除洞门过程中，基坑外侧土方出现渗水、坍塌情况。在洞门凿除完成后，开始进行顶管始发，当洞门帘板包裹住顶管机壳及顶管到达预设位置后，顶管土仓内注满触变泥浆后，在保证土仓内土压力的前提下将钢板桩拔出，继续进行顶管掘进施工。施工工艺流程示意图如图 3-114 所示。

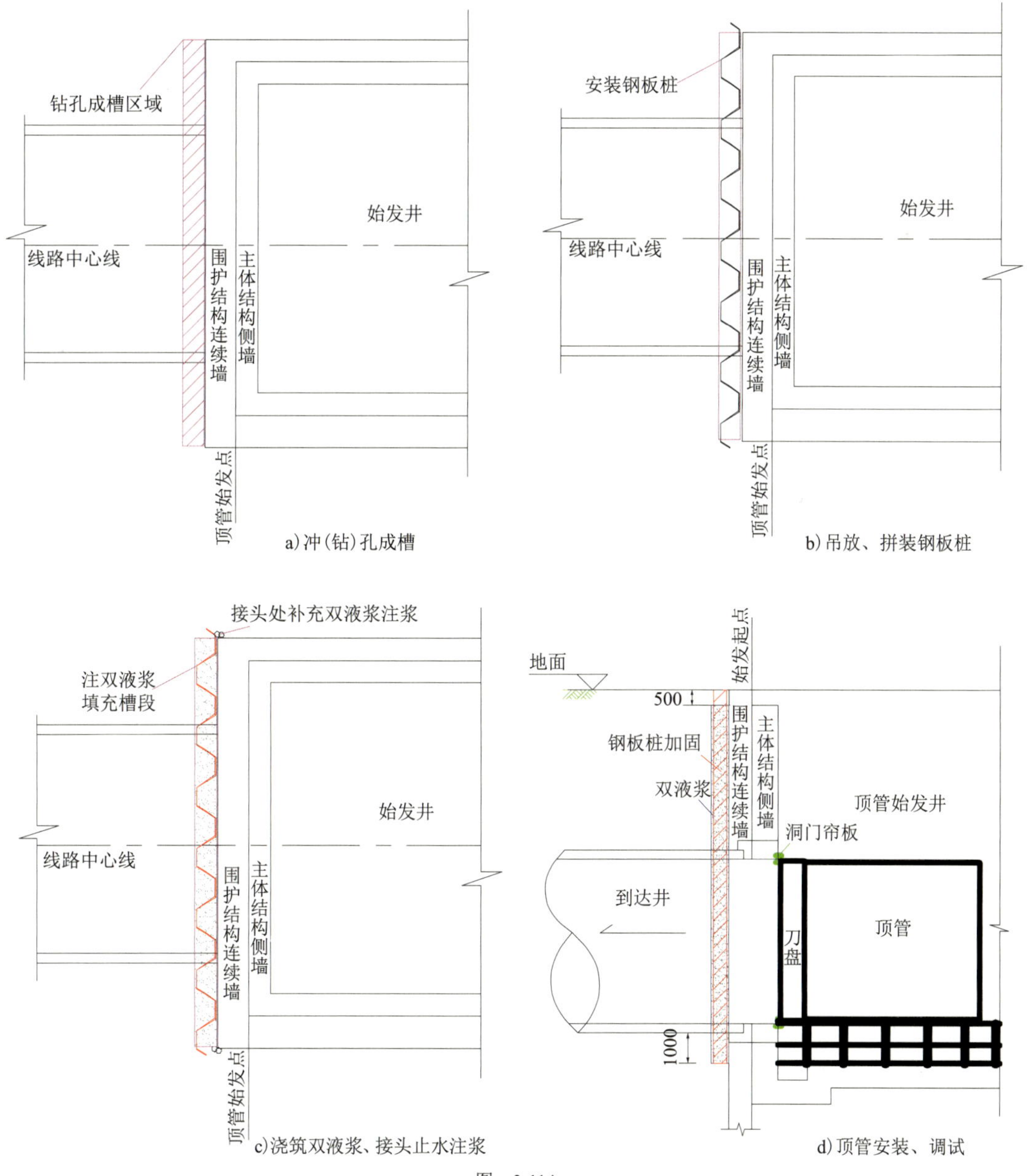


图 3-114

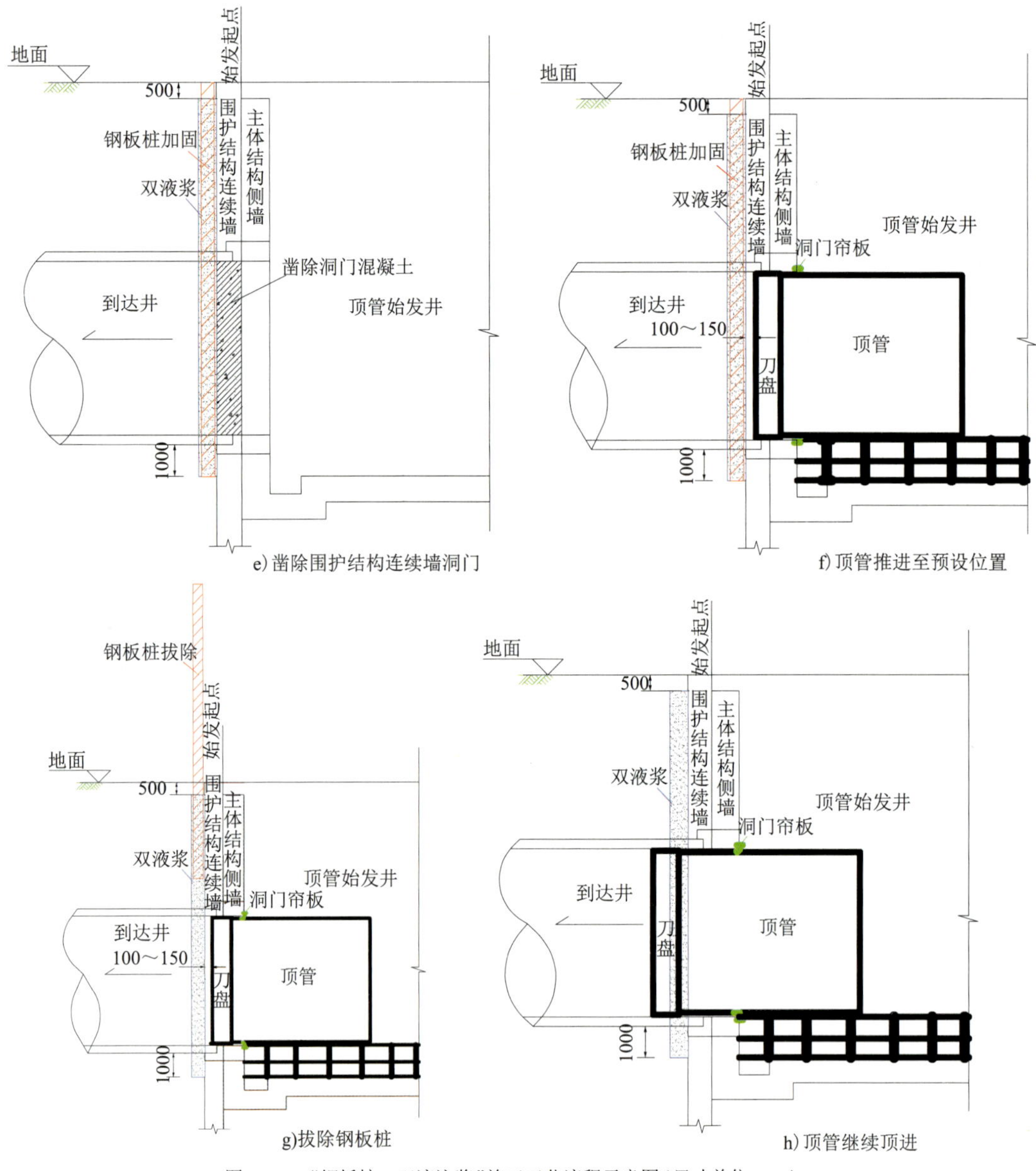


图 3-114 “钢板桩 + 双液注浆”施工工艺流程示意图(尺寸单位:mm)

(2)注意事项

当顶管刀盘切口距接收井地下连续墙 10cm 左右时,顶管停止顶进,开始凿除洞门。顶管应迅速、连续顶进管节,尽快缩短出洞时间。出洞后,马上用钢板将管节与洞圈焊成一个整体,并用浆液填充管节与洞圈的间隙,减少水土流失。

为了平衡拔钢板桩时顶管前方的土体压力,在顶管机头处至钢板桩注满触变泥浆,且在施工期间要求泥浆不失水、不沉淀、不固结,以达到减小总顶力的效果。

①泥浆配比。每立方米泥浆材料配比(质量比)为:膨润土∶水∶纯碱∶纤维素 =101.5 ∶ 890 ∶ 6 ∶ 2.5。

②压浆孔及压浆管路布置。压浆系统分为两个独立的子系统。一路为了改良土体的流塑性，在顶管机头设有注浆孔，对机头内及螺旋输送机内的土体进行注浆，浆液配比现场试验确定。另一路则是在管节侧壁设置注浆孔，每个管节设置10个，为了顶进时注触变泥浆形成减摩泥浆套，对管节外进行减摩注浆。

**2)“钢板桩+液氮冷冻法”施工技术**

(1)工艺流程

根据地质勘察资料，确定顶管隧道底部地质情况，进而确定加固深度。在顶管始发井围护结构外侧挖槽，宽70cm，深2m，开槽目的：一方面作为探槽，确定端头加固位置是否存在管线；另一方面可以作为钢板桩施工导向槽。完成后，振动施打钢板桩，形成一道纵向宽度约450mm、横向宽度为隧道两侧外2m、深度进入隧道底2m的钢板桩墙。完成钢板桩施工后，平整场地，按照设计图纸进行冷冻孔布置和施工，按要求布置冷冻管，做好保温措施，液氮进场冷冻，形成一道冻结墙，冻结墙比洞口四周各大2m左右，厚度需要根据洞口埋深确定。本工艺通过在围护结构外侧施工钢板桩，达到挡土作用，再采用冷冻法施工形成冻结墙，起止水和挡土的作用，防止在凿除洞门的过程中，基坑外侧土方出现渗水、坍塌情况。洞门凿除完成后，及时安装好洞门帘板等装置，并开始进行顶管始发，当洞门帘板包裹住顶管机壳及顶管到达预设位置后，往顶管土仓内注满触变泥浆，并在保证土仓内土压力的前提下将钢板桩拔出，继续进行顶管掘进施工。施工工艺流程如图3-115所示。

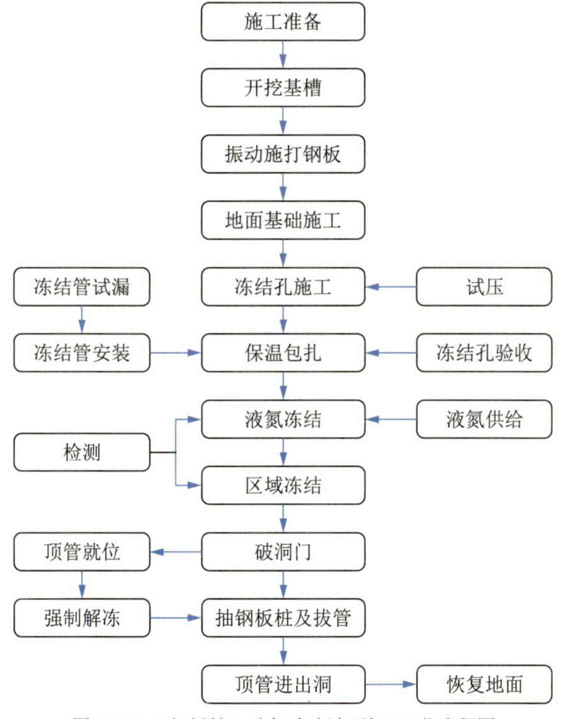


图3-115 “钢板桩+液氮冷冻法”施工工艺流程图

（2）注意事项

①钢板桩施打前，必须开挖探槽，确定端头加固位置是否存在管线，并保护管线，还可以作为钢板桩施工的导向槽。钢板桩施工采用单根打入法，施工过程中应保证垂直、密扣。相对桩长的垂直度允许偏差一般不得超过2%，桩顶标高允许偏差为+5cm、-10cm。

②冷冻管钻孔前，先准确定出钻孔开孔孔位，误差控制在100mm以内，冻结孔最大允许偏斜150mm（冻结孔成孔轨迹与设计轨迹之间的距离）。冷冻管安装和铺设时，做好保温措施。

③冻结系统管路首次充入液氮时，要使液氮以气体形式进入冻结系统管路，维持3～4h的预冷时间，以避免各道焊缝因急冷造成脆裂渗漏。

④冻结管出气口高度设置在2.0m以上，确保及时将汽化的氮气及时排放到空气中，确保周边行人及居民的安全。

⑤液氮冻结需要检查各回路温度，调节阀门使各回路温度相近，保证各个液氮孔冻结发展速度均匀，厚度和强度均匀，但也要根据冻结需要进行重点冻结。

⑥液氮正常冻结后每天监测测温孔的温度，判断冻结帷幕发展速度。

⑦因液氮温度极低，所以值班人员在调节液氮阀门时要带保温棉手套，以免冻伤。

⑧液氮出口压力保持在0.1～0.15MPa，并由液氮车司机控制。

⑨保证液氮供应的连续性，液氮供应中途不得中断。为保证液氮供液冻结的持续进行，每次要通知下一车提前到达现场。

⑩一旦液氮冻结开始，要避免出现液氮中断及停冻现象（换车情况除外）。

⑪ 所有装置（包括连接件、管道和各阀门）不得沾有油类、润滑脂等可燃性物质。

⑫ 排气管口位置安装弯头，防止雨水灌入。

⑬ 液氮冻结的关键环节为温度控制，液氮储罐出口的温度控制在-150～-170℃，压力控制在0.1～0.15MPa；冻结管出口温度控制在-50～-60℃，压力控制在0.05～0.1MPa。温度调节使用每组回路中的截止阀，压力调节可使用液氮储罐上的散热板。

⑭ 当顶管刀盘切口距始发井地下连续墙50cm左右时，顶管停止顶进，开始凿除洞门。顶管应迅速、连续顶进管节，尽快缩短出洞时间，并用浆液填充管节与洞圈的间隙，减少水土流失，平衡外部水土压力。

⑮ 洞门凿除要迅速，并且洞门凿除过程中，保证液氮的供应量，维持冻结。洞门凿除后，清理好各类杂物，保证洞门净空，防止卡顶管筒体。迅速安装好洞门帘板等密封装置。

### 3.13.3 工程实例

**1）“钢板桩+双液注浆”技术案例**

（1）工程案例

八号线北延段某车站为明暗挖结合车站，车站南端部分站台隧道以及站台层横通道采用矿山法施工，站厅层横通道采用顶管法施工。

站厅层顶管横通道位于市政道路路中，下穿市政路高架桥，如图 3-116 所示。1 号顶管横通道中心线长度 33.83m，覆土厚度 5.9 ~ 6.0m，与跨线桥桥墩承台最小水平距离 1.4m，与高架桥桥墩承台最小水平距离 1.2m。2 号顶管横通道中心线长度 35.85m，覆土厚度 5.7 ~ 5.9m，与跨线桥桥墩桩基最小水平距离 4.0m，与高架桥桥墩承台最小水平距离 5.1m。3 号顶管横通道中心线长度 30.88m，覆土厚度 5.7m，与跨线桥桥墩承台最小水平距离 1.5m。三条顶管横通道均从左线站厅层始发，右线站厅层接收，路面情况分别如图 3-117、图 3-118 所示。

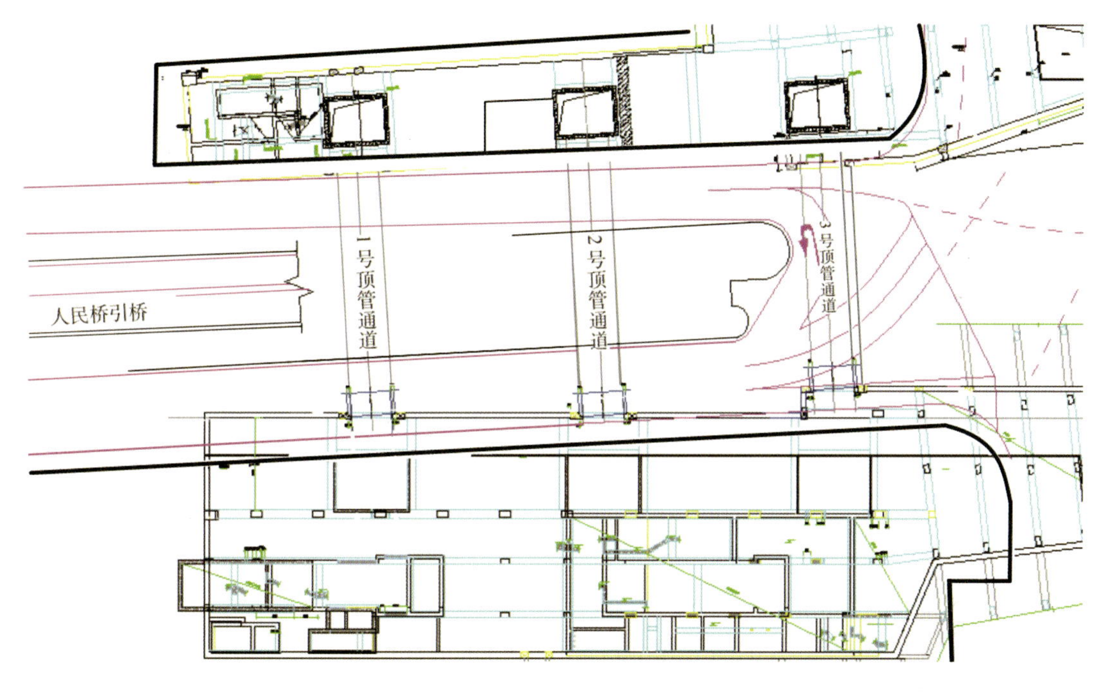


图 3-116 顶管通道及周围建筑物平面图

图 3-117 车站左线路面情况（顶管始发端）

图 3-118 车站右线路面情况（顶管接收端）

本工程共需标准混凝土管节 71 节，其中 68 节长 1.5m、2 节长 0.6m。结合通道净空要求及顶管施工定性设备尺寸，过街通道外包尺寸为 4300mm × 6000mm，管片厚度 500mm，单节质量约 35t。

（2）地质情况

顶管横通道洞身地层为〈2-1B〉淤泥质土、〈3-2〉中粗砂、〈5-2〉硬塑状粉质黏土、〈6〉全风化泥质粉砂岩、〈7〉强风化泥质粉砂岩，如图 3-119 ～图 3-121 所示；拱部地层为〈1〉人工填土、〈2-1B〉淤泥质土、〈2-3〉淤泥质中粗砂。

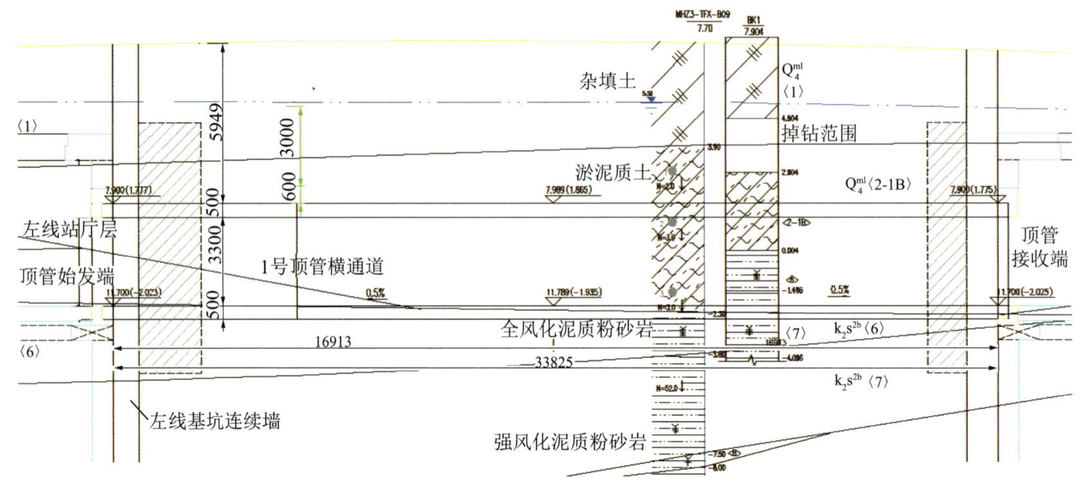


图 3-119　1 号顶管横通道地质剖面图（尺寸单位：mm）

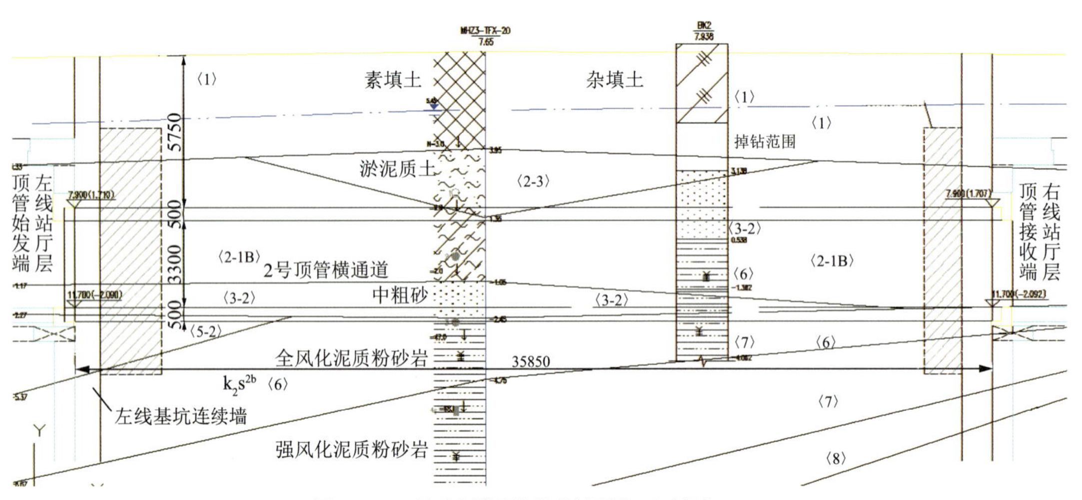


图 3-120　2 号顶管横通道地质剖面图（尺寸单位：mm）

因前期施工场地原因，施工受上部立交桥影响，端头加固仅完成端头旋喷桩加固，未进行型钢插入。

2018 年 9 月 18 日对 2 号顶管横通道洞门加固情况进行探孔检查，共打 3 个探孔，其中：1 号探孔钻孔深 5m，1.2 ～ 2.5m 范围可见旋喷桩加固土体，2.5 ～ 5m 芯样不成型，基本无水；2 号探孔钻孔深 4.3m，1.2 ～ 3m 范围可见旋喷桩加固土体，3 ～ 4.3m 芯样为淤泥，基本无水；3 号探孔钻孔深 1.8m，水量较大，且伴随流砂，另根据勘察图纸揭示 3 号孔位置为〈2-1B〉淤泥质土与〈3-2〉中粗砂交界位置。探孔位置示意图及芯样照片如图 3-122、图 3-123 所示。

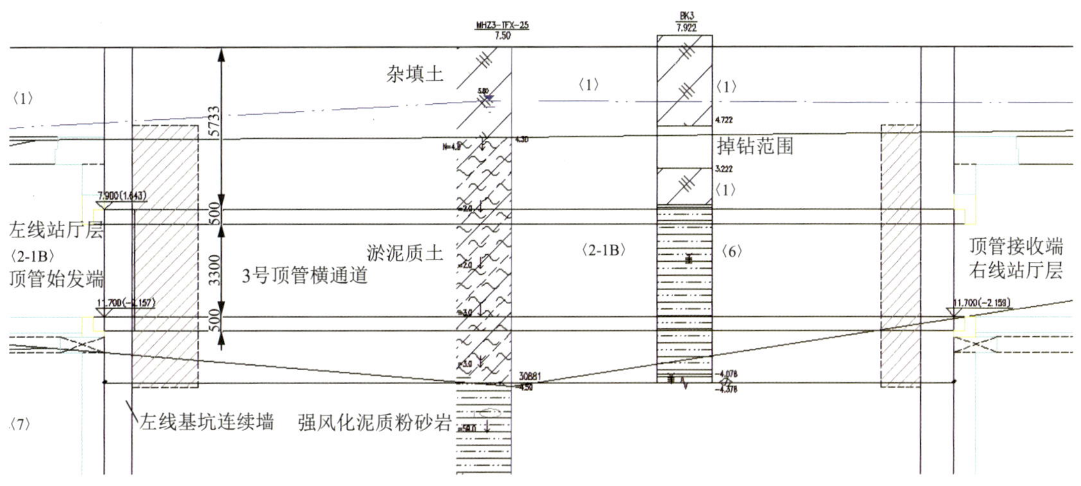


图 3-121 3 号顶管横通道地质剖面图（尺寸单位：mm）

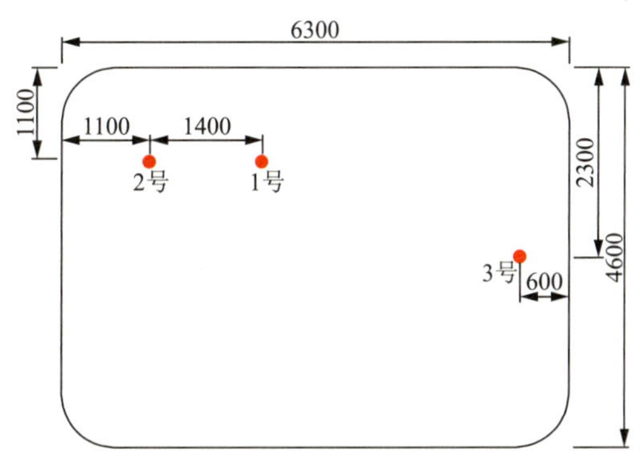


图 3-122 2 号顶管横通道探孔位置示意图（尺寸单位：mm）

图 3-123 探孔取芯岩样

(3)施工方案

探明洞门加固情况后，开始组织注浆加固洞门，采用袖阀管及钢管注浆，浆液为单液浆（水灰比 1∶1），截至 2018 年 10 月 11 日，共钻孔 20 个，注入 60m$^3$。注浆孔位布置如图 3-124 所示。

受施工场地限制和地质多次扰动等因素影响，上述加固措施未达到预期施工效果，为保证顶管施工破洞的安全和顶管顺利施工，需要对横通道洞门端头进一步加强加固处理。

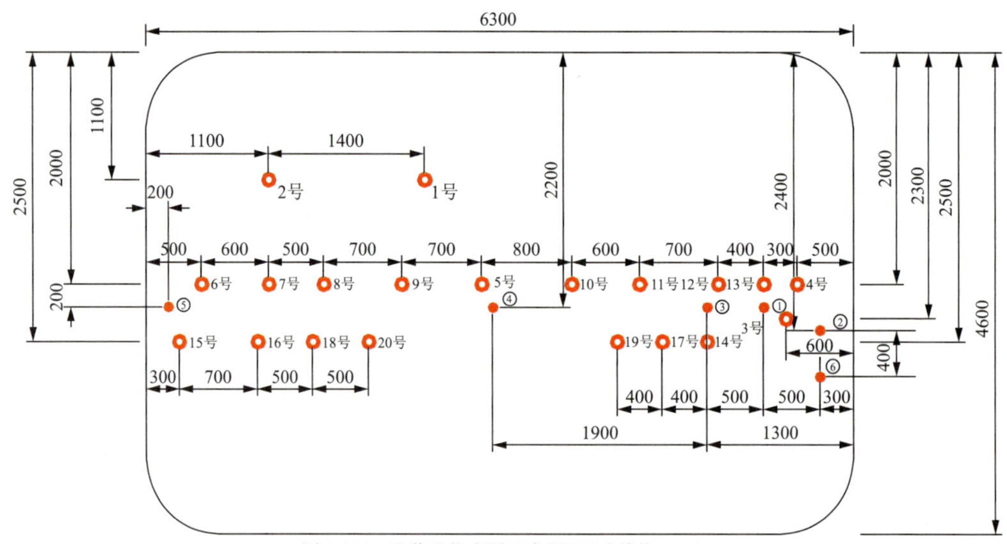

图 3-124　注浆孔位布置示意图（尺寸单位：mm）

采取的措施：在洞门范围用潜孔钻引孔，施作拉森钢板桩（图 3-125、图 3-126），为确保钢板桩效果，在钢板桩外侧埋设袖阀管，待钢板桩完成后注浆封堵钢板桩与土体之间的缝隙，确保洞门破除过程中加固体的稳定。

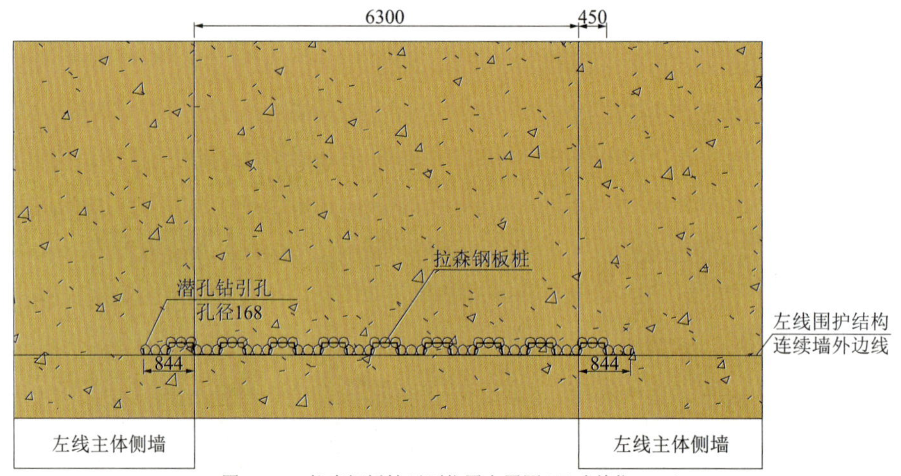

图 3-125　拉森钢板桩平面位置布置图（尺寸单位：mm）

图 3-126　拉森钢板桩施工

钢板桩深度为12m，长度为8m，紧贴围护结构边，由洞门一侧向另一侧逐个打设，直至结束。图3-127为洞门破除后拉森钢板桩效果。

图3-127 洞门破除后拉森钢板桩效果

2）“钢板桩+液氮冷冻法”技术案例

（1）工程概况

八号线北延段某车站地下两层岛式车站，全长181.6m，标准段宽度为20.1m，外挂段宽度为36.4～38.15m。其中，其3号出入口位于车站西侧，采用明挖法和顶管施工。3号出入口顶管段工程全程总计29.7m。顶管尺寸为6000mm×4300mm。端头加固范围周边管线众多，与接收井和始发井连续墙较近，如图3-128所示。

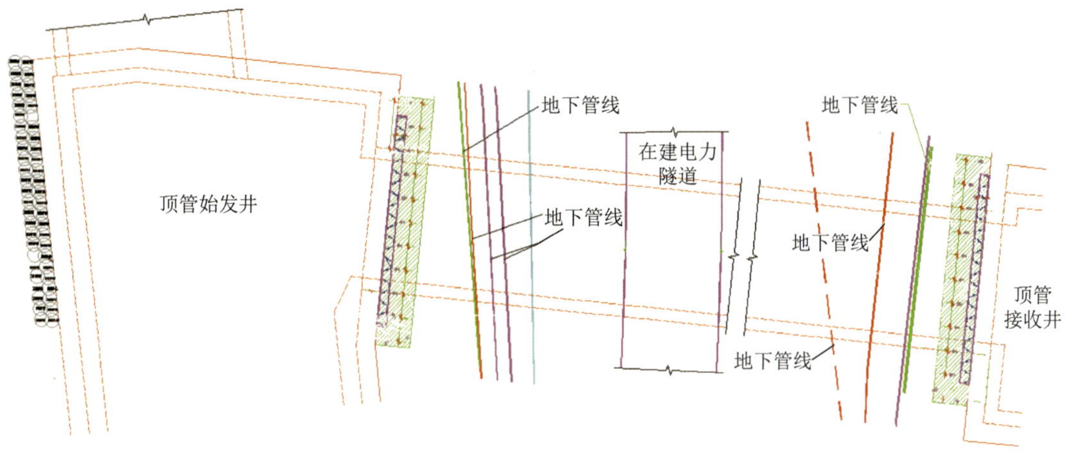


图3-128 顶管施工平面布置图（尺寸单位：mm）

（2）地质情况

根据勘察资料显示3号出入口顶管施工段地质情况为人工填土、淤泥质黏土、冲洪积层淤泥质粉砂、中粗砂、中粗砂、粉质黏土、微风化灰岩。顶管隧道在淤泥质粉砂地层中顶进，顶管上面覆土为淤泥质黏土和杂填土。砂层底面标高在-7.6～-17.6m。地质剖面图如图3-129所示。

（3）水文情况

①地下水类型

补充勘察范围内的地下水按赋存方式划分，主要为第四系松散层孔隙水和岩溶裂隙水两种类型。

a. 第四系松散层孔隙水

第四系松散层孔隙水主要赋存于冲洪积砂层（〈3-1〉粉细砂、〈3-2〉中粗砂、〈3-3〉砾砂），其含水性能与砂的形状、大小、颗粒级配及黏粒含量等有密切关系。〈3-1〉、〈3-2〉、〈3-3〉具中等～强透水性。第四系其他土层中的人工填土透水性一般，风化残积土层主要由黏粒组成，但其多夹有较多的灰岩角砾,透水性弱,河湖相淤泥质土层及冲洪积粉质黏土透水性最弱。从勘察区的土层分布来看,勘察范围的第四系孔隙水主要为潜水。

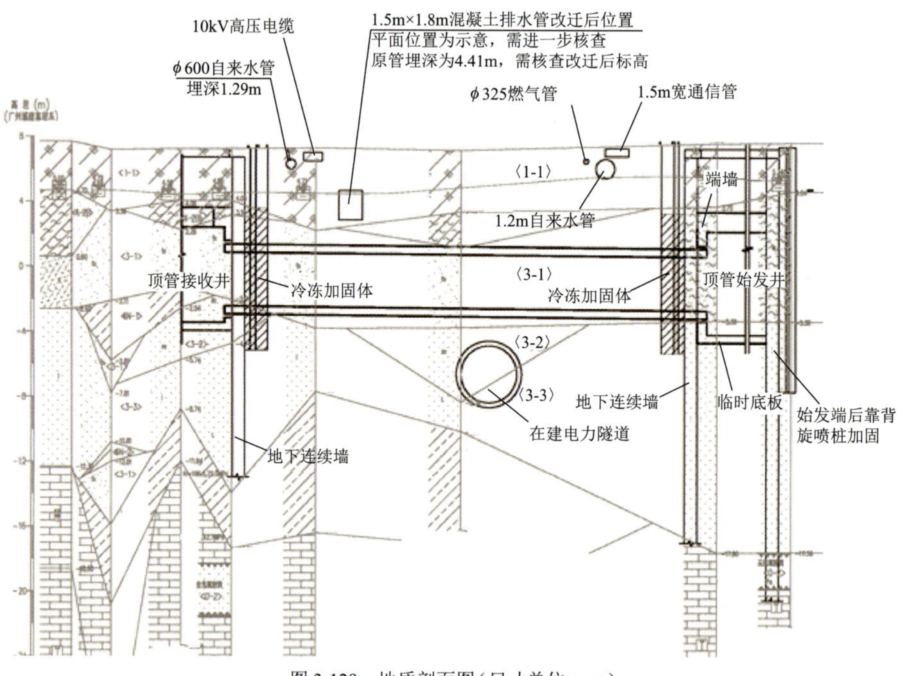


图 3-129　地质剖面图(尺寸单位:mm)

b. 岩溶裂隙水

岩溶裂隙水主要赋存于石炭系微风化灰岩中,溶蚀裂隙和溶洞发育,水量中等 ~ 丰富。溶洞、溶蚀裂隙发育很不均匀,裂隙、溶蚀及溶洞不太发育的部位,岩层透水性一般较弱;溶蚀及裂隙发育的部位,透水性一般中等 ~ 强,有较大涌水的可能。

勘察范围大部分地段冲洪积砂层直接覆盖于基岩之上,岩溶裂隙水与第四系孔隙水水力联系密切,均属潜水。

②地下水位

补充勘察钻孔均见地下水。勘察期间测得钻孔中稳定水位埋深为 1.70 ~ 2.80m,标高 4.46 ~ 5.92m。补充勘察期间量测的水位与前期详细勘察水位一致。

勘察区内,地下水位变化主要受气候的影响,每年 4 ~ 9 月份为雨季,大气降水丰沛,是地下水的补给期,其水位会明显上升,而 10 月 ~ 次年 3 月为地下水的消耗期,地下水位随之下降,年变化幅度 2.00 ~ 3.00m,同时在地表水道附近地下水亦会随珠江潮汐水位涨落而起伏变化。

(4)施工方案设计

本次端头加固,采用"拉森钢板桩 + 液氮冷冻法"施工,平面布置图和剖面图分别如图 3-130、图 3-131 所示。钢板桩采用拉森钢板桩,$b$=400mm,$h$=170mm,长约 13m,施作至洞门底以下 2m。冷冻法采用液氮冷冻,冷冻范围为洞门顶以上 2m,洞门底以下 2m,冷冻厚度为 1.5m。

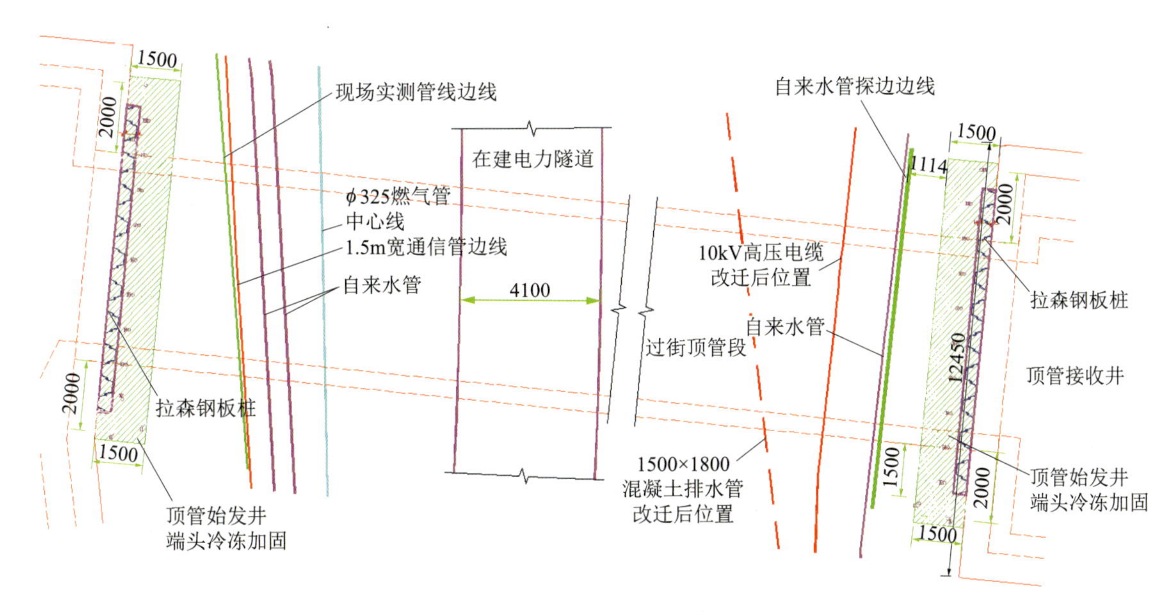


图 3-130 “拉森钢板桩 + 液氮冷冻法”平面布置图(尺寸单位:mm)

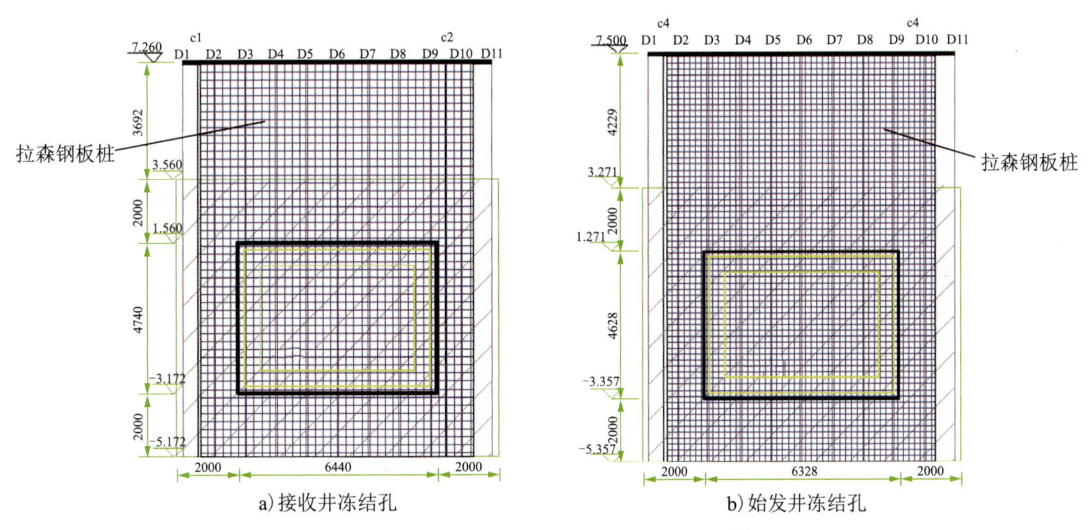


图 3-131 “拉森钢板桩 + 液氮冷冻法”剖面图(尺寸单位:mm)

本施工方案设计的基本原则是:

①竖向孔冻结帷幕技术性能必须满足洞门破除施工的安全和质量要求,加固土体应遍达待加固区域;

②竖向孔冻结方案应符合现场实际条件,具有可操作性;

③施工方案应在满足工程要求工期的前提下具备优化潜力;

④钢板桩为施工安全增加一道保障。

施工过程如图 3-132 ~图 3-137 所示。

图 3-132　洞门凿除

图 3-133　液氮冷冻

图 3-134　钢刷焊接

图 3-135　帘板安装

图 3-136　泥浆清理

图 3-137　顶管设备顺利吊拆撤场

（5）适应性分析

由于本项目工程地质情况比较复杂，周边管线众多，无法施工全断面旋喷桩加固；地下水位比较丰富，水位比较高，而且不透水层顶面埋深比较深，单靠钢板桩施工无法满足止水问题，故此次加固采用“钢板桩＋液氮冷冻法”加固，并取得比较好的加固效果，洞门顺利凿除，顶管施工顺利，没有对周边管线进行破坏。

## 3.13.4　效果评价

对比传统的“素混凝土连续墙＋双管旋喷桩”加固形式，“钢板桩＋双液注浆”“钢板桩＋液氮冷冻法”顶管施工端头加固技术有着其灵活、方便、工期短、污染少等特点。

（1）加固体安全可靠性好，可有效地隔绝地下水和抵抗土压力。

（2）适应面广。适用于任何含一定水量的松散岩土层，在复杂水文地质如软土、含水不稳定土层、流砂、高水压及高地压地层条件下有效、可行。

（3）灵活性好。当加固范围受到场地限制时，可采用此新型工艺进行灵活施工，若采用“钢板桩＋液氮冷冻法”工艺，则可以人为地控制冻结体的形状和扩展范围，必要时可以绕过地下障碍物进行冻结。

（4）可控性较好。“钢板桩＋液氮冷冻法”施工方法加固土体均匀、完整。

（5）污染性小。“绿色”施工方法，符合环境岩土工程发展趋势。

（6）施工工期短，可以有效控制工期，节约时间。

（7）钢板桩可以回收，循环利用，节省成本。

对比“钢板桩＋双液注浆”施工方法，“钢板桩＋液氮冷冻法”有其一定的缺点，应根据实际情况选择顶管施工端头加固技术。

（1）材料成本高。由于施工液氮冷冻，材料成本比较高，在施工过程中需要做好策划，使得工序有序紧密连续进行，这样才能比较好地控制成本，避免浪费。

（2）做好安全防护措施。由于液氮温度低，容易冻伤人员、设备，在施工前和施工过程中需要做好防护措施，保护人员和设备安全。

# 第4章

# 风险控制技术思考与展望

八号线北延段工程地质条件复杂，周边环境条件苛刻，建设蕴含着各种风险。面对风险，参建各方不断归纳总结问题，进行技术创新，并通过实践应用验证各项技术，提出各类切实可行的风险防控措施，为轨道交通土建工程实施过程中可能遇到的风险的防控和难题的解决提供新的思路。当然，面对如此复杂的建设条件，受地铁建设工期的紧迫性和建设者思维的局限性，或施工机械的局限性和工程技术等未经过长期的研究和实践检验的影响，目前仍有多种技术、方法和管理制度等未能得到创新、改良、实践验证或推广，希望能引起重视，在以后的城市轨道建设中，多加投入进行研究探索，进一步将土建技术推陈出新。

## 4.1 勘察设计手段

### 4.1.1 环境摸查

地质条件影响着风险事故的发生概率，而周边环境特征决定着工程建设的风险损失，摸清周边环境特征能有效减少风险发生造成的损失。在确定地铁线路走向和车站位置后，应依据线路走向和车站站点确定周边环境摸查范围，充分细致地摸清线路周边环境特征。车站一般为地下多层结构，设置在人口密集区以疏通人流，起到减缓地面交通压力的作用。车站施工会对周边环境造成一定的影响。地铁线路在经过河流湖泊、下穿或侧穿高架桥桩和建筑桩基时，也需根据情况对隧道周边进行加固和桩基托换处理。详细摸查房屋基础资料、地下管线、文物、军事设施等对设计、施工有重大影响的周边环境，是风险控制的一项重要举措。

（1）工程可行性研究（简称“工可”）阶段对接水务部门，确定涉河建设项目方案的可行性，按要求开展河涌改移设计、防洪评价，取得相关批文；

（2）查明对盾构施工有影响的房屋基础、桩基等，当无调查资料时应采用物探等手段充分查明或验证基础类型、深度和与隧道关系等，减少因缺少资料而引发的设计考虑不全等情况；

（3）初步设计前应对车站站点或对区间有影响的附近道路下方地下管线的材质、埋深、用途进行全面调查，并评估施工可能造成的影响和处理措施；

（4）对周边建（构）筑物的结构形式、基础形式、健康状态进行全面摸查，必要时按要求进行安全鉴定；

（5）如遇文物、古树名木等特殊保护对象，应与相关部门联系，对特殊保护对象周边进行工程建设时的相关保护措施、风险出现情况、监测资料、健康状态等进行全面深入的了解，为拟建项目风险防控措施的组织和实施提供合理依据。

### 4.1.2 地质勘察

广州经过二十余年的城市轨道交通建设，截至2020年底，已开通运营地铁线路共14条，车站282个，总里程达531.1km，沿线进行的初步勘察、详细勘察、补充勘察钻孔已达到一定数量，虽然无法精确判断每一个建设场地的地质情况，但对广州的地质地貌已有了较为全面的认识。以白云区为例，已建或在建的线路有八号线北延段、三号线北延段、十四号线、九号线等多条线路，结合以往工程经验，八号线北延段优化了地质勘察的技术要求及管理要求：八号线北延工可阶段，按地貌单元沿线路右侧布置钻孔，钻孔间距200～250m，每类地貌单元一般不少于6个钻孔，每个车站和区间均布置钻孔。初步勘察阶段，区间单侧平均间距90m，交错布置；车站单侧平均间距30m，对称布置；全线还在断裂交汇、地层接触带位置另外加密布置了107个钻孔。详细勘察阶段，区间钻孔间距单侧加密至15～20m，车站加密至12～18m，均高于复杂场地钻孔布置要求，同时在岩溶区的车站基坑中部结合立柱桩、抗拔桩等布置了钻孔。除钻探外，八号线北延段工程在石槎路、西槎路一带开展了高密度电法物探，勘察手段上，采用了钻探、物探、原位测试、水文地质试验等综合勘察手段。根据各阶段的勘察成果及时开展相关专题勘察工作，如针对断裂带、风化深槽、两套地层接触面等，通过多阶段的深入摸查成果揭示了大部分地质风险，为预先防控提供了保障。回顾八号线北延段工程，我们认为能否通过科学的勘察手段和管理较清晰地揭示工程地质构造，基本就决定了地质风险预控的有效性。对于类同的复杂地质条件下的地下工程，可充分挖掘利用线路已有的区域地质、工程地质和水文地质资料，并通过合理改进勘察技术要求和管理办法以科学、有效地揭露地质条件，揭示地质风险。

（1）工可阶段车站按不少于1个钻孔布置，不能充分反映岩溶区车站范围岩溶发育情况时，应加密布置钻孔，提前开展岩土性状分析；初步勘察阶段要重点对断裂、地层接触带、岩溶（土）洞、溶蚀深槽的勘察，提出风险分析；详细勘察阶段是细化初步勘察成果，查明对设计、施工有重大影响的地质情况和提出处理措施建议。对不良地质、特殊岩土，应尽量早发现，提出措施建议。岩溶区的勘察建议工可按初步勘察深度、初步勘察按详细勘察深度审查，详细勘察阶段按专题勘察深度逐步推进勘察的方式，提前揭示岩溶区地质风险。

（2）从整个勘察阶段看，岩溶区勘察经历了工可、初步勘察、详细勘察、专题勘察和施工勘察以及"一槽两钻"和其他的施工补充勘察，工作量较充分但缺少对整个勘察成果的汇总和整体分析，对于勘察成果的利用不够系统。八号线北延段工程同德站，利用各阶段勘察成果绘制地层等高线图，分析溶蚀构造及影响范围，最终成功消除重大风险的案例应在今后的类似工程中更好地运用。基于成果的整编，更高要求地推进岩溶区（或其他复杂）地层BIM（建筑信息模型）和三维地质成果的展示，可更加直观地认识地质、更有效地预控风险。整编各阶段勘察成果，系统分析地质风险应成为勘察工作的技术要求。

（3）由于项目工期较为紧张，勘察和施工多数情况下会套环进行。这既印证了第一条建议的必要性，同时也要求在制定项目总体工筹时必须安排好专项地质勘察的充足时间；应认识到地质风险摸查所占用的时间成本、投资成本都是极少的，但对地下工程项目总成本却起到决定作用。对于可能的地质风险未能系统分析及清楚前不赶工应成为风险管控的管理要求。

（4）推进勘察新设备、新方法的应用。目前广州地铁勘察钻探设备仍以较为老旧的XY-100、XY-150型钻机主，取样方法较为原始，遇到破碎岩层、空洞充填物、地层接触带等往往采取率低，取样方式传统，部分地层不能被有效准确的识别或错误的识别，直接引起设计、施工问题。要求勘察单位采用大功率全液压岩心钻机，使用新型取芯工艺，提高岩土现场采取、测试水平，是未来地质风险识别工作的一个重点。同时，目前岩溶区水文地质勘察工作深度不足；随着冻结法的使用，地下水流速、流向测试是目前勘察成果中缺失的一个内容。岩溶区地下水流速、流向的分析对溶洞填充注浆方案、围护结构墙底检测有重要意义，可最大限度地避免地下水对基坑开挖的影响。因此，有必要借鉴其他行业成果及设备开展相关工作。例如，目前AquaVISION地下水流向流速仪在部分地下工程中已经使用且取得了部分成果，军工行业的声呐测水技术也值得借鉴。

（5）岩溶区勘察宜结合勘察阶段来实施钻探和物探相结合的勘察手段，由面到线、由线到点的逐步进行。根据不同的地质条件、不同的勘察阶段选用不同的勘察手段组合，对地质情况进行勘察，目的是尽可能查明地质条件，做到有针对性设计，降低工程风险等级。同时，应对岩溶地区的勘察技术进行思考，开展勘察新技术、新方法、新手段的研究和应用。从众多物探勘察方法中，结合高精度的GPS（全球定位系统）空间精准定位技术、大数据分析技术和人工智能技术，探索比选分析提出几种针对性强、识别精度高的物探方法，包括新设备、新方法、新工艺，是值得研究的课题。

### 4.1.3 针对性设计

应在了解工程地质条件与周边环境后，对工程建设进行风险评估，并在设计阶段充分考虑风险发生的可能性。根据建设条件针对性地进行设计，从设计阶段控制和降低风险工程等级。

（1）根据周边环境特点，采用针对性的建筑布局。线路周边环境复杂，多个车站和区间周边存在文物、古树名木等特殊保护对象以及老旧建（构）筑物。各车站方案应因地制宜，在设计阶段充分考虑施工对周边环境的影响，有针对性地进行建筑方案布局设计，在满足建筑功能的同时尽量避让周边敏感点。

（2）合理选用施工工法。在工法选择方面，除了常规的明挖法外，还有半盖挖法、暗挖法、顶管法等多种工法及其组合。在场地受限的条件下，通过选用适当工法可有效降低工程风险。但除根据周边环境选用施工工法外，还应结合地质条件综合评判工法自身的风险，在围岩条件差时，应尽可能地避免大断面暗挖施工工法。暗挖法施工过程中，土方开挖会伴随拱顶坍塌风险，隧道坍塌将致使地面道路交通瘫痪，周边建筑发生倾斜、开裂等现象，造成相当严重的社会影响和经济损失。如综合评判后须采用大断面暗挖施工工法时，应采用注浆加固、冷冻法加固等辅助措施保证暗挖施工安全。

（3）设计方案需根据地质条件对症下药。八号线北延段部分线路走向与地层接触带基本平行叠合，大部分车站站位正处于两类不同年代地层交界面，溶洞发育、基岩破碎、富水砂层直接覆盖基岩面，地表水系、孔隙水、基岩裂隙水相互连通，各种地质风险共同影响明挖基坑安全。根据特殊地质条件，通过采用扩大溶洞处理范围、增加地下连续墙嵌固深度、注浆加固基岩裂隙、提前进行降水试验、周边设置回灌井和加强监测等措施，有效降低了工程地质风险。对于岩溶发育区盾构隧道设计，盾构隧道下穿房屋时，有条件时尽量拆迁，当拆迁困难时要保证对人员进行临迁，在建筑内进行溶（土）洞探查处理后再盾构通过。盾构隧道和明挖接口建议采用外包洞门设计，降低切割洞门环管片时的渗漏水风险。在岩溶发育区盾构小半径施工时，考虑管片错台概率增加，建议管片接缝采用两道止水条设计，降低管片接缝渗漏水风险。

（4）设计方案需考虑降低基坑涌水风险和控制周边地下水位变化。为降低基坑涌水风险，明挖车站基坑宜尽量浅埋，并可优化结构底板下翻梁截面高度或将接地网由底板接地改为顶板上方接地，尽量减少对基坑底部地层的扰动。深厚砂层地区车站基坑设计，尤其对于采用基底加固止水设计的情况，建议采用分隔墙将基坑分区分期施工，降低基底突涌水影响范围，降低工程风险。在基坑开挖前进行降水试验以检查围护结构止水效果，在地下连续墙工字钢接头处封钢板以降低地下连续墙接头处涌水涌砂风险。在基坑周边系统布置回灌井，根据周边水位下降情况判断是否进行地下水回灌，通过控制周边地下水位减小地层沉降，以实现对周边环境的保护。

(5)盾构隧道埋深应结合地质条件综合考虑。为规避盾构法施工风险,隧道设置深度尽量考虑隧道底部分位于稳定地层、减少隧道断面处于上软下硬地层,必要时可不考虑按节能坡进行线路设计。当受到地下管线等边界条件限制,隧道需采用深埋全断面进入灰岩时,需根据地层裂隙发育情况,结合盾构选型、刀盘刀具配置等,采用注浆隔离墙等措施降低盾构施工风险。

(6)缓建车站及附属设施的防洪排涝设计。不同车站的建设难度不同,在一条线路建成通车时,可能存在车站飞站或出入口缓建成的情况,在此工况下做好防洪排涝是工作重点。建议缓建工程与已开通运营线路连通时,在运营线路和缓建工程接口处做好挡水分隔墙,并宜按先完成新建主体结构封闭、后连通凿除的原则进行设计。在连接结构施工完成,具备防洪、防淹功能后再破除连接洞口结构。特殊情况下,无法在破洞口前完成连接结构施工的,需经充分论证,取得运营部门的同意,且需在接口处设置挡水措施,并配备应急排水设备(排水管、水泵等)、挡水物资(挡水板、沙袋等),防止缓开通工程施工的水进入已运营线路。

### 4.1.4 重大风险源识别

地下轨道交通建设风险发生概率较其他工程高,一旦发生造成的损失较大,社会影响严重。开展建设风险评估有利于决策科学化,减少工程事故的发生,有利于提高政府、建设单位、设计单位和施工单位的风险管理意识和风险管理能力,从而达到控制风险,减少损失的目的。为实现建设项目的总体目标,必须进行风险管理,风险管理应主动、及时、动态地进行,以保证风险评估全面、可靠,风险处理合理、高效。风险管理应贯彻于工程全寿命周期,包括工程可行性研究阶段、设计阶段、招投标阶段、施工阶段和运营阶段。风险评估是风险管理的基础和重要内容,应按项目分阶段进行,以设计阶段和施工阶段为主。

设计阶段应由建设单位和设计单位或评估单位共同负责。建设单位应对风险管理全面负责,委托设计单位或评估单位进行设计阶段风险评估工作,负责对风险等级进行审查,检查、监督、协调、处理评估工作,对重大风险源应进行权威认定。设计单位或评估单位在建设单位的指导下对风险进行评估,识别重大风险源,制定设计阶段评估工作实施细则,全面进行风险源识别,形成风险评估结果,并提出有效的风险防控措施纳入设计文件,向施工单位进行有关风险的技术交底和资料交接。

(1)初步设计阶段,应根据既有资料揭露的地质情况和周边环境情况进行分段评估初始风险;根据初步设计阶段设计原则,结合初始风险评估结果,按不同的评估目标(安全、工期、投资等)选择设计措施;根据不同的设计措施进行再次评估,确定残留风险;对极高等级的残留风险应上报建设单位及上级主管部门,采取调整线路方案等措施降低风险,同时对此类高等级风险在施工图深化阶段进行补充勘察。

(2)施工图阶段,应根据初步设计审查意见,对设计方案需进行重大修改处进行再次评估。

对高等级风险，设计阶段应提出风险防控措施，降低风险，并引起高度重视；对于中等风险，应在施工图中明确注意事项，引起施工单位重视。

## 4.2 施工手段

### 4.2.1 施工前调查

灰岩区施工对地层扰动的影响较大，容易引起地面坍塌等风险。当地质条件复杂，地面建（构）筑物、道路、地下管线等周边环境条件较为苛刻时，应根据相关资料进行施工前的探查工作。

（1）对岩溶历史塌陷区进行全面调查。灰岩区受溶蚀作用影响发生岩溶塌陷，会引起地面沉陷、地下管线变形开裂、建（构）筑物沉降和开裂等。在历史塌陷区进行工程建设会再次激活溶（土）洞，发生二次塌陷，对历史曾经受损的道路、管线和建（构）筑物等再次破坏。在历史塌陷区进行工程建设前必须对该区域历史塌陷情况进行全面调查，为对历史塌陷区进行针对性施工提供合理依据。

（2）对沿线道路、敏感建（构）筑物等周边环境进行全面核查。根据初步设计前对周边环境的摸查情况，针对设计资料中确定的地铁结构与周边环境的关系，对沿线道路的使用情况、路面健康状况，建（构）筑物的结构形式、基础形式和埋深、历史沉降情况等进行全面核查，通过核查确定风险较大的敏感建（构）筑物和道路是否已采用合适的措施对其进行加固，降低建设风险。

（3）现场通过多种手段配合对地下结构进行摸查。由于城市建设的发展需求，对旧结构进行改造、加固后使用的工程项目越来越多，如道路的拓宽改造、地下管线的迁改、桥梁加宽和扩建箱涵等。但由于旧项目建设资料的缺失或收集难度大、改造项目设计资料未全面表达等问题，现场情况与收集的建设资料未必完全对应。当地铁建设涉及此类改造工程或基础、地下管线、箱涵等隐蔽性地下结构时，应对既有的资料持怀疑态度，采用多种手段配合探明地下结构情况，明确地下结构与地铁的位置关系和地下结构的使用情况。对正在使用的结构应进行加固或迁改，确保结构的使用功能不受影响后再进行地铁施工；对已废弃的结构应提前进行破除等清障处理，避免地铁施工过程中受障碍物影响。

### 4.2.2 风险评估和处置措施

施工阶段同样应注重风险管理，风险识别和处置措施应由各标段施工单位在设计文件和前期设计阶段风险源识别结果的基础上，结合实施性施工组织设计，对建设项目进行施工阶段评估，按地质风险、周边环境风险和工程自身风险分别进行风险描述和分析，针对风险提出管理措施、技术措施两个层面的风险管控措施，并评估采取措施后的风险等级，编制相关方案并在施工阶段全面落实。

施工阶段各个工法中的典型事故各不相同，在对施工阶段进行风险评估时应以工法为主要分类标准建立不同工法的风险核对表。施工阶段的风险管理十分重要，是风险能否得到有效控制的关键，随着工程的进展，风险在不断发生改变，各项风险的概率、损失以及对于整个工程风险的权重也在不断变化。因此，在工程施工阶段，随着工程进展采取有效的风险处理措施后，先前的风险能得到有效控制，但随之可能会产生新的风险，故施工阶段应建立专门机制对风险进行动态评估和监控。

### 4.2.3 施工专项方案

施工前应根据勘察资料、设计文件、风险评估分析结论和防控措施建议制订专项施工方案。施工方案应充分考虑建设期可能遇到的风险，采取主动措施降低风险等级，防患于未然。应编制完善的工艺说明、施工部署、施工组织等内容，并对风险源编制有针对性的应对措施，以降低风险发生概率。

（1）重视开挖前的抽水试验，改进技术检测止水效果。抽水试验是目前检测基坑止水帷幕止水效果最直接、应用最广泛的方法，基坑开挖前要重视止水帷幕的效果检测，利用抽水试验对止水帷幕的止水效果进行定性及定量的分析判断，确保止水帷幕的施工质量和止水效果，保证基坑开挖过程中不发生涌水涌砂等高风险情况。基坑开挖前应针对工程地质情况、基坑规模制订抽水试验专项方案，确定抽水井、观测井的井点平面布置、数量等，明确目的和要求。但抽水试验也有其弊端，即以改变坑内水位和观测坑外水位的变化判断止水帷幕的效果较为片面，无法全面准确地评判止水效果，当发现基坑内外存在水力联系时，也无法精准判断渗流路径和水源。为解决此类弊端，基坑开挖前可选择采用新的科技手段检测止水帷幕，判断地下水是否存在断面的绕流情况，渗流时准确探明水源和渗流路径，更全面评判止水效果，以此作为判断止水帷幕补强加固的有效依据。

（2）大型串珠状溶洞处理。目前岩溶处理的原则和措施都较为明确，洞高小于 3m 采用灌注水泥浆进行处理，洞高超过 3m 的无填充或半填充大型溶洞采用灌注砂浆和水泥浆进行处理。但溶洞会造成围护结构成槽时的漏浆跑浆，严重的还会引发周边地表塌陷，若溶洞未能妥善处理，基坑开挖或盾构施工过程中会引起周边塌陷，影响较大。针对大型串珠状溶洞，应编制专项方案，制定溶洞的补充勘察手段、处理范围、处理措施和处理效果检测等工艺流程和技术要求，还应提出溶洞处理过程的重难点和对应的处理措施，确保溶洞处理到位。

（3）深埋盾构穿越全断面岩层段裂隙注浆处理。深埋区间隧道穿越全断面灰岩段在盾构掘进始发前虽然进行了溶（土）洞注浆处理，但区间掘进过程中可能因为常规溶（土）洞处理措施不能有效阻断岩溶裂隙产生的水力联系，盾构施工过程中仍然存在地面塌陷等风险。为减小盾构在岩溶裂隙地层中掘进对周边环境的影响，在盾构掘进前有必要对裂隙发育区域预先注浆进行裂隙处理以降低施工风险，在距离区间隧道结构边线外放 1m 处的位置，沿掘进方向按 1 孔 /2m 的间距各布置一排注浆钻孔，两隧道中心线位置沿掘进方向按 1 孔 /5m 的间距布置一排注浆钻孔，共 3 排；注浆钻孔深度为隧道底板下 2m。

（4）软弱地层管线密集敷设地段区间盾构施工前预加固处理。拟建线路区间盾构穿越软弱地层管线密集地段时，盾构施工对软弱地层的扰动将会引起地下管线的沉降、开裂等风险。为了减小盾构施工对管线及周边环境的影响，可将隧道下压至灰岩层，保证区间隧道与地下管线的安全净距；下压后隧道基本在全断面岩层或单一地层中，避免上软下硬，可有效降低联络通道加固的难度，降低联络通道暗挖施工风险。若区间隧道接车站位置受车站埋深影响，与既有地下管线无法保证净距要求，则盾构施工必然会对地下管线造成影响，此类情况应对上软下硬区段隧道结构顶进行预加固处理。

（5）盾构接收。由于复杂地层条件下盾构接收洞门加固具有一定的局限性，加固措施难以保证安全，一旦发生泥水喷涌、洞门失稳等重大工程险情，缺乏有效迅速的手段进行处置，则极有可能在短时间内引发灾难性的事故。盾构接收应制订完善的专项施工方案，确保施工安全。在地层条件较为复杂、地面环境保护要求较高时，盾构接收应采用套筒平衡接收或水下辅助接收，以确保接收端附近周边环境的安全及盾构的顺利出洞。

（6）上软下硬等复杂地层中暗挖通道施工。在上软下硬等复杂地层中应尽量避免采用暗挖法进行施工，尤其在大断面暗挖通道施工过程中，应力集中程度大，要求围岩具有较高的承载力，开挖宽度和开挖高度越大，要求产生拱效应的埋深就越大。在埋深较小且复杂地层条件下，拱效应无法发挥，土方开挖会产生很大的松弛地压，伴随拱顶坍塌风险，严重影响周边环境安全。如因周边环境等条件无法调整工法，则暗挖通道施工务必采用可靠的加固方案，确保开挖过程中隧道断面的稳定性，同时应针对地质条件和断面尺寸，制订开挖方案和开挖过程中的支护方案，将大断面划分为中小断面，提高施工安全度，降低风险。

（7）冻结法施工。在复杂的地层条件下，冻结法已成为一种重要的辅助工法，与一切常规的施工工法尤其是矿山法配套使用。随着冻结法施工经验的积累，其施工技术和质量把控也越来越成熟，但在复杂地层条件下冻结法施工仍然具有较大的风险，施工前务必针对冻结法的施工风险制订完善的施工方案和应急措施，确保施工安全。

①冻结孔钻进时地下水尚未进行冻结，应注意施钻过程中水从钻孔中涌出的风险。

②控制冻结孔钻进过程的偏斜率。在水平长距离冻结孔钻进过程中容易出现偏斜情况，钻孔偏斜将影响冻结法的冷冻效果，未能达到设计提出的加固要求，在开挖过程中存在坍塌风险。为降低风险，可采用多重套管工艺成孔技术，准确控制冻结孔成孔偏斜率。

③冻胀和融沉控制。冻结法将软弱土层进行冷冻，冻土的性质较为复杂，土中水分在冻结和

融化过程中体积会发生一定程度的变化，进行重新分布，这使得冻结范围内土体的力学性质发生改变，影响周边土体稳定。施工过程中可通过增大冻结速率，研究冻结管的布置等措施减少冻胀影响程度。通过解冻后的孔内注浆充填，增大冻结速率，实施地面和冻结范围的检测，视情况确定注浆等补强措施，控制融沉影响程度。

### 4.2.4 施工质量控制

施工质量优劣是影响建设风险高低的重要因素。车站施工基坑开挖风险主要集中在连续墙围护结构施工分幅的接头缝隙的漏水漏砂与基坑底由于灰岩裂隙或破碎引起的基地涌水涌砂造成的周边地层塌陷及基坑失稳的风险等，确保溶（土）洞处理效果和围护结构施工质量能有效降低此类风险。

（1）应根据场地地质条件提出并不断完善溶（土）洞处理检测手段，合理评价溶（土）洞处理效果，确保溶（土）洞处理质量能满足建设期安全和运营期承载力要求。

（2）在岩溶发育区建议采用双轮铣成槽工艺施工地下连续墙，以更好地控制成槽质量，在保证地下连续墙施工质量的同时，更好地控制风险。采用双轮铣槽机可准确控制成槽质量，并可根据监测情况，随时对槽孔进行纠正，对比传统成槽工艺，该工艺的施工效率高、对周边环境影响较小。

（3）围护结构施工过程中应对其施工质量进行严格把控。在灰岩区等强度较大的硬岩地层采用工字钢接头能有效保证各槽段间的连接，降低接缝处渗漏水风险，在基坑开挖过程中可根据开挖情况对地下连续墙接头处采取密贴钢板、应急注浆加固等处理措施进行渗漏水处理。施工过程中应注重对连续墙成槽垂直度、深度、钢筋笼质量、预埋件位置等指标进行验收，形成完善的施工记录和验收流程。

（4）围护结构施工完成后，应进行基坑土方开挖前的全面验收。例如，关于基坑基底渗漏的处理，主要在设计上采取加深围护结构嵌岩深度的方式，防止坑外水、砂透过灰岩地层绕流产生涌水涌砂的风险；在围护结构施工完成后应通过基坑抽水试验、围护结构质量检测等开挖前验收手段对施工质量进行把控，编制验收成果文件，有效降低基坑开挖风险。

### 4.2.5 盾构施工控制

盾构隧道施工的风险主要集中在始发、到达及掘进施工过程中引起的地面塌陷及盾构停机检查更换刀具的作业安全风险。盾构施工中的仓内和掌子面的压力稳定及周边地层水压力的稳定是保证地面地层不产生塌陷的关键。对灰岩区区间经过的溶（土）洞进行预注浆填充处理，在全断面灰岩区溶蚀裂隙发育或破碎带进行局部注浆或在隧道两侧进行止浆墙的施工，在盾构掘进过程中及时施作盾尾止浆环等施工措施，都是为了保证地层的稳定，截断地层水的快速流通通道，从而保证盾构施工过程中地层本身及水压力的稳定，防止地面坍塌；对于有条件的工点，采取水下到达的形式，简单有效保证了盾构施工及周边环境的安全。

**1）盾构选型**

盾构的性能与其地质条件、工程条件的适应性是影响盾构隧道施工风险的重要因素。采用盾构施工必须选择最佳的施工方法和盾构类型。盾构选型第一要保证可靠性，第二要讲究技术先进性。类似广州地区复合地层的施工环境，可供选择的盾构一般只有两种，即土压盾构和泥水盾构，应根据地质条件合理选择。在类似八号线北延段地质条件复杂、周边环境苛刻的工程环境下，可选用双模盾构。盾构性能的提高，极大限度地提高了施工效率，满足同一区间段不同地层条件下的施工需求，减少了盾构检查和换刀次数，降低了施工风险。

**2）刀盘刀具选择**

盾构刀具是隧道施工过程中最容易损耗的位置，尤其是在地质条件变化大、上软下硬地层、全断面硬岩条件下，刀具易发生炫磨、崩边、刀圈开裂等损坏情况，盾构开仓检查更换刀具对施工作业人员的风险较大，盾构刀具应根据工程特点进行改造和合理配置，尽量满足单个盾构区间连续掘进的要求，减少开仓次数。八号线北延段工程通过首个区间隧道的施工实践及研究分析，在全线灰岩区推广使用了楔形合金球齿滚刀，减少了灰岩地层上软下硬、溶蚀裂隙发育、破碎等不整合地层对刀具冲击力、偏磨等影响，较普通刀具提高了工效及耐用性，减少了刀具开仓检查更换的次数。另外，可通过研发仓内检查刀具的手段规避开仓风险。

**3）开仓换刀技术**

在无法杜绝刀具损坏的情况下，仍需要进行开仓换刀，但针对各类开仓条件，可通过改进开仓技术降低风险。八号线北延段工程通过衡盾泥密封带压开仓工艺、地层注浆加固联合地下仓内泥膜辅助压气开仓工艺等措施，提高了检查更换刀具的效率与安全性。

### 4.2.6 监测手段

岩溶区的地铁施工在勘察钻孔抽芯阶段会有一定的地层坍塌的风险，而在基坑开挖前进行密集钻孔会加大溶（土）洞注浆填充阶段的坍塌风险。施工监测应在岩溶（土）洞开始施工前就开始对地面、周边建（构）筑物等进行布点，根据监测数据变化指导并确保溶（土）洞施工的安全；提前对岩溶区的房屋等建（构）筑物进行安全鉴定工作，作为减少社会投诉，降低对周边环境影响的风险控制手段。

在岩溶区进行基坑降水可能引起较大面积的沉降甚至发生地面塌陷，故宜在深基坑施工时进行地下水位监测和布置地下水回灌井。当降水影响范围内有重要建（构）筑物时，应按照其保护要求，在其附近采取布设回灌井点等地面沉降防治措施，并对地下水位进行监测，如基坑深度较大、周边环境复杂需加密监测频率、提高监测效率、确保测量精度、保证数据传递的时效性时，可采用地下水位远程自动监测系统进行监测。

# 4.3 应急措施

为了预防和控制重大事故的发生，并能在重大事故发生之后有条不紊地开展救援工作，应根据工程施工的特点、范围，对施工现场易发生重大事故的部位、环节进行监控，制订施工生产安全事故应急救援预案，根据应急预案进行应急救援组织，配备必要的应急救援器材、设备，并在施工前进行演练。

## 4.3.1 应急救援组织机构

为了保证施工应急处置的速度与有效性，采取标段应急处置与全线应急支援配合的管理机制。一旦发生应急事件，可根据现场需要，进行全线应急物资、人力、机械设备及盾构泥浆的统一调度分配，用最快的时间完成险情的处置。常用的包括溶（土）洞填充处理及堵漏的钻孔注浆的材料、设备与班组，盾构掘进补充泥浆的制备及快速补充支援。

## 4.3.2 应急救援措施及手段

针对风险发生后可能引发的后果，制订应急救援措施。应编制基坑出现涌水涌砂、支撑损坏、围护结构或支撑变形及受力发生监测报警等突发事件的应急预案，制订应急资源调配预案、应急响应机制、事故处理方案等，编制完善的应急救援措施。

灰岩区基坑渗漏或地面沉降的通用处理手段为使用钻注一体机（入岩时采取地质钻机引孔）钻孔，注水泥单液浆或水泥 + 水玻璃双液浆，并注意控制注浆液的配合比，根据现场情况采取合适浆液的初凝时间及注浆压力。

## 4.3.3 区域性应急方案

岩溶区地铁施工尤其是盾构在历史塌陷区施工具有显著的区域性。由于溶洞的连通性和上覆砂层、地下水等不良地质工程特性，在复杂的地层环境下因施工引发的突发事件影响范围较广，可能会出现离盾构位置数十米至上百米外的位置发生地面坍塌，影响周边道路使用，严重时可能会引发较大的工程事故。对于岩溶区地铁施工，除了针对性地制订专项施工方案和应急预案外，还应编制区域性的应急方案，并制定敏感区域相关单位的联动机制。区域性应急方案应至少涵盖全线灰岩区施工的所有标段，包括应急物质材料、机具设备及专业抢险施工班组在紧急处置时的共用及相互支援及配合。各标段盾构施工开始掘进前，应致函街道及区政府的相关部门，告知灰岩区施工过程中对周边环境的影响、风险与施工计划、安排，提高各方的风险认识，协调各方一起配合做好风险防控工作。应急联动方案须将相关街区的相关安全管理力量、交警、城管、路政、医院、各管线产权业主安全管理等人员纳入方案中，提前整理出相关人员的联系方式，根据工程进展建立良好的互动联系，做好安全交底工作，以建立快速的应急反应机制。

### 4.3.4 应急物资的准备

各施工标段的应急物资应包括足量的沙袋，止水用的钢板、棉絮，钻注一体机、地质钻机，水泥、水玻璃、聚氨酯等。另各标段的物资及设备应在紧急情况下可联动互相支援。在灰岩区的盾构掘进施工过程中，各标段还需储备一定数量的浓泥浆且具备相互调动支援的能力，以备遇溶洞掌子面泥浆流失失压时可快速补浆稳压，确保地层的稳定。

# 参考文献

[1] 竺维彬，广州地铁土建工程工法应用与创新 [M]. 北京：人民交通出版社股份有限公司，2015.

[2] 广州市地下铁道总公司建设事业总部土建四部 . 广州市轨道交通二、八号线土建工程技术总结 [R]，2011.

[3] 荔湾老街编委会 . 荔湾老街 [M]. 广州：岭南美术出版社，2012.

[4] 李浩朋 . 灰岩区基坑突涌水的处理措施及探讨 [J]. 珠江现代建设，2018（06）：22-24.

[5] 刘卫 . 广州古城水系与城市发展关系研究 [M]. 广东：华南理工大学出版社有限公司，2016.

[6] 林本海，杨树庄，朱伯善，等 . 广东省地质构造与岩土工程基本特征 [J]. 岩石力学与工程学报，2006(S2):3337-3346.

[7] 广州地铁设计研究院股份有限公司 . 一种盾构隧道注浆压密结构：中国，ZL 2017 2 1338303.X.2[P]. 2018-07-03.

[8] 杨守梅，桂婷 . 复杂条件下地铁车站设计 [J]. 工程技术研究，2020（05）：225-228.

[9] 严东 . 地铁大空间地下多线换乘站建筑设计探究 [J]. 建材与装饰，2018（08）：233-235.

[10] 严东 . 广州地铁彩虹桥站建筑环境设计 [J]. 建材与装饰，2018（12）：240-242.

[11] 严东，卢全辉，黄敏康，等 . 一种利用 V 柱实现地铁站厅大跨度空间效果的结构 [P]. 天津：CN206070563U，2017-04-05.

[12] 李现森，姜宝臣，严东，等 . 采用 Y 型柱与抗拔桩结合设计大跨度深埋地铁车站的结构 [P]. 天津：CN206070724U，2017-04-05.

[13] 阚绍德 . 电力隧道工程与地铁工程共建设计浅析 [J]. 广东土木与建筑，2014（12）：53-55.

[14] 宋德文，陈振豪，谢永盛 . 灰岩区不良地层下盾构施工技术难点研究 [J]. 工程技术研究，2020（07）：89-91.

[15] 陈臣 . 岩溶区地铁车站基坑突涌水机理分析及处理实践 [J]. 科技风，2020（05）：170-171.

[16] 曾照发，李钊，李浩朋，等 . 中心城区灰岩区地铁车站基坑开挖前降水试验分析 [J]. 工程技术研究，2020（09）：24-26.

[17] 广州地铁设计研究院股份有限公司 . 一种用于连续墙体的连接结构：中国，ZL2015 2 0696376.0.2[P]. 2016-03-02.

[18] 李秋娥 . 广州地铁八号线北延段岩溶特征及工程风险浅析 [J]. 城市建设理论研究：电子版，2013(013)：1-4.

[19] 谢琪 . 广州地铁在岩溶地区溶洞治理方案的实施与探讨 [J]. 中国高新技术企业，2008( 13 )：153，155.

[20] 尧珊珊 . 高架桥下的地铁车站建筑设计——广州地铁八号线同福西站设计案例分析 [J]. 建材与装饰( 下旬刊 )，2008( 07 )：247-250.

[21] 万维燕 . 全断面富水砂层“衡盾泥”辅助带压进仓施工技术研究 [J]. 铁道建筑技术，2017( 5 )：60-63.

[22] 钟诚 . 泥水盾构过素桩区技术及堵管处理技术研究 [J]. 建材与装饰，2018，525( 16 )：281-282.

[23] 傅常庆 . 广州地铁二、八号线延长线盾构小净距平行施工技术 [J]. 广东建材，2009，25( 12 )：42-44.

[24] 王呼佳，许炜萍，赵楚轩，等 . 上盖物业对复杂地层中的地铁车站影响效应预测 [J]. 城市轨道交通研究，2019( 07 )：21-26.

[25] 西南交通大学，中铁二院工程集团有限责任公司 . 承托地铁上盖物业双悬臂结构及其施工方法：中国，ZL 2019 1 0222198.0.2[P]. 2019-05-28.

[26] 中铁隧道勘察设计院有限公司 . 一种利用侧送下回空调形式降低地铁地下大空间能耗的设计方法：中国，ZL 2016 2 0930839.X.2[P]. 2017-04-05.

[27] 江俊 . 全断面岩溶裂隙富水地层土压平衡盾构施工关键技术研究 [J]. 装饰装修天地，2019，000( 005 )：333-334.

[28] 谢综文 . 广州地铁八号线北延段华林寺站顺利封顶 [J]. 广东交通，2018，197( 05 )：26-26.

[29] 李曦欣 . 公共景观视角中的广州历史城区轨道交通站点建设案例研究 [D]. 华南理工大学，2016.

[30] 晏大武 . 广州地铁陈家祠车站施工中对国家文物保护风险管控的研究 [J]. 微计算机信息，2019，000( 011 )：30-33，36.

[31] 黄国庆 . 广州地铁某车站主体施工风险预控管理探析 [J]. 四川建筑，2015，35( 006 )：251-253.

[32] 罗川疆，刘凯 . 盾构下穿房屋建筑结构对地表沉降的影响分析 [J]. 四川建筑，2019，039( 001 )：102-103.

[33] 王明年，崔光耀，喻波 . 广州地铁西村站近接高架桥桩基影响分区及应用研究 [J]. 岩石力学与工程学报，2009，28( 07 )：1396-1404.

[34] 马维亮 . 广州地铁八号线北延段盾构施工技术小节 [J]. 环球市场，2016，000( 015 ):274-274.

[35] 熊传虎 . 岩溶分布规律及工程影响浅析——从广州地铁八北，九号线对比研究 [C]// 广东省土木建筑学会地下工程专业委员会 . 广东省土木建筑学会地下工程专业委员会 2015 年度技术交流会论文集，2015:12-16.

[36] 徐华 . 岩溶发育地区盾构掘进技术 [J]. 铁道建筑技术，2014( 09 ):27-30.

[37] 陈玉清，林本海，唐仁，等 . 基于渗流作用下的溶洞塌陷对不同地层隧道的影响研究 [C]// 中冶建筑研究院有限公司 .2020 年工业建筑学术交流会论文集( 下册 )，2020:1345-1348.

[38] 广州地铁八，九号线岩溶分布规律及工程影响浅析 [J]. 广东土木与建筑，2014，021( 010 ): 59-62.

[39] 冯文成 . 广州地铁盾构施工风险管控研究 [D]. 广州：华南理工大学，2014.

[40] 郭永顺 . 泥水盾构砂土液化地层掘进姿态控制技术研究 [J]. 广东土木与建筑，2019，26 ( 05 ):68-71.

[41] 张玮鹏 . 深厚砂淤组合地层中基坑开挖与桩基施工对地铁隧道结构的影响研究分析 [J]. 广东建材，2019，035( 005 ):42-44.

[42] 张剑辉 . 浅谈超大溶洞处理灌注水泥砂浆工法 [J]. 中国房地产业，2019，000( 026 ):128.

[43] 蒲勇 . 复杂岩溶地质条件下深基坑止水效果分析及工程应用 [J]. 广州建筑，2018，262 ( 06 ):11-15.

[44] 刘君中 . 地铁车站基坑内涌水原因分析及堵漏处理措施 [J]. 建筑工程技术与设计，2017 ( 33 ):1971，544.

[45] 夏 国 松 . Construction Technology for Protecting the Suspended Gas Pipeline of Foundation Trench Crossing Subway Station[J]. 湖南工业职业技术学院学报，2017，017( 003 ):14-17.

[46] 杨珊 . 城市地铁某建设项目安全风险分析与实证研究 [D]. 广州：华南理工大学，2016.

[47] 刘锡儒 . 岩溶与淤泥组合地层中地铁隧道结构的变形特性研究 [D]. 广州：广州大学，2016.

[48] 时钟 . 浅析岩溶地区地下连续墙混凝土超方的原因及对策 [J]. 建材与装饰，2016，407 ( 03 ):278-280.

[49] 熊传虎 . 抽水试验对基坑施工措施指导浅析 [J]. 城市建筑，2016，000( 017 ):89-90.

[50] 梁建壮，陈少豪 . 地下连续墙墙体施工双管旋喷桩处理墙缝渗水的应用分析 [J]. 建筑工程技术与设计，2016，000( 015 ):2148-2149.

[51] 莫志锋 . 特殊环境盾构隧道岩溶处理技术探讨 [J]. 建筑工程技术与设计，2016，000 ( 007 ):59.

[52] 赵侃 . 上软下硬地层中地铁车站基坑地下连续墙质量缺陷处理技术措施 [J]. 建筑工程技术与设计，2016，000( 018 ):1000，1179.

[53] 宫云娥 . 复杂地质条件下地铁区间河上溶洞处理技术 [J]. 建筑·建材·装饰，2016，000（003）:84-87.

[54] 刘亚斌 . 浅谈液压双轮铣槽机与冲孔桩机的对比分析 [J]. 建筑工程技术与设计，2015(33):257-258.

[55] 徐华 . Shield Tunneling Technology in Karst Area[J]. 铁道建筑技术，2014，000(009):27-30.

[56] 张乃道 . 岩溶地区溶洞处理方案研究 [J]. 城市建筑，2014，000(015):332-333.